삶의 질서와 서구 자유주의 정치이론

: 권리에서 권위까지

The Order of Living & Western Liberal Political Theories : from Rights to Authority

Bongcheol Lee

Ingansarang
2006
(ISBN 89-7418-195-9 93340)

삶의 질서와 서구 자유주의 정치이론 :

권리에서 권위까지

이봉철 지음

인간사랑

삶의 자연함을 믿는 이들에게 !

삶 속의 정치를 희구하는 이들에게 !!

제자들, 그리고 '원'과 '실'에게 !!!

책 머리에

우리의 현대 삶이 구미(歐美)문화와 문명의 압도적인 영향 속에서 전개되어 오고 있다는 사실은 누구도 부인하기 어려울 것이다. 그 중 구미전래의 '자유민주주의'는 현 시점 그 수용결과의 장 · 단점을 모두 포함해서, 이제 우리 사회관계 및 정치관계 전반을 조직해내는 중심 조직원칙으로 자리매김한 듯하다.

그러나 이러한 현실 이면에서는 우리 사회 각 학계를 중심으로 그간 우리를 압도해 온 구미문물의 영향력을 되돌아 보며 우리 사회에서 가지는 그 현실적 의미를 검토해 보려는 기운 또한 점차 크게 일고 있다. 정치학계도 그간 반추(反芻)의 여력마저 보태어 수용해 온 구미전래의 자유민주주의를 객관화하고 이를 학습하고 경험해 온 우리 자신을 성찰하면서 그것이 우리 사회에 대해 가지는 의미를 점검해 가고 있다.

여기에 선보이는 이 소품은 우리 사회의 이러한 '기운'에 힘입어 산출되었다. 그러나 이 소품은 구미 자유민주주의가 한국 사회현실에서

가지는 명분상 · 실제상의 의미를 검토한 결과라기보다는 구미 자유민주주의의 원형을 담고 있는 서구 자유주의와 관련된 구미의 이론들에 대한 검토결과라 할 수 있다. 검토의 초점은, 거두절미(去頭截尾)하여 말하자면, 이들 이론이 그 내용에서 한국 사회를 포함하는 모든 인간사회를 향하여 표방해 오고 있는 보편적인 명분—즉, '자유' 속의 자연스런 인간 삶과 그 질서를 지향하여 이를 보호 · 발양한다는 이상—에 부합하는지 여부에 놓여 있다. 이 소품에서는 이 '명분'을 서구 자유주의 이론들에 담긴 '자유주의 기본정신'으로 보았다.

이 소품은 자유민주주의 이론과 제도가 역사적으로 구미에서 발단 · 전개되어 비(非)구미사회에 전래되고 있다 하여 위와 같은 '보편적 명분'으로서의 자유주의 기본정신마저도 유독 구미에서 발단한 정신이라고는 보지 않는다. 오히려 본 소품은 자유주의 기본정신을 인류의 삶이 보편적으로 공유해 오면서 앞으로 그 실현을 지향해마지 않는 '자연스런 삶의 질서'에 깃들어 있는 정신, 혹은 인간 개개인의 자연스런 '삶의 다양성'이 '자유' 속에서 엮어왔고 엮어갈 '안녕(安寧)한 사회질서'에 깃들어 있는 정신으로 보는 입장에 선다. 더불어 인류의 삶이, 그 전개에서 역사의 우여곡절 속에 담겨왔고 담겨갈지라도, 그 긴 여정은 위와 같은 자연스런 삶의 질서를 향하여 점진적으로 다듬어져 왔고 다듬어져 가리라고 보는 입장에 선다. 이러한 입장에 서서 본 소품은 자유주의 기본정신을 한편으로는 서구 자유주의와 관련한 구미 이론들에 대한 검토의 준거로 삼고, 다른 한편으로는 이들 이론에 대한 '대안이론(代安理論)'을 입론하는 데 사상적 바탕으로 포섭해 보고자 했다. 제현(諸賢)의 지도편달을 바란다.

이 소품이 나오기까지 나는 우선 이러한 소품의 구상을 인도한 많은 선학, 동학, 후학 여러분들의 직 · 간접적인 자극에 감사한다. 동시에 이 소품에서 검토와 비판의 대상이 된 롤즈(J. Rawls)를 비롯한 많은 구미 자유주의 (정치)이론가들에게 감사한다. 이들의 논의는 나의 생각을 보다 분명히 하는 데 많은 지혜와 도움을 주었다. 벌써 고인이 된 분들에게는 명복(冥福)을 빈다. 연구에 여념이 없을 분들로부터는 혜안이 담긴 앞으로의 업적을 기대한다. 다음으로 한남대학교 정치언론국제학과의 학부생 및 대학원생들의 토론참여를 통한 호응에 감사한다. 또한 대학입시의 스트레스 속에서도 자신의 일에 아랑곳하지 않은 나에게 푸념 한 마디 없었던 영실에게 미안한 마음, 그러나 고마운 마음을 전한다. 고마운 것은 그런 내 미안함을 오히려 당당한 입학으로 보상해 주었기 때문이다. 그리고 필요한 자료를 구하는 데 여러 가지로 많은 도움을 준 정진, 승희, 민숙과 허리 디스크 통증이 집필의지를 꺾지 못하도록 집필과정을 활력으로 부축해 준 베스를 포함한 여러 제자들, 젊음의 생기로 자질구레한 일들을 마다하지 않았던 용대, 보경, 아울러 여기에서 일일이 밝히지 못한 많은 사람들에게 고마움을 전한다. 끝으로 이 소품의 출간을 기꺼이 수락해 준 '인간사랑'의 여국동 사장님과 이국재 부장님, 이 소품이 깔끔한 책이 되어 나오기까지 수고를 아끼지 않은 편집장님을 비롯한 출판사 식구들 모두에게 감사한다.

丙戌年(2006) 까치설날에,

저자

목차

서론

1

구미 자유민주주의는 17C에 서구에서 확립되었다고 보는 '자유주의'와 고대 그리스에서 전래되었다고 보는 '민주주의'의 합성어이다. 그러나 후자는 이미 전자의 기둥인 '만인자유평등원칙'을 바탕으로 하는 '인본주의'와 '개인주의'에 의해 이른바 '근대적'으로 재해석된 '근대민주주의'이다. 그리고 이렇듯 자유주의에 의해 재해석된 근대민주주의는 자유주의의 정치적 표현에 불과하다. 그래서 고래(古來)의 개념인 '민주주의'는 홉스(T. Hobbes)를 비롯한 근대 초의 자유주의 이론가들에서부터 토크빌(A. de Tocqueville)이나 메디슨(J. Madison)을 비롯한 미국 건국 이론가들로 이어지는 구미 자유주의 계열에서는 잘 사용되지 않았고, 사용되더라도 비판의 문맥 속에서 등장하던 개념이었다. 민주주의라는 용어가 자유주의에 합성된 것은 19C에 이르러 헤겔(G. W. F. Hegel) 류의 '국가자유주의', 벤담(J. Bentham)류의 '공리주의', 마르크스(K. Marx)류의 '사회주의' 등과의 사상적 경합 속에서 뒤늦게 이름표를 달아야 했던 자유주의가 그 이름의 인지도를 고려하여 고래의 '민주주의'라는 이름을 차용하면서부터이다. 그래서 오늘날 우리가 흔히 사용하는 '민주주의'는 그 소속을 고려하여 부른다면 **'자유주의적 민주주의'**가 되고, 그 내포로 따지자면 '정치적 **자유주의**'에 다름 아닌 것이다.[1)] 이렇게 보면 우리가 앞다투어 그 섭취에 몰두해 온 자유민주

---

1. 그 좋은 예는 롤즈(John Rawls)가 그의 최근 저서 *Political Liberalism*(N. Y. : Columbia University Press, 1993)에서 '입헌민주주의(constitutional democracy)'와 '정치적 자유주의(political liberalism)'를, 그리고 때로는 '자유주의'와 '민주주의'를 같은 의미로 혼용하는 데서 찾아볼 수 있다. '자유민주주의' 개념 출현의 역사적 배경에 대해서는 Giovanni Sartori, *The Theory of Democracy Revisited*(N. J. : Chatham House Publishers Inc., 1987), Pt. II : The Classical Issues, Chs. 10, 13 참고. 고대 민주주의의 내용이 17–8C 서구에서 어떻게 근대화 혹은 자유주의화되어 가는지에 대해서는 Guido de Ruggiero, *The History of European Liberalism*, R. G. Collingwood, tr.(Boston : Beacon Press, 1964〈1927〉), Introduction(pp. 1–90), Pt. II, Ch. II 참고. 여기에 덧붙여 한 가지 부연 설명할 것은 '자유민주주의' 내에서 '민주주의'는 '자유주의'의 한 요소일 따름이지 동등한 지위의 사상적 혼합이 아니라는 점이다. 이는 우리가 적어도 자유주의와 관련해서는 '자유주의적 민주주의'라는 말은 사용해도 '민주주의적 자유주의'라는 말은 잘 사용하지 않는 것과 같다. 그럼에도 사르토리(G. Sartori)와 루기에로(G. Ruggiero)의 관련 기술은 두 사상의 대등한 혼합을 인정하는 양 오해될 소지가 있다. 이러한 오해의 소지는 이들이 19C 중후반 '사회주의'가 자유주의 토양으로부터 분기 · 확립되어 가는 과정에서 나타나는 자유주의 내 민주주의적 요소의 돌출적 측면, 즉 프랑스혁명기에 비롯되는 1) 과격한 '(분배적) 평등주의'의 확산, 2) 산업화의 진전에 따르는 '트러스트주의'(자본측)와 '유니온주의'(노동측)를 중심한 사회 유기체주의의 대두, 그리고 3) 민족주의적 '근대국가 우상화'를 중심으로 하는 자유주의 국가성격의 변질 등에 대한 강조 때문으로 보인다. 그러나 민주주의가 자유주의의 한 요소로 자유주의의 내용 속에 있음은 두 사람의 논의 속에서도 확연하다. 이를 테면 사르토리는 10.1과 10.4–10.5에서, 그리고 13.6–13.7에서 자유주의에 의해 변용되지 않은 민주주의는, 즉 자유주의에 포섭되어 그 한 요소로 존재하지 않는 민주주의는 자유주의의 문맥에서 고려의 대상이 될 수

주의 관련 구미의 이론들은 실상은 '서구 자유주의'와 관련한 정치이론(이하 '서구 자유주의 이론')들인 셈이다.

2

이 책은 '권리' 및 '권위'[2]와 관련한 '서구 자유주의 이론'들의 이론적 정합성과 실천적 함의를 검토한 내용으로 구성되었다. 검토의 목적은 이들 이론이 그 소속과 계승을 자부심으로 삼아 변호하고 있는 언필칭 '자유주의'[3]에 얼마나 부합하는지 그 여부를 살펴보기 위함이다.

›››

없음을 계속 강조하고 있다. 루기에로 역시 자유주의 문맥에서 만인자유평등원칙 하의 개인 자유의 사회적 확대가 근대 민주주의의 근본을 구성하고(p. 51), 이 자유를 정치사회체제 속에 구현하자는 것이 민주공화주의의 핵심이며(p. 61), 이 모두에서 근대 민주주의의 기본정신은 바로 자유주의 정신(liberal mind)에 그 뿌리를 두고 있음(pp. 72–73, 370, Pt.II Ch.II §3)을 밝히고 있다. 사실 자유주의 기본정신의 기본원칙이 되는 '만인자유평등원칙' 속의 '평등'조항은 자유주의 내부에 자유주의화된 민주주의가 이미 포섭되어 있음을 말해준다. 그리고 산업혁명과 프랑스혁명이라는 역사적 대변혁 속에서 그 절정을 이루었던 자유주의 내의 민주주의적 돌출요소가 가속적으로 해소되어 가는 오늘날 굳이 서구 근대의 역사적 이력이 각인된 '자유민주주의'를 용어 그대로 수용해야 할지에 대해서는 이론의 여지가 있다. 더구나 자유주의 기본정신의 지향점을 자연스런 삶과 그 질서의 보호와 발양에 있다고 보고 있는 이글의 입장에서는 자유주의 내 민주주의적 요소를 자유주의기본정신에 대립하는 요소인 양 각별히 강조할 이유가 없어 보인다.

2. 이하 이 책에서 언급되는 '권리'와 '권위'는 인간 사회관계에 연루되어 있는 도덕적 · 사회적 · 법적 권리 및 권위를 모두 포괄하는 의미로 사용된 것이다. 따라서 이들에 대한 '대응개념'인 '의무' 및 '책무'(이하 '의/책무') 역시 인간 사회관계에서 발생되는 도덕적 · 사회적 · 법적 의미의 의/책무 모두를 포괄한다.

나는 자유주의에 대한 '자부심'의 근거는 자유주의의 특장이 그 결과적 현상의 장 · 단점을 포괄해서 '자유'[4] 속의 자연스러운 인간 삶—혹은 인간다운 인간 삶—에 가장 근사한 삶과 그 질서를 보호 · 발양하

›››

3. 여기서 말하는 '자유주의는' '근대 유럽'에서 본격화되었다고 여겨지는 일종의 '유럽 (정치적) 자유주의'로서, 그 기본에서 정치담론의 주제어로서 사용된 것이지, 그외 철학 · 예술을 포함하는 타학제에 속하는 담론의 주제어로서 사용된 것은 아니다. 그러나 그 본격화된 장소로 보는 근대 유럽이 서로 다른 여러 나라를 집합적으로 표현한 지역명칭인 만큼, 이들 여러 나라에서 각각의 역사적 상황에 따라 다르게 전개되어 온 '자유주의들'을 통칭하는 '유럽 자유주의' 역시 그 세세한 내용에서 단일의 모습으로 집약하기가 어렵다. 대략 '프랑스혁명(1789)' 전까지의 18C 유럽 자유주의를 개관하려 해도 여기에는 중세 봉건주의적 '자유요소'로부터 많은 역사적 사건들—이를 테면 귀족과 왕권의 갈등, 국가와 교회의 갈등, 종교개혁, 자연권 사상(jusnaturalism)의 이론적 확립, 중농주의와 산업혁명과정에서 자리하게 되는 경제적 자유영역의 생성, 등-을 거치면서 다양한 모습과 다양한 내용의 자유주의들이 포함된다. 그리고 프랑스혁명 이후 19C의 유럽 자유주의 역시 그 모습은 당시 대표적 유럽의 나라들에서도 서로 다른 얼굴로 나타난다. 특히 프랑스혁명 과정에서 강하게 돌출하여 18C 자유주의의 지평을 넓히는 '민주주의 요소'는 17C 그 이론적 기틀을 마련했다고 여겨지는 영국식 자유주의 내용변화의 한 계기가 됨과 동시에 유럽대륙 자유주의의 중요한 기틀을 형성하는 듯하다. 여기서는 이러한 역사적 경험 속에서 형성되고 변모해 가는 유럽 자유주의가 미국을 포함한 구미 각 나라별 정착시차와 내용변용 속에서 헌법으로 표명된 자유주의에 논의범위를 국한한다. 이상과 관련해서는 Guido de Ruggiero, 앞의 책(1964〈1927〉), Introduction(pp. 1–90), Pt. I, Chs. I–IV ; C. B. Macpherson, *The Political Theory of Possessive Individualism : Hobbes to Locke*(Oxford : Oxford University Press, 1975), Chs. I, VI 참고.

4. 자유주의의 특장을 뒷받침하는 가장 근본적인 지주(支柱)는 '자유'의 존중과 확충에 있다. 이 자유가 자연스러운 인간 삶(인간다운 인간 삶)에 대해서 가지는 함의와 그 중요성은 너무나 원론적이어서 그런지 자주 기술되지 않곤 한다. 자유가 인간 삶에 대해서 가지는 첫 번째 함의는, 자유는 (인간) 생명활동을 이어주는 활동의 '리듬' 그 자체라는 점이다. 모든 생명체의 생명활동은 그 구성세포에서 전체 유기체 조직과 구조에 이르기까지 자유를 통한 필요충

는 것을 지향한다는 데에 있다고 본다. 그러나 이러한 자유주의의 특장을 감안한다고 하여도 '자유주의'는 그 해석과 적용에서 검토대상인 이들 이론의 다양한 주제 속에 다양한 변용을 보이기 때문에 검토를 수행

>>>

족 활동이다. 우리는 이 생명활동을 통해 생존하고 산다. 그래서 생명활동의 자유, 즉 생존의 자유를 기본적 권리(그리고 이와 관련된 의무와 책무) 중 가장 근본적인 권리(그리고 이와 관련된 의무와 책무)로 보장한다. 두 번째 함의는, 인간의 특징을 이성을 중심한 정신활동에 있다고 볼 때, 모든 정신활동은 자유를 그 속성으로 한다는 점이다. 특히 인간에 특유하다고 보이는 '반추(反芻)'와 이를 통한 의식행위는 자유를 근간으로 이루어지며, 이 반추적 의식행위가 바로 '양심'을 형성한다. 그리고 자유는 양심의 거울에 비추어지면서 '자율'이 된다. 자유 속의 의식적 자기 현시('의지'행위)는 반추되어 '양심의 평가'를 받으면서 자기 자정질서를 형성하는 것이다. 그런데 자유를 자율로 이끄는 양심의 평가, 이것은 바로 인간 정신활동의 특성인 '도덕성'의 근거가 된다. 자기표현의 자유와 양심의 자유에 기본권(그리고 이와 관련된 의무와 책무)의 지위를 부여하는 것은 바로 이러한 인간 정신활동의 자유를 보장하기 위해서이다. 세 번째 함의는, 인류가 다른 류(類)의 생명체들에 대해 그 가시적 우위로 내세우는 것이 문화라고 볼 때, 모든 문화적 업적들은 자유를 통해서만 친(親)생명적 가치를 가질 수 있다는 점이다. 이를 테면 자유 없는 과학/학문은 우리를 비판 없는 '독선'으로 이끌 수 있을지언정 우리 삶을 '살아 있음의 징표'인 창달과 변화로 안내하지는 못할 것이다. 또 자유 없는 예술은 반(反)생명적으로, 우리 삶을 창의와 상상보다는 구태의연한 모방과 복제 속에 가두어둘 뿐일 것이다. 끝으로, 자유가 자연스러운 인간 삶에 대해서 가지는 함의를 하나 더 든다면, 가장 자연스러운 삶의 질서는 자유를 그 필수요건으로 한다는 점이다. 앞서 '두 번째 함의'에 주목할 때, 자기 자정질서, 즉 도덕성에 근거한 '자율질서'가 자연스런 인간 정신활동의 산물이라면 가장 자연스러운 삶의 질서는 대자적이든 대타적이든 자율질서여야 할 것이다. 자유로운 양심의 평가에 따른 도덕적 책임감은 사회적 삶과 그 질서를 자연스런 모습으로 다듬어 갈 것이다. 이와는 반대로, 프랑스 혁명이 타도의 대상으로 삼았던 전통과 구습에 기대어 있는 각종 권위주의, 밀(J. S. Mill)이 그 폐단을 잘 지적했던 선의(善意)를 내세운 각종의 독재, 수를 앞세운 각종의 전체주의와 그 뒤에 가려 있는 특권적 소수의 전횡, 이 모두는 그래서 자율질서 속에 펼쳐지는 자연스러운 삶의 감옥일 뿐이다. 이러한 삶의 감옥으로부

하는 데는 불가불 '자유주의'의 '기본정신'[5]을 추상하여 검토준거를 마련할 수밖에 없었다. 검토대상의 이론들 속에 '자유주의'가 어떠한 변용을 보이더라도 그 이론적 정합성과 실천적 함의는 '자유주의 기본

>>> ———

터 우리를 자율질서 속으로 해방시킬 수 있는 것이 바로 자유인 것이다. 더구나 이러한 권위주의, 독재, 전체주의적 전제(專制)의 전횡과 결탁하여 언제나 삶의 감옥을 구상하고 치장하는 각종의 이론적 정치기획가들의 음모를 '세 번째 함의'에 비추어 차단하여 자율질서를 복구할 수 있게 하는 것도 바로 자유인 것이다.

5. 여기서 '자유주의 기본정신'은 '인간 삶'을 자유주의적으로 특징지을 수 있는 정치사회적 삶의 원리로서 롤즈의 앞의 책(*Political liberalism*, 1993)(이하 'PL') 에서 상세히 설명되고 있는 '자유주의적 인간'의 특성에 깃들어 있는 정신과 비슷하나 그렇다고 그러한 특성들로부터 추상화된 그 무엇과는 다르다. 오히려 이 '책'에서는 롤즈가 말하는 바와 같은 자유주의적 인간의 특성은 별도로 존재하는 것이 아니라 자연스러운 (인간) 삶을 그 지향태(指向態)로 하는 자유주의적 (인간) 삶의 '관계' 속에서 형성된다고 보기 때문에 '자유주의 기본정신'은 이러한 '관계적 삶' 속에 깃들어 있는 정신이라고 말할 수 있다. 인간이라는 삶의 '주체'를 중심으로 보는 자유주의와 그 주체의 '관계적 삶'으로 보는 자유주의가 얼핏 같은 것으로 생각될지 모르나 둘 사이에는 무시하지 못할 차이가 있다. 그리고 롤즈의 'PL'과 이 '책' 사이에는 그만큼의 관점상의 거리가 있다. 이 거리는 대체로 '실체론적 시각'(PL)과 '관계론적 시각'(이 책) 사이의 거리와 비슷하다 할 수 있다. 이를 테면, 자유주의의 근저개념인 자유와 평등은 주체에 대해서는 인간 특성이나 함양되어야 할 인간 자질로 파악될지 모르지만(PL : I, II), 삶에 대해서는 그 삶이 펼쳐지는 인간 사회 속의 관계로 나타난다(책 : 3장). 이 책은 인간 사회관계를 자유주의적 관계로 특징짓는 자유주의 첫머리 원칙인 '만인자유평등원칙'에 내재되어 있는 자유와 평등조차도 만인 사이에 드러나는 관계적 개념으로 이해한다. 또 '기본구조'로서의 정의원칙의 경우, 전자에게는 인간의 도덕성 · 합리성 · 합당성 · 정치적 덕성 등에 대한 도덕심리학적 고찰을 통해 '구성'해내야 하는 그 무엇이지만(PL : III), 후자에게는 삶이 펼쳐지는 바람직한 인간 사회질서 속에서 추론될 수 있는 그 무엇이다(책 : 5장). '사회계약' 역시 전자는 공법체계의 준칙을 도입하기 위한 '대표자(원초합의당사자)'들의 가설적 · 비역사적 합의장치로 해석하지만(PL : VII), 후자는 상호 협력적인 인간 사회관계 속에서

정신'에 부합해야 하기 때문이다. 검토준거로서의 '자유주의 기본정신'은 그래서 자유주의의 지주 '자유'가 자연스런 삶에 대해서 가지는 함의(각주 '4')에서 볼 때, 이들 자유주의 이론에 수용되어 나타나는 자

》》———

살기 위해 그 질서를 형성하고 그 동의기반을 확충해 가는 매일의 삶의 과정일 따름이다(책 : 6장). 전자는 이러한 사회계약 체결결과에 대한 수용과 지지의 가능성을 '중첩합의'를 위한 최대공약수를 도출하고 그에 대한 안정적 준수와 그 지속을 '기본 선'(primary goods)의 선정과 '공공이성'의 존재확인(PL : VI)으로 증명해야하지만, 후자는 인간 삶의 기본관계와 기본질서가 어떻게 사회정치관계와 그 질서로 형성 · 전개되는가를 보이면 된다(책 : 3장, 5-6장). 사실 롤즈의 PL에는 공정한 사회협력의 첫머리 덕목인 '공정으로서의 정의(justice as fairness)'와 관련하여 이의 구성인자로서의 자유주의적 인간의 본성과 자질, 이를 수용할 수밖에 없는 자유주의적 인간의 도덕심리, 이에 근거하여 안정적 사회협력을 수행해가야 할 자유주의적 인간의 이미지(관) 등 자유주의적 인간에 대한 묘사와 이러한 인간 형성을 위한 처방에 대한 논의가 대부분이다. 그러나 이러한 인간이 어떠한 인간 사회관계와 그 질서를 형성하고 이 관계질서가 어떻게 자유주의 기본정신에 부합하느냐 하는 문제에 대한 고려라는 면에서는 몹시 인색하다. 이 자리가 롤즈의 PL에 대한 평가의 장소는 아니지만 (그러나 이 책 본문 각 장에서 각장의 주제와 연관된 부분에 대해서는 평가의 기회가 있겠지만), 롤즈의 PL에 나타나는 이 '인색'은 PL의 현실성 평가와 관련하여 몇 가지 의문점을 낳는다. 우선, 삶과 삶이 펼쳐지는 인간 사회관계 속에서 이해되지 않는 삶 주체만의 세밀화는, 그것이 과소든 과대든, 자칫 허구적 형이상학화를 심화시킬 수 있다는 점이다. 관계를 떠나 있는 주체의 실체화가 무한(無限)의 묘사 · 분석을 가능케 하듯이, 관계 속의 삶을 떠난 주체의 묘사 · 분석은 사체(死體)에 대한 묘사 · 분석과 같이 과소 · 과대의 허구를 넘나들 수 있다. 나는 삶과 삶의 관계 속에서 파악되는 삶의 주체가 보다 현실적이라고 생각한다. 둘째, 삶의 주체를 삶의 현장과 분리하여 실체화함으로써 불가피하게 설정되는 '원초적 입장'은 그것이 아무리 정교한 논리적 추론 속에서 다듬어진다 해도, 그리고 아무리 이에 정치적 특성을 부여한다 하더라도, 삶을 떠난 비현실성과 가상성을 피할 수 없기 때문에, 여기에는 기획의도가 개입할 수밖에 없다는 점이다. 이 책은 이 기획의도가 불가불 공리주의에 보이는 것과 같은, 자유주의적 삶에 반(反)한, 초월자적 권위의 이입가능성이나, 아니면 그렇게 열심히 피하려 했던 '포괄

유주의 '들' 을 가름할 수 있는 일종의 '원점좌표' 라고 말할 수 있다. 이 들 이론의 '자유주의' 에 대한 부합 여부는 '자유주의 기본정신' 에 대한 부합 여부가 말해줄 것이다. 그러나 이 책 속에는 자유주의에 대한 사

»» ――――――

적 관점' 의 편파성의 개재로 연결될 가능성에 열려 있다고 본다. 세 번째, PL에서 차용되고 있는 '정치적 구성주의'(PL : VII)는 기본구조의 '완전한 적정성'(PL : VIII)과 결부되어 그 출발근거가 되는 가상성을 정치현실 부합성으로 정당화할 가능성이 있다는 점이다. 이 가능성은 1) 정치적 삶이라는 현실적 삶과 관련하여, 2) 권력을 강제적으로 보는, 곳곳에 나타나는 롤즈의 권력관(觀)과 관련하여, 그리고 3) 근대권력 현실의 '근대국가' 집중과 관련하여, 모종의 정치강제의 유혹을 불러들일 수 있어 보인다. 물론 이 구성주의는 롤즈가 주장하듯이(PL : V §5), 포괄성으로 무장한 편중적 가치나 선(善)임을 앞세운 독선적 진리로부터 중립적 위치를 확보할 수 있을지 모른다. 그러나 구성주의는 한 방법론으로서의 진리 가치를 전제하지 않을 수 없으며, 이는 롤즈가 주장하는 '숙고된 판단' 과 '합당성' 의 보다 우월한 진리가 담보능력과 결합하여 일종의 포괄적 관점을 구성하게 된다. 이로부터 연유되는 정치강제 유혹은 삶의 2차적 판단기준을 모색한 롤즈의 『정의론』(1971)에서보다, 삶의 직접적인 여건이 결정되는 정치영역의 정당화조건을 설계하고 있는 PL에서 더 강할 수밖에 없다. 이상의 이 책과 PL 사이의 차이점 논의와 PL의 문제점 지적을 놓고 롤즈는 '자유지상주의'(PL : VII)라고 비판할지 모른다. 그러나 롤즈의 이러한 비판이 노직(Robbert Nozick)과 로크(John Locke)를 염두에 둔(각각 PL : VII §3, §10) 것이라면, 이 책 본문에서 살펴볼 기회가 있겠지만, 이 둘로 대표되는 자유지상주의 역시 이 세 번째 문제 지적을 제외한 여타의 언급한 사항에 대체로 해당한다는 점에서, 롤즈는 비판 전에 이 책의 입장이 자유지상주의에 해당한다는 데 대한 입증의 부담을 먼저 해결해야 할 것이다. 마무리하자면, 나는 기획가의 '이성의 고안(artifice of reason, PL : p. 75)' 에 의한 원초적 입장' 보다는 인간 사회관계에 펼쳐지는 '자연적인 삶' 을 충실히 하는 것이 자유주의 기본정신에 더 부합하다고 생각한다. 나는 기본구조를 앞세운 정치적 정의실현보다는, 역사적으로 그간 정의실현 투쟁에 담겨왔고 때로는 시민혁명으로 분출했던, 삶의 자정과정을 통한 정의실현이 더 현실적이고 진솔하다고 생각한다. 그리고 도덕성과 합당성이 이성의 기획에 의해 쥐어짜내지는(sque-ezing-out) 것이 아니고 스스로 우러나오는(oozing-out) 것과 마찬가지로, 그에 바탕을 두는 실천이성도 기본구조에 맞게 정제된 자유주의적 인

안별 해석이나 주제별 해석에 대한 별도 논의가 없다. 검토대상의 이론들이 '자유주의'에 대한 기본적 이해를 배면에 깔고 나름의 이론을 전개하고 있듯이, 그 검토내용을 담고 있는 이 책에서도 자유주의 기본정신에 대한 논의는 사안별, 주제별 검토 논의 이곳저곳에 검토준거로서 산재할 따름이다. 그러나 이해를 돕기 위해 산재된 검토준거를 아래에 개략해 본다.

'자유주의 기본정신'은 적어도 자유주의의 지주 '자유'가 자연스런 삶에 대해서 가지는 함의에 충실한 한, 그 '충실함' 속에 깃들어 있을 몇 가지 '기본입장'과 '원칙'으로 표상된다. '자유주의 기본정신'을 표상하는 이 입장과 원칙은 그 추상화 수준을 달리하는 하위의 수많은 실행원칙과 입장들로 파생되면서 '자유주의 기본정신'의 구조적 체계를 형성한다. 그리고 이 모두가 합하여 '자유주의'의 기본속성을 드러내준다. 그래서 검토하려는 이론들이 '자유주의'에 부합하는지 여부는 이들이 '자유주의 기본정신'에 부합하는지 여부가 되는 것이고, 이는 다시 자유주의 기본정신을 구성하는 몇 가지 '기본입장'과 '원칙', 그리고

>>>

간의 도덕심리에 존재한다기보다는 자연스러운 삶의 인간 사회관계 속으로의 안내에 깃들어 있다고 본다. 그러나 무엇보다도 자유주의가, 현실화된 결과의 모든 명암의 양 측면을 고려하여 여타의 사상에 비하여 어떤 장점을 가진다면, 그것은 이성적 기획과 그 간섭에 거리를 벌리면서 자연스러운 삶에 그래도 가장 근사한 인간 삶을 보호하려는 이상을 가지고 있기 때문이라고 본다. 그래서 이성적으로 고안된 '기본구조'(PL)보다는 자연스런 인간 삶의 관계 속에 담겨 있는 자유주의 '기본정신'(책)을 평가기준으로 삼아 이에 부합하는 자유주의적 인간 사회관계와 그 질서가 서구 자유주의 이론들에는 어떻게 나타나는지를 검토해 보려는 것이다. 이는 곧 자유주의적 기본정신이 깃들어 있는 자유주의적 삶이 서구 자유주의 이론들에는 어떻게 나타나는지를 살피는 것과 같은 의미가 될 것이다.

이들로부터 파생되는 실행입장들과 실행원칙들에 부합하는지 여부가 될 것이다. 이 책에서 '권리' 및 '권위'와 관련한 서구 자유주의 이론들을 검토할 때, 구체적인 검토기준은 바로 '자유주의 기본정신'의 구조적 체계를 구성하는 이들 입장, 원칙, 그리고 파생입장 및 파생원칙이 될 것이다. 그래서 '자유주의 기본정신'을 이들 이론의 '자유주의' 부합 여부를 검토하는 검토준거로 삼는다는 것은 '자유주의 기본정신'의 구조적 체계를 구성하는 구성요소들을 검토기준으로 차용한다는 말이 된다. 이 책에서의 검토 논의와 관련해서 이들 입장과 원칙을 그 특성별로 요약하면 다음과 같다.

우선, 이 정신의 가장 깊숙한 바탕에는 자연스러운 삶과 그 주체인 인간에 대한 존중, 즉 '인간 존엄성 존중'이라는 기본입장이 자리하고 있다. 물론 인간 존엄성과 그 존중에 대한 자유주의적 표현 사이에는 시간적·공간적 간극뿐만 아니라 내용상·범위상의 차이가 있다. '인간 존엄성 존중 입장'은 인류 문명사의 위대한 문건들에서 입증되듯이, '자연스러운 인간의 삶'이 보편화될 수 있는 만큼이나 인간 삶의 시간적 길이와 공간적 넓이에서 동(東)과 서(西) 그리고 고(古)와 금(今)을 막론하여 보편적인 듯하다. 그러나 자유주의 기본정신에 담기는 인간 존엄성의 주체 '인간'은 근대, 서구라는 시·공간적 특수성 속에서 형성되었다고 통설화된, 이른바 '근대적 인간'이다. 그래서 여기서는 일단 서구 근대에 기원을 둔다고 이해되고 있는 인간의 존엄성을 이른바 '근대적 인간'의 이미지에 부합하게 존중하는 '인간 존엄성 존중'의 내용으로 삼아 자유주의 정신의 기본입장으로 간주한다.

다음으로, 17세기에 서구에서 그 확립을 보았다고 통설화된 자유주의의 확립과정은 그 기본골격에서 '만인자유평등원칙'의 확립과정과 그 궤(軌)를 같이한다. 이 원칙은 모든 인간의 자연적 · 사실적 차이에도 불구하고 '인간성' 이라는 추상적 기준에 입각하여 '모든 인간이 인간인 이상 서로가 서로에 대하여 평등하고 서로가 서로로부터 자유스럽다' 는 도덕적 당위를 원칙상의 사실로 변모시키는 계기가 된다. 따라서 이 원칙에 근거하여 모든 인간은 당위적 · 현실적으로 평등한 지위에 서게 된다. 그래서 이 원칙은 '인간 존엄성 존중 입장' 을 근대 서구적으로 혹은 자유주의적으로 조직해내는 가장 근간이 되는 원칙이 된다. 물론 이 원칙의 단편적 실행은 동서고금을 막론하여 그 기록의 흔적을 찾을 수 있겠으나, 인간 사회관계에 보편적 준칙으로 수용되기 시작한 것은 서구 근대에서부터라는 것을 관련 연구들이 이구동성으로 확인해 준다. 따라서 '만인자유평등원칙' 은 자유주의의 토대원칙이자 자유주의 기본정신의 기본조직원칙이라 말할 수 있다.

세 번째, 인간 존엄성 존중 입장이 만인자유평등원칙에 의해 재조직되면서 그 새로운 과제상황을 일깨우기 시작하는 대체적인 기점은 서구 근대 초의 '르네상스' 운동으로 통설화되어 있다. 그리고 이 운동을 포괄하는 기본정신은 '인본주의 입장' 으로 집약되어 왔다.[6] '인본주의 입장' 은 자연스러운 삶과 그 주체인 인간에 대한 존중을 내용으로 하는 '인간 존엄성 존중 입장' 을 계승하면서도 이 입장에 대해 몇 가지

6. 여기서의 인본주의는 아렌트(Hannah Arendt)의 '시민적 인본주의(civic humanism)'와는 구별되는데, 후자는 전자의 의미에서 한 걸음 더 나아가 '참여의 강요'나 '참여의 특권'이 부각되고 있기 때문이다. 이와 관련해서는 그녀의 *The Human Condition*(Chicago : University of Chicago, 1958), Chs. I, VI 참고. 그리고 이에 대한 비판적 성찰은 Charles Taylor, *Philosophy and Human Sciences : Philosophical Papers*(Cambridge : Cambridge University Press, 1985), Vol. 2, Ch. 12 참고.

특성적 차이를 가진다. 우선 후자는 '누가 인간이냐?' 하는 인간 자격의 문제를 놓고 대체로 '자연적 귀족주의'와 '사회적 신분주의'에 따른 인간 차등화를 수반하지만, 전자는 이러한 차등화를 보편적 '인간성'에 근거한 만인자유평등원칙으로 극복한 상태로 나타난다는 점이다. 다음으로, 정신사적 상황과 관련하여 후자는 '신성'이라든가 '자연' 및 '전통'과 같은 초인간적 질서와 초인간적 권위를 대체로 용인하지만, 후자는 대체로 인간 스스로의 인위적 질서와 인위적 권위의 정당성을 초미의 관심사로 표명한다. 그러나 이러한 자유주의 기본정신의 한 구성요소로서의 인본주의 입장은 인간 존엄성 존중 입장의 서구 근대적 표현, 그것도 그 보편화에 성공한 표현이라는 말이지 이 입장에 그밖의 예외가 불허된다는 말은 아니다. 더구나 인간 존엄성 존중 입장이 서구 근대적 인본주의 입장으로 계승 · 본격화되었다 하여 인간 존엄성 존중 입장이 유독 서구 근대의 정신사적 업적이라는 말도 더더욱 아니다. 이러한 '아님'의 부정 위에 서 있는 논의들은 자칫 인류에 잠재된 보편성을 단지 역사적 현전의 이유만으로 서구 근대적 특수성으로 환원하여 보려는 '서구 근대 우월주의'에 편승할 가능성을 안고 있다고 본다.

네 번째, 인간 존엄성 존중 입장을 보편화시킨 인본주의 입장과 그 계기가 된 만인자유평등원칙은 같이 결합하여 '자율권평등원칙'이라는 자유주의 기본정신의 실행원칙을 파생한다. 자율권평등원칙은 '자율성원칙', '권리원칙', '평등원칙'의 결합으로 구성된다. 자율성원칙은 인본주의 입장에서 초인간적 질서권위를 인간 존엄성으로 극복하고, 이 초인간적 질서주체에 대해 의무로 묶여 타자적 보호대상으로 존재하던 인간으로부터 인간 본위의 질서 및 질서권위에 대한 권리주체의 지위로 재정립되는 과정에서 그 필연적 확립을 본다. 권리원칙은 인본주의 입장의 수용이 보편화된 상황에서 각 개개인의 자율성이 현실적 인간 사회관계 속에서 실행되기 위해 불가피 부수되는 원칙이다. 이 원칙은 만인자유평등원칙 하에 인간 본위의 질서 및 인간 본위의 질서 권위주체로서의 각 개개인의 자율적 행위—자유로운 행위선택과 이 선택행위에 따르는 책임—를 보장하는 데에 필수불가결하다. 평등원칙은 만인자유평등원칙의 평등조항으로부터 파생된다. 그러나 평등이 만인 사이의 평등인 만큼 평등개념과 평등원칙은 관계적 성격을 띤다. 따라서 자율권평등원칙은 인간 본위 질서와 그 권위형성에 필수불가결한 상기 자유주의 기본정신의 세 구성요소와 그에 포함된 파생원칙들인 인간존엄성평등원칙, 자율권 행사와 관련한 평등원칙 등을 전제한다.

다섯 번째, 만인자유평등원칙과 인본주의 원칙, 그리고 이 두 원칙으로부터 파생되는 자율권평등원칙의 확립과정은 '개인'이 모든 인간 사회관계의 중심으로 등장하는 과정과 그 궤를 같이한다. 이 과정 속에서 '개인(중심)주의'가 확산되면서 인간 사회관계를 조직해내는 보편원칙으로 자리하게 된다. 이제 개인은 만인자유평등원칙과 자율권평등원칙 하에 각자의 존엄성을 근거로 하는 평등한 자율권 주체로 서게 된다. 모두가 자기 자신의 일에 관한 한, 그 선택과 이에 따르는 결과적 책임에 대해 자기 권위를 가지는 것으로 인식되며, 이 자기 권위에 근거하여 자기 질서를 수립할 수 있는 권리의 주체로 인식된다. '개인주의 원칙'은 결국 자율권평등원칙의 개인적 표현이라고 볼 수 있다. 그러나 모든 개인이 서로가 서로에 대해 평등한 자율권 주체임을 말해주는 '개인주의 원칙'은 다른 한편, 각자가 자율권에 근거한 대타적 권리주체임과 동시에 대타적 의무 및 책무(이하 '의/책무')의 주체여야 함 역시 합의한다. 이는 자율권평등원칙이 만인자유평등원칙과 인본주의 원칙으로부터 파생된 만큼 자율권평등원칙의 확립과정과 동연(同延)에 서 있는 '개인주의 원칙'이 만인자유평등원칙과 인본주의 원칙의 관할범위를 벗어날 수 없음을 말해준다.

여섯 번째, 자율권평등원칙과 그 동연에 서 있는 개인주의 원칙에 의해 조직되는 모든 인간 사회관계는 권리 및 의/책무주체로 등장한 개개인 각자의 자율권 행사를 통한 '합의관계'의 형식 속에 들게 된다. 이 '합의관계' 형식은 개개인 간의 '계약관계' 및 사회구성원 간의 제반 '사회관계', 그리고 '통치제도'의 도입과 더불어 존재하게 되는 '정치관계' 등 세 가지 형태의 인간사회협업관계에 일관된다. 그리고 이들 3관계는 권리 및 의/책무주체로서의 개개인이 서로의 자율권을 바탕으로 이들 관계에 참여하는 각자의 자유(이익)와 제약(부담)을 어떻게 권리와 의/책무에 담아 배분할지에 대한 상호 합의를 전제한다. '합의관계' 형식은 '자유주의 기본정신'의 구조적 체계를 구성하는 기본입장과 원칙들로부터 논리적 필연성을 따라 도출된 만큼 '합의원칙'이라 칭하여 무방할 것이다. 인간 사회관계를 구성하는 3관계 중 '계약관계'는 개인과 개인 사이의 '합의관계'로서, 마치 개인주의 원칙으로부터 조직되는 인간 사회관계의 기본단위가 개인이 되듯이 모든 합의 '관계'의 기본단위, 즉 '기본관계'(3장 3절)가 된다. 그래서 제반 '사회관계'와 통치제도의 등장과 더불어 존재하게 되는 '정치관계'는 '계약관계'의 연속선상에 놓이게 된다. 이 책에서는 '합의관계' 형식을 '기속관계'(3장 4절)로 규정하여 각각 '계약기속관계', '사회기속관계', '정치기속관계'로 표현했다.

일곱 번째, '자유주의 기본정신'에서 모든 인간 사회관계는 개개인간의 합의를 통하여 자유(이익) 및 제약(부담)을 권리 및 의/책무로 엮어 설정되는 만큼 여기에는 이 관계들을 관할하는 질서의 문제와 이 질서의 정당성 문제가 개입된다. 자유주의 기본정신에 부합하는 질서형태는 기본적으로 '자기질서형태' 혹은 '자치질서형태'이다. 이는 자율권 평등원칙과 개인주의 원칙으로부터 비롯되는 당연한 결과이다. 각 개개인의 자기 존엄성에 근거하는 자율권은 자기 질서 수립권리로 연결되기 때문에 자율권 행사를 통해 수립된 질서는 자기 질서일 수밖에 없다. 이런 의미에서 이를 '자치주의 원칙'이라 부를 수 있을 것이다. 다만 이 자기 질서는 각 개개인의 합의관계를 관할하는 질서이기 때문에 그 관계에 서는 참여자들의 합의를 통한 '합의관계질서'가 된다. 따라서 합의관계 형식의 계약관계, 사회관계, 그리고 '통치제도'와 더불어 존재하게 되는 정치관계를 관할하는 각각의 질서는 '계약관계합의질서', '사회관계합의질서', '정치관계합의질서'가 될 것이다. 이 중 '정치관계합의질서'는 '사회관계합의질서'와 동연에 서 있는 질서로 후자가 자신의 보호·관리를 목적으로 위임 혹은 위탁을 통하여 창설한 '통치제도' 상의 '통치질서'의 수립과 더불어 이와 함께 존재하게 되는 질서이다. '통치질서'는 합의를 통한 '사회관계합의질서'의 위임/위탁에 의해 수립되는 질서인 만큼 이 질서의 성격은 합의질서로서의 성격을 견지하며, 이 질서와 '사회관계합의질서'가 합하여 존재하게 되는 '정치관계합의질서' 역시 '합의질서'가 되는 것이다. 이 책에서는 이 각각의 합의질서를 '계약기속질서'(3장), '사회기속질서'(5장), '정치기속질서'(6장)로 표현하였다.

여덟 번째, 이제 끝으로 3층위에 걸친 인간 사회관계를 관할하는 각각의 합의질서가 가지는 '관할력'이 '자유주의 기본정신'에 부합하기 위해 어떠한 성격이어야 하는가와 관련해서이다. 우선 '관할력'은 인본주의 원칙에 따라 그 근원을 질서 참여자들의 합의된 자율권에 둘 수밖에 없다. 그리고 그 '관할력'에 대한 권리, 즉 '관할권'은 자율권평등 원칙과 개인주의 원칙에 따라 질서 참여자들이 스스로 부여하여 형성한 합의된 공적 권리일 수밖에 없다. 인간 사회관계, 이 관계의 질서, 그리고 이 질서들의 관할력과 관할권 모두는 이 질서들에 관계된 개개인이 합의를 통해 수립한 자율적 관계이자 자율적 질서이며 자율적 권위 부여의 결과인 만큼 이에 대한 준수 역시 자기 관계와 자기 질서, 그리고 자기 권위에 대한 자기 귀속일 수밖에 없다. 자기 질서에 대한 자기 귀속 혹은 자율적 준수의 형식 속에 담기는 관할력과 관할권을 우리는 흔히 '권위'라 한다. 따라서 자유주의 기본정신에 부합하는 합의질서의 관할력의 성격은 '권위'의 성격이어야 한다. 이런 의미에서 이를 관할력의 '권위성격원칙'이라 부를 수 있을 것이다. 이 책에서는 이렇듯 합의질서로부터 형성된 권위의 성격을 가지는 관할력을 '기속력'(5장 첫머리)이라 하였고, 합의질서로서의 기속질서의 관할력 및 관할권을 합하여 '기속질서권위'라 표현하였다. 그래서 3층위의 인간 사회관계와 그 각각에 대한 기속질서 및 이 질서가 가지는 기속질서권위는 '계약기속질서권위', '사회기속질서권위', 그리고 '통치제도' 상의 '통치질서' 수립과 더불어 존재하게 되는 '정치기속질서권위'가 된다(3장 4절, 6장). 이 중 '정치기속질서권위'는, '정치기속질서'가 '사회기속질서'와 '통치질서'가 합하여 존재하게 되는 질서이듯이 '사회기속질서 권위'가 자신에 대한 보호 · 관리를 목적으로 스스로의 위임 혹은 위탁을 통하여 창출하는 '통치제도' 내 '통치질서'의 '관할력' 및 '관할권'으로서의 '통치권력'과 합하여 형성되는 권위이다. '통치권력'과 '사회기속질서' 의 관할력 및 관할권은 일단 합하여 '공권력' 을 구성하는데, 이 '공권력' 이 '정치기속질서' 의 '권위' 가 되는 이유는, 그 한 구성요소인 '사회기속질서' 의 관할력 및 관할권은 그 자체가 '사회기속질서' 의 '권위' 로서 존재하게 되고, 다른 한 구성요소인 '통치권력' 은 바로 이 '사회기속질서권위' 에 의해 위임 혹은 위탁된 만큼 그 속에는 '권위' 의 성격이 견지되기 때문이다.

3

앞서 개략한 '자유주의 기본정신' 에 부합하는 '자연스러운 인간 삶' 의 특성은 이 삶이 '(자유주의적) 권리'(2장 1절 참고)로서 보장된다는 것이고, 개인관계 · 사회관계 · 정치관계 등 3형태의 관계로 구성되는 인간 사회관계를 관할하는 제반 인간 사회관계 기속질서를 '권위질서' 의 성격 속에 놓이게 한다는 데에 있다. 그래서 이 책의 부제가 '권리에서 권위까지' 로 되어 있다. 이 책 내용의 장별 구성은 이렇듯 권리로 보장되는 인간 삶이 어떻게 인간 사회관계 속에서 이와 관련한 제반 권위질서를 형성해 가는지의 순서에 따라 이루어졌다. 물론 그렇다고 이 책의 장별 논의순서가 자유주의적 인간 삶과 자유주의적 권위질서의 전개순서를 대변한다는 의미는 아니다. 하나의 총체적 외피 속에 들어 있는 '양파' 속이 많은 내피층위로 구성되어 있듯이 인간 삶 역시 많은 층위의 중첩 속에서 삶이라는 총체를 구성한다고 본다. 따라서 이 책의 장별 논의순서는 총체적 삶과 이 삶이 형성하는 권위질서를 몇몇 대표적 층위로 나누어 분석하는 순서로 보면 되겠다.

본 서론에 이어지는 2장에서는 자유주의적 삶의 근원적 형식인 '권리'의 관념적 · 개념적 · 주체적 · 이론적 이력을 살펴보기 위한 것이다. 이러한 권리의 이력에 대한 성찰은 그 자체로서의 의미도 중요하지만, 보다 큰 중요성은 자유주의적 삶이 무엇보다도 권리로 특징지어진다는 면에서 삶과 삶의 주체가 어떻게 자유주의화되어 가는지 그 이력을 보여준다는 데에 있다. 특히 기왕의 자연법질서 대상으로서의 '인간'이 자유주의적 '권리주체'로 재해석되어 가는 과정에 나타나는 '온고(溫故)'와 '지신(知新)'의 전통적 사유형식은 근 · 현대 서구 자유주의 이론들이 그 격세(隔世)를 강조해마지 않는 '근대적 인간'의 출현에 대해 다시 고려해야 할 여지를 보여준다. 그리고 이 재고의 여지는자유주의 질서 속의 인간의 자연적 삶을 중심으로 살필 때, 자유주의 관련 근 · 현대 서구 이론들의 서구중심적 해석과는 달리, 그리고 인간 삶과 그 주체에 대한 존중이 궁극 인류사회 등장 이래 '인간 존엄성'에 대한 존중에 그 준거점을 두고 있음이 점차 밝혀지고 있듯이, 이 내용은 인간 삶의 기본정신만큼은 동서고금을 관통하고 있음을 반증해 준다.

3장은 권리의 주체로 등장하는 자유주의적 인간 사이 관계의 기본성격과 기본구조, 그리고 기본관계질서가 적어도 자유주의 기본정신에 부합하기 위해서는 어떠해야 할 것인지를 가름해 보는 데에 주안점을 두고 있다. 살펴볼 내용은 개략하여 자유주의 인간들이 구성하는 사회가 만인자유평등원칙과 인본주의 입장, 그리고 개인주의 원칙을 수용할 경우, 이들 사이의 인간 사회관계는 이른바 '자유주의 인간 사회기속관계'(이하 '인간 사회관계')의 기본적 특성을 가지게 된다는 점이다. 그리고 그 세부내용은 이 특성의 구성요소들과 관련된 것인데, 그 중 하나는 권리주체는 동시에 의/책무주체라는 점이다. 다음으로 권리주체이자 의/책무주체인 이들은 상호 대등한 입장에서 ‘권리－의/책무 기본관계’를 형성하게 된다는 점이다. 그리고 이러한 관계와 관계질서의 기본속성은 ‘계약기속관계’와 ‘계약관계기속질서’일 수밖에 없다는 점 등이다. 본장의 논의 속에는 자유주의적 권리바탕, 그리고 그 구성 및 체계와 관련한 근자의 ‘서구 자유주의 이론’들에 대한 검토 논의가 포함되어 있다.

4장은 3장에서 입론한 ‘권리－의/책무기본관계구조’에 비추어 우리 지성계에 거의 일방적인 영향을 주고 있는 ‘서구 자유주의 권리이론’들을 검토해 보기 위한 것이다. 이러한 검토는 자유주의적 삶의 실천적 특성이 기본적으로 ‘권리’로 표상되는 만큼의 중요성을 가진다. 이들 이론의 구성이 터하고 있는 ‘기본관계구조’는 이들의 ‘권리형태론’에 숨겨져 있다. 검토 논의는 이들 서구 이론들에 나타나는 권리형태를 확인하고, 이 확인된 권리형태 각각에 내재하는 권리－의/책무관계와 그 관계구조를 대별하여 그 논리적 정합성과 실천적 함의가 과연 자유주의 기본정신에 근거하여 도출된 ‘관계기본구조’(혹은 ‘기본관계구조’)에 부합하는지를 살펴보는 순으로 전개되었다. 그리고 이 책의 주요 관심이 자유주의 기본정신이 지향하는 자연스러운 인간 삶과 그 질서를 살펴보는 데 놓여 있는 만큼, 이들 서구 이론들이 이해하고 있는 권리－의/책무의 주체 간 관계가 과연 이들의 자유주의적 삶과 어떤 관련을 가지는지를 헤아려 보았다. 그 결과는 서구 자유주의 권리이론들이 인간관계의 ‘물적 환원주의’와 이로 인한 ‘인간소외’를 야기하며, 더 나아가 심화시키는 악순환의 덫에 걸려 있음이 밝혀졌다. 이상 개략한 내용으로 구성되어 있는 본장의 검토 논의는, 한편으로는 권리－의/책무관계 기본구조에 대한 서구 자유주의 이론들의 이해가 적어도 자유주의 기본정신에 비추어 오류 속에 있음을 보여주며, 3장에서 도출한 '관계기본구조'가 이들 이론의 오류를 가름해낼 만큼 견실함을 보여준다.

5장은 3장에서 도출하고 4장에서 그 견실성을 입증한 자유주의적 '권리-의/책무관계 기본구조'가 어떻게 일정한 총체단위의 인간 사회관계질서로 확대 · 연결되며, 이때 어떤 모습(존재양태)을 갖추게 되는지를 헤아려 보기 위한 것이다. 사회총체 단위를 전제한 사회관계기속질서(이하 '사회관계질서')에 관한 한 여기에는 그 질서의 사회보편의 정당성 문제, 즉 사회정의(社會正義) 문제가 관련되기 때문에 본장의 논의에서는 롤즈(J. Rawls)의 『정의론』(1971)을 비판적으로 보완하여 그 '연결과정'과 '존재양태'를 설명해내는 모델로 삼았다. 살펴본 결과는 우선, '기본관계구조'가 사회관계질서의 기본이 되면서 총체적 단위로서의 한 사회의 광의의 제도적 질서를 형성해 간다는 점이었다. 다음으로, '기본관계구조'가 사회제도적 질서에 연결되어 있는 모습은 사회원칙층위, 사회제도층위, 개인행위층위 등 3층위에 걸쳐 일정한 '위임질서' 속에서 구조적으로 연계되어 있다는 점이었다. 그리고 이러한 체계적 연계 속에 나타나는 '기본관계구조'의 존재양태는 3개의 동심원이 중첩되어 있는 양상을 띤 '층위위임위계구조'의 모습이었다. 이러한 구조적 모습은 사회합의질서의 동의기반의 밀도를 보여줌으로써 이 동의기반 위에 서 있는 사회질서의 안정도를 가늠할 수 있게 한다는 점에서 그 중요성을 가진다. 그러나 무엇보다도 강조되어야 할 것은 이러한 '위임연계질서'나 '층위위임위계구조양태', 그리고 이와 연결된 모든 세부적 특성들은 결국 자유주의 기본정신을 구성하는 제반 '입장'들 및 '원칙'들과 이들이 혼합되어 파생하는 '사회실행원칙'들로부터 도출될 수밖에 없다는 점이었다. 이상의 논의 속에는 롤즈의 자유주의적 사회관계질서에 대한 이해 속에 내재되어 있는 몇몇 결함에 대한 지적이 포함되어 있다.

6장은 사회계약 관련 서구 자유주의 이론들이 사회계약의 본의와 기능을 어떻게 이해하고 있는지에 대한 검토내용이다. 논의의 초점은 이들 이론들이 이해하고 있는 사회계약을 통하여 과연 인간 사회관계의 '기본관계질서'와 이의 확장 속에서 형성된 '사회관계질서'가 자유주의 기본정신에 부합하는 '정치질서'로 이행될 수 있는지 그 여부에 맞추어졌다. 17C 자유주의 정치이론들 이래 '사회계약이론'이라는 제(題) 하에 이루어진 서구 자유주의 이론들의 적지 않은 논의가 있지만 본장의 논의에는 이들에 대한 세세한 소개는 생략되었다. 본장의 기본의도가 자유주의의 기본정신에 부합하게 자연스러운 인간 삶을 담아내는 '정치질서'를 살펴보려는 데에 있는 만큼, 이들 서구 이론들은 또 하나의 이해와 섭취의 대상이라기보다는 검토와 평가대상으로서의 위상을 가지기 때문이다. 본장의 논의는 우선 자유주의 기본정신에 부합하는 사회계약, 즉 '사회계약 기본정신'을 전면에 세우고 전통적 서구 자유주의 사회계약 이론들이 당면해 온 몇몇 난제를 중심으로 이들 이론들의 문제해결 능력의 검토, 그리고 검토에서 드러난 이들 이론의 이론상의 허와 실이 사회계약 기본정신에 대해 가지는 의미 등의 순으로 전개되었다. 마지막 이 '의미'는 검토과정에 반영된 본장 논의의 취지에 따라 자유주의 기본정신에 부합하는 성격과 기능을 구유(具有)한 사회계약에 대한 간접입론의 성격을 가진다. 입론된 내용은 사회계약관련 서구이론들에 함의되어 있는 몇 가지 중요한 문제점을 극복한 대안적 이론의 성격을 지닌다. 입론된 대안 이론은 사회계약 관련 서구 자유주의 이론들에 일상화된 여러 가지 문제점들, 이를 테면 '결과순간포착 오류', '공권력' 혹은 '통치권력'과 관련한 '주객전도 오류', '정치강제 문제' 혹은 '부분통치 문제' 등과 이로부터 귀결되는 '정부계약'과 '사회계약'의 혼동 등의 문제점을 극복한다.

이 책 주 내용의 마무리 부분을 구성하는 7장과 8장은 1차적으로는 6장의 논의과정 속에서 드러난 정치질서권위 혹은 공권력에 대한 사회계약 관련 서구 자유주의 이론들의 이해 속에 드러난 결함과 오류가 '권위'와 관련한 서구 자유주의 이론들 일반에는 어떻게 나타나는지를 살펴보기 위한 것이다. 그러나 이 두 장에 걸친 논의에서 보다 중요하게 고려된 것은, 2장의 권리에 대한 논의에서 출발하여 자유주의 기본정신에 부합하는 제반 인간 사회관계 및 그 관계질서가 자연스레 형성해내는 제반 '인간 사회질서권위'(대표적으로는 '정치질서권위')를 서구 자유주의 이론들, 특히 권위 관련 이론들이 어떻게 이해하고 있는지에 대한 검토이다. 이 검토는 '권리-의/책무관계 기본구조'에 비추어 검토한 서구 자유주의 권리이론들에 대한 4장에서의 검토 논의와 동전의 앞/뒤 면의 관계에 선다. 이는 적어도 자유주의 기본정신상 정치질서권위를 포함한 모든 권위는 '자율성'을 토대로 하여 형성되는 권리와 표리관계 속에서 제반 인간 사회질서를 구성하기 때문이다. 7장에서는 그 검토대상을 프리드만(R. B. Friedman)의 권위 관련 논의를 표본으로 삼았다. 그러나 이 표본 논의에는 여타의 많은 권위 관련 서구 이론들과 이렇다 할 서구 자유주의 정치이론들이 직 · 간접으로 연결되어 있다. 검토결과 서구 자유주의 권위 관련 이론들 속에서 이해되고 있는 '권위'는 그 권위질서 참여자들의 자율성과 '소외'된 권위라는 점이었다. 이는 모든 권리의 형성근거인 자율성을 외면하고 있다는 점에서, 그리고 이 '외면'은 궁극적으로 자유주의적 삶에 대한 외면이라는 점에서 자유주의 기본정신을 벗어난 권위일 따름이다. 그리고 이러한 '소외'와 '외면'은 크게 보면 궁극 '관계질서' 속에서 형성되고 관계질서 속에서만 그 의미를 가지는 권위('위치적 권위'이든, '개인적 권위'이든)를 누군가에 '소유'될 수 있는 절대적 실체로 파악한 데에 그 원인을 두고 있었다.

8장은 이러한 '외면' 혹은 '소외' 현상이 자율성을 중심으로 볼 때는 어떻게 나타나는지를 살펴보기 위한 것이다. 8장의 이러한 과제는 7장에서 살펴본 권위 관련 서구 자유주의 이론들이 권위를 자유주의 기본정신에 어긋나게 자율성으로부터 소외된 개념으로 이해하고 있기 때문에, 혹 이들 이론이 이해하고 있는 자율성으로부터는 이와 상호 융합될 수 있는 권위개념을 찾을 수 있지 않을까 하는 희망에서 비롯된 것이다. 8장의 과제에 가장 긴밀하게 연관될 수 있는 논의는 관련 서구 자유주의 이론들 중 '철학적 아나키즘'에 대한 이론들에서 찾을 수 있다고 생각했다. 7장에서 살펴본 권위에 대한 그릇된 이해가 올바로 이해되는 자율성 보호를 명분으로 아나키즘 옹호를 불러들일 수 있기 때문이다. 그리고 이들 이론을 대표하는 것으로는 워프(R. P. Wolff)의 '아나키즘 옹호론'이 아닐까 생각했다. 그러나 8장에서의 검토는 7장에서의 검토결과를 재확인해 줄 뿐이었다.

워프를 통해서 살펴본 서구 자유주의 이론들에 나타나는 '자율성' 혹은 '자율권' 개념은 관계적 문맥을 벗어나 실체화된 '판단포기'의 대상으로 이해되고 있었다. 그리고 이 자율성과 논리적 접속의 대상으로 설정된 '권위'는 7장에서 살펴본 권위 관련 서구 자유주의 이론들이 거의 그렇듯이 소유적 개념으로 이해되고 있었다. 판단 포기대상으로서 실체화된 자율성과 소유개념으로 이해되는 권위는, 자유주의 기본정신에 부합하는 자율성과 권위가 상호 포섭의 표리를 이루는 것과는 반대로 상호 배반의 충돌관계에 설 수밖에 없다. 상호 배반의 충돌관계 속에 두 개념을 설정하고 두 개념의 접속을 시도한 워프의 노력은 따라서 실패할 수밖에 없었다. 그래서 그는 자칭 '철학적 아나키스트'가 되는데, 그의 실패는 권위 관련 혹은 이와 표리를 이루는 자율성 관련 서구 자유주의 이론들이 두 개념을 '절대적 실체' 개념으로, 그리고 '소유개념'으로 잘못 이해하고 있음을 대변해 준다.

7장의 논의를 서구 자유주의 이론들에 나타나는 '자율성으로부터 소외된 권위'로 집약할 수 있다면, 8장의 논의는 이들 이론에 나타나는 '권위로부터 소외된 자율성'으로 집약할 수 있다. 결국 이 두 장의 논의는 '소외'로 특징지을 수 있는데, 그만큼 이 두 장에 걸친 논의는, 합하여, 권위 관련 혹은 자율성 관련 서구 자유주의 이론들이 자유주의 기본정신으로부터 그만큼 '소외'되어 있음을 보여준다. 그런데 4장에서는 권리 관련 서구 자유주의 이론들이 학론(學論)이라는 미명 하에 제반 사회적 삶으로부터 정상적인 '권리-의/책무관계'의 소외를 부추기는 것이 밝혀졌고, 6장에서는 사회계약 관련 서구 자유주의 이론들이 정치질서와 정치질서권위로부터 정치사회구성원들의 정치적 삶의 소외를 정당화하는 그릇된 사유구조 속에 있음이 드러났기 때문에, 7-8장의 논의와 이들 논의를 모두 결합해 보면 결국 권리 관련 및 권위 관련 서구 자유주의 이론들은 자유주의 기본정신으로부터 소외된 혹은 이를 외면하고 있는 이론들이라고 말할 수 있다. 더불어 자유주의 기본정신이 자연스러운 인간 삶을 제반 인간사회의 권위질서 속에서 권리로 보장하는 데 두고 있다고 본다면, 결국 자유주의를 표방하는 서구 핵심 정치이론들은 '자연스러운 인간 삶과 그 질서를 외면하고 있는 서구 자유주의 (정치)이론들' 이라고 판정하여 큰 무리가 없어 보인다. 이 책의 제목 "삶의 질서와 서구 자유주의 (정치)이론"은 바로 이러한 판정을 토론의 장으로 이끌기 위한 개방적 표현이라 볼 수 있다.

4

서론을 끝내면서 이 책과 이미 이에 앞서 출간된 필자의 『현대 인권사상』(2003)의 '인권' 주제와의 연관성에 대하여 간략히 언급한다. 이 책의 도입부 2장과 3장, 그리고 4장은 주로 권리와 관련한 논의로서 '인권' 과 긴밀히 연결된다. 그리고 이 책에서 주제로 다루고 있는 '자유주의', '자유주의 기본정신', '권리관련 서구 자유주의 이론들' 은 '현대 인권' 의 배경사상이자 배경이론이 될 수밖에 없다. 그 이유는 자유주의 실행의 주개념인 '권리' 와 서구 자유주의의 세계화에 따라 시대적 가치언어가 된 '인권' 과의 개념적 연계 때문이다. 주지하듯이 '인권' 은 오랜 전통의 권리관념의 전개 속에서 18C 말경부터 구미를 필두로 세계 여러 나라들이 자연권을 헌법에 차입하는 것이 보편화되어 가는 추세 속에서 UN의 결성과 더불어 강화된 일종의 '국제화된 권리' 라고 볼 수 있다. 그런 만큼 권리의 사상적 · 개념적 · 이론적 전통은 최소한 UN결성 이전까지는 인권의 그것과 겹칠 수밖에 없다. 이 책에서는 이렇게 겹치는 부분에 대해서 지난 저술을 참고하라고 각주할 수도 있었지만 문맥상의 차이와 독자의 불편을 고려하여 본 논의의 목적에 맞게 다시 재구성되었음을 밝혀둔다. 아울러 인권이 서구 자유주의적 삶의 실천적 결정체인 권리를 토대로 발전되어 나온 것인 만큼, 이 책에서 검토된 서구 자유주의 권리이론들의 문제점은 서구 자유주의 인권이론들에 대해서도 그만큼의 함의를 가질 수밖에 없다는 점을 주의환기 겸 밝혀둔다.

2장
'권리'의 탄생과 근대 자유주의의 착상

서구 자유주의 이론들이 얼마나 자유주의 기본정신에 부합하는지 그 여부를 살펴보려는 우리의 논의는 '권리'[1]를 출발처로 한다. 자유주의 기본정신은 자유주의적 삶 속에 깃든 정신이며, 인간 사회관계 속에서 실현될 삶의 자유주의적 특성은 이 삶이 권리로서 보호된다는 데에

›››

1. 본장이 이 책의 본문 구성의 첫머리이자 본문 논의의 준비작업 성격을 가지기 때문에 이하 계속 사용되는 '권리'개념과 관련하여 몇 가지 밝혀둔다. 첫째, 그 표기와 관련하여 이하에서 표기되는 '권리'는 서구 자유주의 이론들에서 항용 표기하는 관례를 따른 것으로 의당 이와 짝을 이루는 두 용어—'의무' 혹은 '책무'—가 생략된 한 쪽만의 표현으로 간주되어야 한다. 왜 그런지와 이러한 서구적 표기상의 관례 속에 포함된 문제에 대해서는 3장 3절에서 살펴본다. 둘째, 구태여 별기할 필요는 없지만, 이 책에서 사용되는 '권리'는 굳이 그 성격을 밝히자면 '자유주의적' 권리개념이라는 점이다. 이 말의 이미는 우선, 이 개념이 앞서 서론에서 밝힌 '자유주의 기본정신'을 구성하는 모든 원칙과 입장들에 근거한다는 점이다. 다음으로 이 개념은, 인간 삶을 개개인의 '자연스런 삶'의 의미로 간주하여 이를 인간 사회관계 속에서 보호하여야 된다는 자유주의 기본정신의 목표를 실현하는 현실적 수단의 의미를 가진다는 점이다. 셋째, 이 개념은 그 출현 및 소속과 관련하여 사회제도적 개념

있기 때문이다. 그래서 서구 자유주의 이론들의 자유주의 기본정신에 대한 부합 여부를 살펴보기 위해서는 무엇보다도 먼저 이들 이론이 이렇듯 인간 사회관계 속에서 실현되는 자유주의적 인간 삶의 현실적 표상인 권리를 어떻게 이해하고 있는지를 살펴보아야 하는 것이다. 이하의 논의는 이를 위한 일종의 준비작업이다.

첫 절에서는 우선 권리의 개념적 기원을 살펴볼 것인데, 이는 관념적 씨앗으로 존재해 오던 자유주의가 언제 인간 사회관계에 착상되는지 그 시점과 관련된다. 자유주의적 삶을 자연적 삶에 가장 근사한 삶으로 보는 이 책의 입장에서는 관념형태의 자유주의는 동서고금(東西古今)을 막론하고 존재해 왔다고 간주한다. 그러나 그 관념적 씨앗의 개념화 시점이 특정 사회에 자유주의가 착상되는 시점이자 자유주의가 인간 사회관계의 규범으로 다듬어지는 시점으로 볼 때, 이 개념화와 관련해서는 서구 근대라는 시간적 · 공간적 특수성이 고려될 수밖에 없다. 다음 2절에서는 권리주체의 역사적 등장과정을 '근대적 인간'의 인간 이미지와 관련하여 살펴본다. 이는 권리주체들 사이에 엮어지는 인간 사회관계와 이 관계로 구성되는 사회에 대한 자유주의의 착상과정을 함의한다. 물론 권리주체의 등장과정은 첫 절에서 살필 관념적 씨앗의 개념적 착상과정과 동연에 서 있다고 본다. 끝으로 3절에서는 권리개념의 이론적 체계화를 17C 서구의 '자연권이론'을 통해 살펴본다. 권리개념

›››

이라는 점이다. 이 말은 이 개념의 형성이 인간 개개인이 평등한 권리주체임에 대한 사회보편의 인식의 형성과 그 궤를 같이 한다는 점과, 이 개념의 확립이 평등한 권리주체로서의 개개인의 삶이 인간 사회관계 속에서 사회질서로 보호되어야 한다는 사회보편인식의 확립과 그 궤를 같이 한다는 점을 의미한다.

이 이론적 체계를 갖춘다는 것은 자유주의적 사회관 및 정치사회 질서관이 그 사회구성원들로부터 이 질서관에 대한 보편적 지지를 구하고 있다는 말이 될 것이다. 그리고 자유주의 질서관에 부합하는 사회를 건설하고 이에 부합하는 인간 사회관계의 제도화를 모색하는 사회적 분위기가 무르익고 있다는 말이 될 것이다. 이 시점은 자유주의적 사회탄생의 태동시점이기도 할 것이다.

책 제목에 있는 '권위'는 왜 본 논의의 출발점에서 고려되지 않는가 하는 의구심을 가질지 모르나 '권위'는 우리 논의여정의 종착점쯤에서 살펴보게 될 것이다. 물론 자유주의 기본정신에서 볼 때 권위는 권리 없이는 정위(正位)될 수도 없고, 권리와 불가분리의 연계 속에서 그 논의가 전개될 수밖에 없다. 그러나 논의의 편의와 논지의 간결화를 위하여 일단 뒤로 미룬다. 그러나 이러한 '미룸'이 권리 뒤에 권위가 따른다는 의미는 결코 아님을 밝혀둔다. 권위는 개인의 자율권 속에서도 자존의 형태로 존재하기 때문이다. 이어지는 논의에서는 우선 권리의 개념적 기원을 살펴본다.

2-1. 권리개념의 탄생

현재 통용되고 있는 서구 자유주의적 권리이론들의 개념적 · 이론적 바탕이 된다고 여겨지는 서구의 자연권개념과 이론은 서구 자유주의 전통의 자연권사상(jusnaturalism)에 그 바탕을 두고 있다고 여겨지는 이론이다.[2] 그리고 이 자연권사상은 서구 자유주의 정치사상과 더불어 홉스(T. Hobbes)와 로크(J. Locke)의 자연권이론에서 본격화된다고 여겨지는 것이 통설이다.[3)] 그런데 이 자연권사상은 서구의 "자연법(jus naturale)"사상에 뒤이어 발기하고 확립된다는 점에서 그 용어나 사상적 내용면에서 후자와 일정의 관계—이를 테면 사상사적 전통의 단절 혹은 계승—를 맺고 있다.

이러한 두 사상의 전통과 관련하여 여기서 상론할 수는 없고 간단히 제기되어 있는 논란의 요점만을 지적하고 지나간다. 구미의 일부 관련 학자들은 자연권사상을 자연법전통과의 연계 속에서 이해하는 것에 반론을 제기한다. 이들에 따르면, 자연권은 자연법으로 호도(糊塗)된 신분적 위계질서와 초인간질서에 대한 저항의 명분이었던 만큼 둘 사이의 연계를 주장하는 것은 자연권의 혁명적 과격성을 은닉하기 위한 수사(修辭)에 불과한 것이라 한다. 따라서 이 둘 사이 관계의 특징은 전통의 계승이 아니라 오히려 전통의 단절로 보아야 한다고 주장한다.[4)]

›››

2. 자유주의적 권리이론의 형성은 '서구 특유'의 근대사 전개와 궤를 같이 하는 것으로 이해된다. 많은 관련 논의들 중 이를 간결하게 명시하고 있는 논의는 Ian Shapiro, *The Evolution of Rights in Liberal Theory*(Cambridge : Cambridge University Press, 1986), Chs. 1, 6 ; Jack Donnelly, *Universal Human Rights in Theory and Practice*(Ithaca : Cornell University Press, 1989, Chs. 3-4에서 찾아볼 수 있다.

3. 구미의 거의 모든 권리이론가들은 현대 권리이론의 뿌리를 홉스(T. Hobbes)와 로크(J. Locke)의 자연권 이론에서 찾고 있다. 이는 앞서 각주 '1)'에서 소개한 권리개념의 기원에 대한 논구에서도 공통적이지만, 본장의 논의에 보다 직접적으로 관련되는 논의의 예로는 Ian Shapiro, 앞의 책 (1986), Chs. 2-3 ; L. W. Sumner, *The Moral Foundation of Rights*(Oxford : Clarendon Press, 1987), 특히 Chs. 4 & 5 ; Eugene Kamenka, "The Anatomy of an Idea", in Eugene Kamenka and Alice Erh-Soon Tay, eds., *Human Rights*(London : Edward Arnold Ltd., 1978) ; D. D. Raphael, "Human Rights, Old and New" in D. D. Raphael, ed., *Political Theory and The Rights of Man*(Bloomington : Indiana University Press, 1967) ; Jack Donnelly, 앞의 책(1989), Ch. 5 등을 들 수 있다.

반면에, 자연권사상이 자연법전통에 함의되어 발전되어 나온 것으로 보고 이 둘 사이의 연계를 주장하는 관련 구미학자들의 견해[5] 또한 그 수에서 적지 않다. 이들은 자연권의 세속적 정치질서에 대한 저항적 성격을 강조하려 해도 그 저항의 명분과 세속 정치질서의 옳고 그름을 준거할 수 있는 상위질서의 존재, 즉 자연법질서의 존재를 전제하지 않을 수 없음을 강조한다. 자연권의 세속적 정치질서에 대한 불가양도성과 절대성은 초인간적 질서로서의 자연법질서로부터 위임된 것이며, 세속적 질서에 대한 평가와 단죄를 행할 수 있는 권위 역시 자연법질서로부터 위임된 권위라는 것이다. 필자는 자연권사상이 자연법전통에 연계되어 있다는 입장이 더 타당하다는 편에 선다.[6]

›››———

4. 예를 들어, K. R. Minogue, "Natural Rights, Ideology and the Game of Life", in Eugene Kamenka and Alice Erh–Soon Tay, eds., *Human Rights*(London : Edward Arnold Ltd., 1978), pp.13–35 ; Leo Strauss, *Natural Right and History*(Chicago : The University of Chicago Press, 1953), Introduction, Ch. V.

5. 이를 테면 John Finnis, *Natural Law and Natural Rights*(Oxford : Clarendon Press, 1980) ; Richard Tuck, *Natural Rights Theories : Their Origin and Development* (London : Cambridge University Press, 1981) ; E. Kamenka, 앞의 글(1978) ; D. Raphael, 앞의 글(1967)(여기에서〈p. 54〉Raphael은 권리개념의 모태가 되는 "자연권 개념은 로크(Locke)에서 가장 잘 표현되어 있는데 이 로크의 자연권 개념은 전통적 자연법 이론에서 발전되어 나온 것"이라고 주장한다) ; K. R. Minogue, 앞의 글(1978), 참고.

6. 이러한 입장에 2절에서의 논의에 근거한다. 더불어 자연법 개념과 자연권 개념의 연계는 이상의 논리적 추론 외에도 서구 "권리right(s)"개념의 역사적 기원을 살펴보는 데에서 더더욱 두드러지게 드러난다. 근대 서구 자유주의적 권리개념은 자연권 개념을 경유하여 용어상으로 볼 때 로–마법(Roman Law) 전통의 "법(jus : 올바름 혹은 정의 〈righteousness or justice〉를 의미하는 법/권리개념)" 개념에 어원상의 뿌리를 두고 있다고 보여진다. 물론 이는 관념상의 기원을 따져볼 때 그렇다는 것일 뿐 오늘날 사용되는 서구 자유주의적 "권리"개념은 "자연권" 개념과 더불어 그 의미가 크게 변화되어 "올바름 혹은 정

시기적으로 자연법전통에 뒤이은 자연권사상에 포함되어 전승되어 온 자연권개념은 뒤이어 살펴보겠지만, 다시 15세기경 그 이전의 자연법개념과는 서로 다른 내용으로 분기(分岐)되면서 그 이후 자연권개념에 바탕을 두고 전개되는 권리개념의 내용과 성격에 직접적 혹은 간접적인 영향을 미치게 된다. 이러한 자연법전통은 홉스와 로크에서 본격화되는 자연권이론에도—두 이론 사이에는 이해상의 현격한 차이를 두지만—그대로 이어진다. 따라서 권리와 관련한 서구 자유주의 이론의 이력을 더듬어 보는 데는 자연권의 개념적 기원, 이론적 뿌리와도 연관하여 우선적으로 자연권개념이 어떻게 자연법전통으로부터 분기되어 가는지 그 과정과 의미변화를 살펴보아야 할 것 같다.

그렇다면 오늘날의 권리개념의 기원으로 여겨지는 서구의 자연권개념이 어떻게 그 자연법전통으로부터 분기·변전되면서 '오늘날의 의미'를 가지게 되었을까? 이 질문과 관련하여 본 논의에서는 자연법개념에 대한 상론은 피하고 일단 자연법개념과 미분화상태에 있던 '자연법/권(jus naturale) 혼합개념'으로부터 어떻게 권리개념의 기원으로 볼 수 있는 근대적 자연권개념이 분기되어 나오는지에 대해 초점을 맞출 것이다. 그리고 그러한 분기에도 불구하고 혹 오늘날의 권리개념에 남아 있는 자연법전통의 관념상의 흔적 등은 없는지에 대해서도 3절에서

›››

의"를 주 내용으로 하는 로-마법 전통의 "법/권리(jus)"개념으로부터 유추해 내기는 퍽이나 어렵게 되어있다. 로-마법의 역사적 전개에 대한 보다 자세한 내용은 F. de Zulueta, "The Development of Law under the Republic", in *The Cambridge Ancient History*, S. A. Cook, F. E. Adcock, & M. P. Charlesworth, eds. (London : Cambridge University Press, 1932), Vol. IX : The Roman Republic (133–44 BC), pp. 866ff ; John Finnis, 앞의 책(1980), p. 206 참고.

자연권이론과 관련하여 살펴볼 것이다.

피니(John Finnis)는 한 연구[7]에서 그간에 있었던 자연법과 자연권에 관한 많은 논의들의 검토를 바탕으로 하여 둘 사이의 연계와 상호 분기의 체계를 드러내 보여준다. 그리고 그 속에서 자연법관념의 자연권관념으로의 전환을 성(聖) 아퀴나스(St. T. Aquinas, 1225–1274)와 수아레즈(Francisco Suarez, 1548–1617) 사이 어느 시점에서인가 일어났다고 주장한다.[8] 이 주장에 따르면, 아퀴나스까지만 해도 스토아학파의 교리에서처럼 "법(jus)"은 바로 이성의 법, 자연법을 말하는 것으로, "1) 정의로움 그 자체(정의로움의 대상이 행동이건 사물이건 어떤 일의 형편이건 간에)를, 또한 2) 정의 여부를 판별해야 되는 인적 · 물적 관계에서 무엇이 정의로운지를 알거나 이를 판별하는 능력(이때 이 능력이 의존하는 원칙이나 규칙을 법이라 함), 혹은 오늘날 법정과 같이 무엇이 정의로운지를 심사하는 장소를 뜻하거나, 3) 끝으로 정의를 행하는 것이 자신의 임무인 재판관들의 심리를 뜻하는 것"[9]이었다고 한다. 그러나 1610년 수아레즈가 펴낸 『법률론』에 나타나 있는 전통적인 법(jus)의 의미는 상당히 달라져 있었다 한다. 수아레즈가 그곳에서 정의하는 바 법의 "참되고 엄격한 본 뜻"은 "일종의 도덕적 능력(facultas)으로서 모든 사람이 자신의 소유물이나 그 자신에 마땅히 속한 어떤 것에 대하여 가지는 능력"이라고 되어 있다는 것이다.[10] 이 논의 속에서 피니는 이러한 수아레즈의

7. John Finnis, 앞의 책(1980).

8. John Finnis, 앞의 책(1980), p. 206.

9. St. T. Aquinas, *Summa Theologiae*, Ⅱ–Ⅱ, g.57a, lc, ad 1 and ad 2(John Finnis, 앞의 책(1980), p. 206에서 재인용).

10. F. Suarez, *De Legibus*, Ⅰ, ii, 5(John Finnis, 앞의 책(1980), p. 207에서 재인용).

법에 대한 정의는 아퀴나스에서는 결코 찾아볼 수 없을 뿐만 아니라, 앞서 살펴본 아퀴나스의 법에 대한 정의에 대해서도 수아레즈는 처음에는 모호하게 언급하다가 뒤에 가서는 아예 논의 중에서 빼버리고 있음을 밝힌다.

결국 용어상으로는 똑같이 '자연법(jus naturale)'이라고 표기는 하고 있지만 적어도 아퀴나스까지는 "올바름" 혹은 "정의"를 의미했던 전통적인 자연법개념이 수아레즈에 이르러서는 개인이 소유하고 있는 어떤 사물을 처분하거나 통제할 수 있는 '도덕적 능력' (물론 여기에서 '도덕적'이라는 말이 암시하듯이 능력은 능력이되 올바른 판단 위에 선 능력이라는 의미이겠지만)을 함의하는 개념으로 변하게 된다는 것이다. 그리고 이 변화된 의미로부터 다름 아닌 근대적 자연권개념이 형성되어 나오게 된다는 것이다. 그러니 아퀴나스와 수아레즈 사이의 어디에선가, 340여 년간이라는 긴 세월 어느 시점에선가 자연법개념의 획기적인 변화가 일어나면서 자연권개념으로 변모되었음이 분명하다는 것이다.[11]

그 시점이 구체적으로 언제인지 밝히지는 않고 있지만 그러면서도 피니는 이 변화된 의미를 함의하는 자연법개념이 수아레즈 이후 어떻게 그로티우스(Hugo Grotius, 1583-1645)를 거쳐 홉스에 이르러 보다 명료하게 자연법과 그 뜻을 달리하는 자연권개념으로 나타나는지를 보여준다. 피니에 의하면, 우선 1625년 그로티우스의 『전쟁과 평화에 관한 법(*De Jure Belli ac Pacis/The Law of War and Peace*)』 첫머리에서 설명하고 있는 그의 책제목의 법(jure)의 뜻은 "정의로운 것"이라고 되어 있는데, 곧 이어 전혀 다른 뜻을 소개하고 있다 한다.[12] "법(jus)의 또 다른 의미는

---

11. John Finnis, 앞의 책(1980), p. 207.

… 사람과 관련되어 있다; 이때 법이 의미하는 바는 어떤 사람의 도덕적 자질로서 그로 하여금 무엇인가를 정당하게 가지게 하든가 혹은 행하게 하는 것이다."[13] 이어서 그로티우스는 추후 이 두 번째 정의를 법(jus)이라는 개념의 "적절하고도 엄격한" 의미로서 규정하면서, 이 두 번째 정의 속에 포함되어 있는 "도덕적 자질"을 용어상으로 분류하여 완전한 자질일 경우는 "능력(facultas)"으로, 그리고 불완전한 자질일 경우는 "성향(aptitudo)"으로 부르고 있다는 것이다.[14]

피니에 따르면, 그로티우스의 법(jus)개념이 아퀴나스까지의 전통적 의미로부터 분기되는 곳은 그로티우스가 'jus'를 'facultas'로 연결시킨 후 이에 세 가지 의미를 부여하는 곳에서이다. 즉, 그로티우스는 'facultas'의 의미를 "1) 힘 혹은 권력(potestas)/2) 소유권(dominium)/3) 채권[채무(debitum)에 대(對)하는 의미에서]"[15] 이렇게 3가지로 부여하는데, 결국 그로티우스의 법(jus)개념은 수아레즈에서와 같이 근본적으로 어떤 사람이 소유하고 있는 그 무엇, 보다 구체적으로는 그가 소유하고 있는 힘(권력)이나 자유를 의미하고 있다는 것이다.[16] 여기에서 우리는 전통적 자연법개념이 근대 자연권개념으로 분기되는 과도적 상태를

12. John Finnis, 앞의 책(1980), p. 207(H. Grotius, The Law of War and Peaces Ⅰ, 1, iii 참고).

13. H. Grotius, 위의 책, iv(John Finnis, 앞의 책(1980), p. 207에서 재인용). 여기에서 이미 법(jus)개념 속에 함의된 권리관념을 엿볼 수 있다.

14. John Finnis, 앞의 책(1980), p. 207.

15. H. Grotius, 위의 책, v(John Finnis, 앞의 책(1980), p. 207에서 재인용). 이때 자신을 부리는 권력(힘)은 자유(libertas)를 의미하고 타인을 부리는 힘(권력)은 마치 가족을 지배하는 아버지의 힘처럼 가부장권(patria potestas)을 의미한다.

16. John Finnis, 앞의 책(1980), p. 207.

읽을 수 있다.

물론 이렇듯 능력의 소유를 함의하는 자연권개념으로 변해가는 법(jus)의 의미 속에서도 그 정당성 문제와 관련하여 아퀴나스의 전통적 의미를 부여할 수 있는 여지는 아직도 잔존한다. 이를 테면 소유는 소유로되 "정의로운 (그 무엇의) 소유"라는 식으로 말이다. 그러나 설사 그렇다 하더라도 이제 이 '옳음' 혹은 '정의로움'이라는 의미는 변화된 개념 속에서 어느 한 개인의 배타적 이익 편에 서서 그의 행동과 소유를 정당화하는 의미로 이해되기 시작했다는 데에 그 변화의 중요성이 있게 되는 것이다. 이러한 자연법개념의 의미상의 변화는 권리의 주체와 그 주체의 권리 모두를 법과 정의에 의해 규정된 법적 의무의 영역 밖으로 내모는 결과를 낳게 되지 않았나 생각된다.

피니에 따르면 이러한 자연법의 의미상의 변화가 개념상의 구분과 더불어 가장 확연하게 드러나는 곳은 홉스의 『리바이어던(*Leviathan*)』(1651)에서이다. 이곳에서 홉스는 분명 기왕의 자연법(jus naturale)개념의 뜻이 자연권(The Right of Nature)임을 밝히고 자연법개념에 해당하는 용어는 'Lex Naturalis(A Law of Nature)'로 명기한다. 그리고 그간 사람들이 'Jus'와 'Lex'를 혼동하고 있었음을 지적하면서 이제 이 두 개념이 어떻게 다른지 그 뜻을 구분해 놓는다.[17] 이와 관련한 홉스의 자연권 이론에 대해서는 3절에서 살펴본다.

이렇게 해서 수아레즈와 그로티우스를 거쳐 홉스에서 의미상으로나 용어상으로 전통적 자연법개념으로부터 완전히 분화되어 나타나기 시

17. T. Hobbes, *Leviathan*, ed. by C. B. Macpherson(N. Y. : Penguin Books1968a), pp. 189–90 ; R. Tuck, 앞의 책(1981), pp. 119–142 참고.

작한 자연권개념은 다음 장에서 살펴볼 로크의 자연법 중심의 재해석을 거치면서 17, 18세기 자유주의 사상과 권리이론의 중심 개념으로 자리하게 되는 것으로 보여진다. 그러나 여기까지의 추적에서 남게 되는 한 가지 문제는, 근대적 자연권개념으로의 변화 시점은 아퀴나스와 수아레즈 사이 340여 년의 기간 중 어느 시점쯤인지를 보다 구체화할 수는 없느냐는 것이다. 이와 관련하여 피니의 연구에 바로 뒤이어 나온 또 다른 한 연구를 살펴본다.

턱(Richard Tuck)의 한 연구[18]는 근대 자연권개념의 기원과 그 역사적 전개를 보여준다. 그리고 이 연구 속에서 턱은 자연권의 의미상의 기원과 관련하여 그간 학계의 통설로 수용되어 오던 빌레이(M. Villey)의 '오캄(William of Ockham) 기원설'이 재검토되어야 함을 주장한다.[19] 그의 주장에 따르면, 그간 1950년대 이래 관련 학계에서는 자연권의 의미상의 최초의 정착을 오캄의 윌리암의 『20일의 작품(*Opus Nonaginta Dierum*)』에서 사용하고 있는 권력/힘(potestas)에서 찾고 있는데, 이에 대해서는 의문의 여지가 있다는 것이다. 그 이유는 오캄의 윌리암이 사용하고 있는 'potestas'는 자연법개념의 'jus'와 분립된 의미를 가지는 근대적 자연권'으로서의 의미를 함의하는 개념으로 보기 어렵기 때문이라는 것이다. 사용된 'potestas'는 대체로 자연법의 체계 내에서 하나님의

18. R. Tuck, 앞의 책(1981).

19. R. Tuck, 앞의 책(1981), Ch. 1, Sec. VI(여기에서 턱이 비판하고 있는 빌레이의 '오캄 기원설'은 Michel Viley, *Seize essais de philosophie du Droit*(Paris : 1957), pp. 140-178에 전거하고 있음) ; 이러한 오류의 가능성에 대해서는 M. P. Golding도 문제제기를 하고 있는데, 그의 "The Concept of Rights : A Historical Sketch", in Elsie L. Bandman and Bertram Bandman, eds., *Bioethics and Human Rights*(N.Y. : Univ. or America Pr,. 1986), p. 48 참고.

피조물로서 하나님의 소유물(dominium)을 자신의 생존을 위해 자연법(자연적 정의, 건전한 도덕)에 따라 사용할 '의무'를 지칭하는 것으로, 오히려 소유물에 대한 권리를 부정하기 위해서 사용했기 때문이라는 것이다.

그 이유로 턱은 권력/힘(potestas)의 개념이 나타나는 『20일의 작품』은 당시 법왕 죤 12세(John, 1316-1334)가 하나님 재산의 승계를 명분삼아 교회재산과 교회권을 세속적으로 독단하려는 데 대항한 반박문이고, 더구나 이 반박문은 아퀴나스식의 전통적 자연법이론[즉, 소유의 정당한 근거가 소유주의 권리에 있는 것이 아니고 그 소유의 옳고 그름을 판별해주는 자연법(신법)에 있다는 이론]에 근거하고 있음을 든다.[20] 그러면서 턱은 오히려 근대적 자연권을 함의하는 자연법개념 변화의 확립은 오히려 자연권에 대한 이론화를 시도한 거슨(Jean Gerson)의 『영성생명체의 삶(*Vita Spriturali Animae*)』(1402년 발간)에서 찾아볼 수 있다고 주장한다.[21] 턱은 전통적인 '옳음'이나 '정의'를 의미하는 자연법개념인 'jus'로부터 '능력(facultas)' 혹은 '자유(libertas)'를 의미하는 근대적 자연권 관념이 분리되어 나오는 문헌상 최초의 예로 아래와 같은 거슨의 글을 인용한다.

> (자연) 법/권(jus)이란 의도적인 능력 혹은 힘으로서 올바른 이성을 가진 사람이라면 누구에게나 있는 것이다. …모든 생명체는 권리(jura)를 가지는데, 이는 자신과 자신에게 좋은 것을 갖추어 주는 긍정적 자질이다. 이렇듯 …

20. R. Tuck, 앞의 책(1981), pp. 12-13.
21. R. Tuck, 앞의 책(1981), pp. 12-13.

> 모든 피조물들은 자연적으로 자신에 좋은 것을 행할 능력(potestas) 혹은 자유(libertas)를 가진다.[22)]

그리고 턱은 거슨의 책에 나오는 또 다른 인용을 통하여 (자연)권(jus)과 (자연)법(lex)의 용어상 분기의 흔적을 보여준다. 이는 그간 통설로 알려진 17세기 이른바 자연권이론가들의 구분(특히 그 중 홉스의 처음 구분)보다 대략 2세기 이상 앞서 시도되고 있었음을 보여준다.

> [자연권(jus naturale)으로서의] 자유는 모든 선택된 가능성에 열려 있는 이성과 의지의 능력이다. … (반면에) Lex(법)은 올바른 실천이성으로서 그에 입각하여 모든 사물의 행동과 작용이 명령받은 목표를 가지게 된다.[23)]

이상의 턱의 연구로 미루어 우리가 알 수 있는 것 중의 하나는 자연권개념과 연계된 현 시대 권리개념의 의미상의 발아시점을 거슨의 문헌상의 예로 비추어 15세기 초로 볼 수 있다는 점이다. 그리고 그 둘은 자연권 용어의 문자적 표현은 아직까지의 연구결과 거슨의 『영성생명체의 삶』 속에서 그 최초의 흔적을 발견할 수 있다는 점이다. 이러한 자연권의 의미와 용어가 최초로 그 흔적이나마 정착되어 나타나는 것을 밝혀준 턱의 연구는 바로 자연권개념의 기원을 밝혀주는 것이 된다. 그리고 이러한 개념적 기원의 발견이 우리에게는 보다 중요한 시사점을

---

22. Jean Gerson, *Oevres Complètes*, P. Glorieux, ed.(Paris, 1962), Vol. III, pp. 141-42 (R. Tuck, 앞의 책(1981), pp. 25-26에서 재인용).
23. Jean Gerson, 앞의 책, Vol. IX, p. 134(R. Tuck, 앞의 책(1981), p. 27에서 재인용).

준다. 즉, 이때를 전후하여 전통적인 자연법/권(jus naturale) 혼합개념은 한편으로는 '옳음' 혹은 '정의로움'이라는 의미를 중심으로 한 근대적 법관념과, 다른 한편으로는 '자유' 혹은 '능력'이라는 의미를 중심으로 하는 근대적 자연권(natural rights)관념으로 분기되는 분수령이 확고한 모습을 갖추게 되었다는 점이다. 이는 역으로 근대적 자연권관념의 의미중심점이 이 시점을 기준해서 전통적으로 그 속에 함의되어 있던 도덕적 · 법적 정당성, 즉 법적 정의(正義)의 의미요소(意味要素)로부터 권리의미요소(능력, 자유, 힘)쪽으로 옮아가게 되었다는 점을 말해주고 있다고 볼 수 있는 것이다.

나는 턱의 연구가 주는 시사점이 신성 이성의 권위가 인간 이성의 권위로 대체되어 가고 있었음을 말해준다고 본다. 더불어 그간 현전하던 신의 규율에 부합하는 정당함이 이성을 구유하고 있는 인간의 이성적 정당함으로 내면화되면서 신성한 도덕률에 대한 의무관념 속에 잠재해 있던 권리관념이 인간 이성을 근거로 표면화되어 가고 있었음을 보여준다고 본다. 이러한 이유에서 나는 권리개념의 기원으로 보는 자연권개념에 대한 이상과 같은 연구의 중요성에도 불구하고, 자연법적 의무개념은 그 구속력의 근거를 설사 신성이성에 두었다 할지라도 위에서 밝히려 했던 권리관념의 자연권개념으로의 표면화 이전에도 항상 권리관념을 그 안에 함의하고 있었다고 본다. 즉, 근대 이전의 권리관념은 표면화된 의무개념 뒤에 가려진 반사적 권리의 의미로 자연권개념 등장 이전에도 신성이나 전통적 관습에 근거하는 도덕적 · 제도적 행동준칙을 준봉해야 할 의무로부터 그 논리적 추정이 가능하다고 보는 것이다. 이러한 입장은 물론 종교적 신앙과 관련된 여타의 복잡한 인간관계를 사상(捨象)하고 단지 권리와 의무(책무)를 내용으로 하는 사회적 인간관계에 작용하는 신성 도덕률만을 전제적으로 고려한 것이다.

그리고 자연법적 의무개념으로부터 자연권관념의 논리적 추론이 가능한 것은 다음과 같은 이유에서다. 첫째, 권리관념과 의무관념은 설사 그 내용과 적용범위가 시대와 장소에 따라 다를지 몰라도 언제나 서로를 전제할 수밖에 없다는 점 때문이다. 십계명에 '살인하지 말라!' 는 계율은 이를 테면 (갑)-(을)관계에서, (갑)과 (을) 모두가 준수해야 될 의무사항이지만 이는 동시에 전자가 후자로부터, 혹은 후자가 전자로부터 살해당하지 않을 권리사항이 되기 때문이다. 둘째로, 의무관념에 전제된 정당성 근거는 권리관념에도 그대로 전제되기 때문이다. 이를 테면 위에서 든 예에서 두 사람의 계율준수 의무의 정당성 근거가 되는 신성은 상호 간 권리근거의 정당성이기도 하다. 셋째로, 의무관념에 의해 설정되는 행동의 테두리는, 그것이 비록 관념형태에 머물러 있는 상태일지라도 권리관념의 테두리이기도 하기 때문이다. 설사 근대 이래의 인간 이성의 자율성을 전제한다 하더라도 자율성의 의미는 일정한 테두리 내의 언행으로 표현된 자유라 볼 때, 이 일정한 테두리는 권리의 테두리로서 의무의 테두리와 일치하는 것이다. 이를 테면 위의 같은 예에서 두 사람의 권리를 한계지우는 '십계명' 과 같은 테두리는 3장에서 볼 바와 같이 이 두 사람이 지켜야 되는 자율권평등원칙에서 발생되는 상호 억제기제의 테두리와 그 기능과 내용에서 같다. 다만 차이가 있다면 전자는 신(神)의 이름으로, 후자는 인간의 평등한 도덕적 지위의 이름으로 그 한계를 구성한다는 점일 것이다.

2-2. 권리주체와 근대 (서구) 자유주의적 인간의 등장

현대 권리개념의 근거가 되는 서구 자연권개념이 그 자연법전통으로부터 분기되어 나름의 개념체계를 가지게 되었다는 것은 신이나 자연 같은 초인간적 주체를 가정하여 존재한다고 생각되던 자연법질서에서 그간 타자로 존재하던 인간이 이제는 자연권질서의 주체로 변화되었음을 말해준다. 이는 인간 자체의 변화라기보다는 이들에 대한 이미지 혹은 이들을 보는 시각이 달라졌음을 의미하는 것으로 인간에 대한 일종의 '관(觀)', 즉 인간관의 변화를 말해주는 것이다. 모든 '관'은 어느 특정 시기, 어느 특정 사회조건에서 보편화된 하나의 가치의식의 표현이라고 볼 때, 여기에는 이를 실현하기 위한 정치사회적 실천형식 모색과 정당화에 대한 사회적 (현재 · 미래의) 요구가 반영되어 있다. 그래서 자연법질서 대상 이미지로부터 자연권질서 주체 이미지로 변모된 인간 이미지 속에는 그간의 자연법질서를 대신하여 이 주체가 살아갈 사회와 그 질서에 대한 오늘과 내일의 청사진을 담고 있음을 의미한다.

자연권개념의 형성과 더불어 서구 특유의 역사전개에서 형성되어 온 권리주체를 흔히 '근대적 인간'이라고 부르는데,[24] 이 독특한 이름

24. 근대적 인간관의 출현과 이 인간관의 출현이 자연권 전통과 정치사상 전통에 대하여 가지는 시사성에 대해서는, Q. Skinner, *The Foundations of Modern Political Thoughts*(Cambridge : Cambridge University Press, 1978), Vol. Ⅰ, Chs. 1–3, 8–9 ; Leo Strauss, 앞의 책(1953) ; A. Bullock, *The Humanist Tradition in the West*(Wisbech : Thames and Hudson, 1985), Chs. 1, Ⅱ ; D. Germino, *Ma-*

은 '모든 인간은 자유롭고 평등하다'는 '근대적 인간관'의 형성과정과 그 궤를 같이한다고 본다. 이러한 인간관은 이것이 하나의 '관'인 만큼 사실표현이라기보다는 차라리 모든 인간은 '자유롭고 평등해야 한다'는 만인자유평등의 이상을 표현하는 것으로 보아야 한다. 그런 점에서 규범적이며 미래지향적이다. 그리고 이 만인자유평등의 이상 속에는 1) 누구나 자신에 관한 일인 한, 자신 이외의 누구에 의해 구속되거나 간섭당하지 않는 자율권 주체라는 점, 2) 자신이 속한 사회의 질서를 스스로 선택하고 따르는 사회질서의 주체라는 점, 3) 누구나 자율권 주체, 사회질서 주체로서의 존엄성을 가진다는 점 등이 함의되어 있다.[25] 이 모든 함의를 종합하면, 이는 결국 서론에서 밝힌 근대 자유주의 기본정신에 부합하는 인간상, 즉 자유주의적 인간상에 다름 아님을 알 수 있다. 그리고 이러한 근대적 인간상은 '인간 존엄성'[26]을 바탕으로 하는

›››

chiavelli to Marx : Modern Western Political Thought(Chicago : The University of Chicago Press, 1979), Ch. 1 참고 ; 그리고 종교개혁의 주역들은 이러한 '근대적 인간'을 신(神)의 이름을 빌려 이성적이고도 자율적인 존재로 변호하였는데, 이 점에 대해서는, Q. Skinner, 앞의 책, Vol. Ⅱ, Chs. 1, 3, 5, 8–9 ; M. Weber, *The Protestant Ethic and the Spirit of Capitalism*, T. Parsons tr.(N. Y. : Charles Scribner's Sons, 1958), Chs. Ⅰ & Ⅳ ; D. Germino, 앞의 책, Ch. 3 참고.

25. 이를 한 마디로 근대적 인간의 '자기규율주체(self-ruler)'적 속성이라 할 수 있겠는데, 이에 대해서는 Guido de Ruggiero, *The History of European Liberalism*, R. G. Collingwood, tr.(Boston : Beacon Press, 1964〈1927〉), Introduction-§7 참고.

26. 그러나 이상과 같은 '근대적 인간'의 탄생배경을 서구의 역사전개 속에서 찾을 수 있다 해서 그 인간상에 함의된 '인간 존엄성'을 하나의 본원적인 사회도덕 가치로서 존숭해 온 것 또한 인류 역사상 유독 근대 서구 역사에 국한된다고는 말할 수 없다. 인간 존엄성존중에 대한 신념은 여기서 열거할 수 없을 정도로 인류 역사가 남긴 모든 위대한 도덕적 문건에서 발견된다. 그리

자율적 인간상을 그의 삶의 개인적 · 사회적 모든 부문에서 지향해 갈 것임을 예고한다.

서구 문명사의 통설에 따르면[27] 봉건군주와 영주의 투쟁, 농민반란, 무역의 확대, 르네상스의 융성, 종교개혁, 절대군주와의 투쟁 등을 거치면서 서구인들은 근대적 인간으로서의 입지를 강화해 간다. 그리고 이러한 역사적 전개 속에서 중세의 신분적 위계를 중심으로 한 인간불평등사상이 붕괴되면서 인본주의 정신을 중심으로 하는 자유롭고도 평등한 근대적 인간관이 확립되어 간다. 보편적으로 수용되고 있는 서구 정치사상사 연구들에는 이러한 역사적 전개 중에서도 특히 르네상스와 종교개혁을 근대적 인간관 확립의 직접적 계기로 나타난다.[28] 이를테면 르네상스의 융성은 중세적 관습과 봉건적 전통의 속박으로부터의 인간해방과 세속활동에서의 자율성을 확보해 가는 데에 비옥한 토양

>>>

고 원시시대 이래 인류의 모든 바람 속에서도 확인된다. 그러나 지금까지 서구의 관련 연구들은 '자연권 주체'로서의 인간 존엄성을 바탕으로 하는 '근대적 인간'의 등장은 서구 특유의 역사적 전개와 함께 형성되어 온 인간관의 결과로 보고 있다. 이는 앞서 샤피로(I. Shapiro, 앞의 책〈1986〉, Ch. 1)와 도널리(J. Donnelly, 앞의 책〈1989〉, Chs. 3–4)가 서구 '자연권 개념'과 이로부터 비롯되고 있는 '권리개념'이 유럽에서 전개된 근대사의 산물이라 보는 것과 마찬가지라 할 수 있다.

27. 이를 테면 Ronald N. Stromberg, *A History of Western Civilization*(Homewood : Dorsey Press, 1963) ; Arnold Schrier et.als., *Modern European Civilization : a documentary history of politics, society, and thought from the Renaissance to the Present*(Chicago : Scott, Foresman, 1961) ; Franklin Le Van Baumer, ed., *Main Currents of Western Thought : Radings in Western European intellectual history from the Middle Ages to the Present*(N. Y. : Alfred A. Knopf, 2002) 등.

28. 특히 근대적 인간 등장과 관련하여 종교개혁의 중요성에 대해서는 Guido de Ruggiero, 앞의 책(1964〈1927〉), Introduction–§3, Pt.I–Ch.I–§4, Pt. II–Ch. IV 참고.

을 준비해 주었다는 점이, 그리고 종교개혁의 주역들은 신(神) 앞에 구체적 개인으로서(인간 무리로서가 아니라) 홀로 서는 "개별자"적 인간과 신에 대한 믿음마저도 이성적으로 해석하고 자율적으로 실행하는 "이성적"이고도 "자율적"인 개인을 신의 이름으로 변호했다는 점이 강조된다.[29] 여기서 "개별자적인 인간", "이성적 인간", "자율적 인간" 이 모두가 "근대적 인간"이 가지는 특징에 대한 별칭(別稱)이다. 그리고 이 별칭들은 모두가 인간 존엄성을 내용으로 하는 자유주의 시각 속에 담긴 근대적 인간의 묘사에 다름 아닌 것이다.

그런데 상기 연구들을 따라 이렇듯 서구 역사의 전개 속에서 확립되어 가는 근대적 인간 이미지의 기원을 추적하다 보면 이는 오래 전 키케로(Marcus Tullius Cicero, BC 106–43)에 의해 전승된 스토아철학에 기반을 둔 자연법교리에 나타나는 인간 이미지에 다름 아닌 듯이 보인다. 그래서 자연권주체로서의 근대적 인간 이미지에 대한 본절에서의 논의는 불가불 서구 자연법전통에 나타나는 인간 이미지, 즉 자연법적 인간 이미지에 대한 탐색으로부터 시작되어야 할 것 같다. 그 탐색은 다음과 같은 순서로 진행될 것이다. 우선, 보편적 스토아 자연법 태동기의 인간관 변화 계기와 그 변화상은 어떠했는지를 살펴볼 것이다. 다음으로 스토아 자연법에 담긴 인간관과 서구로 전승된 키케로의 자연법에 나타나는 인간관이 과연 일치하는지를 헤아려 볼 것이다. 그리고 마지막으로 키케로의 자연법의 서구 전승에서부터 서구에 이른바 '근대적 특성' 이 착상되기까지 기간 동안의 역사적 전개를 살펴보면서 과연 이

29. 이 점에 대해서는 Q. Skinner, 앞의 책(1978), Vol. Ⅱ, Chs.1, 3, 5, 8–9 ; M. Weber, 앞의 책(1958), Chs. Ⅰ.Ⅳ ; D. Germino, 앞의 책(1979), Ch. 3 참고.

기간에 나타나는 자연법적 인간관이 스토아 자연법적 인간 이미지의 지속인지의 여부를 가려볼 것이다.[30] 우선 자연법 태동기의 인간관 변화 계기와 그 변화상에 대해서 살펴본다.

타안(W. W. Tarn)의 한 연구[31]에 보면, 그리스 이후 보편적 자연법의 태동기로 여겨지는 헬레니즘 문명 시대가 문명사적 · 정치사상사적 전환기로 나타난다. 그 특징에 대하여 그는 다음과 같이 적고 있다.

> 도시공동체(polis)라는 틀 속에서의 또는 도시공동체 자치 속에서의 정치적 동물로서의 인간은 아리스토텔레스와 함께 막을 내렸고, 알렉산더와 함께 인간은 개개인으로 출발한다. 이제 개인은 자기 자신의 생활에 대한 규제와 자신이 속한 세상을 더불어 구성하고 있는 여타 개인들과의 관계를 설정할 필요가 생겨났다. 자기 생활의 규제에 부응하기 위해서 행동의 철학(the philosophies of conduct)이 생겨났으며, 타인과의 관계에 부응하기 위해서 인간은 모두가 동포라는 모종의 새로운 이념이 생겨났다.[32]

30. 그러나 이상에 대한 고찰은 본 저술에서 차지하는 본 2절의 논의범위 내로 한정될 것이라는 점과, 이러한 제약 때문에 별 무리 없이 수용되고 있는 제한된 서구 연구에 의존할 수밖에 없다는 점, 그리고 이들 연구 속에 포함될 수 있는 세세한 사상사적 논쟁문제는 지나쳐보리라는 점, 등을 미리 밝혀둔다. 이상의 단서들은 탐색하려는 문제와 관련하여 본 논의가 서구 역사나 서구 사상사에 대한 논의일 수 없음을 말해준다. 더불어 본절의 논의의 취지가 궁극적으로는 근대적 인간 이미지의 기원을 추적해 보려는 데 있는 만큼 이러한 논의순서 각 단계마다 탐색된 인간이미지가 앞서 특징적으로 묘사한 근대적 인간 이미지와 부합하는지의 여부는 반복적으로 강조될 것임도 밝혀둔다.

31. W. W. Tarn and G. T. Grifith, *Hellenic Civilization*, 3rd ed.(London : Cambridge University Press, 1952).

32. W. W. Tarn and G. T. Grifith, 앞의 책(1952), p. 79.

위에 인용한 타안(Tarn)의 말은 자연법 태동의 배경에는 개인과 전체가 혼효된 극히 동질적인 작은 도시공동체의 울타리를 벗어난 정치적 동물이 극히 이질적인 인종, 문화, 정치사회질서가 병존하는 광대한 정치단위에 재편되는 역사적 경험이 놓여 있음을 보여준다. 이 재편은 그리스 시대의 좁은 도시공동체와 이를 구성하던 시민적 유대가 파괴되면서 새로운 공통의 역사와 전통이 아직 형성되지 않은 상황에서 광활한 로마제국(帝國)에 정치사회적으로 흡수되는 역사적 사건을 지칭한다. 이러한 역사적 격동 속에서 전통적 도시공동체적 시민은 이제는 단지 한 개별자적 존재로 인식될 수밖에 없었던 것 같다. 이러한 개별자적 정체성은 공동체적 사회의식 속에서 가지던 공동체적 자기 정체성으로부터 제국 내의 이질적 인간들 사이에 존재하는 최대공약수인 인간의 유적 정체성, 즉 인류 '동포' 정체성으로 변모됐음을 말해준다. 그리고 이러한 개인 정체성의 변화는 제국의 구성원들을 종래의 공동체적 규율 속에서 개별자적 자유를 중심으로 한 새로운 '행동철학', 즉 자율의 행동규범 속으로 옮겨놓았던 듯하다. 즉, 이들은 적어도 당시의 정황 속에서는 '개별자적'이고 '자율적'인 인간으로 다시 살아야 하는 운명에 처했던 듯하다. 이는 근대적 인간관 속에 들어 있는 '개별적'이자 '자율적'인 인간 이미지를 연상케 한다.

이러한 역사적 경험이 초래한 결과적 정황에 대하여 세바인(G. Sabine)은 다음과 같이 말한다.

> 이제 새로 등장한 시민권개념은 평등을 모든 사람, 심지어 노예, 외국인, 그리고 야만인에까지도 부여했다. 그러므로 이 평등은 지능, 성격, 재산 등의 불평등을 무시하면서 신(神)의 눈에는 모든 영혼이 평등하다는 … 혹은 법

앞에서 모든 인간이 평등하다는 차원의 어떤 영역을 내포한다고 주장할 수 있었다. 이 평등은 또한 … 정부권력의 요구는 합당한 요구여야지 강제에 의한 요구여서는 안 되며, 그것은 선의의 인간이 자신의 적절한 도덕적 권위를 상실함이 없이 동의할 수 있는 권리요구여야 한다는 입장을 견지하였다.[33)]

위에서 본 타안의 말을 바로 위에서 인용한 세바인의 말에 연결해 보면 이러한 역사적 경험 속에서 개별자적 인간 이미지와 자율적인 인간 이미지가 만인평등관과 결합하면서 보편적인 인간 이미지로 확대되고 있었음을 알 수 있다. 이는 만인자율평등이념 혹은 만인자유평등이념의 보편화에 다름 아니다. 그리고 이 두 이념은 새로운 개인적 시민권사상과 더불어 근대 이래 오늘에 이르기까지 우리가 의미하는 만인자유평등사상과의 연속선상에 서 있음을 볼 수 있다. 이렇게 볼 때 여기에는 아직 신의 질서 속에 있으나 만인자유평등원칙 하에 자율적이고, 개별적이며, (그리스 도시공동체에서와는 달리) 사적(私的) 영역에 자유를 누리는 근대적 인간 모습의 한 단편이 담겨 있음을 알 수 있다.

그런데 이러한 인간관의 변화가 근대적이지 못하게 하는 외삽된 신성과 이 신성에 얽매여 있을 듯한 인간 이성—따라서 자율성—의 지위는 다음과 같은 세바인의 스토아 교리의 본질에 대한 설명 속에서 그 신성에 대한 근대적 이해와 인간 이성의 지위에 대한 근대적 이해에 몹시 근사해짐을 볼 수 있다.

33. George H. Sabine, *A History of Political Theory*, 4th ed., revised by Thomas Landon Thorson(Hinsdale, Ill. : Dryden Press, 1973), pp. 142–43.

스토아학파 교리의 본질은 인간 본성의 자연적 일체성 혹은 인간 공통의 진정한 도덕성에 대한 종교적 확신에 있었다. 인간의 자연스런 본성에 순응하는 생활은 인간에게 있어서 신(神)의 의지에 대한 복종, 모든 선한 세력과의 협동, 언제나 옳고 바른 것을 지켜나가는 초인간적 권능에 대한 의존, 이 세상의 선과 합리성에 대한 믿음, 그리고 이 모든 것으로부터 우러나오는 마음의 평정을 의미하는 것이었다.[34)]

세바인의 위와 같은 스토아 교리의 본질에 대한 설명은 올바른 도덕성을 중심으로 인간 본성(human 'nature')과 자연('nature'), 그리고 이 둘에 공통적인 합리성 혹은 올바른 이성이 신의 의지와 합치됨을 보여준다. 그렇다면 이러한 인간 본성과 자연 사이의 도덕적 일체성은 창조주로서의 신의 의지 혹은 신의 의지의 인간적 실현인 이성법의 지배를 의미하는 것에 다름 아님이 나타난다. 즉, 신의 의지는 자연의 본성이나 인간 이성과 분리되지 않는 것으로 나타나는 것이다.

여기에 더해서 다음과 같은 스토아 교리로 본 법의 본질에 대한 크리시푸스(Chrysippus, BC 281−208)의 언급은 법을 중심으로 신성, 자연적 본성, 인간 이성을 하나로 묶어냄을 보여준다.

법은 신과 인간의 모든 행동을 판가름하는 척도이다. 법은 무엇이 명예롭고 무엇이 비열한지, 따라서 무엇이 정의롭고 무엇이 부정의 한지를 가려내는 감독자, 지배자, 그리고 안내자여야 한다. 법은 그 자연적 본성상 사회적인 모든 생명체에게 행해야 할 바를 가리키고 해서는 안 될 일을 금지시킨다.[35)]

34. George H. Sabine, 앞의 책(1973), p. 148.

위 인용문에 함의된 바대로 법이 항상 올바른 것을 안내하는 만유보편의 원칙이라고 본다면 이 원칙으로서의 법 속에는 신성 이성, 자연, 그리고 인간 본성, 이 셋 모두에 잠재되어 있다고 보아야 한다. 그리고 이 셋이 원칙으로서의 법 속에 모두 잠재되어 있다면 스토아 교리에 있어 법은 그 본질에서 신성의 법이며, 자연의 법이자 인간의 이성적 본성, 즉 이성의 법이어야 한다. 여기까지 이르면 도시국가의 해체와 더불어 광막한 제국으로 재편되는 역사적 경험 속에 등장하는 타안과 세바인이 말하는 인간은 신을 자신의 이성을 통해서 바라볼 수 있는 근대적 인간의 모습과 전혀 다르지 않다. 앞서 종교개혁의 주역들이 변호했다는 인간을 신을 이성으로 맞이하는 이신론(理神論)적 인간이라 부른다면, 크리시푸스가 밝히고 있는 스토아적 법 교리에 나타나는 인간 역시 바로 이신론(理神論)적 인간인 것이며, 이런 의미에서 이성적 존재로서의 근대적 인간 모습에 전혀 모자라지 않은 것이다.

더구나 신과 인간을 공히 규제하는 법이라면 이는 하물며 치자(治者)든 피치자든 모든 인간을 함께 구속하는 원리로서 어디에서나 그리고 언제나 정당하고 정의로우며 불변적인 기준이 될 수밖에 없을 것이다. 그리고 이는 달리 표현하면 신성을 함의하는 인간 이성의 존엄함, 즉 인간 존엄성을 지켜주는 것이 바로 법이라 할 수 있을 것이다. 즉, 스토아 교리의 법은 인간 존엄성을 전제해서 존재하게 되는 것이다. 스토아학파는 바로 이러한 법을 올바른 이성이자 자연의 법칙이며 신의 법에 다름 아니라고 생각했던 것이다. 결국 스토아 교리 속에서의 법은 적어도 신이 정했다고 여겨지는 인간 사회의 범위 내에서 이성법(理性法)이나

35. Chrysippus, *On Law*(G. Sbine, 앞의 책〈1973〉, p. 148에서 재인용).

자연법, 그리고 신법(神法)과 동일한 것으로 나타난다. 이렇듯 신의 법을 함의하는 이성법의 주체로서의 인간의 지위는 앞서 세바인이 묘사한 자율적 존재로서의 새로운 인간 이미지를 정당화시키며, 이는 바로 근대 질서를 형성해 가는 자율적 존재로서의 근대적 인간 자율성의 정당화와 다를 바가 없다. 이러한 자율적 인간 이미지는 스토아 자연법 태동기에 나타나는 또 다른 두 이미지—즉 개별자적 이미지, 이성적 이미지—와 더불어 앞서 근대적 인간의 별칭에 담긴 이미지와 긴밀히 부합함을 볼 수 있다.

이러한 스토아 자연법 태동기의 인간관 변화는 의당 헬레니즘 문명세계 전체를 포괄하는 공통의 법질서 체계의 수립과 그 속에 그간의 그리스에서와 같은 도시공동체적 시민법 체계를 보다 하위의 지방적 법질서로 포용할 것을 요구했을 것이다. 그리고 이 요구에 대한 응답이 바로 스토아 교리 속에서 다듬어진 로마법 전통의 자연법으로 나타난다고 보아야 할 것이다. 줄루에타(F. de Zulueta)의 기록에 따르면,[36] 이렇게 등장한 자연법은 옛 도시공동체와 비교할 수 없이 광막한 영역을 토대로, 위에서 언급했듯이, 새롭게 등장한 로마 시민의 이미지에 부합하는 정치사회질서를 구성해 가면서 로마의 법제도로 체계화되어 나타난다. 스토아 교리에 포함된 이러한 자연법은 복잡한 지방적 관습법을

36. 로마법의 역사적 전개에 대한 보다 자세한 내용은 F. de Zulueta, "The Development of Law under the Republic", in *The Cambridge Ancient History*, S. A. Cook, F. E. Adcock, & M. P. Charlesworth, eds.(London : Cambridge University Press, 1932), Vol. IX : The Roman Republic(133–44 BC), pp. 866ff.를 참고. 여기서 자연법과 만민법은 키케로도 그 개념상의 구분 없이 혼용한 두 법체계였다 한다. 그러나 3세기경 만민법이 노예제에 대한 규율을 포괄하면서 두 법체계는 구분되기 시작했다 한다. Sabine 앞의 책(1973), pp. 164–166.

통합하는 로마제국의 포괄적 법체계를 수립하는 것을 가능하게 하였다는 것이다.

로마제국에 편입되는 격동기를 살던 사람들은 이제 자신이 소속되어 살아가고 있는 도시공동체의 법률과 그 도시공동체들을 포괄하는 보편적인 로마제국으로 표현되는 세계 공동체의 법률, 즉 관습법과 이성법이라는 두 가지 법률체계를 가지게 되었을 것이다. 그런데 관습은 다양하나 신성과 자연 본성을 함의하는 이성은 신과 자연이 하나인 만큼 하나일 수밖에 없기 때문에 하나인 이성법으로서의 자연법은 다양한 관습법 위에 서는 하나의 상위법으로서 이들 관습법이 준거해야할 기준과 규범을 제공하는 역할을 맡게 되었을 것이다. 이러한 역할로부터 로마제국 내에 외국인 유입과 거래의 증가로 인한 새로운 법적 요구가 대두되면서 보다 포괄적이고 발전된 법체계로서 만민법(jus gentium)이 등장한다고 보는 것이다.[37] 당시 만민법이란 말뜻 그대로 모든 인간에게 공통되는 법이라는 의미로서 로마에 거주하는 내국인 및 외국인들 상호 간의 사회관계를 보장하기 위해 자연법에 부합하는 실용적 규약체계로 나타난다. 그런데 법의 현실적 실효성은 삶 속에서 구현되기 때문에 현실 삶에서 자연법과 만민법은 구태여 구분하기가 어려웠을 것이다.

이제 두 번째로 이러한 스토아 자연법에 담긴 인간관과 서구로 전승된 키케로의 자연법에 나타나는 인간관의 부합 여부에 대하여 살펴본

37. F. de Zulueta, 앞의 글(1932), pp. 866ff ; R. W. Carlyle and A. J. Carlyle, *A History of Medieval Political Theory in the West*(London : William Blackwood and Sons, 1970), Vol. I, p. 38 참고.

다. 로마법체계에 담긴 스토아철학의 거의 모든 것은 아래의 인용구들에서 보는 바와 같이 BC 1세기 중엽 키케로(BC 106–43)의 『공화국론』과 『법률론』에 집대성되었다고 전해진다.[38] 그 중 자연법과 관련된 기술의 일단을 살펴보면 앞서 살펴본 스토아학파의 자연법이념이 고스란히 전승되었음을 알 수 있다. 이를 테면 보편적인 자연법의 존재, 세계 국가 헌법으로서의 자연법, 신정(神政), 인간의 이성적이고도 사회적인 본성, 모든 관습법과 실정법을 판단하는 기준으로서의 자연법, 그 불변성과 지고성 등이 그것이다. 키케로의 『공화국론』에는 다음과 같이 언급이 나온다.

> 실제로 이른바 올바른 이성이라고 일컫는 하나의 진정한 법이 존재한다. 이 법은 자연과 일치하며, 모든 인간에 적용되고, 불변적이고도 영원하다. 인간의 입법으로 이 법을 무가치하게 만드는 것은 결코 도덕적으로 옳지 않다. 뿐만 아니라 이 법의 기능을 제한하는 것은 결코 용납될 수도 없고, 또 이 법을 전적으로 폐지시키는 것은 전적으로 불가능하다. 원로원(Senate)도 인민도 결코 이 법에 복종하는 우리의 의무를 면제시킬 수 없으며, … 이 법은, 로마에서는 어떤 규칙을 부여하고 아테네에서는 그와 다른 규칙을 부여하지도 않을 것이며, 오늘에는 이런 규칙을, 내일에는 저런 규칙을 부여하지도 않을 것이다. 다만 영원하고 변치 않으며 모든 시대, 모든 인민을 구속하는 하나의 법이 존재할 것이다. 또 과거에도 그랬듯이 인간 공통의 주인이자 지배자가 한 분 존재할 것인데, 그는 이 법의 창조자이며 해석자이자 후원자인, 말하자

38. R. W. Carlyle and A. J. Carlyle, 앞의 책(1970), Vol. I, p. 8 ; G. H. Sabine, 앞의 책(1973), p. 161 참고.

면 신이다. 이 법에 복종하지 않는 인간은 자신의 양심을 포기하는 것이 될 것이며, 인간의 진정한 본성을 부정하는 것이 됨으로써 … 가장 가혹한 형벌을 받게 될 것이다.[39)]

결국 창조주인 신의 법, 삼라만상을 포괄하는 자연이치의 법, 따라서 지고불변의 보편법이자 인간의 올바른 본성과 이성에 부합하는 양심의 법인 자연법은 그 앞에 서 있는 모든 인간을 평등하게 주제(主宰)한다는 것이다. 그리고 이 자연법 앞의 만인평등은 한편으로는 이 자연법에 따라 주어진 선한 본성을 완결함으로써 자신을 올바르게 실현해 갈 평등한 의무를 의미하지만, 다른 한편 그 이면에는 이러한 의무를 이행하는 데 인간의 법이 자연법과 부응해야 한다고 주장할 수 있는 평등한 권리가 만인에게 부여되어 있다는 점 역시 함의되어 있다. 그리고 이 모두는 앞서 살펴본 스토아 자연법 교리를 다른 어휘로 표현한 것에 불과하다.

이 인용문에 깃들어 있는 (권리, 의무 양면에서) 자연법 앞에서 만인이 평등하다는 정신은 근대 이래 오늘날까지 이어지는 만인평등사상에 다름 아니다. 이런 점에서 추상적이지만 인간성은 동일하다는 관념을 바탕으로 하는 키케로의 만인평등정신은 서구 근대의 만인평등사상의 철학적 기반이 된다고 보아야 할 것이다. 그리고 이 평등사상 속에는 '계명' 및 '자연과 일치하는 법'을 이성적 본성 속에 구유하고 있다고 보여지는 이성주체의 존엄성, 즉 인간 존엄성이 내재되어 있다. 같은 취

---

39. Marcus Tullius Cicero, *On the Commonwealth*, G. H. Sabine and S. B. Smith, tr. (Indianapolis : The Bobbs-Merill Company, Inc., 1976), Book III, pp. 215-216.

지의 다음과 같은 언급이 키케로의 『법률론』에 또 나타난다. 그러나 이번에는 키케로가 인간에 내재되어 있다고 보는 정의로운 본성의 평등이 부각된다.

실로 우리 인간이 정의를 위해서 태어났으며 정의롭다는 것은 인간의 견해가 아니라 자연에 근거한다는 것을 완전히 깨닫는 것보다 더 가치 있는 것은 없다. 이러한 사실은 당신이 다른 한 인간과 더불어 가지는 동료애라는 것이 무엇을 의미하는지, 그리고 동료들과 함께 어울린다고 하는 것이 무엇을 의미하는지에 대해 명확히 깨닫고 나면 곧 분명해질 것이다. 왜냐하면 우리 인간만큼 상대방과 서로 그렇게나 꼭 닮은 경우는 다른 어떠한 사물에서도 찾아볼 수 없기 때문이다. 나쁜 습관과 그릇된 신념으로 삐뚤어지지 않은 마음상태에서 … 자신이 진실한 자신과 닮듯이 그렇게 사람들은 서로 닮았다고 할 수 있으리라.[40)]

이 인용문에 나타나 있는 키케로의 생각은 정의는 자연적인 것이고 그런 만큼 인간은 자연적으로 정의로울 수밖에 없다는 것이다. 그리고 정의가 자연적이라는 것은 인간이 이성을 통해 이 정의로움에 거의 똑같을 만큼 서로 공감한다는 사실로 입증된다는 것이다. 더불어 인간이 동료애와 인간적 신뢰 속에서 상호 결합이 가능한 것도 바로 정의가 자연적임을 보여주는 증거라 할 수 있다는 것이다. 따라서 어떤 사람이 인간이 서로 닮지 않았다고 생각하는 것은, 즉 보편적으로 서로 평등하

40. Marcus Tullius Cicero, *Laws*, C. W. Keyes, tr.(Cambridge, Mass. : Harvard University Press, 1928), Book I, p. 10.

다고 생각하지 않는 것은 그가 자연적 정의의 존재를 부정하는 것이고, 이는 역으로 자연적 정의에 비추어 볼 때 자신이 나쁜 습관과 그릇된 신념에 젖어 있음을 말해줄 뿐이라는 것이다.

결국 이 말에 함축된 의미는 정의가 자연적이라는 것을 믿는 사람들은 모두가 똑같을 정도로 평등하며, 따라서 이 자연적 정의를 바탕으로 서로 우애하며 결합할 수 있다는 사실을 깨닫게 된다는 것이다. 그러나 자연적 정의는 앞서 인용한 크리시푸스의 말대로 다름 아닌 자연법의 기본정신이라고 볼 때, 키케로의 이 언급이 궁극적으로 함축하고 있는 바는 자연법은 인간 사회의 조직원칙으로서 인간은 모두 자연법 앞에 평등하며 또 이 자연법 정신 속에서 서로 형제처럼 결합할 수 있다는 의미가 아닌가 생각된다. 물론 키케로에 있어서 '닮음' 혹은 '대칭적 합동'으로서의 평등은 하나의 사실이기보다는 자연적 도덕성을 전제한 일종의 도덕적 평등에 대한 강조로 보아야 할 것이다. 이 강조를 통하여 주장되는 바는 인간 존엄과 인간 존중은 자연적 정의에 대한 믿음에 바탕을 둔 것으로서 자신이 바라는 만큼 그 누구에게도 마땅히 주어져야 한다는 것—인간 존엄성에 대한 평등한 존중—을 강조하기 위함이라고 보아야 할 것이다. 그리고 이러한 자연적 정의 본성을 지닌 인간 이미지는 인간 모두가 평등하게 지닌다고 여겨지는 자율능력의 정당성에 대한 확신으로부터 나왔다고 보아야 할 것이다. 그런 만큼 이는 자율능력에 근거한 인간 자치질서의 정당성으로 연결되면서 그간의 신성질서에 대한 의존으로부터 인간 질서의 독자성을 확보해 주는 근거가 된다고 볼 수 있다. 이는 근대적 인간 질서에 다름 아니라고 본다. 이러한 자연적 정의 본성으로 정당화되는 근대 정치질서가 바로 (6장에서 살펴볼) 사회계약에 의해 수립된다고 여겨지는 근대 정치의 자치적 정치질서 혹은 정치기속질서(6장 서두)로 보아 별 무리가 없을 것이다.

이상 간단하게나마 살펴본 키케로의 저술들에 나오는 언급들은 앞서 관련 연구들이 밝힌 바와 같이 스토아학파의 자연법사상 그대로를 반영하고 있다. 사실 종교적 관점에서조차 키케로의 언급 속에 드러나 있는 합리적이고 선(善)을 지향하는 세계관, 인류 공통의 보편적 이성에 대한 신념 및 인간본성, 이성, 자연본성, 신성 등으로 이어지는 도덕적 일체성, 자연적 정의에 대한 신념, 그리고 이들 모두에 짙게 전제되어 있는 인간에 대한 강한 도덕적 평등관은 바로 스토아학파의 기본교리와 다를 바가 없다. 그래서 그리고 이 속에 담긴 인간 이미지는 종교개혁을 통해 형성된다고 여겨지는 이신론적 근대적 인간 이미지에 비해 전혀 덜 근대적이라고 말할 수 없다. 이렇듯 스토아학파의 교리 속에 담긴 자연법사상을 그대로 담고 있는 키케로의 문헌이야말로 세바인이 말하듯이 스토아 자연법을 "서유럽에 전파시킨 단연코 가장 중요하고도 유일한 문헌적 수단"이 되었던 듯하다.[41]

이제 끝으로 키케로의 자연법 서구 전승부터 서구 근대 특성의 착상에 이르기까지 기간 동안의 역사적 전개에 나타나는 인간관이 자연법적 인간관의 지속인지 여부에 대해서 살펴본다. 스토아 자연법사상은 키케로 당대에서부터 로마 법률가들에게, 나아가 기독교 초기부터 중

———

41. G. H. Sabine, 앞의 책(1973), p. 161. 키케로의 『공화국론』의 원전은 12세기 이후 소실되었다가 19세기가 되어서야 재발견되었다 한다. 그러나 그 책의 가장 귀중한 구절들은 이미 락탄티우스(Lactantius, AD 250-317)와 성(聖) 아구스티누스(Augustinus, AD 354-430)의 저술들 속에 발췌되어 있어서 소실이후에도 계속 세인들의 상식적 지식으로 남게 되었다 한다.

세에 걸쳐 활약했던 위대한 저술가들이이었던 기독교의 교부(Schola)들에게 전승되면서 19세기에 이르기까지 전(全)서유럽에 자연법의 스토아 전통을 이어가게 했다 한다. 이러한 스토아 자연법사상과 그 안에 담긴 인간 이미지가 서구 사회로 전파됨으로 인해 향후 서구 정치이론에 얼마나 중요한 변화가 일게 되었는지는 칼라일(A. J. Carlyle)이 이를 가리켜 "아리스토텔레스 이후 가장 혁명적인 정치이론의 변화"라고 언급한 데서 미루어 짐작할 수 있을 듯하다.[42]

정설로 수용되고 있는 한 서구 정치사상사 연구[43]에 의하면, 키케로에 의해 전승된 스토아 자연법사상은 로마시대와 중세를 통괄하여 일종의 법치주의 이념을 전승한 것으로 나타난다(164). 그리고 이 연구는 이와 관련하여 다음과 같은 사항을 알려준다. 특히 2–3세기 로마법학의 고전시대 법이론은 법을 백성들의 이성과 접속해 있는 정당한 원리들의 집합체라는 의미(165)로 보고 통치 및 통치자의 권위의 근거가 바로 백성들로부터 연유함을 원칙화한다(168). 이로부터 한편으로는 계약질서(167)가 수립되고, 다른 한편으로는 통치의 근간이 되는 법률에 대한 백성들의 동의이론으로 발전한다(168). 계약과 동의에 근거하는 법과 통치권위, 이 둘은 근대적 인간관에 근거한 자율권평등원칙의 정치적 표현에 다름 아니며, 근대 자유주의 사상에 함의되어 있는 정치적 자치주의와 동연에 서 있다. 이 연구는 이를 두고 "정치적 권위가 인민으로부터 나온다는 고대 원리를 근대 대의정부 형태를 옹호하는 데 원

42. R. W. Carlyle and A. J. Carlyle, 앞의 책, p. 8.

43. 여기서는 주로 G. Sabine, 앞의 책(1973)을 전거한다. 별기하지 않는 한 관련 논의 말미의 괄호 속의 숫자는 이 책에서의 출처를 가리킴.

용한 것은 오래된 이념을 다만 새 상황에 부합하도록 응용한 것에 불과하다"(164)고 밝힌다.

이상과 같이 근대적 인간관에서나 추론될 법한 이성법 주체로서의 인간의 존엄성과 자율성 그리고 정치적 주권정신을 법질서에 담아낸 2-3세기의 고전적 로마법은 533년 유스티아누스(Justinus) 황제에 의해 『유스티아누스 법전(*Pandects/Digest*)』으로 출간되어 서구에 전승된다(164). 그 이후 6-9세기간의 게르만 지배 하의 서구에서는 게르만족의 종족법이 현실 정치질서를 주도하지만 "자연법의 정당성, 통치자와 백성에 대한 자연법의 구속력, 법에 따라 공정하게 통치해야 할 왕의 의무" 등은 보편적으로 통용되던 불문율이었음을 사상사는 기록하고 있다(193). 이는 마치 각국의 제정법이나 관습법으로 구성되는 시민법(jus civile)의 확립(165)이나, 3세기경부터 노예제도를 용인하는 만민법의 왜곡(166) 등의 일련의 변화과정 속에서도 자연법이 규범적 상위법(165, 166)으로서 엄존했던 것과 비슷하다 할 것이다. 특히 5세기 말에서 10세기에 이르는 중세 막바지 교권의 강세로 인한 신법의 탄압 속에서 '양검론(two sword theory)'적 갈등(188)의 위기를 겪으면서도 자연법이 세네카적 자연상태의 인본주의 정신(173-174)으로 이어진 것은 자연법정신이 얼마나 면면히 이어지는 인간 삶 속에서 보편적으로 희구되고 있던 '인간 본연의 이미지'와 '인간 본연의 질서'를 반영하고 있었는지를 입증해 준다. 이때의 정황에 대해서 세바인은 "두 개의 권력 간의 관계가 주요한 논쟁점이 되었던 시대를 훨씬 지나서도 정신적 자치 및 정신적 자유권에 대한 신념은 그 잔재가 남아 있었는데, 만약 이것이 없었더라면 개인의 사생활과 자유에 대한 근대적 이념은 거의 이해될 수 없었을 것이다"(190)라고 말한다.

세바인의 연구는 이러한 와중에서 자연법이 게르만족의 종족법과 갈등·융합을 거치면서 정치질서 단위별로 영토화됨을 보여준다. 이를테면 7세기 중엽 스페인을 위시하여 9세기 초의 프랑크제국, 그리고 12세기 말 영국 등지에서 영토별로 보편화된 국법을 탄생시킨다(194-195). 이러한 법의 영토화는 로마제국의 보편적 정치질서와 로마 가톨릭에 의해 주도되던 보편적 종교질서로부터 이탈하고 있던 다양한 정치사회들이 국가단위로 정치질서를 형성해 가는 초기단계에 있었음을 말해준다. 그리고 이러한 법의 국가별 국법화와 더불어 그간 양검론적 갈등의 위기 속에 있던 신법과 자연법은 일체화의 길을 걷게 되고(196), 그러면서 각국 법은 '발견되고 선포되는 법률'의 의미를 가지게 되었다 한다(196-199). 이때 '발견되는 법'은 신법과 일체가 된 자연법이 예전의 보편성을 회복하면서 국내법으로 수용되었음을 의미하고, '선포하는 법'은 모든 법률의 제정은 인민의 찬성과 동의를 거쳐서 이루어진다는 점과 인민의 요구에 의해 수정될 수 있다는 점을 의미한다 한다. 이러한 법률의 제정과정에서 왕은 단지 중개인에 불과하였다는데, 이는 자연법이 국가별 지역법의 특수성을 포섭하면서 크리시프스의 언급에 나타나 있는 바와 같은 법의 기본정신을 바탕으로, 백성과 왕을 같이 지배하는 (로마 스토아 자연법 전통의) 법치주의 정신이 서구 중세에 이어지고 있음을 보여준다. 그리고 이렇게 서구 중세에 계승되는 (로마 스토아 자연법의) 법치주의 정신은 사르토리(G. Sartori)가 말하는 바 오늘날 서구 자유주의의 합선주의 기본정신을 구성하는 '로마 사법주의 정신'으로서,[44] 서구 합헌주의의 중세적 발단으로 볼 수 있는 것이다. 이

---

44. G. Sartori, *The Theory of Democracy Revisited*(N. J. : Chatham House Publisher,

와 관련하여 세바인은 "중세의 왕은 근대국가가 막을 열 때인 절대왕정의 시대에서처럼 국가의 수장은 아니었다"(201)고 말한다. 더불어 "법률은 영토 내 백성에 속하며 사회의 바닥에서부터 왕에 이르기까지 모든 인간관계를 상호 규제한다는 관념은 왕정정치체의 법인적 성격, 대의성, 법으로부터 연유하는 왕의 권위 등과 같은 모종의 합헌주의적 개념의 싹을 동반하고 있었다"(204)고 밝힌다.

이러한 중세 봉건제에 나타나는 합헌주의 색채는 5세기에 나타나기 시작하여 프랑크제국의 멸망과 더불어 본격화된 후 12세기 상업도시의 발흥과 더불어 소멸해 가는 봉건제 속에서 그 제도화의 길을 걷는 듯하다(205–206). 봉건질서 속에 제도화되는 이 합헌주의 정신으로부터 왕–영주 사이에 쌍무적 · 쌍권적 계약제가 정착되어 나타나고(207, 209), 이를 바탕으로 정치적 통치권의 분권이 제도화되며(207, 211), 오늘날 사법부 기능과 유사하게 법질서 집행을 담당하는 평의회가 등장한다(208). 중세의 이러한 봉건질서와 제도가 오늘날 우리가 이해하는 합헌주의 정신에 현실적으로 얼마나 부합하여 운용되었는지에 대한 실상은 여기서 그다지 중요하지 않다. 다만 그 정신의 위와 같은 제도적 표현은 자연법적 인간 이미지와 이에 부합하는 정치형식에 대한 시대적 열망을 입증한다는 점이 여기서 중요하게 고려되어야 한다. 이러한 열망의 반영은 제도적 표현 외에도 당시의 많은 저술들에서도 확인됨을 서구 사상사 연구는 보여준다. 이를 테면 키케로의 『공화국론』을 모델로 하여 왕권의 정당성을 백성과의 계약으로 묶어두고 있는 솔즈베리의 존(John of Salisbury, 1110–1180)의 『폭군방벌론』[234–236 : 1159년

>>> ———

1987), Ch. 11, Sec. 3 참고.

에 저술된 그의 『정치지도자론(*Policraticus*)』 제8권]이나 신앙과 이성의 통합을 모색하는 이론체계 속에서 자연법을 인간법의 상위 전범으로 설정하고 있는 아퀴나스(Thomas Aquinas, 1225–1274)의 『신학대계(*Summa Theologica*)』가 그 예에 속한다(236–243).

뿐만 아니라 위의 솔즈베리의 존이나 아퀴나스가 서 있던, 교권의 우위 속에서 세속권을 통합하려는 입장과 반대편에서 교황권으로부터 왕권의 독립을 옹호한 파리의 존(Jean de Paris, ?)의 『왕의 권력과 교황(*De potestate regia et papali*)』(1302–1303)은 자연법정신에 근거하던 중세적 · 합헌적 질서를 이상으로 삼고 있고(263–268), 같은 입장에서 세속권의 교권에 대한 우위를 옹호하는 입장에 섰던 단테(Alighieri Dante, 1265–1321) 역시 그의 『군주론(*De Monarchia*)』(1311?) 속에서 신성로마제국을 이상화하는 가운데 자연법적 인간관에 근거한 정치질서를 강조한다(243–248). 이러한 단테의 친세속권적 입장은 거의 동시대 오캄(William of Ockham, 1285–1349)의 정치적 논문들(285–290), 근대적 총체 정치개념과 정부 혹은 국가개념의 흔적이 처음 나타난다고 알려져 있는 마르실리우스(Marsillius of Padua, 1275–1342)의 『평화수호자(*Defensor pacis*)』(273–285), 2세기 후 근대 민족국가의 특징적 역할을 거의 예견하고 있다고 평가되는 마키아벨리(Niccolo Machiavelli, 1469–1527)의 주저 『티투스리비우스의 로마사에 대한 논고(*Discourses on the First Ten Books of Titus Livius*, 1513)』(317–329), 그리고 심지어는 유기체적 국가주권이론으로 잘 알려진 보댕(Jean Bodin, 1530–1596)의 『국가론(*Six livres de la republique*)』(1576)으로 그 강도를 더해가며 이어지는데(372), 이 모든 저술들에도 통치의 근거를 백성의 동의에 둔다든지(마르실리우스의 경우 : 279), 자연법을 모든 정치질서와 제도의 최종 정당성 근거로 본다든지(오캄의 경우 : 287–

288; 보댕의 경우 : 379-380), 정치질서의 이상을 로마공화정의 법치에서 찾는다든지(마키아벨리의 경우 : 323-325) 등 직·간접적으로 자연법적 인간관과 질서관을 표방하고 있다.

그밖에도 자연법적 인간관과 질서관은 또한 현실 사회질서에 대한 각종 저항운동 속에도 이어짐을 볼 수 있다. 이는 자연법이 현실사회를 비추어 보는 준거로 차용되면서 저항의 명분 속에 함의된다. 이를 테면 14세기 중후반 종교개혁의 선구로 평가되는 영국의 위크리프(John Wycliffe, 1320-1384)와 보헤미아의 후스(Johannes Hus, 1373-1415)의 교회개혁 운동은 마르실리우스와 오캄이 제안한 교회평의회를 통해서 성직자들의 전횡과 교회의 권력남용을 억제하려는 것이었다(294-298). 그런데 이 교회평의회의 기본정신은 봉건적 합헌주의 정신을 경유하여 자연법적 인간간과 질서관으로 연결된다. 1351년 프랑스와 1381년 영국에서 심한 경제적 압박과 불공정한 과세에 대항해서 일어난 농민봉기의 선동문구, "아담(Adam)이 땅을 경작하고 이브(Eve)는 물레로 천을 짜던 시절에 과연 그 누가 신사였겠는가?"[45]에는 자연법 태동기에 나타났던 만인자유평등관이 짙게 배어 있다. 또 당시 백성들의 저항권 옹호론으로 유명한 저자 미상의 『반폭군저항옹호론(*Vindiciae contra tyrannos*)』(1579)은 1562년에서 1598년 사이 내전에 휩싸인 프랑스에서 절대왕정에 대한 저항운동에 명분을 제공했던 책으로, 여기에는 법과 권력이 인민으로부터 생겨나기 때문에 이 법/권력은 인민의 대표나 공동체의 동의에 부합하게 행사되어야 함을 강조하고 있다(352-357). 이와 비슷한

---

45. G. H. Sabine, 앞의 책(1973), p. 296("When Adam delv'd and Eve span Who was then gentleman?")

경우로는 같은 해 영국의 뷰케난(George Buchanan)이 저술한 『스코트랜드 통치법(*De jure regni apus Scotos*)』 역시 법과 권력은 인민으로부터 생겨나기 때문에 이 법/권력이 인민의 대표나 공동체의 동의에 부합하게 행사되어야 함을 강조한다(358-359).

이렇게 서구 정치사 및 정신사의 전개 속에서 지속되어 온 자연법적 인간관과 질서관은 17세기 근대화를 거치면서 뒤에서 살펴볼 홉스와 로크의 자연권이론 속에 새로운 모습으로 나타난다. 그 근대화의 대표적인 특징을 살펴보면(386-401), 1) 정치철학의 근거가 되었던 자연법사상이 신학으로부터 해방되면서 기독교 이전의 원래 자연법정신에 복귀했고, 주인(신) 없는 인간이 등장하였다는 점이다(386-387, 401). 2) 수학과 물리학의 진보 영향으로 모든 도덕적 공리와 더불어 자연법도 과학적 합리성에 따른 논증에 바탕을 둔 도덕체계로 재해석되었다는 점이다(386, 394-398). 3) 과학에서는 실체 확인이 중요한 만큼 실체로 확인되는 개인이 논리적 · 윤리적으로 사회에 우선하게 되면서 개인이 모든 도덕적 · 사회적 · 정치적 문제의식의 토대가 되었다(401). 4) 그 결과 모든 권리-의무(책무)관계를 설명하는 데 계약과 동의이론이 필수가 되었다(398-400). 그러나 이상 자연법의 근대화 특징들은 상호 상응적 결합 속에서 원래 자연법정신을 권리편중적 · 자연법적 인간관과 질서관으로 유도한다. 다음 장 이하에서 줄곧 살펴보게 될 자유주의적 균형잡힌 삶을 떠난 서구 자유주의 이론은 이러한 자연법 근대화와 직 · 간접의 영향 속에 있게 된다.

이상 3단계에 걸쳐 1) 보편적 스토아 자연법 태동기의 인간관 변화 계기와 그 변화 속에 드러나는 근대적 인간 이미지, 2) 스토아 자연법에 담긴 인간관과 서구로 전승된 키케로의 자연법에 나타나는 인간관의 일치와 그 일치된 인간관에 드러나는 근대적 인간 이미지, 3) 그리고 키케로의 자연법 서구 전승 이래 서구 근대사 착상까지의 역사적 전개에 나타나는 자연법적 인간관의 지속과 이 지속되는 자연법적 인간관에 드러나는 근대적 인간 이미지에 대해서 살펴보았다. 이렇게 살펴볼 때, 근대적 인간과 이러한 인간이 구성해 갈 정치질서는 자연법사상 속에 내재해 있었다고 말할 수 있을 것 같다. 즉, 스토아 자연법 교리는 근대적 인간상뿐만 아니라 이에 부합하는 사회질서관을 함의하고 있었고, 이는 근대 정치질서 개막 직전의 봉건제도까지 이어져 왔다고 말할 수 있는 것이다. 그렇다면 '근대적 인간'은 서구가 근대를 열어가는 과정에서 새롭게 형성되었다고 보기보다는 이미 서구 전통의 자연법에 함의되어 있던 인간관을 그 역사 전개과정을 통해 복구하였다든지, 아니면 서구 근대사의 맥락 속에서 재실현하였다고 하는 것이 보다 정확한 표현이 아닐까 생각해 본다.

기실 본 논의에서 계속 전거해 온 관련 연구에는 키케로의 자연법 전승 이래 서구 역사에 지속되어 오던 자연법전통이 거의 단절에 이를 정도로 위축되던 기간이 나타나는데, 이는 위와 같은 '복구'이나 '재실현'의 의미가 더 정확함을 입증해 준다. 이 연구에 따르면, 그간 10세기가 넘는 장구한 기간 동안 보편적으로 서구 인민들의 삶과 정치질서에 수용되어 오던 자연법은 당시 서구 정치사의 변전(變轉)에 따라 점차 그 정치적 실현의 여지를 잃어가다가 아예 정치적 현실 속에서 폐색된다. 이를 테면 13세기에 이르면 법률이 군주의 제정에 의한다는 중세 초기의 합헌주의 정신으로 볼 때는 전혀 새로운 개념이 나타난다(261–262). 그리고 이 개념은 14세기 초에서 중엽에 걸쳐 프랑스의 왕권과 로마교황권과의 투쟁 속에서 군주제와 민족주권이 강화되면서(262) 절대왕권의 토대개념이 되고, 16세기 교황권의 신수이론을 왕권신수이론으로 변형 · 흡수하면서(260 ; 참고 364–367) 절대왕권에 대한 이론적 정당화체계를 갖추게 된다. 그리고 이러한 이론적 정당화 작업과 더불어 서구에서는 스페인 · 영국 · 프랑스 순으로 절대군주정 수립이 급속도로 진행되고(313–315) 거의 절대적인 왕권국가(이하 '절대왕권국가')를 형성해 간다.

이렇듯 군주의 법률제정권에 근거하여 폭군의 정치제도로 확립된 절대왕권국가는 봉건적 헌정주의와 자유도시국가를 파괴하고 교회의 권위와 재산을 몰수하는 등(315–317) 과거 질서 파괴자로 등장한다.[46] 그리고 정치단위로서의 국가가 이러한 파괴자로 성장하기까지는 아라공(Aragon)과 카스틸(Castille) 왕국의 통합에 근거한 스페인의 탄생 이후 서구에 불어닥친 영국의 장미전쟁, 프랑스의 100년전쟁 등 지루한 전쟁의 소용돌이가 그 밑거름이 되었다. 그리고 이러한 전쟁의 와중에서 절대왕권국가의 과거파괴 속에는 그간 지속되어 온 스토아 자연법전통과 그 속에 함의되어 있던 인간관 및 이상적 정치사회질서관에 대한 파괴가 함께 한다. 그리고 이를 복구하여 실현시킬 수 있는 정치적 가능성마저 폐색되어 가면서 이는 한동안 서구 인민들의 꿈 속의 희구로만 남게 된다. 그간 서구 인민들이 그들의 삶 속에서 구현하기를 희구했던 자연법적 삶을 당시의 정치현실은 이들의 열망과는 정반대 방향으로 이끌었던 것이다.

46. 이러한 절대왕정의 등장과 더불어 중세 헌정질서의 싹이 폐색되는 과정에 대해서는 Guido de Ruggiero, 앞의 책(1964〈1927〉), Introduction–§2, Pt. I–Ch. II 참고.

결국 그 열망은 그 정치적 실현을 차단당한 채 서구 인민들의 삶 속에 꿈으로 남게 되었고, 이 열망을 배반한 정치는 원망의 대상으로 남게 되었을 것이다. 이제 백성의 삶 속에 면면히 이어져 오던 자연법전통에 대한 열망은 부풀어 오르는 풍선이 그 배출구를 모색하듯이 그 실현의 기회를 기다리게 되었을 것이다. 그래서 그런지 이러한 단절기에 뒤이은 서구 역사는 잦은 혁명과 전쟁으로 점철되어 있다. 그리고 이러한 혁명과정에서 현실에 대한 평가와 혁명의 명분은 그래도 언제나 자연법에서 찾았고, 자연법적 삶의 질서 실현에 대한 욕망을 자연법적 인간 이미지의 인간이 주체가 되는 '권리'(자연권)에 담아 요구하였다. 이는 전쟁도 예외가 아니어서 그 발발에서 자연법에서 정전(正戰)의 명분을 찾았으며, 그 직후에는 자연법적 이성으로 이를 되돌아 보았다. 서구 인민들은 이 혁명과 전쟁의 소용돌이 속에서 자연법의 의무 뒤에 가려 있던 권리를 자연권의 이름으로 전면에 내세울 수밖에 없었다. 이는 거의 모든 서구 정치사상 연구가 공통적으로 지적하듯이 서구 인민들이 스스로를 정치권력의 횡포로부터 보호하기 위한 조처였다. '보호민주주의'라는 자유주의의 다른 한 이름은 여기서 유래된 것이라고 본다. 서구 인민들은 이제는 이러한 보호 속에서 그들이 열망해마지 않던 자연법적 인간 모습과 삶의 질서를 정치로부터 지켜가야 한다고 생각했을 것이다. 더 나아가 그 정치질서를 아예 스스로를 배반할 수 없는 자기질서로 만들어야 한다고 생각했을 것이다.

결국 절대왕권국가에 의해 단절되었던 자연법질서와 이에 담긴 자연법적 인간관과 삶의 질서를 서구 시민들은 혁명을 통해 복구해 가면서 향후 그 실현을 인간 존엄성을 내용으로 권리에 담아 요구하게 되었던 것이다.[47] 이러한 요구에 대한 이론적 응답이 자연권이론이요 사회계약이론으로 나타나는 것이다. 그러나 그렇다고 서구 인민들의 이러한 복구와 재실현 속에서 등장한 자연권을 자연법질서를 탈각한 새로운 인간관과 삶의 질서관의 창출로 볼 수는 없다. 이는 새로운 수단, 즉 자연권을 통한 자연법질서의 복구요 재실현이라고 보아야 할 것이다. 그래서 세바인은 위에서 본 것처럼 이러한 격동 속에서 서구인들이 이해하는 자연법을 전통적 '자연법'의 근대화로 지칭했다고 본다. 또한 3절에서 살펴볼 자연권이론이 이상과 같은 희구를 담아내야 할 자연권을 홉스처럼 자연법에 앞세웠건 로크처럼 자연법에 뒤세웠건, 이 양자 모두의 경우에 자연법의 직접적 보호 하에 두고 있다는 것은 결코 우연이 아니라고 본다. 이는 이론적 필요 이상의 의미, 즉 왜곡된 정치현실 속에서 자연법적 인간과 그 질서를 회복하려는 희구의 의미를 담고 있다고 본다. 그리고 1절 말미에서 자연법의 권리 함의성에 대한 언급은 자연권과 자연법의 연계에 대한 이해를 도우리라 생각한다. 물론 이렇듯 자연법질서의 복구와 실현수단으로 등장한 자연권에는 종래의 자연법정신과는 다른 요소가 개재되어 있다. 특히 자연권을 중심으로 하는 이론적 응답 속에는 자연권이 막강했던 절대왕권국가에 대한 대항의 무기로 태어난 만큼이나 강한 권리 편중의 색깔이 함의되어 있다.

47. 이러한 요구가 로크와 루소의 사회계약이론 속에 강조되고 있는 '도구로서의 정부'관에 반영되어 나타나며, 이는 18C까지 이어지는 자연권 정신(jusnaturalism)의 절대왕권국가에 대한 승리를 말해준다. 그러나 프랑스혁명을 계기로 자유주의 정신의 제 4계급(노동무산계급)으로의 확산과 이들의 부르주아 견제를 위한 국가권력과의 결탁은 절대왕권국가를 자유주의 정신의 족쇄로부터 풀어내어 다수의 횡포를 대행하는 이른바 '집회국가(convention state)'로 거듭나게 한다. 이와 관련해서는 Guido de Ruggiero, 앞의 책(1964〈1927〉), §§7-8 참고.

그리고 이러한 편중성은 자연권을 탄생시킨 배경정신으로서의 자연법 정신과 이 정신 속에서 그려지던 인간관과 이들의 사회적 삶의 질서관에 반발적 폐단을 낳게 되는데, 이에 대해서는 4장과 6장에서 다시 살펴볼 기회가 있으리라 생각한다.

이렇듯 서구의 '근대적 인간 이미지'를 키케로에 의해 전승된 자연법사상에 담긴 인간 이미지의 복구 내지는 재실현으로 본다면 서구적 '근대적 인간관'은 얼마나 서구적이라고 볼 수 있을까? 우선 이러한 인간관이 투영되는 인간은 서구인이기 때문에 서구적이다. 이는 마치 소아시아에서 태어난 예수의 이미지를 서구인의 이미지에 담아 그려내는 것과 같다고 볼 수 있다. 또 오늘날 통용되는 서구 · 비서구의 지리적 분할기준에 따른다면, 옛 스토아철학의 근원지인 그리스나 이를 자연법으로 확립시킨 로마제국이 서구에 속한 만큼 서구적이라 할 수 있을 것이다. 그리고 마지막으로 이러한 서구인과 서구지역은 이러한 자연법적 인간관이 지속되어 온 장구한 서구 역사전개와 함께 하였던 만큼 근대적 인간상 속에 담겨 있는 서구사의 이력만큼, 그리고 이 이력 속에서 근대 인간 이미지에 부합하는 역사적 사회제도를 형성한 만큼 서구적이라 할 수 있을 것이다. 그러나 앞서 특징화한 근대적 인간관은 역사의 풍상에 풍화된 인간 자체가 아니라 하나의 이상적 인간상이었다. 역사적 인간에 관한 얘기였다면, 그간에 전거해 온 서구 학자들의 역사 및 문화 연구물들도 인간관뿐만 아니라 문화의 전승이니 제도의 전승이니 질서의 전승 등에 대해서 거론하기가 거의 불가능했을 것이다.

그래서 근대적 인간관을 이렇듯 인간에 대한 이상적 이미지로 볼 때, 우리는 위에서 열거했던 서구적인 것들을 불가불 사상(捨象)한 위에서 말할 수밖에 없게 된다. 이렇게 사상하고 남는 것을 아마도 '인간 원형 이미지'라 불러야 할 것 같다. 더구나 이는 '자연법'의 자연이 말해주듯 이 자연법에 함의된 인간 원형 이미지는 인간의 자연, 즉 가장 인간적인, 그래서 결코 삭제되기 어려운 인간의 특성이 담긴 이미지여야 할 것이다. 그래야만이 근대적 인간상은 10세기가 훨씬 넘는 장구한 서구사의 전개과정 속에서 이어져 온 자연법적 인간관의 계승이라고 말할 수 있게 된다고 본다. 이는 마치 로마제국 시대의 가로수였던, 이를 테면 소나무가 이탈리아 통일 전 교황령 로마공국의 소나무이자 오늘날 이탈리아의 로마시내 가로수로 서 있는 소나무일 수 있는 것은 그간 장구한 시간의 변화와 기후 · 토양의 변화, 즉 역사의 변화에도 불구하고 이 소나무가 간직해 온 소나무의 원형 이미지 때문이라고 보는 것과 같다 할 수 있다. 이러한 소나무 비유는 인간이 스스로를 인간이라고 자각하면서 원형 인간 이미지는 인간이 인간이기 위한 존재조건, 혹은 인간이 인간인 한 만족해야 될 인간 조건임을 말해준다. 그리고 생각이 여기까지 이를 때, 원형 인간 이미지의 특성에 관한 한 여기에는 서구 · 비서구의 구분이 있을 수 없다는 생각이 따르게 된다. 이런 점에서 스토아 이래 장구한 서구 역사과정에 투영된 자연법적 원형 인간 이미지는 그 이미지에 부합하는 사회제도의 형성과 성숙을 제외하고는 유독 서구적인 것으로 보기가 어려워지는 것이다.

이러한 원형 인간 이미지는 근대적 인간관 속에 자율적이고 이성적인 존엄한 존재의 이미지로 나타나 있다. 그리고 이 이미지 속에는 앞서 살핀 대로 인간 자연의 자질상의 능력이 존엄하기 때문에 존엄에 대한 자격이 있고, 그리고 이 때문에 인간의 삶과 삶의 질서 속에서 이 자격에 마땅한 존중을 받아야 한다는 도덕률이 내재한다. 그런데 이러한 인간 존엄성 이미지와 이와 함께 하는 도덕률은 앞서 언급한 바와 같이 인류 역사가 남긴 모든 위대한 도덕적 문건에서 발견된다. 그리고 원시시대 이래 인류의 모든 바람 속에서도 확인된다. 근자에 이와 관련한 연구가 희소하기는 하지만, 그런 가운데도 몇몇 연구물들은 서구의 자연법사상과 비서구 문명권의 고 · 중세 질서관을 비교하는 가운데 거기에 담긴 인간관과 도덕률이 서구 · 비서구에서 동연에 서 있음을 보여준다.[48] 기실 서구의 자연법은 동양의 '천리(天理)'와 비슷하게 자연으로부터 유추된다고 보는 일종의 질서 혹은 정의에 대한 철학체계로서, 특정 사회의 규율이나 관습 혹은 전통으로부터 추론되기보다는 모든 인류에게 공통적으로 적용되는 것으로 간주될 수 있다고 보아야 할 것이다. 따라서 구태여 이러한 원형 인간 이미지와 관련하여 서구적 특성을 찾을 수 있다면, 이는 키케로에 의해 전승된 스토아 자연법적 원형 인간 이미지 특성을 복구하고 실현 · 재실현해 가는 역사적 과정, 특히 그 과정 속에서 드러나는 이러한 특성에 대한 서구적 이해의 폭, 서

48. 그 개관은 David Braybrooke, *Natural Law Modernized*(Toronto : University of Toronto Press, 2001), Chs. 1, 7, 9 ; Eberhard Schockenhoff, *Natural Law & Human Dignity : Universal Ethics in an Historical World*, Brian McNeil tr. (Washington D. C. : Catholic University of America Press, 2003), Chs. II–III 참고 ; 아랍문명권에 대해서는 Michel McLendon, "Ibn Khaldun Modernized", in David Braybrooke, 위의 책(2001), pp. 244–257) ; 중국문명권에 대해서는 Xiusheng Liu, "Natural Law in Classical Chinese Philosophy", in David Braybrooke, 위의 책(2001), pp. 258–294 ; 아프리카와 아랍문명권에 대한 단편적인 고찰은 Rhoda E. Howard, *Human Rights and Search for Community*(Boulder : Westview Press, 1993), Ch. 4 ; 단편적이나마 아프리카지역의 인권인식에 나타나는 자연법적 전통의식에 대해서는 Jean Allain & Andreas O'shea, "African Disunity : Comparing Human Rights Law and Practice of North and South African States", *Human rights Quarterly* 24(2002), pp. 86–125 등 참고.

구적 제도화의 폭, 그리고 서구적 실현의 폭에서 찾을 수 있다고 생각한다. 이는 마치 어떤 개념이 그 개념화 대상의 특성을 중심으로 구성되는 의미내포를 가질 때, 이 내포의 폭을 결정해 주는 그 외연(外延)의 확대/축소 속에서 그 내용구성—즉, '외연적 내포' 구성—을 달리하는 것과 비슷하다 할 것이다. 그러나 개념 자체가 바뀌기 전까지는 그 개념의 핵을 이루는 '원형'은 변할 수 없을 것이다.

2-3. 자연권이론에 나타나는 자유주의적 인간사회질서 (홉스T. Hobbes와 로크J. Locke)

이제는 이러한 개념적 기원과 자연권 주체로서의 근대적 인간의 출현에 대한 논의를 바탕으로 어떻게 자연권개념이 특정 정치사회의 존재와 구성을 정당화하는 중심이론, 즉 자연권이론으로 나타나는가를 살펴볼 차례이다. 자연권이론의 등장은 자유주의적 사회관 및 정치사회질서관이 사회적 보편성을 구하고 있다는 말이 된다. 그리고 그 자유주의관에 부합하는 사회를 건설하고 이에 부합하는 인간 사회관계의 제도화를 모색하는 사회적 분위기가 무르익고 있다는 말이 된다. 이는 앞절에서 살펴본 시민혁명이 대변한다. 물론 자연권이론을 살펴보는 것은 2차적으로 현대 권리이론의 뿌리(각주 '3' 참고)를 살펴본다는 의미 또한 가진다.

근대적 인간이 주가 되는 자연권이론은 앞서 간략히 밝혔듯이 17세기 서유럽, 특히 17세기 영국에서 본격화되는 정치적 자유주의에 그 뿌리를 두고 있다는 것이 거의 정설로 알려져 있다. 그리고 자유주의적 권리개념의 원형은 로크(J. Locke)의 『시민정부론』에 나오는 '자연권' 개념에 있다고 본다. 그러나 자연권과 근대적 인간과의 관계를 보다 직접적이고도 확연하게 언급한 것은 루소(J.-J. Rousseau)에서 찾아볼 수 있다. 루소는 그의 『사회계약론』에서 사람들 그 누구든 그의 자유를 포기하는 자는 자유의 포기와 동시에 자신이 인간으로서 가져야 할 본질적 인간 존엄성과 인간의 본연적인 권리, 그리고 인간으로서 가져야 할 본원적 의무마저도 포기하는 것이라고 말하였다.[49)]

이 말은 인간이 누구나 자연적인 권리, 즉 자연권(혹은 인권)을 가지는 존엄한 존재라는 점을 결정적이고도 새로운 방법으로 표현한 것이지만 이 말은 그 표현방법을 떠나, 그리고 루소의 민주주의에 편중된 문맥을 떠나 그 속뜻에서 볼 때, 이는 루소 이전의 사상가들에서 보이는 내용에 하등 새로울 것은 없다고 보여진다. 이를 테면 홉스는 좀 극단적이고 역설적인 방법으로, 그리고 로크는 보다 전통적 스토아(the Stoa) 교리에 충실하게 루소와 같은 취지의 자연권 주체에 대하여(루소의 언급에서 보는 간결성은 없지만) 보다 자세하고 도 긴 논의를 통하여 그려내고 있다. 존엄성을 가진 생물체로서 인간만이 가질 수 있는 인간 특유의 '권리', 혹 그의 말대로 표현하여 인간의 '자유'는 그 어디에도 양도할 수 없다는 새로운 자연권 주체의 특성이 홉스에 의해서 제시된다. 그리고 로크는 이러한 주체의 특성을 사회존재적 특성과 결합시킴으로써 사회의 제약 속에서 이해되는 자연권의 주체를 그려낸다. 이렇듯 홉스와 로크의 이론은 다 같이 본격적인 자연권이론의 선구이론임에도 불구하고 홉스의 이론은 특히 권리의 근원, 즉 권원에, 그리고 로

---

49. J.-J. Rousseau, 앞의 책(1968), Book I, Ch. 4.

크의 이론은 특히 권리의 한계, 즉 권한에 그 강조점을 두어 이해될 수 있다. 이하에서는 홉스와 로크의 자연권이론을 좀더 자세히 살펴본다.

1) 홉스의 자연권이론과 권리의 권원

세바인이 말하는 자연법의 근대화가 가장 또렷하게 나타나는 곳은 홉스의 자연권이론인 것 같다. 홉스는 인간이 자연 그대로 존재하는 자연상태에는 정의도 부정의도 없고, 옳다는 관념이나 그르다는 관념이 들어설 여지가 없다고 말한다.[50] 뿐만 아니라 그곳에는 내 것 네 것 하는 말하자면 소유개념, 재산권개념도 없다는 것이다. 이러한 말을 근대적인 용어로 바꾸면 홉스는 세상에 객관적 가치라거나 본원적이고 내재적인 가치라는 등의 것은 없다고 보는 것이다.

이러한 그의 생각은 그가 1658년에 쓴 『인간론(*The Homine*)』이나 1640년에 쓴 『법률요론(*The Elements of Law*)』에도 확연히 드러난다.[51] 세상의 정의 혹은 부정의에 대한 관념이나 옳고 그름에 관한 관념은 공권력에 의해 수립되고 부여된 법률적 제도의 결과일 뿐이라는 주장이다. 그러한 관념들은 물리적 공권력의 강제나 두려움에 의하여 유지되면서 관행화된 규약으로부터 나온다는 것이다.

홉스의 자연권은 바로 이렇듯 도덕적 · 법적 진공상태인 자연상태에서 등장한다. 홉스가 지속해서 계속 사용하고 있는 '권리(right)'라는 용

50. T. Hobbes, 앞의 책(1968a), p. 188.

51. T. Hobbes, *The Elements of Law*, F. Tönis, ed.(Cambridge : Cambridge University Press, 1928), Pt.I, Ch.4, §11 ; T. Hobbes, "De Homine", in Bernard Gert(ed.), *Man and Citizen : Thomas Hobbes's "De Homine" and "De Cive"*(London : Humanities Press, 1968b), Ch. 10, §5.

어는 이렇듯 도덕적 · 법적 진공상태인 자연상태에서 평등한 개별자들이 벌이는 만인 대 만인의 투쟁 속에서 자신을 지키는 수단으로써 사용한다. 이러한 투쟁상황에서 홉스의 개별자들이 하나의 생명체로서 모든 사물에 대해서 가지는 권리가 바로 홉스의 "자연권"인 것이다.[52]

홉스는 이러한 자연권을 일종의 원초적 권리(original rights)이자 모든 사람이 모든 사물, 심지어는 다른 사람들의 신체에 대해서조차 가지는 '보편적 권리'로 보고 있다. 그리고 그는 이 원초적이고 보편적이며 자연적인 권리가 자유상태로서의 자연상태에 놓여 있는 인간에게 극히 당연한 특성일 따름일 뿐이라고 간주해 버린다. 그는 이 권리가 "모든 개별자적 인간의 자유"라고 단언한다.[53]

이렇게 볼 때 홉스의 자연권은 인간의 생명과 '생명운동(vital motion)'을 보존하려는 내재적 충동으로부터 도출되었다고 볼 수 있다. 그런 만큼 홉스의 자연권은 인간은 누구나 평등하게 지속적인 생명보존 활동에 대한 욕구를 가지고 있다는 모든 생명체를 관통하는 공리적 사실에 근거한다. 인간은 누구나 자기 운동적 생명체계를 가지고 있기 때문에 자연적 필요상 똑같이 그 운동의 지속을 추구하게 되며, 또 누구나 유약하고 도덕적 · 법적 진공 속의 불안한 상태에 있기 때문에 이러한 목적 추구를 위한 평등한 권리가 인간 모두에게 허용되어야 한다는 것이다.[54] 그리고 이러한 권리에 대한 평등은 단지 그들의 운동을 지속(혹은 그들의 생명을 보존)하는 데 필요한 권리에 국한되지 않는다. 거기에는

52. T. Hobbes, 앞의 책(1968a), pp. 189−190.
53. T. Hobbes, 앞의 책(1968a), p. 189.
54. T. Hobbes, 앞의 책(1928), Bk I, Ch. 14, §6 ; 앞의 책(1968b), Ch.1, §7.

생명유지 수단에 대한 권리 평등 또한 포함한다. 홉스의 자연권은 모든 사람의 생명을 보존하기 위한 평등권뿐만 아니라 그 보존에 필요한 수단에 대한 평등권까지 포괄하는 것이다.[55]

이어서 홉스는 이렇듯 전폭적이고도 무한한 자연권을 보장해 주는 자연적 질서체계가 바로 자연법이라고 주장한다. 홉스에게 있어서는 자유 속에 자신의 생명을 보존하려는 목적과 목표를 설정해 주는 자연의 권리가 최우선적이다. 그리고 이 권리의 뒤를 따라 사후적으로 이를 정당화하기 위하여 존재하게 되는 것이 자연법이다. 그런데 이 자연법은 위와 같이 생명보존이라는 필수적 목표를 달성하기 위해 현실적으로 적용해야 할 합리적으로 계산된 행동지침일 뿐이다. 자연법은 인간이 그 생명을 안전하게 보존하도록 이성의 교지(狡智)가 이끌어 주는 공리, 합리적 계산의 목록에 다름 아닌 것이다.[56]

이러한 자연법은 전통적인 자연법(jus naturale)의 의미보다는 오히려 자연의 법칙(the law of the nature)에 가까운 의미를 가진다. 그래서 홉스의 자연권이론과 자연법과의 관계는 그간의 전통적 관점에 비해 볼 때 사뭇 획기적이고도 파격적인 관계로 나타난다. 즉, 자연권이 우선적으로 존재하게 되고 자연법은 그 뒤에 따라오는 하나의 수단, 자연권 행사의 합리적 안내자로서의 역할을 맡게 되는 것이다. 이러한 자신의 생명에 대한 정당한 권리는 판단하기에 합리적인 모든 수단을 다해 자신의 생명을 지키는 자유다. 이 자유는 모든 사람에게 있어 의당 하나의 자연의 법칙과 같은 사실로서 권리를 구성한다고 여겨지며, 동시에 그

55. T. Hobbes, 앞의 책(1928), Ch. 14, §6−§7 ; 앞의 책(1968b), Ch. 1, §8 & §14.
56. T. Hobbes, 앞의 책(1968a), Ch.15 ; 앞의 책(1968b), Ch. 1, §1.

자신의 자연적 본성의 외적 표현일 따름이다.

전적인 자유 속에 자신의 생명유지가 도덕적 · 법적 진공상태에서 초래하는 결과가 바로 홉스가 말하는 자연상태에서의 만인 대 만인의 투쟁이다. 그리고 이 만인 대 만인의 투쟁이라는 극한 상황을 탈출하는 방편이 사회계약에 의한 정치질서의 수립과 더불어 동시에 진행되는 정치사회상태로의 이행이 된다. 자연상태로부터 정치사회상태로의 진입의 계기인 사회계약은 만인이 자신의 생명보존을 투쟁상태로부터 질서상태의 안전 속에서 보장받기 위한 조처이다. 그런 만큼 어떤 도덕률이나 법질서에 의존함 없이 자율적이다. 더불어 사회계약을 통해 수립되는 정치질서 역시 자율적이며, 자율적인 만큼 자기 질서이다. 자발적인 정치질서가 선 후 이 질서에 의해 만인은 이 질서에 묶인 사회를 알게 되고, 이 사회에는 비로소 서로의 생명보존 활동을 상호 존중하게 되는 일종의 도덕성을 중심으로 하는 사회질서가 들어서게 된다. 홉스는 이러한 상호 생명활동 존중을 내용으로 하는 도덕성은 한 생명체로서의 인간의 사회적 삶에 대한 존중, 즉 인간 존엄성 존중을 내용으로 하는 포괄적인 도덕성으로 이어진다고 본다. 그래서 도덕성은 질서의 결과이지 질서의 원인이 아니라고 보는 것이다. 결국 인간의 자연적인 생명활동에서부터 정치질서, 사회질서, 도덕질서에 이르는 전과정은 자율성의 자기 논리 전개 속에 있다. 이러한 자율성의 자기 논리 전개 속에는 신성이나 이에 근거한 도덕률 등 가외의 초인간적 권위가 개입할 여지가 없다. 그래서 홉스의 자연권이론에는 신성을 비롯한 초인간적 권위와 이에서 비롯되는 초인간적 질서가 논리적으로 배제되어 있다. 더불어 자연법은 자연권의 원인이 아니고 자연권 뒤에 따르는 자연권 행사의 결과로 나타나게 되는 것이다.

홉스의 자연권이론에 나타나는 이상과 같은 특징은 자연권의 권원(權原)이 철두철미 한 생명체로서의 인간 자체, 즉 인간의 자연적 생명성에 있음을 보여준다. 그런 만큼 이 권원 속에는 개별자이고 자율적이며 이성적인 자연인간의 이미지가 담겨 있다. 이는 모든 생명활동을 하는 생명체들의 자연생명체 이미지와 하등 다를 바가 없다. 즉, 자연권 주체로서의 인간은 여타의 자연적 생명체들과 같은 위상에 서 있는 것이다. 그렇다면 인간에 특유한 듯이 보이는 자연권은 모든 자연생명체의 자연권이기도 하다. 이는 홉스의 자연권이론이 인간에 국한되는 것이 아니라 생물학적 지평에 서 있음을 말해준다. 이는 더불어 다른 자연생명체들과 공유하는 인간의 자연권을 보장해 주는 질서가 도덕성을 함의하는 자연법질서 이전의 자연질서임을 말해준다. 그래서 앞서 언급한 홉스의 자연권이론에 나타나는 자연법은 차라리 자연법칙과 같다는 말을 떠올린다. 그런데 이러한 자연질서의 세계는 약육강식이 횡행하는 강자의 세계이다. 이는 먹이사슬로 연결된 생명체들의 류(類)사이의 관계에 해당하는 사회이기는 하지만 적어도 인간이라는 류(類)내부에서는 용납하기 어려운 세계이다.

이로부터 홉스의 자연권이론은 자연권의 실효성과 관련하여 일종의 역설(paradox)의 오류 속에 들게 된다. 즉, 법과 도덕적 의무가 진공(眞空) 상태인 상황에서는 현실적으로는 아무도 실효성 있는 권리를 행사하지 못한다. 왜냐하면 모두가 권리만 주장하고 그 권리에 대한 의무를 책임질 사람이 아무도 없는 곳에서는 권리 그 자체가 아무런 의미를 가질 수 없기 때문이다. 이러한 역설적 상황은 홉스로 하여금 리바이어던이라

57. T. Hobbes, 앞의 책(1968a), p. 227.

는 무소불위의 절대권력을 창출하게 한다. 그러나 리바이던의 창출[57]과 더불어 자연권 주체인 인간의 인간다운 삶은 리바이어던의 정치질서 하에 생명보존 이상의 삶은 권리로서보다 하나의 절대권력의 시혜에 의해 보장될 수밖에 없는 삶으로 추락하고 만다. 이는 자연권의 자체 논리 속에서 인간 존엄성 존중을 내용으로 하는 도덕적 사회질서와 이를 보장하는 정치질서가 생성된다는 홉스의 애초의 기대를 저버리는 결과이다.

그래서 홉스는 자연법칙과 같은 애초의 2개 이외의 17개에 이르는 별도의 자연법규율을 도입한다.[58] 이 가외의 자연법규율은 거의가 도덕규율이다. 결국 홉스는 도덕성을 함의하는 전통적 자연법에 귀의함으로써 자연권 역설의 오류를 시정하게 되는 것이다. 그러나 여전히 남는 문제는 전통적 자연법질서에 의존하게 된 사회질서는 그나마의 도덕성을 회복한다 하지만, 이를 보호해야 할 절대권력 리바이어던에 의해 유지되는 정치질서는 도덕적 진공상태에 방치되고 있다는 점이다. 이 문제는 이어서 살펴볼 로크의 자연권이론 속에서 그 일단의 해결을 본다. 그러나 정치질서의 문제를 차치하고라도 오늘날 서구 자유주의 이론들이 권리이론 확립의 선구로 보고 있는 홉스의 자연권개념은 세바인이 말한 '자연법 근대화' 의 특성을 여과 없이 반영하고 있는 만큼 자체에 함의되어 있는 권리 편중의 폐단에 노출되어 있다. 이러한 홉스의 권리 편중 패러다임은 그 뒤를 있는 자연권이론은 물론 오늘날의 권리이론들에도 계승된다고 보이는데, 이와 관련해서는 4장에서 살펴본다.

---

58. T. Hobbes, 앞의 책(1968a), Ch. XV.

2) 로크의 자연권이론과 권리의 한계

이미 살펴본 바와 같이 홉스는 그의 자연권이론의 출발점인 자연상태를 도덕 · 법질서가 전무한 진공상태로 설정한다. 그리고 이 자연상태에서 모든 사람은 모든 것에 대해서, 심지어는 다른 사람에 대해서까지 전적인 권리를 가지는 것으로 묘사하고 있다. 이는 홉스의 정치사회상태가 가지는 특징 속에도 확연히 드러나 있다. 홉스의 극단적으로 과격화된 자연권개념은 리바이어던(Leviathan)으로 비유되는 절대적 공권력의 창출을 불가피하게 한다. 이는 공권력은 사회구성원들의 절대적 자연권이 초래하는 자연권 역설을 덮기 위한 회피장치이다. 그런데 이는 정치사회 구성원들의 절대복종(공권력에 대한 전적인 의무)을 불가피하게 하여 결국 홉스의 자연권은 절대왕권을 견제하여 전통적 자연법에 담긴 인간 이미지와 이에 부합하는 정치질서를 보장하기는커녕 자연권 포기마저 초래할 가능성을 안게 되었다.

이러한 홉스의 자연권이론을 로크는 '스컹크와 여우로부터 당할 불쾌감과 성가심은 두려워하면서도 생명을 위태롭게 할 사자 앞에서는 오히려 안전하다고 생각하는 사람의 어리석음' 에 비유한다.[59] 그리고 아래에서 살펴볼 바와 같이 그의 자연권이론에 전통적 자연법개념을 재수용함으로써 홉스식 자연권이론의 비현실성을 극복한다.

로크의 자연권이론 역시 홉스에서와 마찬가지로 인간의 자연적인 권리와 인간의 자연 혹은 본성에 관한 법칙과의 관계에서 출발한다. 그

59. J. Locke, *Two Treatises of Civil Government*, ed. by P. Laslett (N. Y. : A Mentor Bk, 1963), p. 372.

러나 로크가 홉스와 다른 점은 홉스에서는 자연권이 먼저 논의의 대상이 되는 데 비하여 로크에서는 자연법이 먼저 거론된다. 이러한 논의의 순서는 자연법을 보는 두 사람의 시각차를 반영하는 것이다.

물론 이 두 사람 모두에게 자연법은 사물의 보편적 질서와의 관계 속에서 인간이 처해 있는 상황의 중요성을 의미한다. 그러나 로크의 자연법은 홉스에서와 같이 이미 주어진 존재의 현존하는 생명적 기능에 근거하거나 자신의 보존을 합리적으로 확보하기 위한 자연법칙과 같은 자연법은 아니다. 로크에 나타나는 자연법질서는 홉스에서와는 달리 하나님이 창조한 피조물에 대한 하나님의 의지가 담긴 질서이다. 즉, 하나님이 이 세상에서 인간을 생육시키겠다는 의지를 가지고 그 시현을 시험하고자 창조한 질서인 것이다. 그래서 이 자연법 속에는 인간에 관한 한 상호 생명존중과 이를 중심으로 하는 인간 존엄성 존중이라는 도덕성이 이미 함의되어 있다. 이 도덕성은 스토아 교리로부터 태동하는 전통적 자연법에 함의되어 있는 도덕성과 같은 도덕성이다. 그런 만큼 신이 이 세상을 창조할 때 시현했다고 여겨지는 자연법질서는 스토아 교리로부터 태동하는 전통적 자연법질서와 같은 질서가 된다. 즉, 신(神)과 자연 본성 그리고 인간 이성을 하나로 묶어내는 보편적이고도 도덕적인 규범질서에 다름 아닌 것이다.[60]

이렇듯 그의 자연권이론은 이러한 전통적 자연법질서를 전제한 데

60. 이 점에 대해서는 Marcus Tullius Cicero, *On the Commonwealth*, G. H. Sabine and S. B. Smith, tr.(Indianapolis : The Bobbs-Merill Company, Inc., 1976), Book III, pp. 215-216 ; 그리고 그의 *Laws*, C. W. Keyes, tr.(Cambridge, Mass. : Harvard University Press, 1928), Book I, p. 10 ; George H. Sabine, 앞의 책(1973), pp. 142-43, 148 등을 참고.

서 출발한다. 그런 만큼 로크에게 있어 이 자연법질서는 인간 이성에 이미 함의되어 있는 질서이다. 신은 인간에게 자연적 본성상 그 자연적 본성을 지배하는 법칙을 인식할 정도로 충분한 이성을 부여한 것으로 이해되는 것이다. 이러한 이성을 부여받은 인간은 이 질서를 이해할 수 있을 만큼 합리적일 수밖에 없다. 로크의 자연법은 근본적으로 "법적 질서를 이해할 수 있는", 즉 "이성과 자유의 능력이 있기 때문에" 스스로를 인간적으로 만들어 갈 수 있는 그러한 인간 존재를 전제해서 부여된 자연법인 것이다.[61] 로크는 그래서 이 자연법질서에 부합하는 인간 질서는 신의 의지를 실현하는 신의 질서라고 본다. 홉스의 자연상태가 만인 대 만인의 투쟁으로 표현되는 반면 로크의 자연상태가 에덴동산 같은 목가적 상태로 그려지는 데는 이렇듯 두 사람이 보는 자연법에 대한 시각차가 반영된 결과이다.

이러한 자연법에 대한 시각차는 그대로 각자의 자연권이론의 차이로 이어진다. 이미 앞에서 살펴보았듯이 홉스에게 있어 자연법이 추인하게 되는 자연권은 모든 사람들이 자족적인 존재로서 상호 상대방에 대한 고려 없이 자신만을 보존하기 위해 살 수 있도록 보장해 주는 권리로 간주된다. 그러나 반면에 로크에게 있어서 자연법질서에 의해 보장되는 자연권은 무엇보다도 우선적으로 "이성의 권리"이며, 자연법질서 내의 권리이다. 또 홉스의 자연권은 인간 생명의 '생명운동'의 보존과 지속에 집중되어 있다. 반면에 로크의 자연권은 근본적으로 인간 이성에 집중되어 있고, 나아가 그 이성의 자유로운 발전, 즉 이의 도덕적

61. J. Locke, 앞의 책(1963), Bk. II, §57, §61. 이하 로크와 관련된 논의 말미 괄호안의 수자는 이 책에서의 출처를 가리킴.

이고 이성적인 실현에 집중되어 있다. 결과적으로 홉스의 자연권과 대비되는 로크의 자연권은 자신뿐만 아니라 타인을 위해서 모든 사람이 자유를 발전시키고 지키는 것으로 나타나는 것이다. 이와 관련하여 로크는 현실적으로 나 자신이나 다른 사람들을 막론하고 "일반적으로 모든 인류"는 자신을 보존하기 위한 평등한 권리를 가진다고 말한다(Bk. II, §8). 이 권리는 만인과 만물을 같이 생육 · 번성시키는 것을 목적으로 하는 자연법의 테두리 안에서만 그 의미를 가진다. 따라서 자연권을 앞세워 자연법, 즉 이성법을 어기는 사람은 그 누구든 인간 본성의 원칙을 떠남으로써 더 이상 인류에 속하지 못하게 되는 것이다. 즉, 스스로를 비인간화하는 것이 되는 것이다(Bk. II, §10).

자연법에 저촉되는 자연권이 더 이상 권리로서의 의미를 가지지 못한다면, 그리고 자연권은 나뿐만 아니라 다른 사람까지를 포함한 인간의 본성을 보호하기 위한 권리라고 한다면, 다른 사람까지를 포함하여 인간의 본성을 보호하기 위한 이 자연권은 그 무엇보다도 진정한 의미의 '보편적 인간 권리' 의 의미와 같다고 보아야 한다. 이는 로크의 자연권이 보다 상위질서인 자연법에 의해 한계지어지는 것이자, 오늘날의 권리가 사람과 사람과의 관계 속에서 규정되는 태생적 한계가 있다는 것을 이미 함의한 것으로 이해될 수 있다. 로크의 자연권에 대한 한계는 심지어는 자연권 주체 자신에까지 포괄한다. 이를 테면 자연권에 포함되는 생명권이 그 예인데, 로크는 생명은 "인간은 스스로가 만들어 가지게 된 힘보다 더 많은 힘(즉, 신이 준 힘)을 결코 맘대로 처분할 수 없다" (Book II, §23, §135)고 잘라 말한다. 생명권에 관한 한 로크에게 있어서는 홉스의 신체적 필요나 생명운동의 일관성 이상의 인간 본성과 자연법에 대한 의무의 의미를 함의하는 것이다(Book II, §23). 따라서 그 누구도 자신의 생명을 다른 사람의 자의에 맡길 수 있는 권리는 없으며, 만약 이를 내용으로 하는 계약이 있다면 그것은 무효가 되는 것이다. 이렇게 보면 오늘날 통용되는 권리의 바른 표현은 '권한' (일정하게 한계 지어진 권리)이 되어야 할 것이다. 이렇듯 권리의 한계를 자연법으로 테두리지은 로크의 자연권이론은 오늘날 이해되는 서구 자유주의 권리 개념의 이론적 근거가 된다.

그러나 그럼에도 불하고 로크의 자연법은 개인 이성 속에 내재하는 개별적 이성법(Ch. XIV, 특히 pp. 311-312)으로 규정되기 때문에, 비록 그가 '이성실패'를 경고하고 있음에도(Ch. IX, 특히 pp. 395-397) 행위로 표출되는 권리가 전면에 서고 그 권리의 정당화 근거인 자연법적 의무는 뒤에 숨는 형국을 띠게 된다. 따라서 자연법 테두리 제약만을 고려할 때 로크의 자연권은 이성을 소유한 각 개인의 판단에 맡겨지기에 결과적으로 홉스의 자연권과 별다를 바가 없게 되는 여지를 가지게 되는 것이다. 이를 테면 그가 이성실패를 경고하는 자리에서 홉스에서와 같은 전쟁상태의 가능성을 우려하면서 제시하는 '불편이론(inconvenience theory)'은 이러한 여지를 단적으로 입증한다. 또 다른 예로, 로크는 한편으로는 노예불가론을 견지하면서도 노예는 "이성적인 인간 보편의 세계 이하"에 속함을 이유로 그의 자연권을 자연법적 보호의 테두리 밖으로 내몬다(Book II, §91). 즉, 자연법적 의무의 보편적 테두리는 개별적 이성의 기준 여하에서 취사선택될 수 있는 약한 테두리로 나타나는 것이다. 이렇듯 자연법질서를 능가하는 이성에 의해 주도되는 자연권이 이에 상응하는 의무에 대해 가지는 편중성은 세바인의 자연법 근대화 언급에서 이미 보았듯이 홉스와 로크의 이론을 포함한 서구 자연권 이론의 태생적 한계로 나타난다. 그리고 이 한계는 (지금까지 살펴본 바와 같은 로크의 자연권이론에 철저하게 근거했다 하더라도) 이 자연권이론에 근거하고 있는 현대 서구 자유주의 권리이론에 그대로 나타난다. 이와 관련해서는 그 까닭과 더불어 4장에서 살펴본다.

이상 현대 권리이론의 뿌리가 되는 홉스와 로크의 자연권이론과 이들 사이에 존재하는 차이에 대하여 간략히 살펴보았다. 이들 이론이 가지는 차이는 이들이 구상하는 정치사회와 정치권력의 모습에 그대로 반영되어 나타난다. 홉스는 그가 포석한 급진적 합리주의와 극단적인 개인주의에 이끌려 결국 '절대주권' 이론으로 귀결되었다. 그러나 그는 자연권이론(물론 편협하게 생명보존에 관한 권리에만 집착했지만)에 날카로운 논리체계를 제공했고, 이는 자연권의 생명근거를 명확히 해주었다. 반면, 로크는 이성과 개인에 홉스에 못지않은 관심을 기울였으나 자연법사상의 전통에 더 무게를 두었다. 그렇게 함으로써 그의 자연권이론은 정치권력의 한계를 설정함으로써 그의 전반적 사상을 전통적 자연법정신을 계승하는 서구 자유주의의 초석을 마련하게 된다.

또 다른 차이점은, 로크의 자신을 지키기 위한 자연권은 홉스에서와 같이 자기 보존의 필요에 근거하고 있긴 하지만 홉스에서와는 달리 소외가 전혀 불가능하지 않다는 것이다. 즉, 홉스에게 자연권의 소외는 불가능하다.[62] 반면, 로크는 인간의 보존을 위해 그렇게 필요하다고 생각하는 절대적 · 자의적 권력으로부터의 자유권은 생명권에서와 같이 "죽을 만한 행동"을 한 경우 몰수될 수 있다고 본다.[63] 물론 이 경우 자연권을 몰수당한 자는 더 이상 인간이 아니기 때문에 권리주체로서의

62. T. Hobbes, 앞의 책(1968a), p. 192.
63. J. Locke, 앞의 책(1963), Bk. II, §23.

의미 또한 없어지게 된다. 이렇게 볼 때, 로크의 자연권은 근본적으로 자기 보존을 위한 필요에 근거를 둔 것이라기보다는 차라리 생명권에 우선하고 그 상위에 있다고 생각되는 도덕법으로서의 자연법에 그 근거를 두고 있다고 말할 수 있을 것이다.

이렇게 해서 현대 권리이론의 보다 직접적인 근거가 되는 로크의 자연권이론은 법안의 자유를 내용으로 하는 '합헌적 자유주의'를 낳게 되는 것이다. 이는 여기서 일일이 그 예를 열거하지 않더라도 각국의 헌법에 권리의 법적 · 제도적 보장에 평등을 기한다는 '권리평등주의' 원칙으로 내장되어 있다. 물론 로크의 자연권은 이성법의 안내 속에서 이해되는 권리이지, 관습이나 생활방식 혹은 문화적 차이에 따라 그 내용을 달리하거나 또 그런 내용으로 이해되는 권리는 아니다. 다양한 정치사회 속에서일지라도 로크의 자연권이 가지는 보편성은 국가가 제정하는 실정법 속에서도 유지되도록 되어 있다. 그리고 그 향유에 있어서도 개별자들의 노력과 자유와 지성과 이성을 경유한 인간의 보편적 · 도덕적 합리성에 맡김으로써 로크의 자연권의 보편성은 견지되고 있는 것이다. 그렇게 해야만 이 자연권은 자연법적 의무와 실효성 있게 상응할 수 있기 때문이다.

이런 점에서 로크의 홉스적 자연권이론에 대한 수정은 오늘날 권리이론의 성격형성에 홉스와는 또 다른 영향을 주게 되는 것이다. 로크의 수정은 환언하자면 오늘날 인권을 포함하는 모든 권리개념이 법적 정의(正義)관념과 그 도덕적 의무(책무)관념이 강하게 함의되어 있던 전통적 자연법전통과 결코 결별할 수 없음을 시사해 준다. 보편타당한 합리성을 중심내용으로 하는 자연법개념 없이는 근대 자유주의에 바탕을 두고 있는 어떠한 권리도 그 실효성을 가지기 어렵다는 논리적 현실

이 로크의 자연권개념에 반영되어 있었던 것이다.

로크의 자연권에 그 뿌리를 두고 있는 합헌주의 정신의 또 다른 예는 각종 국제인권규약과 선언에서 찾아볼 수 있다. 사실 권리의 인류보편의 형태가 인권이고 보면 이러한 선언과 규약은 인류의 헌법정신을 담고 있다 해도 과언이 아닐 것이다. 바로 그러한 국제인권규약과 선언들에서 전통적 자연법적 한계의 흔적들을 발견할 수 있는 것이다.

이를 테면 국제인권헌장의 하나이자 지금까지의 모든 국제인권규약의 모태가 되고 있는 1948년의 UN인권선언을 그 모델로 삼아 살펴보자. UN인권선언문 제29조에는 다음과 같은 내용이 담겨 있다 :

> ① 모든 인간은 그 안에서만 자신의 인격이 자유로울 수 있고 또 그 인격을 완전하게 발전시킬 수 있는 공동체에 대한 의무를 갖는다.
> ② 모든 인간은 자신의 권리와 자유의 행사에 있어서 타인의 권리와 자유에 대한 합당한 인정과 존중을 보장하고 민주사회의 도덕, 공공질서, 일반인의 안녕을 위한 공정한 필요를 충족시키기 위해서만 법률이 정한 바에 따라 제한받는다.
> ③ 이러한 권리와 자유는 어떠한 경우에도 유엔의 목적과 원칙에 반하여 행사될 수 없다.(*밑줄첨가)

위의 인용에서 보이는 바와 같이 제29조는 세계인권선언에 나열된 모든 권리가 그 행사에서 지켜져야 할 한계나 의무를 밝히고 있다. 우선은 인류공동체에 대한 의무가 제시되어 있고, 타인의 권리와 자유를 존중할 의무와 공공질서 준수에 대한 의무가 전제되어 있으며, 온 인류사회의 평화와 복리를 증진시키기 위한 UN의 목적과 원칙에 부합하는 권리행사를 강조하고 있는 것이다. 이를 모두 종합해 보면 이 선언에 나열된 모든 권리의 행사는 나만을 위해서만이 아닌 모든 인류사회의 평화와 복리 증진을 위해서 행사되어야 한다는 의무가 전제되어 있는 것이다. 이것은 전통적 자연법개념에 들어 있던 올바른 이성, 자연적 정의가 뜻하는 바와 다를 것이 없다. 설사 하나님과 같은 초월자의 의지나 법 정의(正義)관념(신법관념/신성 이성)이 구체적으로 표현되어 있지는 않더라도 모든 인류를 주관하는 보편적 상위질서라는 면에서는 그 함의하는 바가 별다를 바 없다고 보여진다.

이러한 권리행사의 제한 혹은 전제조건은 바로 이어지는 동 선언 제30조에 보다 구체화되어 있다 : "이 선언의 그 어떠한 조항도 그 어떤 국가, 집단 또는 개인에게 이 선언에서 제시된 권리와 자유 중 어느 것이라도 파괴할 목적을 갖는 그 어떤 활동에 종사하거나 어떤 (위해)행위를 할 수 있는 권리가 있음을 뜻하는 것으로 해석될 수 없다." 즉, 이 조항에는 권리 당사자 간 뿐만 아니라 이들의 관계가 제3자를 위해(危害)해서는 안 된다는 금기조항이 구체적으로 명시되어 있는 것이다.

UN의 세계인권선언을 예로 해서 이상 살펴본 오늘날의 권리 · 인권관념 속에 드리워 있는 전통적 자연법관념의 흔적은 여타의 인권규정 속에도 공통적이다. 이를 테면 '유럽인권협약(European Convention)'에는 이와 같은 제약사항이 모든 개개 인권규약 조항마다 붙어 있다. 또 UN의 세계인권선언과 더불어 국제인권헌장을 구성하고 있는 '국제사회권협약(ICESCR)'(전문과 제1조 2항, 제5조 1항, 제24조)과 '국제자유권협약(ICCPR)'(전문과 1조 2항, 5조 1항, 12조 3항, 17조 3항, 21조 등)에도 위와 같이 정당한 권리행사를 위한 전제조건들이 포함되어 있다. 그리고 이는 거의 모두가 보편적 이성과 자연적 정의관념을 중심으로 한 전통적 자연법관념에 그 뿌리를 두고 있는 것이다. 물론 이러한 제한조항 속에는 UN헌장 제2조 7항에 있는 '내정불간섭원칙' 을 회피하기 위한 정치적 배려 또한 포함되어 있다. 그러나 이 제한 조항이 과연 자연법전통의 본의를 살리기 위한 것인지, 아니면 자연법전통을 가차(假借) 한 '근대국가현상' (4장 2절 참고) 의 또 다른 일면인지를 유의하여 헤아려야 할 것이다.

3장

권리[1)]근거와 자유주의 기본관계질서

우리는 앞장에서 자유주의적 삶의 특징적 표상인 권리와 관련하여 개념적 기원, 권리주체, 그리고 권리이론체계의 첫모습으로서 '자연권 이론'에 대해서 살펴보았다. 여기에서는 권리의 주체로 등장하는 자유주의적 인간 사이 관계의 성격과 기본관계, 그리고 이 기본관계의 질서가 적어도 자유주의 기본정신에 부합하기 위해서는 어떠해야 할 것인지를 살펴보는 데에 주안점을 둔다. 여기서 기본관계란 인간관계에 있어 두 사람 사이의 관계를 말한다. 이 2인 관계는 인간의 사회관계 및 정치관계를 포괄하는 인간 사회관계의 최소 단위가 된다는 점에서 기본관계라 한 것이다.

인간 삶의 자유주의 특성이 권리로 표상됨은 이미 앞서 언급한 바이

1. 이러한 표기는 서구 자유주의 이론들의 관례에 따른 것으로 그 뒤에는 '의무' 혹은 '책무'가 생략 되어 있다. 그 본 모습과 이러한 생략의 함의에 대해서는 본장 3절에서 살펴본다. 그리고 그 개념상의 몇 가지 특징에 대해서는 2장 각주 '1'을 참고.

다. 자유주의적 삶이 권리로 표상되는 것은 인간의 삶, 그것도 자연스런 인간 삶은 권리로서 보호되어야 한다는 자유주의 기본정신이 지향하는 바이다. 인간 삶이 인간 사회관계 속에서 실현되고 그 실현되는 삶의 자유주의적 특성이 권리로 표현되는 만큼 인간 사회관계의 자유주의적 특성 역시 그것이 권리관계로 표현된다는 데 있다. 이는 두 사람 사이의 관계인 기본관계에서도 마찬가지이다. 그런데 모든 관계는 그 나름의 질서를 가진다. 이러한 관계적 질서의 존재는 2인 관계를 포함한 모든 인간 사회관계에서도 마찬가지이다. 그리고 이 관계질서의 자유주의적 특성은 자유주의 기본정신이 인간 삶을 권리로서 보호함을 지향하듯이 인간 사회관계 속 관계주체들의 삶을 권리로서 보호함을 목적으로 한다는 데에 있다.

이하에서는 인간 사회 기본관계를 중심으로 바로 이러한 관계 및 관계질서가 자유주의 기본정신에 부합하기 위해서는 어떤 모습과 성격이어야 할지에 대해서 살펴보려 한다. 본장 첫 절에서는 삶의 근저가 되는 생명활동으로부터 이 삶의 자유주의적 표현인 권리의 근거가 어떻게 마련되는지를 살펴볼 것이다. 다음으로 이러한 근거로부터 권리가 생성 · 재생성 · 확대되어 가는 삶의 영역에 대해 삶의 자유주의적 표현인 권리가 어떻게 대응해 가는지를 '권리내용과 구성체계'를 중심으로 살펴본다. 세 번째 절에서는 이러한 권리의 내용과 구성이 인간 사회관계 속에 어떻게 표현되는지를 앞서 언급한 '기본관계'를 중심으로 살펴보고, 마지막 절에서는 이 권리관계로 표현되는 기본관계가 가지는 함의가 어떻게 자유주의적 관계질서로 특징지어지는지를 살펴본다. 이어지는 논의는 첫 절의 권리근거에 대한 것이다.

3-1. 권리근거와 인간성

자연권에 그 뿌리를 두고 있는 권리의 근거는 앞서 살펴본 바와 같이 인간 자체에 깃들어 있다고 여겨지는 인간성에 있다고 할 수 있다. 이 인간성은 홉스가 강조하는 바와 같은 생물학적 특성과 로크가 자연법적 사회의 전제 속에 함의되어 있는 사회적 특성을 함께 포괄하는 것으로 본다. 이때 생물학적 특성은 개인적 차이를 드러내지만 추상적인 인간성을 생명이라는 사실적 공통성으로 표현하게 한다. 사회적 특성은 인간의 일종의 존재구속성이다. 사회의 다양한 양태에 따라 그에 속한 인간의 존재양태 또한 다양하겠지만, 그 존재와 함께 하는 나름의 제약을 존재구속성이라 추상화해 본다. 이러한 추상적 특성이 돋보이는 인간성은 마르크스(K. Marx)가 간결하게 집약했듯이 인간을 자연적 존재임과 동시에 유적 존재이며 사회적 존재로 이해할 때 보다 구체적인 모습을 드러내지 않나 생각된다.[2)] 인간성은 이들 각 존재양태의 특성들이 중첩적으로 구성한다고 볼 수 있는 것이다. 이 중 유적 존재양태는 자연적 존재로서의 인간이 대(對)자연관계를 인간 특유의 본성에 맞게 재구성하는 2차적 자연적 특성에서 비롯되는 존재양태로 볼 수 있기 때문에 결국 인간성은 크게 인간의 자연적 특성과 사회적 특성으로 구성된다고 볼 수 있을 것이다. 여기서 한 가지 강조하고 지나갈 것

>>>

2. 이러한 인간에 대한 이해는 그의 여러 저작물에 나타나지만 대표적으로는 *Economic and Philosophic Manuscripts of 1844*를 들 수 있다. 볼 곳은 R. C. Tucker(ed.), *Marx–Engels Reader*(2nd ed.)(N. Y. : W. W. Norton & Company, 1978), pp. 70–95.

은 이러한 두 특성의 동시적 존재성이다. 적어도 권리와 관련한 논의에서는 아래에서 볼 바와 같이 특히나 그렇다.

인간의 자연적 특성은 한 생명체라는 점이다. 생명체는 생명활동을 하며, 생명활동은 생존을 1차적 목표로 이를 위한 인간 나름의 자유와 필요충족을 요구한다. 이러한 자연적 요구가 바로 자연권의 근거를 구성하는데, 생존이 모든 생명체의 존재근거이듯이 인간의 생존을 위한 특정의 자유와 필요충족에 대한 요구야말로 자연권의 가장 기본적인 근거가 된다. 이 자연권의 근거는 앞서 홉스(T. Hobbes)가 자연권을 생존을 위한 생명활동(vital motion)의 보장을 근간으로 삼을 때 강조된 바이기도 하다. 그가 모든 선험적 도덕관념의 부재를 강조할 때, 이는 이미 도덕화된 권리관념 속에는 도덕화 이전 인간 특유의 자유와 필요충족이라는 자연적 사실이 자연권의 실질적 근거임을 강조하기 위한 것으로 볼 수 있다. 그러나 이는 사회상태 이전의 홉스적 자연상태에 존재한다고 여겨지는 자연권의 근거일 뿐, 여기서 논의하려는 권리의 근거는 아직 아니다. 심지어는 자연법질서 속의 자연권의 근거일 수도 없다. 앞서 살펴보았듯이 홉스가 19개에 이르는 자연법 조항을 그의 자연권이론에 도입한 이유는 결과적으로 이렇듯 미완의 자연권의 근거를 완성시키기 위함이라 볼 수 있다. 다만 권리의 근거는 자연적 사실로서의 생명과 생존에서 비롯되는 만큼 이를 권리의 자연적 근거라고 부를 수는 있겠다. 그리고 모든 복잡하고도 다양한 권리의 내용은 바로 이 생존을 위한 특정의 자유와 필요충족을 바탕으로 형성되기 시작한다는 의미, 즉 가장 기본적인 근거라는 의미에서 (자연적) 권원(權原)이라고 할 수는 있겠다.

그러나 동시에 생명체의 유아기에는 그렇다 하더라도 생명과 생존을 스스로 책임져야 하는 생존주체로 성장하는 순간 권리의 자연적 근거는 하나의 '생명체라는 사실' 속에 잠재할 뿐, 더 이상 '권리의 근거'로 주장될 수는 없다. 왜냐하면 우리가 이해할 수 있는 현실세계에서 인간의 생존을 위한 생명활동에 요구되는 자유와 필요충족은 모든 생명체가 그렇듯이 자신 밖의 사회적 존재들과의 관계, 즉 대타적(對他的) 관계 속에서 이루어지기 때문이다. 대타적 관계는 인간을 포함하는 모든 생명체가 타자를 전제한 가운데 각기 나름의 일정한 사회에 존재함으로써 비롯된다. 사회를 전제한 대타적 관계에서 요구되는 자유와 필요충족은 더 이상 자연적 요구가 아니라 이제 사회적 요구이다. 그런 만큼 이제 논의의 대상은 자연적 요구를 내용으로 하는 자연적 근거가 아니라 사회적 요구를 내용으로 하는 (사회적) 권리의 근거여야 한다.[3] 바로 여기에 현실적인 '권리'의 근거가 자리하게 된다. 이 근거를 위에서 살핀 자연적 근거와 구별하기 위해 '사회적' 근거라 부르기로 한다. 그러나 이 사회적 근거는 이미 위에서 살핀 '자연적' 근거의 한계를 현실적으로 극복한 근거인 만큼 여기서 논하는 모든 권리의 실질적 근거로 보아 무방할 것이다. 기실 필자 생각에는 권리는 하늘에 걸린 달이나 천체운행의 법칙처럼 인류사회 형성 이전부터 주어진 것이 아니고 사회와 더불어 그 발생과 소멸을 같이하는 사회제도적 개념에 불과한

3. 이와 관련하여 흄(D. Hume)은 일찍이(1739–40) 정의 및 권리를 비롯한 모든 도덕적 · 제도적 관념이 사회의 형성과 더불어 발생했음에 대해서 설득력 있게 논의한 바 있다. D. Hume, *A Treatise of Human Nature*, 2nd Ed., L. A. Selby-Bigge(index) and P. H. Nidditch(notes)(Oxford : Clarendon Press, 1978), Bk. III, Pt. II(특히 Sec. II) 참고. 이에 대한 간단한 소개로는 이봉철, "흄의 '도덕론'과 '친일유산'", 한국국제정치학회 소식 No. 115(2005. 6. 10).

것이다.

인간사회를 구성하는 개인들은 적어도 권리주체로 인식되는 근대사회의 배경 속에서는 모두가 각각에 대해 평등하게 대타적 관계에 서게 된다.[4] 때문에 권리주체들의 권리는 모두의 공존을 위한 일종의 사회적 규제를 불가피하게 한다. 이 규제는 권리에 따르는 책임을 의미하며, 언제나 권리에 대응하는 의무 및 책무(이하 '의/책무')로 표현된다. 그래서 권리의 사회적 근거 속에는 생명활동에 필요한 사회화된 자연적 요구와 더불어 그 요구에 대한 일정한 제약이 내재한다. 즉, 권리의 사회적 근거 속에는 요구로서의 권리와 그 제약으로서의 의/책무가 항상 병존하고 있는 것이다. 이는 2장 1절 말미에서 살펴보았듯이 자연법질서를 전제한 자연권에도 마찬가지이다. 이 제약에 대한 이해를 전제해서만이 앞서 살핀 홉스의 권리 패러독스를 피하면서 실효성 있는 권리행사를 가능하게 한다. 즉, 의/책무가 있음으로써 개인적 생존과 사회적 공존이 병존할 수 있는 것이다. 로크(J. Locke)가 자연법과 이를 실정법화한 정치사회제도 내에서 자연권의 행사와 보호를 강조한 것은 바로 인간의 사회성과 권리의 사회적 근거로부터 도출되는 인간 보편의 의/

»» ———

4. 근대 사회를 배경으로 한다함은 근대적 인간이미지가 보편화된 상황을 가정한다는 것이다. 근대적 인간이미지의 보편화과정에는 자신의 자율성에 대한 자각과 자존으로부터 타인의 자율성에 대한 인정이라는 정신사적 진행과정이 숨어 있다. 서론에서 자유주의기본정신의 한 구성요소로 언급한 (그리고 뒤에서 '모순원칙'과 더불어 권리-의/책무관계의 정당성기준으로 다시 언급하게 될)인본주의원칙의 확립과정은 바로 이러한 정신사적 진행과정과 궤를 같이 한다. 이와 관련해서는 Guido de Ruggiero, *The History of European Liberalism*, R. G. Collingwood, tr.(Boston : Beacon Press, 1964〈1927〉), Introduction-§3 참고.

책무의 중요성을 직시한 것으로 볼 수 있을 것이다.

특히 권리는 인간 사이의 사회관계를 표현하기 위한 것인 만큼 인간관계가 형성되는 사회의 특정 도덕관념을 불가피하게 한다. 인간관계상의 대타성은 사회성과 결합하면서 도덕성을 함의하게 되는 것이다. 이 도덕성은 한 생명체로서의 인간 생명에 대한 도덕적 추상화, 즉 인간 생명의 존엄성에 그 기원을 둔다. 생명 존엄성을 기원으로 하는 도덕성은 스토아 교리 속에 함의된 인간 평등관 및 근대적 인간 이미지와 결합하면서 평등한 권리주체의 존엄성, 즉 인간 존엄성에 근거하는 평등한 자율권 존중을 함의하게 된다(2장 2절 참고). 그 결과 권리가 제도적 개념으로 자리하고 있는 사회의 도덕성은 인간 자율권평등원칙으로 표현되며, 평등한 자율권 주체로서의 타자에 대한 배려와 존중을 내용으로 하는 인본주의로 표현된다. 이렇게 볼 때, 권리의 사회적 근거 속에서 사회화되고 도덕화되면서 발전적으로 해소되는 자연적 근거를 실체화하는 것은 권리근거의 허구화에 불과하다. 이런 의미에서 자연적 근거의 실체화를 전제함으로써 일방적인 요구를 함의하게 되는 '권리'는 그 사회적 근거에 함의되어 있는 의/책무적 제약과 조화되는 '권한(權限)'으로 표현되는 것이 보다 바람직하다 하겠다.

이상 논의에 비추어 권리근거에 대한 현금 서구 자유주의적 입장은 대략 다음과 같이 가름해 볼 수 있다 :

1) 인간에게는 일정한 양도 불가능한 권리가 있으며, 이는 직관적으로 자명하다는 직관론적 입장[5)]

이 입장은 권리의 근거가 인간의 직관적 이해 속에 있음을 밝히고 있는데, 우선 권리 자체의 '근거'에 대한 문제와 권리존재에 대한 '앎'

의 문제가 혼동되어 있는 모습이다. 전자와 관련해서 이 입장은 최대한 자연적 근거의 본구적 성격으로 이해되나 (인간 사회)관계 속에 표현되는 사회적 근거에 함의된 제약과 도덕성은 말해주지 못한다. 후자와 관련해서 이 입장은 자연권전통에서 이어지는 합헌주의 전통의 인식론으로 이해된다. 그러나 인간의 직관은 시간적 · 공간적으로 당면한 정태적 현실의 좁은 범위를 벗지 못하고 이루어지기 때문에 상황변화와 많은 경우의 수에 따른 권리내용의 변화를 고려할 여지가 몹시 좁다는 단점을 가진다. 이를 테면 롤즈(J. Rawls)가 지적하듯이[6] '직관주의'는 가변적 상황에 대한 적절한 대응이 어려울 뿐만 아니라 미숙려(未熟慮)성의 단점 또한 극복하기 어려운 것이다.

2) 권리의 존재는 법률 · 규칙 · 관습과 이에 따른 약속 등 인간 사회관계의 제도에 근거한다는 제도론적 입장[7]

이 입장은 권리의 존재와 내용 등을 주로 사회적 제도와 규율에 근

---

5. 예를 들면 미국독립선언문 1776 ; 프랑스인권선언문 1789 ; UN인권선언문 1948 ; Nozick, *Anarchy, State and Utopia*(N. Y. : Basic Books. 1974), p. ix. 등이 이 입장에 속한다.

6. 롤즈의 이러한 지적에 대해서는 그의 *A Theory of Justice*(Cambridge, Mass. : Harvard University Press, 1971), pp. 34–40, 47ff를 참고.

7. 예를 들면 H. L. A. Hart, "Are There Any Natural Rights?", *The Philosophical Review* Vol. 64–2(1955), pp. 175–177 ; Herry Sidgewick, *The Methods of Ethics* (London : Macmillan, 1922), p. 3(그리고 Ch. 5 참고) ; David K. Lewis, *Conventions : A Philosophical Study*(Cambridge, Mass. : Harvard University Press, 1969), Ch. 1 ; Eric van de Lyutgaarden, *Introduction to the Theory of Human Rights Law* (Utrecht : Utrecht University Press, 1981), pp. 28–47 등이 이에 속한다고 볼 수 있다.

거한 제반 약속 · 거래행위 등으로부터 추론해낸다. 이 입장은 권리에 본원적인 사회화된 자연적 요구에 비해 사회제도적 책임근거만을 명시적으로 부각시키는 데서 나타나듯이 제도적 형식이 권리의 실질 내용을 제약하는 단점을 지닌다. 자유주의적 제도라 해서 자유주의 기본정신에 언제나 부합한다 할 수 없듯이, 이 단점은 독재체제나 사이비 종교집단에서 볼 수 있듯이 제도나 규율 자체가 반생명적일 수 있다는 가능성 속에서 권리침해의 방조로 이어질 수 있다. 더불어 이 입장은 인간존엄성원칙과 자율권평등원칙을 내용으로 하는 인본주의 도덕성이 다양한 사회적 특수성이나 제도적 특수성에 폐색될 가능성을 간과(看過)하는 단점 또한 지닌다.

3) 권리는 인간의 이해관계와 수혜관계에 그 근거를 두고 있다는 이해(利害)론적 입장[8)]

이 입장은 권리는 인간의 이해(利害)관계에서 비롯된다고 주장한다.

---

8. 일례로 H. J. McCloskey, "Rights", *Philosophical Quarterly*, 15(1965), p. 124 ; David Lyons, "Rights, Claimants, and Beneficiaries", in D. Lyond, ed., *Rights*(Belmont, CA : Wadsworth Publishing Co., Inc., 1979), pp. 58–77. 이 입장은 '수혜이론(benefit theory)'들에 공통되는 입장으로 거슬러 올라가면 '공리주의 전통'과 만나게 된다. '수혜이론에 대해서는 P. Jones, *Rights*(N. Y. : St. Martin's Press, 1994), pp. 32–36을 참고하고, '공리주의 전통'과 관련해서는 James Mill, *An Essay on Government*(Cambridge : Cambridge University Press, 1937) ; J. Bentham, "Principles of the Civil Code", in *The Works of Jeremy Bentham*, ed. by John Bowring, Vol. I, pp. 299–364(N.Y. : Russell & Russell Inc., 1962)〈Edinburgh : W. Tait, 1838〉 ; J. Bentham, *Fragment on Government*, ed. by W. Harrison(Oxford : Basil Blackwell, 1960) ; James Steintrager, *Bentham*(London : George Allen & Unwin Ltd., 1977) ; Herbert W. Schneider(ed.), *Adam Smith's Moral and*

그러나 이 입장은 사회를 자신의 이해를 중심으로 이해하고 이해관철의 대상으로 이해하는 나머지 자연적 요구의 여과 없는 사회적 확대가 강조되는 반면, 사회적 근거로부터 비롯되는 공존과 공동체 유지를 위한 제약의 중요성이 결과적으로 경시된다는 단점에 노출되어 있다. 이러한 근거상의 편중은 마치 홉스의 자연권을 여과 없이 사회상태에 옮겨놓은 것처럼 권리실행의 왜곡을 가져와 유·무형의 재화를 내용으로 하는 권리추구의 과잉과 이에 반한 사회적 책임회피의 극대화를 부추길 가능성이 크다. 자유주의 기본정신은 모든 이해관계에 대해 평등한 권리주체 간의 도덕적·사회적 관계가 우선되어야 함을 강조한다.

4) 권리의 근거를 인간존엄성의 도덕성에 두는 입장[9)]

이 입장은 사람들은 각자가 원래 인간으로서 가지는 가치나 존엄성을 가지며, 혹은 스스로가 목적 그 자체라는 칸트(I. Kant)의 도덕관에 근거하고 있다. 따라서 이 입장에서 볼 때 권리는 칸트적 인간이 가지는 도덕적 권리로 볼 수 있다. 이는 오늘날 거의 모든 권리 및 인권논의에 수용되고 있는 입장이다. 그러나 이 입장은 도덕성의 중요성을 감안

›››

Political Philosophy(N. Y. : Harper and Row, 1948) ; Amartya Sen & Bernard Williams(eds.), *Utilitarianism and Beyond*(Cambridge : Cambridge University Press, 1977) 등을 참고.

9. 예를 들면 G. Vlastos, "Justice and Equality", in R. B. Brandt, ed.. *Social Justice* (N. J. : Prentice–Hall Inc., 1962), pp. 43–53 ; J. Feinberg, *Social Philosophy* (N. J. : Prentice Hall Inc., 1973). p. 93 ; Richard B. Friedman, "The Basis of Human Rights", in *NOMOS XXIII : Human Rights*(1981), pp. 148–157 ; Martin P. Golding, "From Prudence to Rights", in *NOMOS XXIII : Human Rights*(1981), pp. 165–174 등이 이에 속한다 할 수 있다.

한다 하더라도 사회화된 자연적 요구로서의 권리에 비해 사회도덕상의 책임에 편중되어 있어 권리의 실질내용을 허구화시킨다는 단점을 지닌다. 여기에는 인간 모두를 칸트처럼 도덕적 인간으로 볼 수 있는지에 대한 문제 또한 개입되어 있다. 더구나 사회적 현실성에 대한 고려없이 보편적 인간가치나 존엄성만을 기준으로 할 경우, 다양한 사회를 배경으로 하는 현실적 권리의 준수, 침해를 판가름할 수 있는 공통의 도덕기준을 어디에 두어야 할 것인지의 문제[10]도 대두된다.

5) 원초상태의 사회구성원 사이에 사회 기본구조에 대한 계약 성립과 더불어 권리가 존재하게 된다는 이상(理想)계약론적 입장[11]

이 입장은 최초에 사회가 인류역사에 출현할 때 있었음직한 사회계약을 가상하여 권리의 존재근거와 내용을 밝히려는 시도에서 비롯된 것이다. 그러나 이 입장 역시 사회계약이라는 가상상황의 자의성과 이로부터 연유되는 특정 권리의 정당성 기준 · 내용 · 범위에 임의성이 게재되는 문제점을 안고 있다. 뿐만 아니라 그 내용에 치중할 때, 애초

---

10. 이러한 지적으로는 예를 들어 Arval A. Morris, "A Differential Theory of Human Rights", in *NOMOS XXIII : Humna Rghts*(1981), pp. 158-164를 참고. 이러한 비판 시각과 좀 다른 시각으로는 '포괄적 자유주의(comprehensive liberalism)'에 대한 비판과 동연에 서있는 입장으로, 이러한 포괄적 관점이 이와 상충되는 다른 포괄적 관점과 충돌할 때, 공통의 도덕기준을 마련하기 어렵다는 점을 지적한다. 이와 관련해서는 J. Rawls, *Political Liberalism*(Columbia : Columbia University Press, 1993), II §6, III §2, V §6 참고.

11. 그 대표적인 예로 J. Narveson, "Human Rights : Which, If Any, are There?", in *NOMOS XXIII : Human Rights*(1981), pp. 175-197 ; J. Rawls, 앞의 책, Chs. Ⅱ, Ⅲ 참고.

에 정해진 내용이 삶의 변화에 따라 변할 수 있다는 권리내용의 가변성을 차단한다는 단점 또한 지닌다. 이에 대한 지적은 전반적 사회계약이론에 대한 전통적 비판을 비롯해서 롤즈가 그의 『정의론』에 취하고 있는 새로운 사회계약론적 입장에 대한 비판으로 이어지는 근자의 논의들에서 확인할 수 있다.[12)]

6) 합목적적 인간의 행동이 요구하는 필수조건으로서 권리가 존재하고 또 이 때문에 정당화된다는 필요론적 입장[13)]

이 입장은 앞서의 '④' (도덕성 근거론)이 가지는 도덕적 책임에 대한 편중성에서 비롯되는 폐단을 극복하고 인권의 근거를 인간의 보다 가시적인 생물학적 본성과 연결시키려는 노력의 일환으로 제기된 것이다. 그러나 이 입장은 권리의 현실적 근거인 인간 사회관계의 관계적 문맥을 벗어나 권리의 자연적 근거를 실체화하는 오류 외에 자연적 근거가 어떻게 사회화된 자연적 근거로 이어지게 되는지에 대한 설명을 결하고 있다는 한계를 가진다. 그 결과 생물학적 본성으로부터 인권의

---

12. 사회계약이론에 대한 전통적 비판의 예는 대표적으로 Jeremy Bentham, "Anarchical Fallacies", in John Bowring, ed., *Works of Jeremy Bentham*(N.Y. : Russell and Russell, 1962), Vol. II, pp. 491–534를 들 수 있고 ; 직접 롤즈와 노직을 겨냥한 비판으로는 B. Ackerman, *Social Justice in the Liberal State*(New Haven : Yale Univ. Press, 1980), pp. 5–6, 99–101, 331–333, 336–345, Secs. 65, 67 ; 롤즈의 사회계약론적 입장에 대한 비판으로는 Benjamin R. Barber, "Jusifying Justice : Problems of Psychology, Measurement, and Politics in Rawls", *American Political Science Review LXIX*(1975) ; M. J. Sandel, *Liberalism and the Limits of Justice*(2nd ed.)(Cambridge : Cambridge University Press, 1998), Ch. 3 참고.

13. 대표적 예로서는 Alan Gewirth, *Human Rights : Essays on Justification and Applications* (Chicago : The University of Chicago Press, 1982), Ch. 1참고.

도덕적 규범성을 유추하는 데는 아직도 그 해결을 보지 못하고 있는 전통적인 'is' 와 'ought to' 의 연결문제가 여전히 걸림돌로 작용한다.[14)]

이렇듯 권리의 근거에 대한 다양한 입장들이 있으나 모두가 나름대로의 결함을 가지고 있음을 알 수 있다. 그리고 이러한 결함은 대체로 권리의 자연적 근거와 사회적 근거를 실체로 오해하는 데서 비롯된다. 권원으로서의 자연적 근거는 권리에 내재되어 있지만 아직 권리는 아니며, 권리의 테두리로서 권리에 내재되는 사회적 근거도 마찬가지이다. 이는 마치 '지경천(地境川)' 이나 '웅이강(熊耳川)' 이 아직 압록강이 아닌 것과 같다. 그럼에도 자연적 근거의 실체화는 사회적 근거의 실체화를 부르게 되고, 이에 따라 권리가 마치 이 실체화된 두 근거를 바탕으로 2중적으로 병립하는 듯이 오해하는 결과를 초래하는 것이다. 이 모두는 궁극 권리근거에 대한 이해가 인간의 자연성과 사회성 간, 그리고 그 배경이 되는 인간 사회관계의 관계적 문맥을 벗어나 이해되고 있기 때문이라 말할 수 있다. 특히 사회적 근거의 실체화를 유발하는 자연적 근거의 실체화는 홉스의 자연권이론에서 '자연법 근대화'[15)]로 소급되는 뿌리 깊은 이력을 가지고 있다.

결국 이러한 연유로 이들 관련 이론은 권리를 자연적 근거와 사회적 근거 두 근거 중 어느 한쪽에 치중하여 이해하는 입장을 취하게 되는

14. 이러한 문제점에 대한 지적으로는 Richard B. Friedman, 앞의 글(1981) ; Martin P. Golding, 앞의 글(1981) 참고.

15. George H. Sabine, *A History of Political Theory*, 4th ed., revised by Thomas Landon Thorson(Hinsdale, Ill. : Dryden Press, 1973), pp. 386–401 참고. 그리고 이 책 2장 2절 참고.

것이다. 그리고 그 결합은 결과적으로 사회적 근거의 자연화(전자의 경우)나 자연적 사실의 지나친 도덕화(후자의 경우)로 병립된 두 근거 사이의 간극을 메우려는 시도로 귀결되고 있는 것이다. 그러나 이 결합의 내면논리 속에는 2장 각 절 곳곳에서 지적했던 서구 자유주의적 권리이해 속에 내재해 있는 권리편중의식에 대한 서구 지성사적 이력이 반영되어 있다. 이 권리편중의식은 바로 권리의 자연적 근거의 실체화와 이로부터 비롯되는 사회적 근거와의 단절적 병립에 다름 아닌 것이다. 그 적나라한 모습은 4장에서 살펴본다. 이하 이어지는 2절과 3절에서는 이상 살펴본 권리의 근거가 어떻게 권리내용을 구성하고 권리관계를 형성하는지에 대해 각각 살펴본다.

3-2. 권리내용과 구성체계

본절에서는 위에서 살펴본 권리근거를 바탕으로 하여 권리의 내용구성과 삶의 전부문에 걸쳐 이 내용들이 어떠한 권리체계를 형성하고 있는지에 대해 살펴본다. 다만, 여기에서는 다양한 사회의 도덕적 · 제도적 특수성을 일일이 고려할 수 없기 때문에 그 구성과 전개의 논리적 특성만을 다루기로 한다. 그리고 권리의 구성형식은 별도의 언급이 없이도 그 이면에 의/책무의 구성형식을 전제함을 밝혀둔다.

인간 사회관계의 바탕 속에서 이루어지는 생명활동을 위해 가장 기본적으로 요구되는 자유와 필요충족으로부터 일차적으로 도출되는 권리를 '생성적 기본권'이라 할 수 있다. 여기에서 생성적 기본권이란 생존을 위해 필수적으로 보장되어야 할 가장 본원적인 권리라는 의미와 여타의 권리는 바로 이 본원적 권리를 바탕으로 생성된다는 의미에서 사용된 것이다. 이는 마치 생존을 전제해서 여타의 정치 · 경제 · 사회 · 문화의 제반 삶의 영역에 걸쳐 삶이 전개되는 것과 마찬가지로 볼 수 있을 것이다. 그런 만큼 이 '생성적 기본권' 은 삶의 각 영역에 걸쳐 존재하는 같은 권리들로 구성되는 나름의 영역을 가진다. 이를 테면 이러한 '생성적 기본권' 영역에는 모든 국가의 헌법에 명시되어 있는 기본권 중 가장 기본적인 '생명권', '신체보존권', '기본적 의식주에 대한 권리' 등이 속한다. 더불어 이는 국제인권헌장의 기초로 볼 수 있는 '세계인권선언' 에도 그대로 나타나 있다(선언 제3조, 25조 참고). 물론 이 생성적 기본권 영역 내의 모든 권리들에도 이 권리를 존중해야 할 의/책무가 이 권리에 대응해서 존재한다.

그러나 '생성적 기본권' 은 그 자체에 머물지 않고 이를 바탕으로 하는 여타의 권리내용과 영역을 생성해 간다. 이는 마치 생명이 있다는 것은 살아 움직인다는 것이고 살아 움직인다는 것은 자유와 필요충족이 서로 상승적으로 서로를 확대해 간다는 것과 같다. 게다가 인간은 누구나 특정 사회의 한 구성원으로 살 수밖에 없으며, 그러한 사회적 삶 속에서 나름의 인생계획을 가지고 자아실현을 모색해 가는 합목적성을 가진 생명체로 파악된다. 그저 먹고 마시고 자라다 죽는 것이 아니라 생명보존을 포함하여 나름대로 삶의 목표와 가치를 추구하면서 산다고 보는 것이다. 그래서 인간을 합목적적 존재라고 부르기도 하며, 살아 있다는 것 자체가 합목적성을 띤다고 본다. 목적을 전제한 생명활동을 흔히는 '삶' 이라고 부르며, 삶은 목적실현을 놓고 목적실현에 얼마나 효율적으로 부합하는가 여부에 따라 '합리적' · '비합리적' · '성공적' · '실패적' 이라고 갈라 말하기도 한다. 동시에 '필요충족' 이 삶의 합목적성과 결부되면 흔히 '복지추구'라고 부른다. 결국 인간은 누구나 자신의 인생목표와 가치실현을 위해 합리적이고도 성공적으로 살고자 하는 합목적적 삶의 주체라고 불러도 무방할 것이다.

생명활동의 삶으로의 승화와 더불어 생성적 기본권은 자체 영역 외에 새로운 차원의 영역, 즉 '최소목적추구권' 영역과 '목적증가추구권' 영역을 생성해 간다.[16] 권리의 이러한 영역별 생성은 이에 대응하는 의/책무의 영역별 생성과 같이 이루어진다. 여기서 '최소목적추구권'이란 각 개인이 그가 속한 사회의 여건에서 가능한 자기 실현을 위해 최소한의 인생계획 실현과 그 목적을 추구할 권리, 즉 그러한 목적 달성을 위해 자신의 능력계발과 여건 개선을 개인적 · 사회적으로 모색하는 것을 보장받을 권리를 의미한다. 그리고 그 영역 속에는 이를 테면 노동과 노동여건 및 노동결과에 대한 권리, 최소한의 생활수준을 사회적으로 보장받을 권리, 정당한 법절차와 법심리에 대한 권리, 양심의 자유를 포함하는 시민적 자유권, 그리고 사회적으로 부당한 차별 없이 동등한 삶의 기회를 보장받을 권리 및 교육받을 권리 등이 속한다.

그리고 여기서 '목적증가추구권'이란 주어진 여건 하에서 각 개인이 자아실현을 극대화하기 위한 제반 개인적 · 사회적 활동을 자유롭게

16. 이와 비슷한 입장은 A. Gewirth, Reason and Morality(Chicago : The Chicago University Press, 1978b)에서 볼 수 있는데, 게워스의 권리체계는 신체안위와 건강을 내용으로 하는 '기본권(basic rights)' (211-213), 생존과 평균 생활수준 달성에 대한 노력을 보장해 주는 것을 내용으로 '기본 생활권(non-subtractive rights)' (232-237), 그리고 문화생활을 포함한 행복추구 노력을 보장하는 것을 내용으로 하는 '부가적 유복권(additive rights)' (240-245) 등으로 구성된다. 그러나 게워스는 위에서 살펴보았듯이 사회적 도덕성과의 연결을 소홀히 하고 있다.

할 수 있도록 보장받는 권리를 의미한다. 그리고 그 영역 속에는 이를테면 각종 문화공동체에 참여할 권리와 그 속에서의 자유로운 문화활동을 보장받을 권리 및 그 문화활동의 결과에 대해 보호받을 권리 등이 속한다고 볼 수 있다. 그리고 자신이 속한 정치사회의 기본규칙과 구조를 선택하고 변경하는 데 참여할 수 있는 권리—즉 적극적 정치참여권과 언론, 결사, 집회에 대한 자유권—와 유복한 생활을 통한 행복추구권 역시 이에 속한다고 볼 수 있을 것이다.

결국 이상의 논의를 종합하면 권리의 구성은 사회 속에서 생존을 전제한 생명활동에 요구되는 자유와 필요충족을 보장받는 생존권이 생성적 기본권의 바탕을 이루게 되고, 이 생성적 기본권은 다시 삶의 정치 · 경제 · 사회 · 문화영역으로의 확대와 변화에 따른 권리와 이에 대응하는 의/책무와 더불어 그 내용을 새롭게 형성하고 증식시켜 추가적 영역을 생성해 간다고 볼 수 있는 것이다. 이러한 권리 및 의/책무의 새로운 영역의 형성과 증식은 타자들과 공존하는 사회의 테두리 내에서 점증적으로 화대되어 가는 자아실현의 기회에 부응하기 위한 것이며, 여기서는 이를 최소목적추구권 영역과 목적증가추구권 영역으로 범주화한 것이다.

이상 살펴본 삶의 전개에 따른 영역별 권리의 구성형식은 위에서 본 바와 같이 권리의 내용과 그 생성, 증식의 윤곽을 이해하는 데 1차적 중요성을 가진다. 그러나 이에 못지않은 중요성은 이 구성형식은 영역별 권리들이 일정한 질서를 형성하고 있음을 밝혀준다는 점이다. 즉, 목적증가추구권보다는 최소목적추구권이, 최소목적추구권보다는 생성적 기본권이 그 경중, 완급과 관련하여 우선 존중되어야 한다는 일종의 '우선성의 질서'를 밝혀준다는 점이다. 더불어 삶의 테두리 속에서 삶과 더불어 그 전개와 변화를 담아내는 일정한 구조를 가지고 있음 역시 밝혀준다는 점이다. 이를 테면 3범주의 권리들은 삶을 구성하는 전영역의 각 부문이 구성하는 삶의 전개차원별 구조에 대응하는 것이다. 결국 어떤 구성요소들이 일정한 구조 속에서 질서를 이루고 있는 것을 '체계'라 부른다면, 이들 세 영역에 걸친 권리들은 일종의 '권리체계'를 형성하고 있음을 밝혀주는 것이다. 그런데 이러한 권리구성의 체계적 질서는 서로 다른 내용을 가지는 권리 사이에 상호 갈등이 발생할 경우 어떠한 권리를 우선적으로 고려해야 할 것인지를 헤아리는 데에 중요한 지침을 제공한다.

예를 들자면, ① 목적증가추구권과 최소목적추구권 갈등의 경우로서, < 갑> 이 독점하고 있는 경작지에서 경작지 대여를 전면 취소함으로써 < 갑> 의 경작지에만 생계를 유지하고 있는 < 을> 을 죽게 하거나 기아에 허덕이게 할 수도 있다. ② 최소목적추구권과 생성적 기본권 갈등의 경우로서, < 갑> 이 < 을> 과 전세계약 약속을 해놓고 자동차사고로 인하여 위기에 처한 < 병> 을 구하기 위해 < 을> 과의 약속을 파기하는 일이 있을 수도 있을 것이다. ③ 목적증가추구권과 최소목적추구권 갈등의 경우로서, 좀 극단적인 예이기는 하지만, < 갑> 이 자신의 행복을 위해 자율적 결정에 따라 자살을 결행함으로써 주변의 부양가족과 친지들의 최소한의 삶마저 위태롭게 할 수도 있다.

위와 같이 제반 권리 간에 갈등이 일어날 경우는 상황에 따라 우선적으로 존중되어야 할 권리가 어느 쪽인지 결정되어야 한다. 이를 테면 위의 ①의 경우는 < 갑> 의 목적증가추구를 위한 재산권 행사가 < 을> 의 최소목적추구권과 갈등하는 경우인데, 이때 < 갑> 의 재산권 행사가 보다 나은 삶의 환경조성(이를 테면 승마장 조성)을 위한 목적에서였다면 이는 < 갑> 의 일종의 '목적증가추구권' 으로서, 이 경우 < 을> 의 최소목적추구권이 우선적으로 고려되어야 하다고 보아야 할 것이다. 제아무리 자신의 재산에 대한 정당한 권리일지라도 < 을> 의 당면한 생명과 생존의 최소한의 삶의 조건을 위협하면서까지 행사될 수는 없다고 보는 것이 권리의 보편적 가늠기준인 '인본주의 입장' 일 것이다. 여기서 인본주의 입장이란 스스로 인간임을 부정하지 않고는 부정할 수 없는 인간의 본원적 가치를 어느 무엇보다도 앞서 수호해야 한다고 보는 권리의 판단준거로서, 이를 회피하면 궁극적으로 '자기 모순' 에 빠지는 결과를 초래한다.

이러한 인본주의 입장에 근거한 권리가늠 기준을 '자기모순원칙' 이라고 부르기로 한다면,[17] 이 경우 < 갑> 은 자기모순원칙에 대한 저촉 없이 대여할 경작지를 승마장으로 만들 수는 없는 것이다. ②의 경우는 < 갑> 의 < 을> 에 대한 약속파기는 오히려 '자기모순' 원칙에 순응하는 정당한 것이 될 것이다. 또 ③의 경우는 < 갑> 의 목적증가추구권 행사가 부양대상인 주변 사람들의 최소목적추구권을 침해하는 경우인데, 여기에서는 < 갑> 의 목적증가추구권이 주변 사람들의 최소목적추구권을 우선할 수 없음은 너무나 분명하다 할 것이다. 자살자를 보면 무조건 만류하거나 구제해 놓고 보는 것이 인류 보편의 상식인데, 이는 바로 위와 같은 고려가 일상화된 것이라 할 수 있을 것이다.

이러한 서로 다른 권리 사이의 갈등상황은 국가와 개인과의 관계에서도 마찬가지여서, 이를 테면 국토개발을 명분으로 해안 거주주민(일례로 시화지구, 새만금간척지구)의 생업권 혹은 생존권을 침해한다든가,

---

17. 이와 비슷한 입장으로는 Alan Gewirth, 앞의 책(1978b), Chs. 2-3 참고.

특정 지역에 대한 경제적 특혜를 명분으로 건강에 치명적으로 위험한 환경폐기물 처리장을 설치하는 경우가 비근한 예에 해당한다 할 것이다. 이 두 경우는 모두 국민 복지증진이라는 공리주의적 고려 하에 다수 국민의 최소목적추구권 내지는 목적증가추구권과 소수 국민인 피해 당사자들의 생명권 내지는 생존권 사이에 갈등관계를 구성할 수도 있을 것인데, 이 경우 우선적으로 고려되어야 할 것은 물론 소수이지만 피해 당사자들의 생명권과 생존권이 되어야 할 것이다. 그래야 우리는 자기모순원칙을 범하지 않게 되며, 자기모순원칙에 순응하는 인본주의 입장을 견지할 수 있게 되는 것이다.

이렇듯이 권리 사이의 상호 갈등상황에서 생성적 기본권 영역> 최소목적추구권 영역> 목적증가추구권 영역의 순으로 상위영역의 권리들의 우선 보호를 위해 그 하위의 권리들이 정당하게 무시될 수 있다는 것은, 한편으로는 권리의 각기 다른 구성내용이 각각 절대적 성격을 갖기보다는 권리의 체계 속에서 그 완급과 경중에서 상대성을 갖는다는 것을 말해준다. 그리고 다른 한편으로는 이들 3영역의 권리들은 이들이 구성하는 권리체계 속에서 일종의 '축차적 질서(lexical order)'[18]를 이루고 있음을 말해준다. 그러나 이러한 권리의 내용에 따른 상대성이 그간 흔히 주장되어 온 바와 같이 권리의 도덕적 특성으로부터 오는 약한 구속성과 동일시되어서는 안 될 것이다.[19] 위의 예에서 드러난 바와 같이 서로 다른 권리내용이 갈등하고 있는 상황에서 각각의 상대적 우선성

18. 용어와 그 설명에 대해서는 J. Rawls, 앞의 책(1971), Ch. II, sec. 11참고.

19. 이를 흔히 '가급적 우선고려(prima facie)'라 하는데, 여기서는 '가급적'이 아닌 '필연적' 우선성을 말하고 있는 것이다.

에 대한 고려는 불가피한 것이다. 또 이때 적용되는 가늠기준인 인본주의 입장과 '자기모순' 원칙은 구체적이고 특수한 각 개인적 삶에 대한 주관성을 간주관(間主觀)적으로 전환하여 고려할 수 있는 척도를 제공한다 할 수 있을 것이다. 이렇게 볼 때 권리의 근거와 이로부터 구성되는 영역별 권리체계는 권리의 발생과 실현이 인간의 사회성을 전제하는 만큼, 그리고 이 사회성 전제 속에서 권리는 개별적 특수로 존재하는 인간과 인간 간(間)의 관계에 대한 고려, 즉 인간 사이에 개재되는 간주관적 관계에 대한 고려를 불가피하게 하는 만큼 권리를 관계적 맥락에서 고려하는 것은 필수적이라 할 수 있을 것이다. 이와 관련해서는 3절에서 보다 상세히 살펴본다.

이상에서 살펴보았듯이 삶의 변화와 발전에 열려 있는 권리구성에 대한 이해에서도 권리의 근거에 대한 이해에서와 마찬가지로 여러 가지 서로 다른 입장이 있다. 그리고 이들 다양한 입장은 '구성체계' 와 '분류체계' 가 서로를 전제하는 만큼 권리에 대한 '분류이론' 과 맞닿아 있다. 여기서도 모든 분류이론을 다 다룰 수 없기에 상론은 피하기로 하고 현금 대표적 서구 자유주의 권리이론에 나타나는 분류이론을 대상으로 그 분류기준과 관련하여 몇몇 일반적 문제점만을 간략히 지적하기로 한다. 우선 첫 번째는 그 적용범위가 불특정 다수냐 특정 소수냐를 기준으로 권리의 구성을 '일반권' 과 '특별권' 으로 나누어 보는 분류이론이다.[20] 이 이론은 서구 자유주의 권리이론에 가장 보편적으

---

20. 대표적으로 H. L. A. Hart, 앞의 글 ; Joel Feinberg, "Duties, Rights, and Claims", *American Philosophical Quarterly* 3-2(Apr. 1966). Hohfeld도 간단하나마 일반권과 특별권에 대해 언급하는 것으로 보아 이러한 분류는 서구 자유

로 수용되고 있는 것으로 앞서 살펴본 바에 비추어 삶의 변화 · 발전이 고려되지 않고 있어 권리의 생성 · 변화 · 발전에 닫혀 있다는 결함을 지닌다. 그리고 제5장에서 살펴볼 바와 같이 권리의 체계적 (위임)질서를 간과한 나머지 평면적 분류가 가져오는 중복오류에 노출되어 있다. 이를 테면 이 분류이론에 따르면, 의사표현의 자유는 일반권에 속하고 특정인에 대한 특정의 언사의 자유는 특별권에 속하는데, 후자는 전자 없이는 성립 불가능하고, 또 전자는 후자의 성립근거로서 후자에 포섭되기 때문에 이렇듯 상호 연계되어 있는 두 권리를 평면적으로 2분할 경우, 결국 당해 일반권이 중복되는 오류를 낳게 되는 것이다.

두 번째는 서구 자유주의 권리이론의 대부격인 호펠드(W. N. Hohfeld)의 4범주 권리체계분류이론이다.[21] 이 이론은 현대 구미 권리이론 체계화의 초석이 되어 온 이론으로, 이 역시 위에서 지적한 권리의 생성적 성격 및 체계적 특성을 간과하고 있다는 단점을 지닌다. 더불어 최근의 한 비판논의가 잘 지적하고 있듯이 4범주의 분류는 다양한 권리의 분류라기보다는 한 권리의 다양한 측면의 분석으로 보는 것이 보다 타당하리만큼 정상적인 분류이론에서 벗어난다.[22] 이를 테면 나의 차에 대한 소유권(a property right)은 타인의 절도/훼손에 대한 요구권(a claim right), 이 차를 활용할 자유권(a liberty right), 차를 내 마음대로 처분할 능력권(a power right), 내 허락 없이 다른 사람이 사용하지 못하게 할 면책

>>> ———

주의 권리이론의 긴 전통으로 이어져오는 듯하다. 이와 관련해서는 W. N. Hohfeld, *Fundamental Legal Conceptions As Applied in Judicial Reasoning*(New Haven : Yale University Press, 1919), p. 49.

21. W. N. Hohfeld, 앞의 책(1919), pp. 35–64.

22. P. Jones, Rights(N. Y. : St. Martin's Press, 1994), Ch. 1(특히 p. 14) 참고.

권(an immunity right) 등, 호펠드의 분류체계인 4범주의 권리를 모두 포괄하는데, 이로 미루어 호펠드의 권리분류체계는 권리의 종(種)에 따른 분류라기보다는 특정 권리, 이를 테면 '소유권'을 구성하는 요소권리들에 대한 분석체계로 보는 것이 보다 합당하다 할 것이다.

세 번째는 권리를 '자유권'과 '복지권'으로 양분하는 이론과 관련된 것인데, 이러한 권리의 분류에는 19세기 말부터 강화되는 자본(Trust)세력과 노동(Union)세력 사이의 정치적 갈등의 역사가 반영되어 있다. 그리고 그 역사적 진전의 배경에는, 이를 테면 권리를 시민적·정치적 권리와 경제적·사회적 권리로 양분하여 그 중요성과 우선성을 놓고 두 권리내용 사이의 우열에 대한 논쟁,[23] 냉전기(冷戰期)의 사회주의 진영과 자유주의 진영 사이의 인권 이데올로기 투쟁 등이 개재되어 있다.[24] 이 이론 역시 삶의 변화와 권리의 생성적 성격에 열려 있는 미래

>>>

23. 이를 테면 자유권이 권리내용의 필요하고도 충분한 구성 근거가 된다고 보는 입장이 있다. 그 대표적 예는, H. L. A. Hart, 앞의 글 ; Robert Nozick, 앞의 책 ; Maurice Cranston, "Human Rights, Real and Supposed", in D. D. Raphael, ed., *Political Theory and The Rights of Man*(Bloomington : Indiana University Press, 1978). 그러나 자유권은 권리내용 구성의 필요조건이긴 하지만 충분조건일 수는 없으며, 여기에 복지권이 첨가되어야 권리내용이 구성될 수 있다고 보는 입장도 있다. 예를 들어, Martin P. Golding, "The Concept of Rights : A Historical Sketch", in Elsie Bandman and Bertram Bandman, eds., *Bioethics and Human Rights*(Boston : Little, Brown and Company, 1986), pp. 44–50 ; D. D. Raphael, "Human Rights, Old and New", in D. D. Raphael, ed., 앞의 책, pp. 54–67 ; Alan Gewirth, *Human Rights : Essays on Justification and Applications*(Chicago : The University of Chicago Press, 1982).

24. 이러한 논쟁은 3대 인권헌장 중 2대 헌장을 구성하는 '정치적 시민적 권리에 관한 국제규약(ICCPR)'과 '경제적 사회적 문화적 권리에 대한 국제규약(ICESCR)'을 중심으로 이루어졌는데, 그 대표적 예로서는 M. Cranston과 D. D. Raphael이 가각 자유권과 복지권을 옹호하면서 상대방의 주장을 반박

지향적 구성에는 미흡하다는 단점을 지닌다. 더구나 이러한 분류는 유기적 삶과 더불어 있는 권리의 유기적 구성에 대한 이해를 결함으로써 사체분해식의 부문별 환원주의에 빠질 오류를 안고 있다. 골딩(M. P. Golding)이 적절히 지적하듯이,[25] 권리의 기본이 되는 신체보존권은 생명활동의 자유를 정치적으로 억압함으로써 침해될 수도 있지만, 다르게는 사회가 자본주의적 상품경제에 의존하게 되면서 생명활동을 위한 필요충족을 경제적으로 억압함으로써 침해될 수도 있는 것이다.

이와 비슷한 전통적 분류이론으로 권리를 '적극적 권리'와 '소극적 권리'로 나누는 입장도 있다.[26] 그간 신체보존권을 포함한 시민권 내지 정치적 권리는 전통적으로 그 침해가 항상 직접적인 만큼 그 울타리가 보호되어야 하는 소극적 권리로 분류되고 경제적 권리 내지 사회적 권리는 그 침해가 비교적 간접적인 만큼 그 불이행을 막기 위한 적극적 권리로 분류되곤 했다. 그러나 이 이론은 위에서 반복해서 지적된 단점 외에도 그 분류기준의 일관성을 유지하기가 어렵다는 가외의 단점을

»»

한 것과 ; A. Gewirth와 Susan Okin의 복지권 옹호와 이에 대한 반대입장을 견지하는 M. Cranston의 주장이 있다. 각각 M. Cranston, 앞의 글(1978)과 D. D. Raphael, 앞의 글(1967) 및 그의 "Human Rights : A Reply to Professor Raphael", in D. D. Raphael, 앞의 책, Ch. VIII을 대조하고 ; Susan Okin, 앞의 글(1980)과 A. Gewirth, "The Basis and Content of Human Rights", in *NOMOS XXIII : Human Rights*, pp. 119–148을 한편으로 하고 Mauris Cranston, *What are Human Rights?* (N. Y. : Taplinger, 1978)를 다른 한편으로 하여 대조.

25. Martin P. Golding, 앞의 글(1986) 참고.

26. 이러한 전통적 분류를 대변하고 있는 논의로는 M. Cranston, 앞의 글(1978), p. 38 ; Hugo Adam Bedau, Hugo Adam Bedau, "Human Rights and Foreign Assistance Programs", in Peter G. Brown and Douglas MacLean, eds., *Human Rights and U.S. Foreign Policy : Principles and Applications*(Lexington, Mass. : Lexington Books, 1979), p. 38을 참고.

가진다. 이를 테면 신체보존권 침해에 대한 하나의 극단적인 경우가 되겠지만, 우리는 어떤 사람을 직접 목을 졸라 숨지게 할 수도 있는데, 이 경우 소극적 의미의 신체보존권은 보호가 필수적이 될 것이다. 그러나 우리는 또한 전혀 직접적인 위해(危害)를 가함이 없이 무관심과 방치 속에서 그 사람을 숨지게 할 수도 있다. 이를 테면 의식주의 방책이 전혀 없는 무인도에서 오갈 데 없이 된 표류자를 지나가던 어선이 인지하고도 그냥 지나치는 경우가 이에 해당한다 하겠다. 이 경우 표류인의 생명권과 신체보존권은 지나가던 어민의 적극적 보호 없이는 실현될 수 없는 일종의 적극적 권리가 되고 마는 것이다.[27)]

그밖에도 여기에서 일일이 전거할 수는 없지만 삶을 정치 · 경제 · 사회 · 문화에 걸친 제 부문으로 나누어 이에 해당하는 권리를 분류하는 이론들을 포함하여 특정 내용의 권리를 '필수적 기본권' 으로 놓고 이를 그 외의 권리의 상위에 위치시키려는 이론들도 있다.[28)] 그러나 이러한 분류로 미루어 추정되는 권리의 구성은 본 논의에서와는 다르게 권리의 체계적 구성이라는 관점에서 이루어진 것이라기보다는 그저 평면적으로 나열하거나 중요 · 비(非)중요라는 각 이론가 중심의 기준

27. Henry Shue, "Rights in the Light of Duties", in Peter G. Brown and Douglas MacLean, eds., *Human Rights and U.S. Foreign Policy : Principles and Applications* (Lexington, Mass. : Lexington Books, 1979), pp. 72–75 ; Jack Donnelly, *Universal Human Rights in Theory and Practice*(Ithaca : Cornell University Press, 1989), pp. 33–34 참고.

28. 예를 들어 Hugo Adam Bedau, 앞의 글(1979) ; Randy B. Reiter, M. V. Zunzunegui, and José Quiroga, "Guidelines for Field Reporting of Basic Human Rights Violations", *Human rights Quarterly* 8(November 1986) ; Robert Matthew and Cranford Pratt, "Human Rights and Foreign Policy", *Human Rights Quarterly* 7 (May 1985) 등.

하에 그룹 지어놓은 것이다. 따라서 이들 분류이론 역시 대체로 위에서 누누이 지적한 삶과 권리의 생성적 성격에 대한 간과나 권리의 체계적 특성에 대한 몰이해 등의 결함에 노출되어 있다고 말할 수 있다.

혹 본 논의에서 분류한 '생성적 기본권'이 위의 분류이론 중에 언급되는 '필수적 기본권'과 동류의 분류가 아닌지 의아해할지 모르겠는데, 이 둘은 그 성격과 내용부터가 다른 것임을 첨언한다. 본 논의에서 권리를 체계화하는 가운데 시도한 생성적 기본권은 삶의 생성과 변화에 따라 생성 · 변화되는 인권의 내용을 차별화한 것으로 삶의 변화차원마다의 우선성이 견지되고 있다는 점에서 필수적 기본인권을 중심한 이분법적 분류와는 그 성격이 다르다. 또한 그 내용면에서도 필수적 기본권은 미래의 삶의 변화에 따른 잠재적 구성에 닫혀 있지만 생성적 기본권은 이에 열려 있다는 점에서 다르다. 이를 테면 최근에 문제가 심각한 환경권은 위의 분류이론 중에 언급되는 '필수적 기본권'에서 빠져 있지만 생성적 기본권에는 현금의 환경악화를 고려할 때 편입되어야 할 내용이 된다. 강조되어야 할 점은 생존의 문제와 유복함의 문제는 인본주의 입장에서 권리체계 내의 축차적 질서에 따라 각 영역별 우선선이 분류의 기준으로 고려된 것이지, 필수적 기본권에서와 같이 상황변화와 무관하게 어느 권리내용은 중요하고 다른 권리내용은 덜 중요하다는 것을 말하려는 것은 아니었다는 것이다.

이렇게 볼 때, 권리구성체계와 관련한 현금 서구 자유주의 권리분류이론들은 앞으로 보다 치밀한 이론적 바탕을 마련할 것을 과제로 안고 있다고 볼 수 있다. 다만 이렇듯 아직 미진한 이론화 상태에도 불구하고 권리내용의 분류에 대한 다양한 시도가 이루어지고 있는 것은 현재적 삶 속에서 보호되고 구제되어야 할 권리의 내용이 새롭게 형성되기도 하고 변화 · 발전해 가기도 하는 것을 반증하는 것으로 볼 수 있을 것이다. 이런 점에서 권리구성의 체계를 모색하려는 본 논의의 시도는 앞서 도출한 권리근거가 서구 자유주의의 관련 이론들에 나타나는 권리근거에 비해 그 장점을 지니듯이, 본절에서 시도한 권리체계에 대한 이론화가 서구 자유주의의 관련 이론들에 비해 현실적 시의성이나 미래변화에 대한 개방성에서 장점을 지닌다고 말할 수 있을 것이다.

3-3. 자유주의적 '권리-의/책무기본관계구조'

사회적 삶의 진전에 따라 승화된 차원별 목표와 이에 요구되는 자유와 필요충족을 내용으로 하는 권리는 그것이 생성적 기본권으로 표현되든, 최소목적행위권으로 표현되든, 목적증가행위권으로 표현되든 그 보호와 실행은 타자를 전제한다. 그리고 권리가 인간과 인간 사이의 특정 관계를 표현하기 위한 사회제도적 개념인 만큼 언제나 전제된 타자(他者)—개인, 집단, 조직—와의 관계로 표현된다. 우리의 삶이 사회 속의 인간관계 속에서 전개되듯이 삶의 전개 속에 실행되는 권리 역시 사회 내 특정의 인간관계 속에서 그 의미를 갖는다. 권리가 이러한 관계적 맥락 속에서 이해될 때, 권리가 대타적인 만큼이나 그 실행은 언제나 의무와 책무를 전제함은 이미 '권리근거'에 대한 논의에서 살펴보았다. 이런 점에서 우리가 일상 이해하고 있는 '권리관계'는 '권리(자)-의/책무(자)관계'로 이해되어야 한다. 그리고 이러한 권리-의/책무관계는 권리가 근거하는 인간 존재의 두 특성—자연적 특성과 사회적 특성—의 상호 관계에 비유될 수 있는 기본적인 인간관계를 반영한다. 그리고 여기서 고려되는 인간관계는 '자유롭고도 평등하다'는 '근대적 인간' 사이의 인간관계로, 이를 반영하는 권리-의/책무관계는 인간관계에서와 같이 '만인자유평등원칙'의 틀 속에서 이해될 수밖에 없다고 본다. 나는 이렇듯 기본적인 인간관계를 반영하는, 그리고 만인자유평등원칙의 틀 속에서 이해되는, (두 사람을 단위로 하는) 권리-의/책무관계가 권리 및 의/책무를 내용으로 하는 자유주의적 인간관계 및 그 관계질서의 기본토대를 형성한다고 보고 이를 '권리-의/책무기본관계'[29]라 부를 것이다. 이하의 논의에서 살피려는 것은 바로 이러한 기

29. 여기서 '권리-의/책무기본관계'는 본장 첫머리에 언급한 인간 사회관계의 '기본관계'에 대응한다. 그러나 여기서는 기본 인간 사회관계의 의미에 평등한 두 권리 및 의/책무의 주체 사이의 관계라는 의미가 덧붙는다. 이 덧붙는 의미는 권리 및 의/책무가 '사회제도적' 개념이라는 특성 때문에 다음과 같은 사항을 포괄하게 된다. 첫째, 이 두 개념의 사회 제도성 때문에 사회제도에 대해 합리적 관점을 가지는 두 주체 간의 관계는 개인적 · 사(私)적 영역으로부터 공(公)적 영역을 형성하는 초기적 기본단위가 된다. 둘째, 공적 영역형성의 기본단위로서의 이 관계는 개인적 도덕심리의 변화를 의미하게 되는데, 이를 롤즈식으로 표현하면, 두 당사자의 개인적 '합리적 자율성'이 타자지향적 '합당한 자율성'과 결합하여 '완전자율성'을 형성하는 최초의 기본단위가 된다(이상과 관련해서는 롤즈의 앞의책〈1993〉, II 참고). 셋째, 이 관계는 사회제도 내 두 주체 간의 관계질서를 형성하는 계기가 됨으로써 인간 사회관계질서의 기본단위가 된다. 넷째, 두 주체 간의 관계질서는 이 질서를 관할하는 관할력(여기서는 '권위'〈본장 3절 참고〉)을 전제한다는 점에서 인간 사회관계질서 형성의 기본단위가 된다. 이상의 의미에서 '권리-의/책무기본관계'는 롤즈가 말하는 사적 사안의 공적(혹은 정치적) 사안으로 수렴하는 일종의 '전환기구(module)', 혹은 공공이성(public reason) 형성과 비슷한 역할(이와 관련해서는 롤즈의 앞의책〈1993〉, IV §3 참고)을 한다고 말할 수 있다. 그러나 이 기본관계단위는 인간의 도덕심리와 '원초적 입장'에 의존하는 이 '조절자(혹은 수렴자)'의 역할과는 다르게 다음과 같은 기능 속에서 사적 사안을 공적(혹은 정치적)사안으로 수렴한다. 즉, 권리-의/책무기본관계 설정 이전의 권리는 사실적이며 최소의 체감개념이고 의/책무

본관계가 어떠한 구조 속에 놓이게 되는지에 관한 것이다.

서구 자유주의 권리이론들에 일반화된 권리–의/책무관계는 [(갑)은 (을)에 대하여 (R)이라는 이유 때문에 (O)에 대한 권리를 가진다]고 표현된다.[30] 이 '일반화된 표현형식'(이하 '일반표현형식')에서 (갑)과 (을)은

›››

는 사실적이며 최대의 체감개념인데, 이 관계설정과 더불어 권리는 당위적/최대의 사회제도 개념이 되고 의/책무는 당위적 · 최소의 사회제도 개념이 된다. 이러한 개념상의 변화는 자유주의 최후의 보루인 만인자유평등원칙 때문인데, 자유주의에서 권리의 주체는 의/책무주체이고, 동시에 의/책무주체는 권리주체로서 상호 서로에 대해서 평등하게 자유로워야 되기 때문이다. 이때 이러한 사실 · 당위와 최대/최소의 권리 및 의/책무 두 개념상의 변화는 만인자유평등원칙 하에 사실과 당위, 그리고 최소조건과 최대조건의 혼효를 의미하며, 이 혼효는 만인자유평등원칙, 혹은 이를 최후의 보루로 삼고 있는 자유주의와 관련하여 두 가지 함의를 가진다. 그 하나는 권리 및 의/책무 두 개념이, 만인자유평등원칙이 한 개인의 삶의 자유를 최대한 보장해야 하는 필요조건과, 그 보장 가운데 다른 개인의 자유로운 삶 역시 전자의 삶과 대등하게 보장해야 하는 충분조건을 만족하는 개념임을 의미한다는 점이다. 사실로서의 최소개념인 권리나 최대개념인 의/책무가 만인자유평등원칙의 당위요소와 결합하여 각각 최대, 최소의 사회제도 개념으로 변모한다는 것은, 사실요소를 통한 필요조건의 만족과 그 위에 당위요소가 혼효됨으로써 사회제도 개념으로서의 개념적 충분조건의 만족으로 이어지게 되는 것이다. 두 번째 함의는 이렇듯 개념적 필요 · 충분조건을 만족하는 권리 및 의/책무는 그 상호관계를 내용으로 하는 기본관계질서가 1차적으로 만인자유평등원칙에 부합함을 의미한다는 점이다. 사회제도 개념으로서의 두 개념의 개념적 필요 · 충분조건이 만인자유평등원칙의 필요 · 충분조건과 동연에 서있고, 이 두 개념 간의 관계가 기본관계질서의 내용을 구성한다면, 이 질서와 전자의 원칙이 서로 부합하는 것은 당연하다. 그리고 2차적으로는 이렇듯 만인자유평등원칙에 부합하는 기본관계질서는 인본주의 정당성 기준과 모순원칙(본장 2절 참고)에 순응하는 질서가 되고, 그런 만큼 이 기본관계질서는 적어도 자유주의 사회에서는 공평성을 내용으로 하는 사회정의원칙에도 부합함을 의미한다는 점이다.

30. A. Gewirth, 앞의 책(1982), p. 2.

개인이건, 불특정 다수건, 아니면 소그룹이건 권리관계의 주체를 가리키고, (R)은 두 주체 간의 법 · 제도 · 합의 · 승낙 · 계약 등 그 권리 및 의/책무가 정당하게 성립하기위한 근거를, 그리고 (O)는 (갑)의 (을)에 대한 권리의 대상으로서 유 · 무형의 가치를 가리키는 것으로 이해되고 있다. 그러나 이 일반표현형식은 권리-의/책무 '관계' 에 대한 표현형식인 만큼 그 '관계성' 에 초점을 둘 때 그 속에 드러나 있지 않은 언표들이 숨겨져 있다. 그 중 손쉽게 밝힐 수 있는 것은 우선 부각되어 있는 (갑)과 (갑)의 권리 뒤에 가려져 있는 (을)과 (을)의 의/책무를 중심내용으로 하는 [(을)은 (갑)의 권리에 대한 의/책무를 진다]는 언표이다. 그리고 (갑)의 권리의 대상으로만 명시되어 있는 (O)가 [(을)의 의/책무의 대상이기도하다]라는 언표이다. 이렇듯 숨겨진 언표를 드러내는 일은 사소해 보일지 모르지만 관계구조의 정위(正位)작업을 위해 1차적 중요성을 지닌다. 더구나 다음 장에서 살펴보겠지만, 이들 언표를 숨긴 채 일반표현형식을 수용하고 있는 서구 자유주의 권리이론들이 이해하고 있는 권리-의/책무관계구조의 실상을 드러내 보이는 데에도 중요한 지표를 제공한다.

이렇듯 숨겨진 언표들을 드러내어 명시해야만 위의 일반표현형식은 허구적 개념 '실체화' 에 따른 '실체적' 맥락의 편중 속에서 이해되기 쉬운 (갑)과 (갑)의 권리를 '관계적' 맥락 속으로 풀어내어 권리-의/책무관계의 일반표현형식으로 정위될 수 있다. 그리고 이렇듯 동어반복과 같은 일반표현형식의 정위작업은 권리-의/책무관계와 그 구조의 구체적인 모습을 밝히는 데 중요한 토대가 된다. 우선 정위된 일반표현형식이 밝혀주는 것은 권리-의/책무관계가 '두 관계' 의 복합관계임을 밝혀준다. 즉, 이는 (갑)-(을) 간의 권리-의/책무관계가 두 주체 간의

'인적 관계'와 (O)를 내용으로 하는 (갑)-(을) 간 '물적 교류관계'의 복합관계로 구성되어 있음을 말해준다. 다음으로 정위된 일반표현형식은 이 두 관계가 '인적 관계'와 '물적 관계'와 같이 서로 달리 표현되는 만큼의 차이로서 이해되어야 함을 시사한다. 그런데 이 차이점에 대한 이해는 몇 가지 이론적 문제의 해결을 전제한다. 우선 이 두 관계 각각의 특성이 어떠한 근거 위에서 이해되어야 하는가와, 다음으로 이 두 관계는 상호 어떠한 관계 속에, 또 왜 그러한 관계 속에 서 있는가에 대한 이론적 규명이 필요한 것이다.

이하에서는 이상과 같은 정위된 일반표현형식을 근거로 권리-의/책무관계를 복합적으로 구성하고 있는 서로 다른 두 관계의 실상과 그 속성을 살피면서 권리-의/책무관계가 어떠한 구조적 기본틀(이하 '기본관계구조') 속에 놓여 있는지를 밝히려 한다. 그러나 그간의 서구 자유주의 권리이론들은 그것이 의도적이었든 아니면 무지 속의 방기(放棄)였든, 정위작업을 등한히 한 만큼이나 이 두 관계의 변별성에 대한 성찰을 바탕으로 하는 기본관계구조 파악을 등한히 해왔다. 이는 여기서 탐색하려는 기본관계구조와 관련하여 두 가지 시사점을 가진다. 하나는 기본관계구조에 대한 이론적 참조점을 구하기가 어렵다는 점이다. 그리고 다른 하나는 서구 자유주의 권리이론들에 관행화된 이론적 오류를 탐색함에 있어 1) 이 오류와 관련한 단편적 비판을 재구성하여 활용하거나, 2) 이 오류에 노출된 이들 이론에 의해 정당화되어 온 제반 관련 제도들에 학습되어 굳어진 관행을 검토해 보아야 한다는 점이다. 이하에서는 두 번째 시사점과 관련한 오류탐색의 두 방법을 절충하여 우리 일상생활의 관행적 이해를 드러내는 몇몇 질문에 대해 답해가는 형식 속에 관련 비판논의를 재구성하여 이에 가미하는 방법을 택할 것이다. 그리고 탐색된 오류를 수정하는 방법으로 첫 번째 시사점에서 밝힌 기본관계구조에 대한 이론적 참조점을 구해볼 것이다. 이상과 관련한 논의과정에는 '물적 관계'와 '인적 관계'의 구분과 관련한 이론적 문제점들에 대한 고려가 포함될 것이다.

권리–의/책무관계의 복합구성에 대한 위의 언급을 보고 혹자[31)]는 일상적 관행에 익숙해진 나머지 물적 관계가 바로 권리–의/책무관계라고 주장할지 모른다. 이를 테면 (갑)–(을) 간 100만 원의 채권–채무관계를 단순화하여 100만 원을 채권(+100만 원)과 채무(–100만 원)로 등치시킨 나머지 100만 원의 대(+)–차(–)관계를 권리관계로 보아야 한다고 주장할지 모른다. 그러나 이 주장은 100만 원이 단지 채권과 채무의 대상일 뿐이라는 점과 100만 원의 대(+)–차(–)관계는 (갑)–(을) 간 채권–채무관계에 부수되는 물적 관계일 뿐이라는 점을 권리–의/책무관계와 동일한 것으로 오해한 결과이다. 이러한 오해가 가지는 중요한 함의에 대해서 생각해 본다. 우선, 이 주장대로라면 권리주체는 (갑)과 (을)이 아닌 100만 원이 될 것인데, 이러한 대체는 권리 및 의/책무의 주체는 인간만이 될 수 있음을 간과한 것이다. 또한 그 관계 역시 오로지 인간관계 속에서만 그 본의를 가진다는 평범한 사실을 망각하고 있음이 지적될 수 있다. 권리와 의/책무는 그 개념 자체가 사회적 산물(본장 1절 참고)로서 사회구성원들 간의 현재적 혹은 예견되는 미래의 상호 관계의 특정 측면을 설명하기 위한 것임을 이해해야 한다.

31. 여기에서와 이어지는 논의에서 등장하는 질문자 '혹자'는 질문의 내용에 이미 고질적으로 학습된 거개의 일반인을 대표할 뿐만 아니라, 이어지는 논의에서 밝혀질 바와 같이 이 내용에 대한 이론적 관행에 젖어 있는 대다수 서구 자유주의 권리이론가들 역시 대표한다.

이와 관련해서는 구미 권리이론의 대부격인 호펠드의 경고가 매우 시사적이다. 그는 우리가 사용하는 '재산권(property right)' 개념에 심각한 혼동이 있다고 지적하면서, 이는 "형체가 없는(incorporeal)" 것으로 "실체가 있는 사물에 관계되는 법률관계의 집합을 의미하는" 것으로 사용되어야 하는데, 흔히 "말(馬)이나 일정 넓이의 땅"과 같은 "사물" 혹은 "물질적 실체"를 지칭하는 것으로 오용되고 있음을 지적한다.[32] 그는 이러한 혼동이 일어나는 이유는 "우리가 사용하는 많은 용어들이 원래가 실체가 있는 사물에만 적용되도록 되어 있어서 법적 관계와 연결되어 사용될 경우 엄밀히 말해서 (그 의미가) 상징적이거나 추상적이" 되기 때문이라 하면서, 이러한 혼동은 '고질적 추세(inveterate tendency)'에 속하지만 그럼에도 분명히 고쳐져야 할 사항이라고 주장한다.[33] 이를 테면 앞서 예에서의 100만 원에 대한 권리로서의 채권은, [합의나 약속은 지켜져야 한다]는 '공평성원칙의 규제'와 원칙과 법제도의 평등한 적용을 규정한 '헌법상의 규제', 그리고 이에 연결된 채권–채무관계에 대한 '민법상의 규제' 등의 복합구성체로서 그 대상이 되는 100만 원 그 자체는 아닌 것이다.

다음으로 위의 주장대로라면 100만 원의 대(+)–차(–)관계는 (갑)–(을) 간 채권–채무관계에 부수되는 가치교류관계라는 말이 되는데, 이는 주체 간의 인적 관계와 가치교류관계 사이에 설정되는 주종관계를 전도시키는 의미를 가지게 된다. 이를 테면 (갑)과 (을)은 100만 원의 대(+) 차(–)의 원상회복을 위한 대행자로 전락하고, 이 둘 사이의

---

32. W. N. Hohfeld, 앞의 책(1919), pp. 28–29.
33. W. N. Hohfeld, 앞의 책(1919), pp. 27, 31.

채권–채무관계는 100만 원의 대–차관계의 부속관계로 전도되는 것이다. 기실 오늘날 빚 때문에 사람을 팔고, 사고, 심지어는 살해하는 일이 비일비재함으로 미루어 볼 때, 이러한 본말전도 오류가 얼마나 우리 삶 깊숙이 자리하고 있는지를 알고도 남을 듯하다. 이와 관련해서도 다음과 같은 브라스토스(G. Vlastos)의 말은 두 관계의 본연의 모습을 헤아리는 데 각성을 주는 깊은 성찰의 일면을 보여준다.

> 인간을 제외한 모든 사물이 가치를 가질 수 있다는 것은 오직 인간에 대해서일 때이다 … 따라서 모든 사물에 예외 없이 적용될 수 있는 진리는, 어떠한 사물이건 가치가 있다고 여겨지는 사물 X는 그것이 사람이 아닌 다음에야 어떤 인간에 대해서 가치를 가지게 되는 것이지 그 자체 가치롭다고 할 수는 없다는 말이다. 그래서 이들 사물들은 … 이들의 가치를 알아주는 가치부여자들의 범주(즉, 인간세계)와는 전혀 다른 범주(즉, 사물의 세계)에 속하는 것이다 … 이런 의미에서 인간만이, 오로지 인간만이 스스로가 그 목적 자체인 것이다.[34)]

결국 위의 지적은 오늘날 헤어나기 어려운 관행, 즉 인간 세계와 사물의 세계를 완전히 뒤바꿔 놓아 물질이 인간에 대한 가치부여 자로 등장하고, 물질 가치가 인간 가치의 척도가 되며, 물질 그 자체가 목적이 되고 인간은 이의 수단이 되는 일종의 물질만능주의 세상에 대한 각성을 함축하고 있다고 생각된다.

이상의 논의가 권리 및 의/책무 주체로서의 인간과 물적 가치, 그리

---

34. Gregory Vlastos, 앞의 글(1962), pp. 48–49.

고 인적 관계와 물적 관계를 구분하는 데 설득력이 있다 하여도, 또 혹자는 '설사 그렇듯 구분한다 하더라도 그 실질적 실행과 내용면에서 무슨 차이가 있는가 하고 반문할 것이다. 이를 테면 (갑)-(을) 간 100만 원의 채권-채무관계는 현실적으로 100만 원의 대(+)-차(-)를 내용으로 하는 가치교류관계와 다를 바 없기 때문에 개념상의 구분만으로 현실적 결과 동일성을 극복할 차별성이 있는가라고 반문할 것이다.

이러한 반문과 관련하여 우선 강조되어야 할 차이는 주체 간의 인적 관계는 물적 관계와는 다르게 언제나 평등관계를 전제한다는 점이다. 앞서 권리-의/책무관계는 인간 사이의 사회관계의 한 측면이라고 했거니와, 여기서 사회의 범위는 가족, 특정 집단, 민족, 국가, 인류 등을 단위로 할 수 있다. 그리고 단위별 사회관계에 초점을 맞출 때 그 구성원들은 적어도 모두가 자유롭고 평등한 권리 및 의/책무의 주체라는 입장에 서게 된다. 이는 앞서 '권리주체로서의 자유주의적 인간의 등장'(2장 2절 참고)에서 살펴보았듯이, 근대 이래 점차 확산되어 이제 범세계적 보편성을 가지는 '만인자유평등원칙'을 수용하는 한 부정할 수 없는 권리 및 의/책무 주체의 도덕적 지위이기도 하다.

이러한 평등한 도덕적 지위와 관련해서는 그간에도 너무나 강조되어온 바이다. 이를 테면 하트(H. L. A. Hart)의 '자유권평등원칙'[35]이나 게워스(A. Gewirth)의 '자유와 유복에서의 평등원칙',[36] 혹은 파인버그(J. Feinberg)의 '인간존엄성평등원칙'[37] 등은 근대 이래의 '만인자유평

---

35. H. L. A. Hart, 앞의 글(1955), p. 175.
36. A. Gewirth, *The Community of Rights*(Chicago : The University of Chicago Press, 1996), p. 9.
37. J. Feinberg, The Nature and Value of rights", in J. Feinberg ed. *Rights, Justice,*

등원칙'의 어구만 달리하는 동일한 표현일 뿐만 아니라, 그 안에 핵심 내용을 구성하는 '평등한 자유'나 '평등한 도덕적 존엄성'은 어떠한 권리이론이나 심지어는 전반적으로 어떠한 인문학 관련 논의(humanity centric discourses)도 거부할 수 없는 대전제가 되어왔다. 이와 관련한 하트의 다음 언급은 그 실천적 함의 또한 강함을 보여준다.

> 모든 인간이 평등한 자유권을 가진다는 것은 사소한 원칙처럼 보일지 몰라도, 자유주의 전통의 정치철학자들이 어떠한 정치적 행위이든 이를 정당화하기 위해 요구되는 최소한의 정당화 근거가 되어왔다.[38)]

이에 반하여 물적 관계는 대차관계의 (+)와 (−)에 나타나는 것처럼 언제나 불평등관계에 선다는 점이다. 이는 유형무형의 가치를 포함한 모든 물질의 운동법칙이다. 한 곳에서 다른 곳으로 옮겨진 물질은 이동의 결과 초래된 불평등을 운동의 근거로 삼아 추후 복원의 운동을 한다. 이때 이동에 투입된 에너지와 추후 복원과 더불어 환원될 에너지는 불변한다는 것이 에너지 불변의 법칙이 아닌가 한다. 특정 물체의 있고 없음이 동시에 공존할 수 없으며, (+)가 (−)로 등치될 수 없다. 대변과 차변은 언제나 추후의 영합(zero−sum)을 전제한 불평등 속에 있게 된다.

이러한 서로 성격을 달리하는 두 관계의 각각의 특성인 평등과 불평

›››———

and the Bounds of Liberty : Essays in Social Philosophy(Princeton, N.J. : Princeton University Press, 1980), p. 151.

38. H. L. A. Hart, 앞의 글(1955), p. 175.

등의 차이는 이와 관련한 다른 특성으로 연결된다. 인적 관계는 두 주체의 평등한 도덕적 지위 때문에 일회적 권리–의/책무관계에서도 그 관계의 수정 및 개 · 폐라는 변화에 열려 있다. 반면, 물적 관계는 일회적 가치교류관계에서 인적 관계의 변화가 없는 한 그 자체로서 변화를 부를 수 없다. 즉, 모든 유 · 무형의 물적 가치가 그 가치를 부여하는 가치부여자의 가치부여 행위에서 비롯되듯이 가치들 사이의 관계의 수립과 그 변화를 발동할 자체 주도력이 없는 것이다. 여기서 우리는 인적 관계와 물적 관계 사이에 존재하는 차별성에 더해서 주–종관계를 확인할 수 있다. 이를 우리는 권리관계의 일반표현형식에서 가치교류관계는 권리–의/책무관계에 부수되는 관계로 표현한 바 있다.

그렇다면 이렇듯 평등한 인적 관계가 권리 및 의/책무관계에서는 어떻게 표현될 수 있는가? 여기에서 우선 간단히 언급해야 될 사항은 인간 존엄성에 근거한 인간 도덕적 지위의 평등이 인간이 모두 동일하다는 것을 의미하지 않듯이, 권리–의/책무관계에서의 주체 간 인적 관계의 평등이 이를 테면 권리와 의/책무가 동일하다거나 권리자와 의/책무자가 동일하다는 것을 의미하지는 않는다는 점이다. 다만 두 주체는 권리와 의/책무를 내용으로 하는 상호 인적 관계에서 권리와 의/책무가 다른 만큼의 다른 역할을 각각 분담하여 수행하는 대등하고도 상호적인 관계에 서게 됨을 의미한다는 점이다. 여기서 대등성은 두 주체 간의 서로 다른 역할과 도덕적 지위의 평등이 결합된 결과요, 상호성은 권리–의/책무관계라는 '상호 협업관계' 에서 비롯되는 자유(이익)와 제약(부담)의 공정한 분담을 의미한다.

여기서 잠시 권리–의/책무관계가 '상호 협업관계' 라는 언급에 대한 부연설명을 별기하고 지나간다. 권리–의/책무관계가 상호 협조관계라는 가장 뚜렷한 언급은 롤즈(J. Rawls)가 약속관계를 예로 권리-의/책무관계를 설명하는 데서 볼 수 있다. 롤즈의 말대로 '약속'은 강제규약이 없는 상태에서 선택의 자유를 향유하면서 일방이 타방을 협업체계로 끌어들이는 데 유일한 방법인지도 모른다.[39] 이렇게 해서 당사자들은 상호 이해(利害)증진을 위한 협업체계를 가동시키고 이의 안정을 기해가게 된다(1971 : 345). 이때 협업에 결부되는 자유(이익)와 제약(부담)은 약속으로 인해 발생되는 권리 및 의/책무로 표현되고, 협업관계의 안정은 바로 이 약속관계로부터 비롯되는 권리-의/책무관계의 정당성에 근거한다. 즉, 정의로운 권리-의/책무관계는 안정된 권리-의/책무관계를 보장하고, 이는 정의로운 약속관계의 수립을 말해준다. 롤즈에 따르면 이러한 협업의 양태에는 아주 큰 규모에서, 심지어는 두 사람 사이의 "협약(covenants)"이나 "특정의 물적 거래관계(a particular pattern of transactions)"를 포함하는 "작은 규모의 협업체들(small-scale schemes of cooperation)"이 있을 수 있다(1971 : 346). 물론 이러한 권리-의/책무관계를 통한 협업관계는 그가 사회 자체를 "협업공동체"로 간주하는 데(1971 : 4ff.)에 이미 전제된 것이기도 하다. 이러한 롤즈의 언급으로부터 주목되는 점은 두 가지이다 : 하나는 그 자체 권리-의/책무관계를 발생시키는 '약속'이 그 자체 목적이 아니고 모종의 협업을 위한 '수단'이라는 점이고, 다른 하나는 약속을 통해 이루어진 특정 협업관계는 바로 상호성에 근거한 특정 권리-의/책무관계라는 점이다.

그러나 이 두 가지 주목되는 사항과 관련하여 유의해야 될 것은 약

39. J. Rawls, 앞의 책(1971), pp. 346-347. 이하 관련 논의 중 괄호 안의 숫자는 이 책에서의 출처를 가리킴.

속행위에 개재되는 협업내용과 약속을 통해 성사된 특정의 협업내용은 서로 다를 수 있다는 점이다. 이는 약속관계로부터 비롯되는 권리 및 의/책무의 내용과 특정 협업관계로부터 발생하는 권리 및 의/책무의 내용이 다를 수 있음을 말해주는 것으로 마치 각각의 내용을 규제하는 약속규율(the rules of promising)과 협업규율(the rules of cooperation)이 서로 다른 것과 마찬가지이다. 설사 약속의 내용이 협업규율이 명시하는 내용과 겹친다 하더라도—이를 테면 협업관계에 들어선 특정인 '갑'이 '청소하겠다'는 '을'과의 약속의 내용과 '갑'에게 지시된 '청소하라!'는 협업규율의 내용이 겹치는 것처럼—겹치는 내용의 관할은 두 가지 규율에 각각에 별도로 귀속될 수 있는 것이다. 이러한 약속과 협업의 분별화가 가지는 의미는 약속관계에도 협업관계와 마찬가지로, 그러나 이와 독립해서 나름의 협업체계를 가질 수 있다는 것이다. 더구나 위의 롤즈의 말에서 보았듯이 두 사람 사이의 협업도 협업 일반의 특성에 포괄된다면 두 사람 사이의 약속관계에 나름의 협업체계가 성립하지 말란 법이 없을 것이다.

기실 어떠한 약속도 그것이 유효한 의미를 가지기 위해서는 모종의 협업관계가 전제되어야 한다는 것이 필자의 입장이다. 이를 테면 약속자 '갑'이 스스로 판단하기에 공평원칙과 약속규율의 순조로운 적용이 보장되는 상황에서 피약속자 '을'에게 만 원을 주겠다고 약속했다 하더라도 이때 '을'은 전혀 받을 의사가 없었다 하면 이는 '을'에 대한 '갑'의 일방적인 약속강요가 되는 것이다. 결국 이는 대상이 없는 가운데 이루어진 '자기 약속'에 불과한 것이 될 것이다. 이러한 일방적 자기 약속은 약속으로서의 효력이 없는 공허한 것이 될 뿐만 아니라, 만일 이를 '을'에게 강행하게 되면 오늘날 문제되는 '스토킹'과 유사한 범죄를 범할 수가 있을 것이다. 따라서 '갑'의 약속이 유효하려면 그것이 명시적이든 묵시적이든 '을'이 이를 수용하겠다는 의사표시(intended sign)의 전제가 필수적이 된다. 그리고 이때 그 의사표시가 양자 간에 협업이 이루어졌음을 보여주는 징표라 할 수 있을 것이다.

롤즈는 그의 약속에 대한 설명에서 이러한 약속의 '협업전제'에 대한 언급을 회피하고 있다. 그러나 그가 사용하고 있는 어구 "기속언사(operative words)"[40]는 바로 약속의 '협업전제'를 암시한다고 본다.

> 효력 있는 약속을 하기 위해서는 약속 당사자는 온전한 이성상태에 있어야 하고 …. 기속언사(operative words)의 의미와 약속할 때 그 용법을 알아야 한다 …. 이 기속언사는 자유롭고도 자율적으로 발언되어야 하고 …. 그 당사자가 대체적으로 공평한 협상위치에 서있을 경우 (발언되어야 한다)(1971 :

---

40. 기속언사(羈束言辭)는 '권리-의/책무관계 설정에 동의/약속하는 명시적 의사표시'의 의미로 사용된 것으로 이는 뒤이어 언급되는 호펠드의 '기속사실(羈束事實)'과 같은 의미를 가진다. 이들 용어 중의 '기속(羈束)'이라는 말은 일반 국어사전에는 구속(拘束)과 같은 의미로 설명되어 있으나, 여기에서는 말(馬)을 말고삐로 매어 그 행동을 일정하게 제약한다는 원래의 의미를 살려, 말고삐 내의 말이 그 제약 속에서 나름의 행동의 자유를 누리는 것처럼, 권리-의/책무관계에 서는 두 주체가 일정한 행동의 제약 내에서 나름의 권리를 지니는 것을 함의한다. 혹 이 기속적 제약이, 이를 테면 권리자(갑)-의/책무자(을)의 관계에서, (갑)의 권리행사에만 해당한다고 생각할지모르나, 뒤에 살펴볼 레인볼트(G. W. Rainbolt)의 논증에서 확인되듯이, (갑)과 (을)은 동시에 권리주체이자 의/책무주체로서 권리-의/책무의 상호 관계에 서기 때문에 두 주체 모두에 해당함을 유의해야 한다. 이를 (갑)-(을)간 협업관계에서 보더라도 어느 일방의 제안의 권리 뒤에는 그 제안에 대한 의/책무가 따르며, 타방의 이 제안에 대한 동의 · 거부의 권리에도 이에 수응하는 의/책무가 따른다. 이를 통괄하여 기속언사 · 기속사실이라 부른 것이다.

345).

이 언급이 협업전제를 암시한다고 보는 이유는, 여기에서 "기속언사(operative words)"는 모든 인적 · 물적 관계에서 마치 계약상의 "기속사실(operative facts)"과 마찬가지로 상대방을 전제한 일종의 적법행위와 같기 때문이다. 상대방을 전제한 법률행위라면 이는 이미 상대방과의 사이에 그 약속의 수용 여부와 조건, 그리고 약속내용과 이행에 관한 모종의 협의가 있었음을 말해준다. 그리고 이는 바로 롤즈의 두 사람 간의 '협약' 의 예에서와 마찬가지로 약속 당사자 사이에 묵시적이든 명시적이든 모종의 협력관계가 약속행위 이전에 존재했었음을 말해주기 때문이다.

구미 권리이론의 대부(大夫)격으로 알려지고 있는 호펠드는 롤즈의 기속언사와 같은 내용을 가지는 '기속사실(operative facts)' 에 대해 다음과 같이 말한다. "A와 B 사이의 계약적 책무의 발생에서 A의 제안과 B의 A제안의 수용이라는 사실은 이른바 '기속사실' 을 구성하는데, 이는 A와 B 사이의 계약관계에서 가장 중요하다."[41] 이를 앞서 든 '갑' 과 '을' 의 약속관계를 예로 하여 재구성해 보면 다음과 같다. ['갑' 이 '을' 에게 만 원을 주겠다는 약속의 언사로 인한 '갑' 의 책무의 발생은 그 발생의 가장 중요한 원인행위로서 그 약속의 언사 이전에 둘 사이의 제안과 수용에 관한 의사표시—묵시적이든 명시적이든—가 구성하는 제안과 수용을 내용으로 하는 '기속사실' 로서의 '기속언사' 가 선행해야 한다.] 결국 이 재구성이 말해주는 것은 약속관계가 약속의 언사에 의해 표명되는 일회적 사건일 수

41. W. N. Hohfeld, 앞의 책(1919), pp. 32–35.

없다는 점이다. 또 그 전 단계의 '기속언사'라는 또 하나의 협업적 사건을 포괄할 수밖에 없다는 것이다. 이 모두를 합해보면 위와 같은 재구성은 약속관계 역시 일종의 협업관계로 보아야 한다는 것을 말해준다 하겠다.

권리-의/책무관계가 상호 협업관계임을 보여주는 논의는 위의 약속을 대표적 예로 든 롤즈뿐만 아니라 그밖의 많은 이론가들에서도 볼 수 있다. 이를 테면 하-트의 상호 규제성원칙이 그 한 예에 속한다. 그에 따르면, 상호 협업관계에 서 있는 사람들은 각자 그 협업공동체의 규칙이 정하는 바에 복종할 책무를 질 뿐만 아니라, 그 협업공동체의 다른 모든 구성원들에 대하여 복종을 요구할 권리 또한 가지게 된다.[42] 그런데 이는 그 협업관계가 협업을 내용으로 하는 권리-의/책무관계임을 말해준다. 이는 롤즈가 권리-의/책무관계에 대한 그의 설명에서 "기본 아이디어"로 밝히고 있음[43]에 비추어 위의 롤즈의 견해에 그대로 이어진다고 볼 수 있을 것이다. 또 한 예로 더 거슬러 올라가 흄(D. Hume)의 『도덕론』(본장 1절 참고)에서도 이와 관련한 설득력 있는 논의를 발견할 수 있다. 흄에 의하면, 사회의 발생은 삶의 자연적 전개의 결과일 뿐이다. 유복과 안정을 지향하는 삶의 자기 전개가 사람들을 서로 모여 협동하게 한 것, 그것이 사회라는 것이다. 흄에게 사회는 일종의 삶의 협업공동체이다. 여기에서 정의의 문제는 자연스런 삶 속에서 일구어낸 협업의 부담 몫과 이익 몫에 대한 분담과 관련한 권리 및 의/책무의 문제로 직결된다. 따라서 흄에게 있어서 모든 정의/권리/의무/재

42. H. L. A. Hart, 앞의 글(1955), p. 185.
43. J. Rawls, 앞의 책(1971), pp. 112, 343.

산 등과 관련된 제반 도덕관념과 제도는 협업공동체로서의 '사회'를 전제하며, 권리-의/책무관계는 바로 그 사회의 정당한 협업관계에 다름 아니다.

다시 논의의 본 순서로 돌아와 대등성과 상호성이 어떻게 권리-의/책무관계로 구체화될 수 있는가와 관련하여 한 탁월한 논의를 예로 들어본다. 레인볼트(G. W. Rainbolt)는 그의 논문 「타자에 대한 당위적 규제로서의 권리(Rights as Normative Constraints on Others)」(1993)에서 다음과 같이 말한다.

> 권리에 대한 부적절한 분석은 그간 이와 관련된 이론가들로 하여금 호펠드의 권리체계에 해당하는 (또 다른) 권리들—의무권리(duty rights), 불가능권(disability rights), 책임권(liability rights), 요구불가권(no-claim rights)—이 있음을 간과하게 했다 …. '의무권리(duty rights)'란 말은 매우 어색하게 들린다. 그러나 이러한 권리의 분명한 예들이 있다 …. 의무권리는 매우 일상적이다. 모든 전형적인 법체계에 따르면 나는 나의 빚을 갚을 의무권을 가진다 …. 의무권은 자주 언급되지 않는 경향이 있다. 왜냐하면 사람들은 그의 의무이행을 스스로가 요구하지는 않는 경향이 있기 때문이다 …. (그러나) 사람들은 구태여 (무엇이) 권리임을 언급하지 않고서도 이를 (권리로서) 가질 수 있다 …. '(1) P1이 A를 할 권리를 가진다'가 '(2) P1이 A를 할 의무가 없다'를 포함한다고 생각하는 것은 틀린 것이다 …. (1)이 (2)를 포함한다고 생각하는 사람들은 자유권(liberty rights)에 너무 사로잡혀 있기 때문이다. 이 점은 권리이론가들의 공통된 오류이다.[44]

>>>

44. George W. Rainbolt, "Rights as Normative Constraints on Others", *Philosophy and*

위의 좀 긴 인용은 레인볼트의 주장에 불필요한 설명을 줄이기 위한 것이다. 그리고 본 논의의 목적상 이 인용문에서 주목하고 싶은 것은 다음 사항이다. 1) 채무자도 채권자에 대해서 일종의 권리, 즉 '의무권리'를 가진다. 2) 의무권리는 일상적(도덕적)일 뿐만 아니라 법적으로도 보장된다. 3) 채무자 P_1의 빚 갚을 '의무권리'가 빚 갚을 의무로부터의 자유를 포함하지 않듯이 채권자 P_1의 빚 받을 권리는 그의 자의적 판단에 따른 빚 받지 않을 자유를 포함하지 않는다. 4) 범칭 'P_1'으로 모든 권리주체에 일반화할 경우 '의무권리'의 보편적 존재를 도외시하는 것은 기존 권리이론가들 대부분의 공통된 오류이다. 여기에서 예시된 채무자의 빚 갚을 '의무권리'와 이에 상응하는 채권자의 '빚 받을 의무'는 일반적인 권리관계 형식의 이면을 드러내 보여준다. 그럼으로써 위에서 답하려한 권리 및 의/책무로 표현되는 인적 관계 평등의 구체적인 모습, 즉 두 주체 사이의 도덕적 대등성과 분업적 상호성의 모습을 잘 보여준다. 여기서 '4)' 항은 위의 3가지 사항과 관련한 서구 자유주의 권리이론들의 현 이해수준에 대하여 중요한 사실을 알려준다. 즉, 앞서 제기된 예상 질문들이 일상의 관행에 젖어 있는 '혹자'라는 범부의 오해에서 비롯된 것일 뿐만 아니라, 서구 자유주의 전통의 많은 관련이론들의 관행적 오류를 집약한 것이기도 하다는 점이다.

레인볼트의 '의무권리'는 또한 인적 관계의 평등을 확보하고 있다는 의미에서 이미 채권자–채무자 사이에 일종의 협업이 있었음을 시사해 주는 하나의 표징이 된다. 즉, '의무권리'는 채권–채무관계 발생 이전 이 관계를 수립하기 위한 당사자 사이의 협업적 합의에 근거하는

>>>

Phenomenological Research, Vol. 53–1(Mar., 1993), pp. 103–5, 강조 첨가.

채무자의 권리가 되는 것이다. 채권–채무관계가 발생하기 전 당사자들은 선택의 자유를 보유한 대등한 입장이었을 것이다. 그리고 이는 당사자 사이의 권리–의무관계에도 반영되어 채무자에게도 권리의 근거를 마련해 주어 '의무권리'를 발생시킬 수 있었을 것이다. 또 약속의 관계이건 채권–채무의 관계이건 여기에 협업의 존재이유인 상호 이익증진이라는 점에서 보더라도 두 관계 모두에 합당하다고 여겨진다. 전자의 경우는 이미 롤즈의 논의를 통하여 살펴본 바이고, 후자의 경우는 금전적 이해를 바탕으로 하는 상호 이익증진을 생각해 볼 수 있을 것이다. 즉, 채권자는 가용자원의 이자라는 기회이득을, 그리고 채무자는 이자라는 기회비용을 치르고서라도 보다 큰 소득산출을 목표로 하는 상호 협업관계인 채권–채무관계를 수립시켰다고 볼 수 있는 것이다.

이상에서 우리는 항간의 상식처럼 되어있는 권리–의/책무관계에 대한 관행을 '혹자'의 의문으로 대신하고 그 오류를 의문에 대한 답으로 밝혀가면서 기본관계구조를 모색해 보았다. 지금까지의 논의가 타당하다면 우리는 권리관계의 기본구조를 다음과 같이 도표화할 수 있을 것이다.

권리(a) → (b)의/책무

[도표 1]
- (갑)← (X) →(을) : 인적 관계(PR)[45]
- 'a' 이행 의/책무(d) ← (c) 'b' 이행권리
- (+ O) (갑) → (− O) (을) : 물적 관계(TR)

45. 여기서 한 가지 문제는 (갑), (을)이라는 구체적 주체가 정해지지 않은 불특정 다수 간에 존재한다고 여겨지는 '일반권(special rights 혹은 rights *in rem*)' 관계의 경우는 이 도식으로 설명할 수 없다는 점이다. 그러나 일반권은 언제나 일종의 추상적 권리로서 '특별권'의 성립조건 혹은 정당화 근거를 이룰

이때 인적 관계에서 화살표('→' 혹은 '→')는 (갑)-(을)관계의 '권리 의/책무'의 대응방향을 가리키고, (a)와 (b)는 각각 (갑)의 권리와 이에 대한 (을)의 의무, (c)와 (d)는 각각 (을)의 '의/책무이행권리'와 (갑)의 이에 대한 대응의무로서의 '권리이행의무'라고 볼 수 있다. 물적 관계에서 화살표('→')는 가치이동 방향으로 (+O)는 가치교류관계에서 앞으로 복구되어야 할 대변상의 가치를, (−O)는 (+O)에 대응하여 앞으로 환원되어야 할 차변상의 가치를 말해준다. 물론 앞서 밝혔듯이 여기서 PR은 TR의 생성과 변경, 그리고 소멸을 주관하지 그 역은 아니다.

이를 위에서 든 갑-을 간의 채권-채무관계의 예에 적용하여 다시 예시한다면,

[도표 2]

채권 → (b) 채무

(갑)← (X) →(을) : 인적 관계(PR)

채권의무(d) ← (c) 채무권리

(+ 100만 원)(갑) → (− 100만 원)(을) : 물적 관계(TR)

와 같이 될 것이다.

>>>

뿐 구체적 행사의 대상으로 실현될 수 없다는 점에서 일반권 관계는 이 도식의 배후에 잠복된 관계로 간주하여 무방할 것이다. 이를 테면, '채권자는 채무자로부터 빚을 변제받을 권리를 가진다'는 민법상의 일반권은 그 자체로서 권리관계 실행에 참여할 수 없고 위의 예에서 (갑)-(을)이라는 구체적 주체 간에 100만 원이라는 구체적 대상에 대하여만 그 실행이 현실화되는 것이다. 이는 내로라하는 대표적 권리이론들마저 흔히 범하는 '상식 속의 오류'이다.

3-4. 기본관계구조와 기본관계질서

그렇다면 이상 도출한 권리-의/책무관계기본구조가 가지는 특징이 가리키는 것은 무엇일까? 위의 도표를 인적 관계에 초점을 맞추어 볼 때 우선 말해주는 바는 권리 및 의/책무의 주체 (갑)과 (을)은 대등하고도 상호적인 관계 속에 서 있다는 것이다. 다음으로 이들 사이에는 대등한 자율권과 그 행사의 결과로 나타난 합의로부터 비롯된 권리-의/책무의 대칭적 균형성을 이루고 있다는 점이다. 이때 대등한 자율권은 제2장 2절에서 보았듯이 만인자유평등원칙에 함의되어 있는 평등한 자율성에 근거한다. 이상을 종합하면 위의 도표들이 말해주는 기본관계구조의 형식상 특징은 자율성 평등을 원칙으로 수용하여 대등한 협조관계에 서는 주체들이 '계약형식'의 관계에 서게 된다는 것이다. 즉, 기본관계구조는 바로 계약관계구조와 그 관계적 기본특성에서 일치하는 것이다. 이하에서는 이 기본특성이 어떻게 서로 일치하는지를 살펴볼 것이다.

전통적으로 계약관계의 형식은 다음과 같다 : [X는 Y에게 Z를 할 것을 동의하고 그 대가로 Y는 X에게 W를 할 것을 동의하여 X(z)와 Y(w) 사이에 계약이 성립된다.] 여기서 동의(승인/허락)는 바로 대등한 자율권 행사가 있었음을 말해준다. 그리고 계약의 성립은 둘 사이의 자율권 행사가 합의에 도달했음을 말해준다. 그래서 이러한 2인 계약의 첫 번째 특징은 계약 당사자들(X, Y)의 '자율성'으로 나타난다. 이들은 자율성평등원칙에 부합하게 각자의 자율적 행위를 통하여, 즉 자유로운 의사에 따라 각자의 권위에 입각하여 자유로운 판단에 따른 행위(언표)를 통하여 계약을 성립시킨다. 이러한 자율적 행위의 결과가 (갑)-(을) 간 권리-의/책무관계에서처럼 X-Y 간 계약적 권리-의/책무관계로 나타난다. X와 Y 사이가 그렇듯이 (갑)과 (을) 사이에도 강압이나 사기에 의해 맺어진 관계는 정당한 권리 및 의/책무를 발생시킬 수 없다. 이런 점에서 자율성에는 또한 동의(승인/허락)나 약속을 전제해야 한다는 제약이 따르게 된다. 이러한 자율성과 그에 따르는 제약은 위에서 살펴보았듯이 기본관계구조의 특성이기도 하다.

그 두 번째 특징은 X와 Y에만 국한되는 계약효력의 '특수성'이다. 이 두 사람 사이의 계약관계의 범위와 계약의 내용은 이들 사이의 특수 사안이다. 이 특수성 역시 X-Y 계약사항이 이와 무관한 제3자 A에게는 적용될 수 없듯이 (갑)-(을) 간 채권-채무관계의 내용이 이와 무관한 (병)에게 적용될 수 없다는 점에서 두 경우 모두에 공통적 특성이다. 이 특수성은 또한 배타성을 함의한다. 그러나 이 특수성과 배타성 역시 이들과 평등한 자율권을 향유하고 있는 여타의 타자들과 더불어 공존하는 사회에 존재하는 만큼 그 사회의 도덕적 · 제도적 제약을 넘을 수 없는 한계를 지닌다. 물론 이러한 한계에도 불구하고 계약관계가 가지는 특수성과 배타성은 한정된 당사자 사이의 관계적 특성이라는 점에서 계약관계를 불특정 다수를 대상으로 행한 특정의 행동에 따라 그 권리와 의/책무가 결정되는 도덕적 관계나 당위적 규범관계와 구분해 주는 주요한 특징이다.

세 번째 일치점은 X-Y 간 계약의 성립과 더불어 발생하는 계약상의 '권리'와 '의/책무'는 (갑)-(을) 사이에서와 같은 권리-의/책무균형 복선관계에 서게 된다는 점이다. X는 Y가 행할 W를 충족하기 위해 Y에 대해서 계약상의 Z라는 권리와 의/책무를 동시에 가지게 되고, Y는

X가 행할 Z를 충족하기 위해서 X에 대해서 계약상의 W라는 권리와 의/책무를 동시에 가지게 된다. 이때 X의 권리로서의 Z는 Y의 의/책무로서의 W와 대응하고 의/책무로서의 Z는 Y의 권리로서의 W와 대응하여 X와 Y 각각의 권리 및 의/책무는 (갑)과 (을)의 권리–의/책무에서와 같이 대칭적 균형관계를 이루게 되는 것이다. 이러한 X–Y 간의 계약적 권리–의/책무관계는 계약의 쌍무적이고도 쌍권적인 특성을 나타낸다. 그리고 이 특성 역시 (갑)–(을) 간 권리–의/책무관계가 대칭적 복선균형구조 속에 있다고 할 때의 기본관계구조의 특성과 일치한다.

이상 권리–의/책무관계의 기본구조가 어떻게 계약관계의 권리–의/책무구조와 일치하는가에 대해 살펴보았거니와, 이는 결국 권리–의/책무관계가 계약관계의 결과임을 말해준다. 그리고 이러한 일치는 이미 롤즈의 약속을 예로 든 협업관계에 대한 설명에 포함된 '기속언사'나 호펠드가 언급한 혹은 '기속사실'에 함의되어 있던 바이다. 즉, A–B 간의 약속을 예로 들면, A가 B에게 만 원을 주겠다는 약속의 언사로 인한 A의 책무의 발생은 그 약속의 언사 이전에 둘 사이의 제안과 수용에 관한 의사표시—묵시적이든 명시적이든—가 구성하는 '기속언사'가 선행해야 한다는 것인데, 이는 계약관계의 수립을 의미하는 것이다. 그리고 위에서 든 (갑)–(을) 간의 채권–채무관계가 있기 위해서 사전에 둘 사이의 관계설정에 관한 합의행위가 '기속사실'로서 선행해야 한다는 것은 이 권리–의/책무관계가 계약관계의 선행을 전제한다는 것이다. 기속언사나 기속사실은 바로 계약수립의 합의와 같은 것이다. 그래서 롤즈는 이를 약속에 빗대어 강제규약이 없는 상태에서 선택의 자유를 향유하면서 일방이 타방을 협업체계로 끌어들이는 데 유일한 방법으로 간주했고, 호펠드는 그 중요성을 계약적 책무발생을 위한 제1요건으로 표현했다.

사실 계약형식의 권리-의/책무관계는 모두가 평등하게 자율적 인간이라고 간주되는 이른바 자유주의적 인간 사회에서 서로를 구속하는 인간관계를 권리와 의/책무로 엮어내는 유일한 방법이라고 생각된다. 이렇듯 권리와 의/책무로 동시에 구속되는 것을 앞서 '기속(羈束)'이라 표현한 바를 따라서 이러한 권리-의/책무관계를 '기속관계(羈束關係)'라고도 부를 수 있을 것이다. 모두가 평등하게 자신의 일에 대해서 지고의 권위를 가진다고 여겨지는 인간 개개인이 스스로의 동의나 합의를 통한 계약 말고는 어떤 방법으로 자유와 이해를 분담해야 하는 특정의 '권리-의/책무질서' (혹은 '기속질서')[46]에 귀속될 것인가? 만일 '근대적 인간'을 '이성'의 힘으로 신(神)을 홀로 마주할 수 있는 '자율적 인간' (2장 2절 참고)이라 한다면, 계약이야말로 근대 특유의 인간질서 수립방법이라고 할 수 있을 것이다. 이는 6장에서 살펴보겠지만, 근대 '정치질서'[47] 수립에 대한 모색에 왜 유독 '사회계약'의 형식을 원

46. '기속질서(羈束秩序)'는 '계약질서' 혹은 '권리-의/책무관계질서'와 같은 의미의 용어로 앞으로는 이 세 용어를 상호 교환해서 사용할 것이다. 이 세 용어는 권리-의/책무관계에서 비롯되는 주체들의 자율권 행사에 대한 질서와 이 질서의 근거로서의 권위(기속관계에 서는 주체 사이에 합의된 질서가 가지는 관할능력)를 포괄하는 의미를 가진다. 이 기속질서는 앞서 정의한 '기속'에 함의되어 있듯이 의/책무의 '책임'에서 오는 단순한 '구속질서'뿐만 아니라, 그 구속의 테두리 내에서 행사되는 '권리'의 허용, 즉 '권리행사의 질서'까지를 포괄한다. 더불어 이 세 용어로 표현되는 질서는 권리-의/책무관계에 서는 주체들 스스로의 합의 속에 내재된 권위부여행위를 통해 수립된 '자율질서' 혹은 '권위질서'로 특징지을 수 있다. 이 질서는 5장에서 살펴보듯이 권리 및 의/책무를 내용으로 하는 쌍무적 · 쌍권적 · 자율적 계약관계가 사회구성원들 사이의 사회관계로 확대되면서 사회질서와 동연에 서는 '사회적 기속질서'가 된다.

용하게 되었는지를 잘 설명해 준다. 사회구성원 모두가 신(神)에 버금가는 왕과 같은 존재라고 여겨지는 수평사회에서 자발적 동의나 승낙을 통한 사회계약 말고는 상–하 지배–복종을 권리와 의/책무로 엮어낼 정치질서를 수립할 수 없었던 것이다.

이렇게 (갑)–(을) 간 권리–의/책무관계가 이 두 주체 간의 계약관계수립의 결과라고 볼 때, 이로부터 우리는 계약관계의 결과인 권리–의/책무관계의 기본구조가 계약관계구조와 공유하는 또 다른 특성들을 도출해낼 수 있다. 우선 위의 (갑)–(을) 간에 권리–의/책무관계가 수립되었다 함은 양자 모두가 귀속될 입법이 이루어졌다는 말과 같다는 점이다. 이 두 주체가 가지는 권리 및 의/책무는 이를 발생시키고 보장해주는 공통의 규율질서를 전제하는데, 이 질서는 X–Y 간 계약에서와 같이 두 주체가 상호 합의를 통하여 공통적으로 귀속되기 위해 스스로 설정한 것이다. 물론 그 설정이 기존 사회의 관습에 준하거나 법제도에 의존해서 이루어질 수 있다. 그러나 어떠한 준거에서건 스스로를 규율할 질서를 스스로 설정했다는 점에서는 (2인) 입법행위와 다를 바가 없다. 이는 이미 근대적 인간을 자율적 인간으로 표상할 때 '자율'이라는 의미에 포함된 의미이다. 그리고 이와 더불어 이는 서론에서 밝힌 자유주의 기본정신의 한 구성요소인 '합의질서원칙'에 부합한다. 자율

47. 여기서 '정치질서'는 위에서 언급한 '사회기속질서'가 사회구성원들의 사회생활 속에서 사회계약적 추인과정을 통해 공표되고 공공화된 질서로서 그 특성과 내용은 계약적 기속질서가 확대·변모되면서 구성하는 사회적 기속질서와 동연에 서있다. 이런 의미에서 이 책에서는 이를 '정치기속질서'로 표현하기도 하였다. 두 질서의 차이와 그 관계에 대해서는 6장에서 살펴본다.

이 마치 '좌우명' 같이 스스로 만든 규율에 스스로가 책임지고 복종하는 대자적 자치질서(혹은 자율질서)를 의미하는 것이라면, X–Y 간의 입법행위로서의 계약체결은 이러한 대자적 자치질서를 두 사람 사이의 대타적 관계에 확대한 것에 불과하다. 같은 논리에서 사회계약은 이러한 대타적 자치질서를 정치사회 전반으로 확대한 것이 될 것이다. 이런 의미에서 사회계약을 통해 수립된다고 여겨지는 근대 정치사회는 원칙적으로 자기 법질서에 권리와 의/책무를 내용으로 하는 자기 구속을 실행하는 계약집단일 수밖에 없음을 암시하고 있다고 볼 수 있다.

다음으로 (갑)–(을) 사이에 수립된 권리–의/책무관계가 서로에게 구속력을 가지는 것은 두 주체가 이 관계에 권위를 부여했기 때문이라는 점이다. 이 권위의 근거는 자발적 행위에 따라 행사된 자율권이다. 그리고 권위부여행위는 자율권 행사를 통한 입법행위와 동시에 일어난다. 이는 대자적 자기 입법인 좌우명에서 비롯되는 자기 책무의 구속력이 자기입법행위와 동시에 진행되는 자기권위부여행위에서 비롯되는 것과 같다. 그리고 X–Y 사이에 체결된 계약에 대한 권리 및 의/책무의 구속력 역시 계약체결이라는 입법행위와 동시에 진행된 두 주체의 권위부여행위에서 비롯되는 것과 같다. 이는 근대 정치사회의 사회계약적 권위에서도 마찬가지이다. 사회구성원들이 사회계약을 통해 수립했다고 여겨지는 정치질서가 유효한 구속력을 가지기 위해서는 이들의 사회계약 타결과 더불어 진행된 공권력에 대한 권위부여행위를 통해서 발생된 것으로 여겨지는 것이다. 이와 같이 권리–의/책무관계의 수립은 이의 구속력을 담보할 권위와 권위부여행위를 전제한다고 볼 수 있다. 그리고 자율적 인간이 살고 있다고 여겨지는 근대 사회의 모든 인간관계 · 사회관계 · 정치관계는 원칙적으로 모두 자율적 관계이기 때문에 이 관계들의 질서는 모두 자기권위부여행위를 통한 권위질서라고 말할 수 있다. 이런 의미에서 개인관계기속질서 · 사회관계기속질서 · 정치관계기속질서 이 모두가 자치질서가 되는 것이고, 자치질서를 전제한 공권력은 어떠한 공권력이고 권위를 내용으로 하지 않으면 정당화될 수 없는 것이다. 그리고 이는 자유주의 기본정신의 다른 한 구성요소인 (합의질서) 관할력과 관련한 '권위성격원칙' 과의 부합여건을 말해준다. 이런 의미에서 이상의 3가지 형태의 '기속질서' 가 가지는 관할력은, 적어도 자유주의적 질서인 한, 그 기본성격에서 권위의 성격 속에 있어야 하기 때문에 각각 '개인관계(혹은 계약관계)기속질서권위', '사회(관계)기속질서권위', '정치(관계)기속질서권위' 여야 한다.

우리는 어떤 질서가 합의의 형식과 합의의 절차 속에서 이루어질 때, 이를 민주질서라고 부른다. 권리-의/책무질서도 이런 의미에서 민주질서이다. 그러나 민주가치는 자율가치의 결과이지 그 역은 아니다. 다시 말하여 민주적이어서 자치적이고 권위가 구속력의 바탕이 되는 것이 아니라 자기 권위부여 행위를 통해 형성된 권위가 구속력의 바탕이 되기 때문에 민주적이다. 사회계약에서도 민주주의여서 권위가 정치권력의 바탕이 되는 것이 아니라, 자율적 정치사회 구성원들의 자기권위부여행위에 따른 공적 권위에 스스로가 복종하기 때문에 민주주의가 되는 것이다. 이는 권리-의/책무질서의 또 다른 특성을 말해준다. 즉, 권리-의/책무질서의 정당성은 민주적이기 때문에 보장되는 것이 아니라 하자 없는 자율권 행사의 결과라는 점에서 보장된다. 민주주의의 구호가 드높은 곳에서 실질적 독재가 가능한 것은 바로 실효성 있는 자율권 행사가 내면화되지 못한 탓으로 볼 수 있다. 민주주의와 자율권 사이의 이러한 관계는 권리-의/책무질서의 실행에 대하여 중요한 함의를 가진다. 이를 테면 이미 체결된 권리-의/책무관계라 할지라도 민주라는 이름으로 그 가변성을 봉쇄할 수 없으며, 새로운 자율적 합의를 통해 변경 · 폐기 · 신설의 가능성은 항상 열려 있어야 한다. 사회계약의 경우도 마찬가지이다. 목소리의 크기나 머리수의 다수가 민주가치를 가져오는 것이 아니라, 자율가치의 확충이 목소리의 크기 여부나 수의 다소에 관계없이 민주가치를 실현하는 요체가 되어야 한다. 따라서 이미 합의된 정치적 결단이나 정책결정이라 할지라도 사회구성원들의 자율권 실행에 본원적 변화나 여건상의 변화 및 하자가 발생할 경우는 변경 · 폐지 · 신설의 가능성에 열려 있어야 한다.

그렇다면 자율권 행사의 결과라면 어떠한 권리-의/책무관계도 정당화될 수 있는가? 그리고 권리-의/책무관계가 함의하는 어떠한 입법행위도, 어떠한 권위부여행위도 정당화될 수 있는가? 또 자율권 행사에 부수되는 번복(飜覆)문제는 어떻게 해결할 것인가? 권리-의/책무관계구조가 계약구조와 일치한다면, 같은 논리에서 계약관계의 경우 이상의 문제들은 어떻게 해결될 수 있을 것인가? 우리는 이와 관련해서 이미 앞서 권리의 근거 · 구성 · 기본구조에 대한 논의에서 만인자유평등원칙 및 그 실행입장 · 원칙을 중심으로 자유주의적 삶의 도덕적 · 관계적 제약이라는 포괄적인 정당화 조건을 밝힌 바 있다. 이제는 이 정당화 조건의 사회적 · 정치적 구성과 내용에 대하여 살펴볼 차례이다.

이하의 5장 6장은 바로 이상의 과제를 서구 자유주의 이론들과 관련해서 살펴보기 위해 마련된 것이다. 그러나 5, 6장에 진입하기 전에 다음 4장에서는 일단 앞서 도출한 기본관계구조가 서구 자유주의 권리이론에서는 어떻게 나타나는지를 검토해 볼 것이다. 이는 기본관계구조의 일반표현형식상 '정위문제'가 사소한 문제가 아니라, 바로 서구 자유주의 권리이론 깊숙이 자리하고 있는 이론적 오류의 결과임을 밝히기 위한 것이다. 이를 밝힌 후 이어지는 5장에서는 위에서 제기한 문제를 중심으로 권리–의/책무관계가 정당화되기 위한 사회적 유효성립조건을 살펴보고, 6장에서는 5장의 논의를 바탕으로 하여 서구 전통의 사회계약이론을 자유주의 정치사회질서 구성과 관련하여 검토해 보기로 한다.

4장

권리이론과 인간소외

우리는 2장에서 서구 자유주의 권리이론들이 딛고 서 있는 개념적 · 이론적 토대를 자연권개념과 자연권이론을 중심으로 살펴보았다. 그리고 3장에서는 2장에서의 토대에 관한 성찰에 이어서 서구 자유주의 전통의 권리개념의 근거 · 구성 · 관계 기본구조에 대해서 살펴보았다. 더불어 그간의 논의를 통하여 이상의 주제들에 대한 서구 자유주의 관련 이론들의 이해 속에 나타나는 몇 가지 문제점들 역시 검토해 보았다. 검토된 문제점들은 이를 테면 자연법적 의무개념에 함의된 권리관념의 간과문제(2장 1절), 근대적 인간관에 대한 사상적 이해와 관련한 권리편중현상 문제(2장 2절), 권리의 자연근거에 대한 실체화 문제(3장 1절), 삶의 권리영역 구성에 대한 이해의 평면성 및 단편성 문제(3장 2절), 권리–의/책무관계 일반형식에 나타나는 정위(正位)문제(3장 3절) 등이었다.

여기서는 이제 오늘날 서구 자유주의 권리이론을 지금까지의 논의에 비추어 검토해 본다. 특히 이들이 이해하고 있는 권리–의/책무관계를 이상 검토된 문제점들과 관련하여 3장 2절에서 살펴본 기본관계구조에 비추어 검토해 본다. 검토의 초점을 권리–의/책무 '관계' 에 둔 까닭은 우선, 권리나 의/책무는 그 주체를 통하여 실효성을 가지는 동시에 두 주체는 서로가 서로를 전제하는 관계 속에 서게 되는 만큼 인간사이의 사회관계 속에서 그 본의를 드러내는 관계적 개념이기 때문이다. 다음으로, 여기에서의 논의목적은 서구 자유주의 권리이론들이 이해하고 있는 권리가 자유주의 기본정신에 부합하는지 그 여부를 헤아려 보려는 데에 있지, 현금 서구라는 특정 시기 특정 장소에서 실행되고 있는 권리관행을 사회제도사 속에서 살피려는 데 있는 것이 아니기 때문이다.

이하의 논의 1절에서는 우선 서구 자유주의 권리이론들에 나타나는 두 가지 권리형태를 몇몇 선도적 이론들 속에서 확인해 볼 것이다. 이는 이 이론들이 이해하고 있는 권리의 형태에 따라 권리–의/책무관계가 달리 나타나기 때문이다. 1절 말미에서는 이렇듯 달리 나타나는 '권리–의/책무관계의 구조' 를 '기본관계구조' 의 형식에 따라 도표화해 볼 것이다. 2절에서는 1절에서 도표화한 각 구조의 특성과 이 특성이 가지는 의미에 대해서 살펴볼 것이다. 3절에서는 2절에서 살펴본 각각 다른 권리–의/책무관계의 구조적 특성이 이론적으로 정합성을 가지는지 검토해 볼 것이다. 4절에서는 3절의 검토결과가 어떠한 실천적 함의를 가지는지 자유주의 기본정신에 비추어 살펴볼 것이다. 이상 3절과 4절의 검토 및 논의결과 드러난 서구 자유주의 권리이론들의 문제점들은 궁극에는 '물적 환원주의' 문제와 이로부터 비롯되는 '인간소외' 문제로 귀결되는데, 그 이유와 과정에 대한 논의는 5절에서 이루어질 것이다. 더불어 5절에서의 논의 속에는 이 인간소외 문제가 그간 전개되어 온 '인간소외'와 관련한 다양한 논의들이 공통적으로 지적해 온 문제와 동연에 서 있음에 대한 예증이 포함될 것이다. 그리고 본장의 말미에서는 서구 자유주의 권리이론들의 권리-의/책무관계에 대한 이해에 내재되어 있는 근본적인 문제점들이 자유주의 기본정신에 부합하게 해결될 수 있기 위해서는 어떻게 수정되어야 하는지 그 수정된 대안적 개념체계를 결론삼아 제안해 볼 것이다.

4-1. 권리의 두 형태

권리-의/책무관계구조를 중심으로 살펴볼 때, 서구 자유주의 권리이론들에 나타나는 권리의 형태는 크게 두 가지 유형으로 구분된다. 그 중 한 형태는 동일한 권리내용에 대하여 권리주체(권리대행 및 권리수임의 경우를 포함하여)가 권리와 더불어 이에 상응하는 의무(혹은 책무)를 동시에 가지게 되는 권리의 형태이다. 다른 한 형태는 이 권리주체가 단지 권리만을 가지게 되는 권리의 형태이다. 전자의 경우에 해당하는 권리형태를 '의무(혹은 책무)내포권리'(이하 '내포권리')라고 부르고, 후자의 경우에 해당하는 권리형태를 '의무(혹은 책무)불내포권리'(이하 '외포권리')라고 부르기로 한다. 그러나 비록 이들 권리이론에 별도로 언급되거나 설명되어 있지는 않지만, 이러한 권리의 형태를 의/책무와 의/책무주체의 관점에서 보면, 위와 동일한 논리에서 의무 및 책무를 '권리포함 의/책무'(이하 '내포의/책무')와 '권리불포함 의/책무'(이하 '외포의/책무')의 두 형태로 나누어 볼 수 있다. 이 두 형태의 의/책무는 각각 내포권리 및 외포권리 형태에 대응한다고 할 수 있는 것이다. 따라서 본 논의에서는 이를 추가하여 고려할 것이다.

이제 이상 구분한 두 가지 권리형태의 실례를 몇몇 대표적 권리이론을 통해 살펴본다. 우선 게워스(A. Gewirth)의 한 논의에 나타나는 "인권"[1]은 내포권리의 대표적 예에 해당한다. 그는 모든 인간은 그가 인간인 한 인권의 주체이면서 이 인권에 상응하는 의무의 주체임을 전제하면서 다음과 같이 말한다.

> 모든 개인은 다른 모든 인간에 대하여 자유와 유복함에 대한 권리(인권)를 가진다. 그러나 다른 모든 인간 역시 이 개인에 대하여 이와 똑같은 권리를 가지기 때문에 이 개인은 이들에 대하여 그에 상응하는 의무를 가진다 …. 모든 개인은 다른 모든 인간의 위와 같은 권리를 존중해야 하고, 동시에 이들로부터 이와 같은 그의 권리를 존중받아야 한다 ….[2]

그리고 위의 인권과 같은 내포권리의 예로 '일할 권리'(1996 : 231), '먹을 권리', '교육받을 권리', '투표할 권리', '자존심을 가질 권리', '자신의 존엄을 유지할 권리'(1996 : 234; 36, 79도 참고) 그리고 '정의로운 전쟁에 참여할 권리'(1996 : 93) 등을 든다.

반면에 게워스는 외포권리로서 약속관계로부터 비롯되는 권리를 대

1. 여기서 왜 갑자기 '인권'인가 하고 생각할지 모르지만, 인권은 범인류를 그 주체로 하는 인간의 보편적 권리라고 하는 점에서, 그리고 이 개념은 근간 이어져 온 권리개념이 18C 말경 그 대상을 인류로 확대하면서 개명된 개념이라는 점에서 의당 권리이론의 대상으로 보아야 한다. 이와 관련해서는 이봉철, 『현대인권사상』(서울 : 아카넷, 2003), 5장 1절 참고.

2. A. Gewirth, *The Community of Rights*(Chicago : The University of Chicago Press, 1996), p. 6. 이하 관련 논의 중 괄호 안의 숫자는 이 책에서의 출처를 가리킴.

표적 예로 든다. "당신이 내게 10달러를 주겠다는 약속으로부터 내게 당신에게서 10달러를 받을 권리가 생긴다면, 당신이나 그 누구에 대하여도 이 10달러를 받을 권리에 상응하는 그 어떠한 의무도 따르지 않는다"(1996 : 233). 그에 의하면 이러한 외포권리에는 "상이성 관계(diversity relations)", 즉 권리-의/책무관계에 서는 두 주체 사이에 권리와 의무가 상이하게 부여될 때, 이 부여된 권리의 모든 경우가 이에 속한다(1996 : 233; 참고 234, 37-38, 69-70). 그는 이와 관련하여 "기실 어떤 권리주체가 X에 대해서 가지는 권리로부터 그에 상응하는 의무가 따르지 않는 것이 보다 보편적이다"(1996 : 353)라고 밝힌다. 이로 미루어 게워스가 들고 있는 인권으로 대표되는 내포권리 형태의 예는 대체로 특수한 경우에 해당한다고 볼 수 있고, 약속을 대표로 하는 외포권리 형태 속에 대부분의 권리가 속한다고 볼 수 있을 것이다.

파인버그(J. Feinberg)의 논의 속에서도 두 가지 형태의 권리가 언급되는데, 내포권리의 예로는 '교육받을 권리', '학생들의 면역받을 권리'를 들 수 있다. 그는 이 두 가지 권리를 "강제적 권리(mandatory rights)"—권리주체가 그 대상자에 대하여 권리뿐만 아니라 이에 상응하는 의무 또한 가지게 되는 권리—라고 부른다.[3] 그리고 외포권리의 예로는 "개인적 특별권(in personam rights)" 혹은 "요구권(claim-rights)"의 영역에 속하는 채권-채무관계의 '빚 받을 권리', 약속관계의 '약속받은 내용에 대한 권리', 상해(傷害)-보상관계의 '보상받을 권리' 등을 찾아볼 수 있다.[4]

›››

3. J. Feinberg, "A Postscript to the Nature and Value of Right(1980b〈1977〉)", in J. Feinberg ed., *Rights, Justice, and the Bounds of Liberty : Essays in Social Philosophy* (Princeton, N.J. : Princeton University Press, 1980), p. 157.

라이온즈(D. Lyons)의 논의 속에서는 내포권리의 예로는 '투표할 권리'를 들 수 있는데, 그의 다음과 같은 언급으로 미루어 더 많은 예가 있을 수 있음을 알 수 있다.

> 사람들은 무엇인가를 수행할 의무가 있음에도 불구하고 이 의무를 그저 무엇인가를 수행할 권리를 가진다고 종종 말하는 경우가 있다. 그렇게 하는 데는 여러 가지 이유가 있겠지만 이것은 잘못된 표현일지도 모른다 … (그럼에도) … 사람들은 어떤 것을 수행할 권리가 있다는 (그들의) 주장을 종종 (그들에게) 그것을 수행할 적극적 책무가 있음을 보임으로써 정당화할 수 있다.[5)]

즉, 라이온즈는 '투표할 권리' 외에 사람들의 언행 속에서 내포의무 및 내포권리의 더 많은 예를 확인할 수 있다는 여지를 남겨놓고 있는 것이다. 반면에 그의 논의 속에 드러나는 외포권리의 예로는 "(권리-책무) 대응구조의 가장 분명한 경우" 혹은 "(권리-의무의) 긴밀한 대응관계(tight correlations)"의 경우로 들고 있는 "빚 받을 권리"(1970 : 45-6)를 위시하여 "약속이나 서약, 보상을 필요로 하는 상해(傷害), 부모와 자식관계, 학생과 교사와의 관계 등의 결과"로 발생되는 권리들이 언급된다(1970 : 46-7).

끝으로 하트(H. L. A. Hart)의 논의 속에 나타나는 두 가지 권리형태의

4. J. Feinberg, "Duties, Rights, and Claims", *American Philosophical Quarterly* 3-2 (Apr. 1966), p. 142 ; pp. 137-142 참고.

5. D. Lyons, "The Correlativity of Rights and Duties", *Noûs*, Vol. 4-1(Feb., 1970), p. 55. 이하 관련 논의 중 괄호 안의 숫자는 이 글에서의 출처를 가리킴.

예들을 살펴본다. 그의 논의 중에서 분명하게 명시된 내포권리형태의 예는 "특별권(rights in perso−nam, or special rights)"[6]—즉, 특정 개인 간의 인적 · 물적 교류관계로부터 비롯되는 권리—의 범주에 속하는 "규제의 상호성(mutuality of restrictions)"으로부터 비롯되는 권리들이다. 그는 이 '규제의 상호성'에 해당하는 경우가 우리 삶의 여러 부문에서 발견됨을 전제한다. 그러면서 다음과 같이 말한다.

> 일군의 사람들이 상호 협업관계에 서게 되면 이들 각자는 그 협업공동체의 규칙이 정하는 바에 복종할 책무를 가지게 되는데 …, 이들 각자는 (그 협업공동체의 다른 모든 구성원들에 대하여 비슷한) 복종을 (요구할) 도덕적 권리를 가진다(1955 : 185).

다만 여기서는 인용문에 나타나 있듯이 의무가 선행하고 권리가 뒤따르는 모습이기에 내포권리라기보다는 내포책무라고 부르는 것이 보다 적절하다 하겠다.

하트의 논의에 나타나는 내포권리형태에 속하는 그밖의 예들은 명시된 예라기보다는 논리적 추정에 따른 것이다. 이를 테면 그에 의해 유일한 "자연권(natural right)"으로 불리고 있는 "평등한 자유권"이 이에 해당한다. 이 자유권은 그가 말하듯 "평등하게 자유로울 수 있는 권리(equal right to be free)는 …. 모든 인간이 그들이 특정사회의 구성원으로

>>> ――――――

6. H. L. A. Hart, "Are There Any Natural Right?", *The Philosophical Review*, Vol. 64−2(1955), p. 183, 참고 pp. 184−187. 이하 관련논의 중 괄호안의 숫자는 이 글에서의 출처를 가리킴.

서나 개인 간에 이루어진 모종의 특별관계에 서 있기 때문이 아니라 그저 인간으로서 가지는 권리"(1955 : 175)이다. 따라서 모든 인간 개개인은 부여된 이 권리와 더불어 자신 이외의 타자들에 대하여 이 권리를 존중해 주어야 할 의무 또한 지게 된다고 추론할 수 있는 것이다.

이러한 추론의 근거는 동시적 의무의 존재를 부정하면 마치 홉스(Hobbes)의 전쟁상태로 특징지어지는 "자연상태"[7]나 다를 것이 없을 것이라는 데 있다. 즉, 홉스의 자연상태에서는 권리의 의미가 상실될 것이기 때문이다. 이러한 추론은 하트가 범주화하고 있는 "일반권(rights in rem, or general rights)"(1955 : 187−188)—즉, 불특정 개인이 불특정 다수에 대하여 가지는 보호적 권리—모두에도 해당된다. 그 추론근거는 그가 이 '일반권'—이를 테면 '자유로운 표현의 권리'—이 위와 같은 논리적 추정이 가능한 '자연권'의 "구체적 예(particular exemplification)"(1955 : 176, 188)에 불과하다고 보는 데에 있다. 또 '특별권'의 범주에 속하는 경우인 "특별한 자연관계(special natural relationship)"(1955 : 187)—이를 테면 "부모와 자식관계"—로부터 비롯되는 권리도 이러한 논리적 추정이 가능한 경우인데, 부모와 자식관계에서 아이가 성인이 될 때까지 부모는 아이에 대한 양육권뿐만 아니라 동시에 양육의무 또한 가진다고 볼 수 있기 때문이다.

이와는 대조적으로 하트가 구분하고 있는 '특별권'의 범주에 같이 속하는 그밖의 모든 권리는 외포권리의 예에 속한다고 볼 수 있다. 그는 그 대표적 예로 약속관계로부터 비롯되는 권리를 들고 있다. "우리

›››

7. T. Hobbes, *Leviathan*, ed. by C. B. Macpherson(N. Y. : Penguin Books, 1968), pp. 183−190.

가 약속에 의하여 무엇인가를 수행하기로 했으면 우리는 자율적으로 (그 약속을 이행할) 책무를 지게 됨과 동시에 약속의 상대방에게 (약속수행의 책무에 상응하는) 권리를 창출 혹은 부여하게 된다; 우리는 (약속관계의 수립으로 인하여) 그 이전에 어떤 것을 자유롭게 선택하여 행할 기존의 도덕적 독립성을 잃고 새로운 도덕적 관계를 형성하게 되는 것이다”(1955 : 184). 여기에서는 약속자의 책무와 피약속자의 권리가 연결되는 모습이기 때문에 약속자의 입장에서 보면 외포책무의 경우에 해당한다 하겠지만 피약속자의 입장에서 보면 외포권리의 예로 보아야 할 것이다.

이 두 유형의 권리들을 종합해 보면 다음과 같다.

1) 내포권리

‘자유와 유복함에 대한 인권’, ‘일할 권리’, ‘먹을 권리’, ‘투표할 권리’, ‘자기 존중에 대한 권리’, ‘존엄성 유지에 대한 권리’, 그리고 ‘정당한 전쟁에 참여할 권리’(이상 게워스); ‘교육받을 권리’와 ‘학생들의 면역받을 권리’를 포함하는 ‘강제적 권리’(이상 파인버그); ‘상호 규제성 책무에 대응하는 권리’, ‘특별한 자연관계로부터 연유되는 권리’, ‘자유평등권’, 그리고 ‘불특정 다수에 대한 일반권’(이상 하트); ‘투표할 권리’, 그밖에 ‘그 정당성 근거를 권리 자체로서가 아닌 의/책무에서 찾을 수 있는 권리’(이상 라이온즈) 등.

2) 외포권리

약속관계에서와 같이 권리 및 의/책무주체가 서로 다른 “상이성 관계”에서 비롯되는 권리(이상 게워스); ‘채무/언질/배상/필요충족 등의 책무' 에 대응하는 특별권 혹은 요구권'(이상 파인버그); '약속/계약/보상이 요구되는 부당한 상해/부자(父子)관계/사제(師弟)관계' 등의 결과에서 비롯되는 권리(이상 라이온즈); '상호 규제성 책무에 대응하는 권리' 및 '특별 자연관계에서 비롯되는 권리' 를 제외한 여타의 특별권' 등.

이상 집약한 서구 자유주의 권리이론에 속하는 몇몇 대표적 논의[8]에 나타나는 두 유형의 권리형태의 사례들에 각 유형별로 내재되어 있는 권리－의/책무관계구조를 3장 2절에서 살펴본 '기본관계구조' 의 형식에 비추어 도표화해 보면 각각,

[도표 1] 내포권리

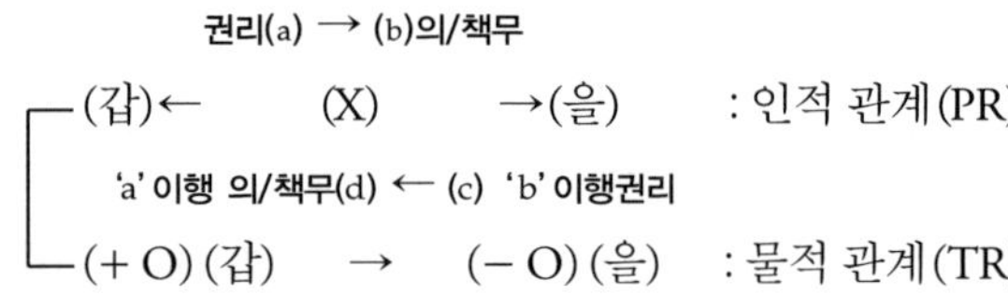

8. 이러한 논의의 예들은 그 발표시점으로 보아 현시점에서 상당히 시간적으로 격해 있다. 그러나 최근의 관련 논의들은 바로 이들 논의의 입장을 수용하고 있기 때문에 시간적 참신성만으로 같은 입장의 예들을 지루하게 전거할 수는 없었다. 이는 지난 2002년 연구년 기간에 관련 자료를 검토하여 선별한 결과이다. 검토 중 드러난 자료의 특징은 '70−80'초 기간까지 관련 이론들이 체계적으로 형성 · 발전되고 그 이후에는 앞서의 이론체계를 바탕으로 '인권'을 중심한 사례검토와 분석이 주류를 이루고 있었다. 관련분야의 우리나라실정은 주지하는 바와 같다. 이상과 관련한 독자들의 조언은 언제나 감사히 수용할 것이다.

[도표 2] 외포권리

권리(a) → (b)의/책무

┌(갑)→→ (X) →→(을) : 인적 관계(PR)

└(+ O) (갑) → (− O) (을) : 물적 관계(TR)

로 표시될 수 있을 것이다.

이 두 도표에 나오는 약호와 화살표는 '기본관계구조'(3장 2절)에서 설명한 것들과 동일한 것들이다.[9] 다만 이 두 도표에 나타나 있는 '물적 관계'는 앞에서 살펴본 사례가 나타나는 바탕 논의에는 뚜렷이 언급된 바는 아니지만, 권리–의/책무관계의 거의 모든 경우가 유 · 무형의 가치교류관계를 동반한다는 사실에 근거한 것임을 밝혀둔다.

이 중 [도표 1]은 내포권리와 내포의/책무의 상호 관계를 나타낸 것으로, 권리주체와 대상자 사이는 두 가지 관계가 동시에 성립함을 볼 수 있다. 그 한 관계는 권리주체의 권리와 이에 상응하는 대상자의 의무(혹은 책무)를 연결하는 '권리–의/책무관계'이다. 그리고 다른 한 관계는 권리주체의 의무(혹은 책무)와 이에 상응하는 대상자의 권리를 연결하는 '의/책무–권리관계'이다. 이를 '쌍방향 권리–의/책무복선관

---

9. 인적 관계에서 화살표('→' 혹은 '←')는 (갑)–(을)관계의 '권리→의/책무'의 대응방향을 가리키고, (a)와 (b) 는 각각 (갑)의 권리와 이에 대한 (을)의 의무, (c)와 (d)는 각각 (을)의 '의/책무이행권리'와 (갑)의 이에 대한 대응의무로서의 '권리이행의무'라고 볼 수 있다. 물적 관계에서 화살표('→')는 가치이동방향으로 (+O)는 가치교류 관계에서 앞으로 복구되어야 할 대변상의 가치를 (−O)는 (+O)에 대응하여 앞으로 환원되어야 할 차변상의 가치를 말해준다.

계'(이하 복선균형관계)라 부르기로 하고, 더불어 이 관계구조의 모습을 따라 '쌍방향 권리–의/책무복선관계구조'(이하 복선균형구조)라고 부르기로 한다. 그러나 반면에 [도표 2]는 외포권리와 외포의/책무의 상호관계를 나타낸 것으로, 권리주체와 대상자 사이에는 권리주체의 권리와 이에 상응하는 대상자의 의무가 연결되는 단일의 관계만이 형성됨을 보여준다. 이 관계는 [도표 1]의 경우와 구별하여 '일방단선 권리–의/책무관계'(이하 단선편향관계)라 부르고, 더불어 이를 그 구조적 모습을 따라 '일방향 권리–의/책무단선구조'(이하 '단선편향구조')라고 부르기로 한다.

4–2. 두 형태의 권리주체관계

이상의 관계 및 구조에 대한 선별을 바탕으로 본절에서는 이 두 형태의 권리가 가지는 구조상의 특징을 기본관계구조에 비추어 간략히 대조하고 각각의 함의에 대해 살펴본다. 우선, 앞서 살펴본 '기본관계구조'에서와 같이 복선관계와 복선구조를 가지는 내포권리 및 내포의/책무의 1차적 특성은 '균형성'에 있다. 이 특성은 앞절에서 보인 바처럼 관련 당사자들이 권리 및 의/책무의 동시적 주체이자 대상이 됨으로써 존재하게 되는 것이다. 이 특성은 당사자들이 그들의 권리–의/책무관계에서 대등한 도덕적 지위를 가진다는 평등관이 전제되어 있음을 말해준다. '지위평등'이 자유평등과 존엄성 평등을 의미함은 두 말할 나위가 없다. 이때 당사자들은 이 평등한 지위 속에서 그들의 권리 및 의/책무관계가 규정하는 서로 다른 '역할'을 하게 되는 것이다. 이는 다원적 민주사회에서 평등하게 자유로운 구성원들이 서로 다른 역할을 하게 되는 것과 다름이 없다. 대통령 역할이라는 직책상의 위계가 같은 인간 혹은 같은 시민으로서의 '평등한 지위'를 부정할 수 없듯이! 결국 '균형성'은 자유주의적 인간 사회관계에 필수적인 평등한 지위와 그 속에서의 다양한 역할의 상이성을 결합한 표현이 되는 것이다.

그리고 이 '균형성'은 당사자들의 권리-의/책무관계에서 비롯되는 상호 협조관계를 대등하게 함으로써 그 관계가 불평등한 의존관계로 전락하는 것을 억제한다. 그리고 그 관계에서 결과되는 자유(이익)와 규제(부담)의 분배에서 보다 큰 공평성을 보장해 준다. 주인과 노예의 관계에도 불평등하나마 상호 협조와 대등한 물적 분배가 가능하다. 그리고 이는 주로 주인의 자선(慈善)에 근거하게 된다. 하지만 만일 주인의 자선에 근거한 물적 시혜가 권리의 대상인 공평한 분배를 대신할 수 없는 것이라면, 균형성이 보장해 주는 대등한 협조관계는 바로 공평한 분배의 필요조건이 된다 할 수 있다. 이러한 고려는 롤즈(J. Rawls)가 그의 두 정의원칙이 자유평등원칙을 우선으로 삼아 두 원칙 사이에 '축차적 질서(lexical order)'를 기하게 하는 데[10]서도 엿볼 수 있다. 기실 평등한 지위에 근거한 균형잡힌 인간관계 없이 물적 배분에서 이루어지는 상호성은 권리-의/책무라는 인간관계로 표현되기보다는 다른 도덕 영역의 관계, 즉 '관용'과 '자선'의 관계로 표현되어야 함이 마땅할 것이다. 물론 인간 존엄성을 최하한선으로 보장하려는 권리-의/책무관계 위에 덧붙여진 '관용'과 '자선'은 많을수록 더더욱 부드러운 사회를 이루겠지만 말이다.

---

10. J. Rawls, *A Theory of Justice* (Mass. ; Harvard Univ. Press, 1971), Ch. II, sec. 11.

반면에 외포권리 혹은 외포의/책무의 경우는 그 관계나 구조가 '기본관계구조'에서와는 달리 권리 혹은 권리주체에게만 유리한 방향으로 '일방적'이고 '불균형'적으로 형성되어 있다는 특성을 가진다. 일방적 특성, 즉 일방성은 권리 및 권리주체와 의/책무 및 의/책무주체 사이의 관계가 전자를 중심으로 하는 내리닫이식 일방통행관계로 구조화되어 있다는 특성에서 비롯된다. 그리고 불균형적 특성, 즉 불균형성은 양자관계를 전자를 중심으로 하는 인과적 단선관계로만 이해하고 후자를 중심으로 하는 대응관계가 무시됨으로써 비롯된다. 이렇듯 외포권리[(자者)]－외포의/책무[(자者)]관계가 가지는 일방성과 불균형성은 게워스의 표현대로 '상이성 관계'의 문맥 속에서는 언제나 양측 간의 관계를 전자에 편중된 불평등구조 속에 놓이게 할 수밖에 없다. 즉, 전자는 언제나 상위에 서서 관계상 후자의 행동내용을 결정하고 지시하는 일종의 독립변수－종속변수관계와 같은 불평등한 지위를 구조화하고 있는 것이다.

기실 이러한 외포권리(자)－외포의/책무(자)관계의 구조적 불평등은 외포권리 및 외포의/책무를 권리 및 의/책무의 일반적인 형태로 간주하고 있는 상기 서구 자유주의 권리이론가들의 언급 속에서 쉽게 찾아볼 수 있다. 이를 테면 게워스는 권리주체와 그 대상자 사이에 수립되는 관계의 중요성을 강조하면서 "이 관계에서 전자(권리주체)는 후자(그 대상자)의 의무강요 여부를 선택할 수 있는 위치에 있다"고 하고[11], 파인버그는 "만약 Nip이 Tuck에 대하여 요구권이 있으면 …(이 둘 사이의 관계에서) …. Tuck은 구속되고 Nip은 자유롭다. Nip은 요구할 권리를 가

11. A. Gewirth, *Human Rights* (Chicago ; The Univ. of Chicago Press, 1982), p. 13.

질 뿐만 아니라, 이 권리를 행사할지 여부와 이 권리에 대한 요구 여부, 그리고 이 권리 침해시 제소 여부 및 Tuck을 그의 의무로부터 자유롭게 할지 여부 …를 선택할 수 있다"고 하며[12], 라이온즈 역시 "요구권(claim-rights)을 가지는 사람은 이 권리의 대상자에게 자신의 권리요구를 강요할지 혹은 취하할지에 대한 권한을 가진다"[13]고 말한다.

이러한 단편적 언급을 포괄하여 권리편중의 불평등관계에 대한 일반적 인식토대를 잘 보여주는 언급은 이른바 권리에 대한 "의지이론(will theory of rights)" 혹은 "선택이론(choice theory of rights)"[14]의 태두로 볼 수 있는 하트의 논의 속에서 찾아볼 수 있다. 그는 권리주체와 그 대상자 사이 관계에 대하여 "정확한 모습은 두 사람이 함께 (관계의) 끈에 묶여 있는 것이 아니고 한 사람(대상자)은 선한 끝에 묶여 있지만 선의 다른 한 끝은 다른 한 사람(권리주체)의 손에 쥐어져 있어 그의 선택에 따라 사용할 수 있도록 되어 있다"[15]고 말한다. 그리고 이 언급에 드러난

---

12. J. Feinberg, "The Nature and Value of rights"(1980a〈1970〉), in J. Feinberg ed. *Rights, Justice, and the Bounds of Liberty : Essays in Social Philosophy*(Princeton, N. J. : Princeton University Press, 1980), p. 149.

13. D. Lyons, "Rights, Claimants, and Beneficiaries", in D. Lyons ed. *Rights*(Belmont, CA : Wadsworth Pub. Co. Inc., 1979), p. 60 ; D. Lyons, 앞의 글(1970), p. 45 참고.

14. 이와 관련해서는 Peter Jones, *Rights*(New York : St. Martins Press, 1994), pp. 26-32 참고. 물론 이러한 편향구조는 단지 권리에 대한 '선택이론' 혹은 '의지이론'에 국한되지는 않는다. 이는 이른바 권리에 대한 '선택이론'과 양대 산맥을 이루는 "수혜이론(benefit theory)" (P. Jones, 1994 : 32-36)에도 흔하다. 이를 테면 위에서 살펴본 D. Lyons의 논의를 그 대표적 예로 들 수 있다. '수혜이론'에 대해서는 같은 책, pp. 32-36 ; 그리고 이 두 이론에 속하는 그 밖의 예들에 대해서는 같은 책, pp. 26-36 참고.

15. H. L. A. Hart, 앞의 글(1955), p. 181 ; H. L. A. Hart, *Essays on Bentham*(Oxford :

그의 입장은 그가 "피약속자는 어떤 특정의 사물과 관련하여 일시적이나마 상대방(약속자)의 의지를 지배할 수 있는 권위 혹은 주권을 가진다 …"(1955 : 184)고 말할 때 그 구체화된 모습을 드러낸다. 즉, 그의 언급 속에는 권리주체는 그 대상자에 대하여 '지배적' 지위에 있다는 모습이 드러나 있다. 이렇듯 권리주체와 대상자 사이에 일종의 지배-복종의 관계가 설정된다고 보는 그의 입장은 "승낙과 권위화(권위부여)"의 경우에는 승낙자 혹은 권위화자가 피승낙자와 피권위화자에 대한 "권리포기(surrender of rights)"에까지 미친다(1955 : 184). 그런데 이러한 하트의 입장(관계의 선 양 끝에 묶여 있는 두 주체 간의 관계를 불평등하게 보는 입장)으로 대변되는 서구 자유주의 권리이론들의 권리(자)-의/책무(자)관계에 대한 권리(자) 편향적 불평등인식은 하트의 다음과 같은 언급에서도 보이는 바처럼 서구 전통의 관념사적 통념을 반영하고 있는 듯하다.

> (이러한) 관계의 구체적 모습은(두 주체 간) 법(혹은 권리)관계(vinculum juris : obligare)에 대한 지성사적 발전의 결과이다(1955 : 181).

여기서 그 관념사의 구체적 흐름을 일일이 헤아릴 겨를은 없다. 그러나 이 책의 논의범주 내에서 추적해 볼 수 있는 그 발단은 13세기로 거슬러 올라가 이때부터 그 기운이 일기 시작해서 16세기 잦은 전쟁과 더불어 우후죽순격으로 난립하는 '절대왕권국가'의 출현(2장 2절 참고)에

>>>

Clarendon Press, 1982), p. 184 참고. 이하 관련논의 중 괄호 안의 숫자는 하트의 글(1955)에서의 출처를 가리킴.

서 찾아볼 수 있을 듯하다. 앞서 살펴보았듯이 이때 절대왕정은 군주의 법률제정권 전횡에 근거하여 봉건적 헌정주의와 자유도시국가를 파괴하면서 그 기반을 닦아가는데, 이러한 파괴 속에는 그간의 권리–의/책무관념 사이의 균형 속에서 지속되어 오던 자연법적 질서관념에 대한 파괴가 들어 있었다. 이러한 자연법 질서관념의 파괴는 결과적으로 두 가지 사건을 초래한다. 그 하나는 파괴된 자연법질서를 회복하려는 서구 각지에서의 시민운동의 폭발이요, 다른 하나는 이렇듯 파괴된 질서를 회복하려는 움직임 속에서 반절대왕권국가에 대한 향후 방어기제의 작동이다. 바로 이 방어기제의 작동이 세바인(G. Sabine)이 말하는 '자연법의 근대화'[16] 속에서 이론적 확립을 보는 '자연권'의 출현이다.

그런데 이 자연권은 절대왕권국가에 대항하여 서구 인민들의 자연법 질서관념을 확립하려던 정황을 반영하여 저항적 자연권의 색깔을 띠게 되고, 이는 향후 질서에 대한 의/책무에 비해 권리를 전면에 내세우는 권리편중 현상으로 나타나는 듯하다. 따라서 세바인이 전통적 자연법의 근대화를 말할 때 그 속에는 서로 다른 두 측면에서 이해되는 자연법질서가 함의되어 있다고 본다. 그 하나는 절대왕정국가의 횡포에 맞설 수 있는 편중된 권리를 보장해 주는 자연법질서의 모습이다. 그리고 다른 하나는 권리 · 의무 양 측면에서 균형잡힌 자연스런 삶의 질서를 안내해 온 자연법질서가 결과적으로 이러한 권리편중에 의한 사회질서 왜곡의 폐단을 정당화하는 명분으로 악용됨으로써 왜곡되고

16. George H. Sabine, *A History of Political Theory*, 4th ed., revised by Thomas Landon Thorson(Hinsdale, Ill. : Dryden Press, 1973), pp. 386–401 참고. 그리고 이 책 2장 2절 참고.

오도된 자연법질서의 모습이다.

이러한 굴절은 근대 자연권이론들에 반영되어 있다. 우선 자신 밖의 모든 대상(타자포함)에 대해서 완벽한 자유를 내용으로 하는 홉스(T. Hobbes)의 자연권은 자연법이 보장하는 권리만능주의 입장에 서 있는 만큼 완벽한 권리편중적 불평등을 전제한다고 볼 수 있다.[17] 로크(J. Locke)의 입장은 이와는 대조적으로 자연법의 테두리 내에서, 즉 태생적 의무 내에서의 제약적 자연권에 초점을 두고 있기에 권리편중의 불평등은 자연법 테두리에 의해 제약받게 된다.[18] 그러나 자연법은 개인 이성 속에 내재하는 개별적 이성법[19]으로 규정되기 때문에, 비록 그가 '이성실패'를 경고하고 있음에도[20] 행위로 표출되는 권리가 전면에 서고 그 권리의 정당화 근거인 자연법적 의무는 뒤에 숨는 형국을 띠게 된다. 따라서 자연법 테두리 제약만을 고려할 때 로크의 자연권은 이성을 소유한 각 개인의 판단에 맡겨지기에 결과적으로 홉스의 자연권과 별다를 바가 없게 되는 여지를 가지게 되는 것이다. 루소(J.-J. Rousseau)에서도 홉스의 자연권에 '연민(pity)'이나 '본능적 금기심(natural repugnance)', 그리고 '자기애(self-love)'와 같은 자연적 성정만이 가미된 거의 절대적 자연권으로 나타나는 만큼 로크에서와 같은 결과로 귀착된다고 볼 수 있다.[21] 이러한 자연권정신은 이들이 구상하는 정치사회의 맥

---

17. T. Hobbes, 앞의 책(1968), Ch.XIV(특히 pp. 189-190).

18. J. Locke, *Two Treatises of Civil Government*, ed. by P. Laslett(N. Y. : A Mentor Book, 1963), Bk. II, Ch. II(특히 p. 309).

19. J. Locke, 앞의 책(1967), Ch. XIV(특히 pp. 311-312) 참고.

20. J. Locke, 앞의 책((1967) : Ch. IX(특히 pp. 395-397) 참고.

21. J.-J. Rousseau, "Discourse on the Origin and Foundations of Inequality"(The

락 속에서 시민권으로 변모되어 보존되는데,[22] 시민권은 계약으로 형성되는 공권력에 대한 정치적 복종의무에 대응할 뿐이므로 결과적으로 구성원 간 권리-의/책무관계에서 권리의 편중적 우선성은 견지된다.

더구나 이러한 권리편중은 서구 역사에 특유한 '근대국가'[23]적 정치질서 속에서 오늘에 이르고 있다는 점에 주목할 필요가 있다. 이에 대해서는 이 책의 마지막 부분에 다시 언급할 기회가 있겠지만, 본절의 논의와 관련해서 그 주목의 필요성을 약론한다. 오늘날의 국가는 마치 오늘날의 권리가 자연권에 그 근거를 두고 있듯이 위에서 살펴본 절대왕권국가가 그 전신이다. 절대왕권국가가 전쟁을 통해서 그 기틀을 확고히 했듯이 오늘의 근대국가도 전쟁을 통하거나 전쟁을 가정해서 그 조직을 결속해 왔다. 절대왕권국가가 서구 인민들의 자연법적 삶을 파괴한 위에 스스로의 정치현실 속에서 이를 재조직해 왔듯이, 오늘의 근대국가 또한 국민들의 삶을 국가라는 그릇 속에 담아 보호를 명분으로 재조직한다. 국가는 예나 지금이나 사회구성원들의 삶의 조직자요, 그

>>> ———

Second Discourse), in ed. by R. D. Masters and tr. by (R. D. &) J. R. Masters, *The First and Second Discourses of J.-J. Rousseau*(N. Y. : St. Martin's Pr., 1964), The First Part(특히 preface(pp. 91-97), pp, 112, 130).

22. 이 시민권은 Hobbes에서는 '투쟁금지', Locke에서는 '집행권금지', Rousseau에서는 '자연적불평등금지'를 위한 제반 제도적 제약으로 순치된 '자연권'에 다름 아니다. 시민권의 발생과 더불어 종전의 자연권은 모두가 '지고의 공권력(sovereign)'으로 표상된다. 이와 관련해서는 각각 Hobbes, 앞의 책(1968a), Chs. XIV, XVII-XVIII ; Locke, 앞의 책(1963), Bk. II, secs.128-131) ; J.-J. Rousseau, *The Social Contract*, ed. by Lester G. Crocker(N.Y. : Pocket Books, 1974), Bk. I preface, Chs.1, 6-8 ; 앞의 책(Discours, 1964), pp. 176-181 참고.

23. 서구 '근대국가'와 관련한 논의는 이봉철, 『현대인권사상』(서울 : 아카넷, 2003), 제9장 참고.

결과는 예나 지금이나 사회구성원들은 그들의 인간 본연의 모습으로부터 재주물된 '국가적 인간'으로 나타난다. 나는 일찍이 이를 '근대국가현상'이라 지칭한 바 있다.[24] 이는 권리주체로서의 인간이 보편적 인간이 아니라 국가 정치의 필요에 따라 재주물될 수 있는 정치적 인간으로 변모해 왔음을 말해준다. 이는 인간의 자연스런 삶 속에서 스스로 형성해 가는 '사회적 인간'의 모습과는 또 다른 인간이다. 결국 권리편중은 근대국가 정치 속에서 재주물된 '근대정치적 인간' 속에 그대로 안존되어 오늘에 이른다고 생각되는 것이다.

하트가 말하는 '지성사적 발전'에 대한 이상과 같은 권리편중의 역사적 · 정치적 이력과 관련하여 한 가지 덧붙일 것은 바로 이러한 이유에서 향후 논의가 자유주의 인간 사회관계에 그 논점을 맞추어 가기 위한 원점좌표 설정이 필요해진다는 점이다. 본장 이후의 논의에 지속적으로 드러나겠지만, 향후의 권리에 대한 논의에서는 자연스러운 인간 삶의 주체 이미지에 가장 근사한 근대적 인간(혹은 자유주의적 인간)에 부합하는 권리주체에 초점을 맞출 것이다. 그리고 권위에 대한 논의에

24. 이봉철, 앞의 책(2003), p. 291ff. '국가적 인간'의 주조자요 사회구성원들의 '삶'의 조직자로서의 근대국가에 대한 비슷한 견해로는 Guido de Ruggiero, *The History of European Liberalism*, R. G. Collingwood, tr.(Boston : Beacon Press, 1964〈1927〉), Pt.II Ch.II §2 참고. 전기한 필자의 책에서는 이에 대해 상론하지 않았지만 서구 18C의 자유주의 국가로부터 19C 프랑스혁명 직후 변신하는 민주편중국가가, 여기서 말하는 바와 같은 강력한 사회조직자로서 오늘날 근대국가와 비슷한 성격의 국가모습을 갖추기까지는, 19C 프랑스혁명에 대한 반동기운과 더불어 발기하는 독일 '낭만주의'와 이에 근거하는 이른바 '민족주의적 국민총투표국가(Nationalistic Plebiscites State)'의 등장이 그 큰 분수령을 이룬다. 이와 관련한 보다 자세한 논의는 G. Ruggiero, 위의 책(1964〈1927〉), Pt. II Chs. V-VI 참고.

서는 자유주의적 인간 사회관계를 엮어가는 주역의 이미지에 부합하는 정치적 인간에 그 초점을 맞추게 될 것이다. 그런 만큼 향후 논의는 권리와 권위 모두에 대해서 그 주체에 관한 한 자연스러운 인간 삶과 이 삶이 실현되는 자유주의적 인간 사회관계에 그 초점을 두게 될 것이다. 즉, 근대국가현상에 오염되지 않은 인간 삶의 본 모습을 사회적 삶 속에 투영하리라 여겨지는 평범한 인간과 근대국가 정치질서에 왜곡되지 않은 인간 사회질서의 모습을 '사회적 기속질서'[25)]에서 찾을 것이다. 근대적 모나드로서의 개인의 삶, 모나드들 사이의 권리투쟁으로 점철되는 정치적 삶, 그리고 이로부터 비롯되는 권리와 권위개념의 실체화 등은 바로 이 기준에 의해 평가되어야 할 대상일 뿐이다.

결국, 하트가 말하는 '서구 지성사의 발전결과'로서의 권리편중적 사유형식은 서구 자연권이론들이 그 확립기에 겪어야 했던 역사적 격동으로 인해 3장 1절에서 살펴본 대타적 개인관계를 바탕으로 하는 권리의 사회적 근거에 대한 성찰을 소홀히 했던 데서 비롯된 것이 아닌가 생각된다. 본격적 이론형성의 근거를 이러한 자연권이론에 두고 있는 서구 자유주의 권리이론의 전통은 18-19C 서구 사회혁명기에 '천부기본권'으로 표상되면서 헌법에 수용되고 20C 서구 세력의 세계적 전파

25. 이 용어는 권리-의/책무관계에 서는 두 주체가 형성하는 3장 2절에서 살펴본 쌍무적 · 쌍권적 · 자율적 계약질서가 사회구성원들 사이의 사회관계로 확대되면서 사회질서화 함을 가리키기 위한 것으로, 이는 의/책무의 '책임'에서 오는 단순한 '구속질서'뿐 아니라 그 구속의 테두리 내에서 행사되는 권리의 허용, 즉 '권한행사의 질서'까지를 포괄하는 의미로 사용되었다. 원래 기속(羈束)이라는 말은 말(馬)을 말고삐로 맨다는 의미로 말고삐 내의 제약 속에서 말은 나름의 행동의 자유를 누린다. 이 개념의 실질적 활용 예와 보다 자세한 의미는 5-6장 참고.

와 더불어 인류보편의 '인권'으로 이어지고 있다고 보여진다.[26] 물론 자연권이론들과 자유주의 전통에 같은 뿌리를 두고 있는, 그러나 자연권이론과는 그 이론적 특성을 달리하는 공리주의적 입장이 있다. 이 입장은 '자연'에 대신하여 '사회적 관습'을 발생근원으로 삼아 흄(D. Hume)에서 비롯하여 작금의 '수혜이론'[27]으로 집약된다. 그러나 이 입장 역시 삶의 근본 동인인 쾌락의 대상으로서의 권리를 고통의 대상인 의/책

26. 이러한 전통은 서구 정치사상사의 통설로 수용되고 있다. 이를 테면, Leo Strauss, *Natural Right and History* (Chicago : The University of Chicago Press, 1953)와 Q. Skinner, *The Foundations of Modern Political Thought* (Cambridge : Cambridge Universty Press, 1978), Vol. II를 참고하고, 이러한 전통적 통념을 권리-의/책무관계의 인과론적 분석을 통해 입증하려 노력한 논의로는 Gewirth, "Rights and Duties", *Mind*, Vol. 97-387(Jul. 1988), pp. 441-445와 그 선행논의 Hugh Upton, "Rights and Duties-A Reply to Gewirth", *Mind*, Vol. 96-383(Jul. 1987), pp. 381-385 참고. 파인버그는 이러한 전통적 통념을 앞의 글(1980a : 149)에서 권리의 "지시적 요소(directional element)"로 표현한다. 자연권의 '헌법적 기본권'으로의 수용과 '국제인권'으로의 전개와 관련해서는 이봉철, 『현대인권사상』(서울 : 아카넷, 2003), 5장 3절과 6장 4절 참고.

27. 권리는 자연적으로 발생될 수 없고 사회관습의 형성과 더불어 존재할 수 있다는 D. Hume의 논의는 그의 앞의 책(1978), BkIII, Pt.II(esp. sec.II) 참고. 그리고 Hume에 이어지는 공리주의자들의 관련 논의는 James Mill, *An Essay on Government*(Cambridge : Cambridge University Press, 1937) ; J. Bentham, "Principles of the Civil Code", in *The Works of Jeremy Bentham*, ed. by John Bowring, Vol. I, pp. 299-364(N.Y. : Russell & Russell Inc., 1962)〈Edinburgh : W. Tait, 1838〉; J. Bentham, *Fragment on Government*, ed. by W. Harrison(Oxford : Basil Blackwell, 1960) ; James Steintrager, *Bentham*(London : George Allen & Unwin Ltd., 1977) ; Herbert W. Schneider(ed.), *Adam Smith's Moral and Political Philosophy*(N. Y. : Harper and Row, 1948) ; Amartya Sen & Bernard Williams(eds.), *Utilitarianism and Beyond*(Cambridge : Cambridge University Press, 1977) 등을 참고. 그리고 '수혜이론(benefit theory)'에 대해서는 P. Jones, 앞의 책(1994), pp. 32-36 참고.

무에 우선하며 우위에 선다고 보는 데서는 맥을 같이 한다고 볼 수 있다.

4-3. 이론적 오류와 도덕적 함의

이렇게 보면 서구 자유주의 권리이론들의 대종을 점하고 있는 외포권리 혹은 외포의/책무형태의 권리-의/책무관계구조는 권리와 권리주체의 의무와 의무주체에 대한 '일방적'이고도 '편향적'인 지배를 정당화하는 '불평등'을 전제하고 있다고 말할 수 있을 것이다. 이는 내포권리 혹은 내포의/책무관계구조의 '균형성' 및 '상호성'이 전제하고 있는 '평등정신'에 정면으로 배치된다. 필자는 이렇듯 서구 자유주의 권리이론들이 권리-의/책무관계의 불평등성을 전제하여 이해하고 있는 외포권리 및 외포의/책무는 정당한 이론적 성립근거를 가질 수 없다고 본다. 만약 이들 권리 및 의/책무가 서구 자유주의 권리이론들의 '이론적 관행'에서 비롯된 것이라면 그 관행은 수정되어야 할 오류라고 본다. 이러한 이론적 오류에 대해서는 아래에 이어지는 논의를 통하여 살펴보게 될 것이다.

그러나 이러한 오류가 단순히 수정을 요하는 이론상의 문제에 그치는 것이 아니라, 이 잘못된 이론에 의해 은밀히 오도되고 학습된 많은 사람들을 통해 사회의 관행으로 굳어져 사회에 실천적 해악을 끼치고 있다는 데 더 큰 문제의 심각성이 있다고 생각된다. 이 심각성의 현주소는 3장 3절에서 등장하는 '혹자'라는 불특정의 사회구성원이나, 레인볼트(G. W. Rainbolt)가 지적하듯, 이러한 오류를 범하고 있는 대부부분의 서구 자유주의 권리이론가들이 증명하는 바이다. 이러한 오류가 이론적으로나 실천적으로 수정되기까지는 이들 오류 속의 이론들은 결국 3장 3절의 '혹자'가 무심코 실행하고 있는 '해악'을 양산해내는 '확대재생산자' 기능을 지속할 것이다. 더구나 권리-의/책무관계는 정치 · 경제 · 사회 · 문화 전반에 걸친 인간 사회관계를 포괄한다는 점에서, 그리고 오류 속의 외포권리 및 외포의/책무는 서구 자유주의 권리이론에서 보편적인 권리 및 의/책무형태로 이해되고 있다는 점에서 아래에서 제기할 관련 문제들은 그 해결과 수정에서 시급을 요하는 사안이라 생각된다. 이렇듯 이론적 오류가 어떻게 실천적으로 연계되면서 이를 확대재생산해 가는지에 대해서는 4절에서 살펴본다.

우선 외포권리 및 외포의/책무의 구조적 특성에 드러나듯이 권리에 편중된 불평등은 모든 권리담론의 대전제인 '만인자유평등원칙'을 위배하는 이론적 오류에 노출되어 있다는 필자의 주장과 관련해서이다. 모두가 평등하다는 전제로부터 권리-의/책무의 두 주체는 같은 사람임에도 불평등하다는 추론은 불가능하다. 이는 애커먼(B. Ackerman)이 지적하듯 하나의 "잡음"[28]에 불과하며, 한 걸음 더 나아가게 되면 바로 '원칙과 법의 불평등적용'을 의미함에 다름 아니다. 이와 관련하여 혹 두 주체 간의 역할상의 차이를 불평등으로 오해한 것이 아닐지 문맥상의 이해를 넓혀보아도 앞서의 하트의 입장에 다음과 같이 이어지는 그의 언급을 더불어 생각하면 그 오해의 가능성은 일축된다.

28. B. Ackerman, *Social Justice in the Liberal State*(New Haven : Yale University Press, 1980), p. 8.

약속관계를 맺음으로써 … 그 관계의 당사자들은 … 기존의 도덕적 자율 관계를 떠나 새로운 도덕적 관계를 수립한다 … 그래서 약속자가 어떻게 행동할 것인가를 피약속자가 결정하는 것은 도덕적으로 정당하다.[29]

즉, 하트의 이 언급은 간단히 말하여 두 주체 사이에는 (역할상의 차이가 존재하는 것이 아니라) 도덕적 지위상의 불평등이 존재한다는 것이기에 피약속자의 약속자에 대한 지배는 도덕적으로 정당화될 수 있다는 말이다. 이 말은 아무리 약속관계라는 특수 관계를 전제한 것이라고 하더라도 도덕적 지위상의 불평등을 확언한 것으로 '만인평등원칙'이라는 대전제에 정면 배치되는 것이다. 그리고 이는 그가 유일한 "자연권"으로 주장하는 "자유권평등원칙"[30]에도 위배된다. 하트는 비록 이를 "일시적으로(temporarily)"라는 단서를 붙여서 자율적 약속관계에 의한 '도덕적 독립성의 상실', '권리의 포기', '주권적 통제' 등 약속 당사자 사이의 약속 이전의 대등한 관계의 변화와 피(披)약속인 일방에 유리한 불평등관계로 주장한다.[31] 그러나 그 '일시적'이라는 시간성도 몹시 모호할 뿐만 아니라 설사 '한 순간'이라 할지라도 그의 이론적 주장이 임시방편적(ad hoc)인 것이 아닌 한 대전제 배치오류는 피할 수 없는 것이다.

이러한 '불평등성'이라는 외포권리 및 외포의/책무의 구조적 특성은 위와 같은 논리상의 오류 이상의 심각한 도덕적 폐단을 함의한다.

29. H. L. A. Hart, 앞의 글(1955), p. 183, 강조첨가.
30. H. L. A. Hart, 위의 글(1955), p. 175.
31. H. L. A. Hart, 위의 글(1955), p. 184.

모든 권리이론이 대전제로 삼고 있는 '만인자유평등원칙'은 하나의 도덕원칙이다. 즉, 인간 개별자 사이의 자연적 · 사실적 차이점들을 사상(捨象)하여 인간 공통의 보편적 평등을 하나의 도덕가치인 '인간 존엄성'에 걸고 있는 원칙인 것이다(2장 2절과 3장 1절 참고). 이를 기왕의 논의들에서는 "인간적 관점(an human point of views)"[32)]의 평등 혹은 "인간가치"의 평등,[33)] 혹은 서로 다를 수 있는 인간 "입장들"에 대한 "동등한 존중"[34)] 등으로 이해하여 왔다. 이러한 이해는 공통적으로 근대적 인간관과 도덕관을 집약해 놓은 "자율적"이며 "자체 목적"적인 칸트(I. Kant)의 인간관[35)]에 그 이론적 맥을 대고 있다. 그리고 이 모두가 근거하고 있는 공통분모는 인간은 보편적인 자율적 존재이며, 이런 점에서 평등하다는 자율성 평등관이다. 따라서 이 대전제에 위배된다는 것은 모든 권리이론을 포함한 (적어도 근대적) 인문학이 그 정당성을 보장받고 있는 도덕기반을 떠난다는 의미에 다름 아니다.

어떤 학문적 이론이 스스로가 딛고 서 있는 도덕적 근저를 떠난다는 것은 그 자체가 심각한 도덕적 폐단을 실행하고 있음을 의미한다. 이 도덕적 폐단은 학문적 이론의 실천성, 즉 그 이론이 학습되고 학습된 사람들의 행동준칙이 된다는 이론의 실천적 역할이라는 면에서 보면,

32. B. Williams, "The Idea of Equality", in *Philosophy, Politics and Society*, 2nd Ser. Peter Laslett et. als, eds.(N.Y. ; Barnes and Noble, Inc., 1962), pp. 110–118, 120–131.

33. G. Vlastos, "Justice and Equality",in Richard Brandt, ed., *Social Justice*(N.J.; Prentice Hall, 1962), pp.43–53.

34. J. Feinberg, *Social Philosophy*(N. J. ; Prentice Hall Inc., 1973), p. 93.

35. I. Kant, *Foundations of Metaphysics of Morals*. L. W. Beck, tr.(Indianapolis ; Bobbs–Merill Educational Publishing, 1959), pp. 22–64.

이는 단순한 폐단을 넘어 적극적인 해악이 된다는 앞서 언급에 유념할 필요가 있는 것이다. 하물며 그 이론들이 사계(斯界)를 선도하는 선구적 이론들임에야 그 해악의 심대성은 그 크기를 헤량키 어려울 것이다. 더구나 앞서 살펴본 대로 이 주장에 설정된 불평등은 극단화하면 주인-노예관계도 정당화시킬 수 있는데, 이는 서구 자유주의 전통의 태두격인 로크나 루소의 '사람인 이상 노예는 불가하다'는 명제[36]에도 반한다는 점에서 서구 자유주의 전통에서도 벗어나 있음에 주목해야 한다. 그리고 이는 바로 서구 자유주의 권리이론들이 스토아적 자연법 교리 이래 르네상스를 경유하여 자유주의 전통의 핵심을 구성하고 있는 '인본주의' 정신을 무색케 하는 인간존엄성소외(인간소외의 초기화)를 조장하고 있음에 다름 아닌 것이다. 결국 이 모두는 관련 이론들의 논리적 오류나 도덕적 폐단을 넘는 학문의 실천적 해악을 말해준다 하겠다. 이제 이어지는 4절에서 그 해악의 실상과 그 파급범위에 대해서 살펴본다.

4-4. 권리론적 인간관계와 '물적 환원주의'

이상 서구 자유주의 권리이론들이 권리 및 의/책무의 보편적 형태로 이해하고 있는 외포권리 및 외포의/책무의 이론적 오류에 대해서 살펴보았다. 이제는 이 오류 속의 이론들이 야기하고 있는 실천적 해악을

---

36. 각각 J. Locke, 앞의 책(1963), Bk. II-secs. 23-24) ; J.-J. Rousseau, 앞의 책(Cont.,1974), Bk. I, Ch. 4(특히 p. 58).

필자가 주장한 '이 이론들이 실천적 해악의 확대재생산자' 라는 언급과 관련하여 살펴볼 차례이다. 위의 이론적 오류를 논하는 자리에서 밝혔듯이, 외포권리 및 외포의/책무의 이론적 오류는 권리–의/책무관계의 도덕적 근거를 훼절(毁折)하는 결과를 초래한다. 그런데 이러한 권리–의/책무관계의 비도덕화의 근거를 보다 자세히 살펴보면 여기에는 인적 관계를 물화(物化)시키는 교묘한 논리가 숨어 있다. 이는 기본관계구조에 대해 논의할 때 정위를 위한 숨은 그림 찾기에 비견할 만한 또 하나의 숨은 그림 찾기이다.

위의 [도표 2]에서 보듯이 (갑)–(을)의 관계는 물적 관계 방향('+O' → '–O')을 따라 나타나고 있음을 알 수 있다. 더구나 현실에서는 인적 관계와 물적 관계가 같은 방향의 '지시선'[37]을 따라 혼합되어 단선관계로 표현되어 물적 관계가 인적 관계를 호도(糊塗)하는 모습으로 나타난다. 이는 기본관계구조에 대한 앞서 논의(3장 3절)에서 '혹자'의 첫 질문을 떠올린다. 이렇듯 호도된 모습은 그 발생의 근원으로 볼 때, i) 물적 관계가 인적 관계를 지배하여 (갑)과 (을)을 대행자로 전위시킨 경우이거나, 아니면 ii) (갑)과 (을)이 스스로 물적 관계의 논리 관철을 자임한 경우이거나, 아니면 iii) 앞서(3장 3절) 호펠드(W.N. Hohfeld)가 지적한 대로 오도된 이론적 관행 속에서 인적 관계의 방향이 물적 관계의 방향과 일치하는 부분만 현시되고 나머지 부분은 잠복되어 상실된 경우—이러한 세 가지 경우 가운데 어느 한 결과로서 나타나는 현상일

37. '지시선'이라는 용어는 앞서 살펴보았듯이 서구 자유주의 전통에 함의된 권리에 편중된 우월적 지위를 표현하기 위해 사용한 것으로 각주에 설명한 Feinberg(1980a)의 '지시적 요소'와 게워스의 글(Jul. 1988)에서 주장되고 있는 '권리우위'를 함의하고 있다.

것이다. 이 중 어떤 경우가 가장 합당한 근원인지에 대한 논의는 그 결과적 현상에 초점을 맞추고 있는 본 논의의 범위를 넘는 것이다[본 논의는 '기본관계구조'에 대한 논의에서 확인했듯이 극히 소수이기는 하지만 이에 대한 반론의 입장이 있음을 감안하여 'iii)'의 경우를 염두에 두고 있다].

그러나 여기서 주목하고자 하는 바는 그 어느 경우이건 간에 3가지 경우 모두가 같은 결과로 귀착된다는 점이다. 즉, 권리-의/책무관계는 복선균형구조 하에 놓여야 될 (갑)-(을) 간의 인적 관계가 물적 관계를 따라 대체 혹은 환원되어 단선편향구조로 나타난다는 점이다. 그래서 결과적으로 (갑)-(을)관계를 지배하는 논리는 '물적 논리'가 되며, 이들은 결과적으로 물적 논리를 관철해 가는 대리인으로 나타난다. 이는 (갑)과 (을) 사이의 인적 관계뿐만 아니라 (갑)과 (을) 자체의 물화를 의미한다. 두 주체 간의 관계와 두 주체 자체의 물화는 권리관계의 도덕성의 근원이자 정당화 기반인 인간 존엄성과 이를 핵심내용으로 하는 '만인자유평등원칙'에 대한 논리적 오류 이상의 인간성 자체의 상실을 의미한다. 돈이나 유·무형가치의 교류나 획득을 위해 살인을 위시한 비인간적 범죄가 횡행하는 것은 인간성의 물성화(物性化)를 통한 인간성 상실의 결과로 보인다. 영합(zero-sum)의 물질운동 논리 속에서 물화된 인간들은 그들 사이의 관계를 비인간적 범죄를 동력원으로 삼아 영합(zero-sum)관계로 만들어가고 있는 것이다. 상생(win-win)적 상호협업이 이루어진다 하지만 이 역시 물질운동 논리에 부합하는 정도만큼 가능하다. 이로써 인간관계에서 비롯되고 이에서만 의미를 갖는 본연의 권리관계는 물적 관계 속으로 흡수되어 버린다. 동시에 물질적 가치에서 비롯되고 그 안에서만 의미를 찾는 비도덕적이고 비인간적인 물적 관계가 인적 관계를 대신해 간다.

한 가지 잠시 첨언하고 지나간다. 물론 이상과 같은 이유 때문에 이러한 물적 교류관계가 비합법적이라고 말하려는 것은 아니다. 오히려 본 논의에서는 유·무형의 물적 가치의 획득과 교류가 정치사회 밖에서나 일어날 수 있는 힘에 의한 약탈로 이루어질 수 있는 가능성은 배제하고 이루어진 것이라는 점에서 합법적이다. 일단 사회를 전제하는 권리 및 의/책무는 그 사회 안에서 이루어지는 획득과 교류가 그 사회 내에 공유된 원칙과 법제도의 범위에서 합법적 방법으로 추구될 것을 강제하기 때문이다. 다만 여기서의 논의는 모든 관련 논의들의 대전제, 즉 만인자유평등원칙과 자율권평등원칙에 근거한 자유주의적 인본주의 원칙을 정당성 기준으로 하여 이에 비추어 본 폐단을 지적할 따름이다. 여기서 합법성과 정당성의 엇박자 가능성이 제기되는데, 이는 루소가 인간 불평등의 기원을 사회 제반 가치의 재산권화와 이로 인한 불평등한 의존을 합법화한 것에서 찾고 있는 데서 잘 나타난다.[38] 그가 홉스나 로크류(類)의 사회계약이론을 불평등을 은폐하기 위한 합법화 과정의 일환으로 매도할 때[39] 합법화가 반드시 정당함을 의미하지 않음을 잘 보여주고 있는 것이다. 인권이라는 합법을 빙자한 외교적 해악도 이

---

38. J.-J. Rousseau, 앞의 글(1964, The Second Discourse), The Second Part(pp. 141-181) 참고. 이러한 생각은 이렇듯 Rousseau(1755)에서 발단하여 G. W. F. Hegel의 『정신현상학』(1807) 속의 〈주인과 노예〉의 논의로 이어지고 급기야 K. Marx(1844)의 정치경제학 체계의 하나의 중요한 철학적 기반을 형성하면서 발전되어 왔다. 볼 곳은 A. V. Miller(tr.), *Hegel's Phenomenology of Spirit* (Oxford : University Press, 1981), pp. 111-119 ; K. Marx, *The Economic & Philosophic Manuscripts of 1844*, D. J. Struik(ed.)(N. Y. : International Publisher. 1964), pp. 106-169(특히 pp. 165-169) 참고.

39. J.-J. Rousseau 앞의 글, pp. 157-162 참고.

러한 엇박자의 또 다른 예가 될 것이다. 합법적이라 하여 모두가 정당하다할 수는 없는 노릇이다. 따라서 자유주의적 인본주의 원칙은 합법적이라 할지라도 다시 이에 비추어 그 정당성이 검증되어야 한다는 정당성 기준이 된다는 점에서 '엇박자'의 문제 역시 해결해 줄 것이다.

이렇듯 물적 가치가 인간 가치를 대체해 가는 기원은 아마도 근대의 초두까지 거슬러 올라가야 될 것 같다. 현금의 권리이론이 태동하는 근대는 유형무형의 재화가치가 우리 삶 전부문의 최상의 가치로 부상하는 기점이 되기도 한다는 점에 대해서는 별로 부정할 사람이 없을 것이다. 이를 테면 로크가 그의 조건원칙(proviso)을 재산권과 연결시켜 강조하는 것이라든지, 루소가 그의 『인간불평등기원론』에서 가진 자와 못 가진 자 사이의 불평등한 의존이 바로 정치사회 구성원들의 자유권 불평등의 원인으로 지적하는 등은 결코 우연하다고 보기는 어려울 것이다. 그 밖에도 마르크스(K. Marx)의 유물사관은 바로 재화의 생산양식을 중심으로 인류사를 재구성한 것인 만큼 모든 정치적 · 사회적 · 문화적 정신가치는 결국 재화가치의 하위에 놓인 것으로 파악된다. 맥퍼슨(C. B. Macpherson)이 지적하듯이,[40] 자본주의 사회의 특성인 소유적

40. C. B. Macpherson, *The Political Theory of Possessive Individualism*(Oxford : Oxford University Press, 1962) 참고. 특히 p. 3에는 책 전권에 흐르는 '소유적 개인주의'에 대한 간결한 요약이 나타나는데, 자신과 자신의 능력(capacities)를 소유한 개인은 이로부터 파생하는 모든 것을 소유하는 소유주로 나타난다. '유럽 자유주의'의 역사에 대한 루기에로(Guido de Ruggiero)의 논의 속에도 이러한 소유적 특성을 강조하지 않았을 따름이지, 자유주의적 개인은 대타적 관계 속에서나 그 의미를 드러내게 되는 '관계적 자유'나 '관계적 행동', 그리고 '권리'를 소유하는 것으로 나타난다. 이는 인간 사회관계와 그 속의 '자율', '권위'에 대한 소유적 이해로 이어지는 입구가 된다. 이와 관련

개인주의가 바로 홉스와 로크 이래, 즉 근대 초부터 기원한 것으로 파악하는 것도 이와 같은 권리이론과 재화가치가 시대적 동연(同延)에 서 있음을 보여주는 것이라 하겠다.

또한 오늘날 권리와 의무의 분배기준으로 등장하는 서구 자유주의의 정의이론들 또한 거개가 인적 관계보다는 사회에서 생산되는 유형무형의 재화에 대한 분배를 논의의 중심으로 삼고 있다는 점도 이와 관련하여 시사하는 점이 많다고 본다. 이를 테면 롤즈는 사회적 정의를 논의하는 자리에서 정의의 문제를 사회적 부의 배분적 정의를 어떻게 원칙화할 수 있는지를 중심으로 생각하고, 애커먼은 자유주의적 인권 평등원칙과 자유주의적 인권담론 문화를 재화의 소유에 대한 평등한 권리투쟁의 원칙과 그 형식으로 대체해 버린다. 그리고 노직(R. Nozick)은 자유주의 국가의 주된 기능을 오로지 사회구성원들의 재산권을 보호하는 것으로 간주해 버린다.[41)]

권리-의/책무관계에서 인적 관계가 물적 관계에 의해 호도될 수 있는 논리적 여지와 그 호도된 결과가 이론적 관행으로 굳어지는 모습을

>>>

해서는 Guido de Ruggiero, *The History of European Liberalism*, R. G. Collingwood, tr.(Boston : Beacon Press, 1964〈1927〉), p. 23, Pt. II, Ch.I, §3 참고. 루소도 그의 책(Cont., 1974), Bk. I, Ch.8에서 '자연적 자유'와 '시민적 자유'의 교환에 대해 언급하는데, 이때 루소의 '자유'는 교환 가능한 소유물로 이해된다. 이와 비슷한 이해는 앞의 루기에로 책(1964), p. 61에서도 보인다.

41. 이를 테면 근래에 정치이론 분야의 많은 논란을 불러일으켰던 이들의 대표적 연구물들이 그러하다. John Rawls, 앞의 책(1971) ; Bruce A. Ackerman, 앞의 책(1980) ; Robert Nozick, *Anarchy, State, and Utopia*(N. Y. : Basic Books, Inc., Publishers, 1974). 이들 연구물들이 갖는 문제점에 대한 보다 자세한 논의는 이봉철, 「현대 자유주의적 정치이론과 그 문제점 : John Rawls, Robert Nozick, Bruce Ackerman」, 『한국정치학회보』 21-2(1987), pp. 313-334 참고.

집약적으로 확인할 수 있는 곳은 전통적으로 서구 자유주의 권리이론의 한 축을 형성하고 있는 '대응이론(correlativity theory)'에서이다. 대응이론은 말 그대로 권리와 의/책무가 항상 1 : 1대응관계의 짝을 이룬다는 이론으로 서구 자유주의 권리이론의 통설이 되어 왔다. 그런데 그간에 이 이론에 대한 서로 다른 견해들이 제기되어 설왕설래 중에 있고, 아직도 그 시원한 해결을 못 보고 있는 현안 중의 하나로 되어 있다.[42] 이를 테면 서구 특히 구미의 권리담론 체계의 주춧돌 역할을 한 호펠드의 권리체계론이나 하트의 논의 속에는 완벽한 대응구조를 전제하고 있는 반면,[43] 파인버그나 라이온즈[44]를 비롯한 근자의 많은 관련 이론가들은 그 경우가 한정적임을 주장한다. 이 두 입장의 분기점은 앞서 살펴본 라이온즈에서 뚜렷한데, 후자가 일반권과 특별권을 엄밀히 구분하여 그 관계주체의 불특정성과 특정성을 중심으로 나누어 특정 소수에게 한정되는 특별권에만 대응이론을 적용하는 데서 분별된다. 물론 불특정 다수에 대한 불특정 다수의 권리와 의/책무는 직접적인 대응구성이 불가능하다.

그러나 필자는 앞서도 호펠드의 권리가 복잡한 '법률관계의 복합물'이라는 견해에서 밝혔듯이(3장 3절 참고) 불특정 다수를 주체로 전제한 모든 추상적이고 일반적인 권리(즉 일반권)는 언제나 현시적이고도 구체적인 개인행위와 연결되는 '특별권'으로 집약된다는 입장에 선다.

42. 이와 관련해서는 단편적이나마 J. Waldron, "Rights in Conflict", *Ethics* 99-3 (Apr., 1989), pp. 503-519 ; "Introduction" in Theories of Rights, J. Waldron ed.(London : Oxford University Press, 1984), pp. 1-20 참고.

43. 이를 테면 W. N. Hohfeld, 앞의 책(1919) ; H. L. A. Hart, 앞의 글(1955).

44. J. Feinberg, 앞의 글(1966) ; D. Lyons, 앞의 글(1970).

이러한 입장에서 궁극 모든 권리 및 의/책무는 그 현실적 실현에서 '완전대응구조'를 구성한다고 보는 것이다. 기실 한정적이라고 주장하는 입장은 '일반권'을 제외한 '특별권'이나 '요구권'에만 대응이론이 적용된다고 보는 입장으로 이는 권리 및 의/책무의 체계적 속성을 간과한 후에나 성립가능하다. 이와 관련하여 보다 자세한 논의는 이어지는 5장에서 이루어질 것이기에 이 글의 문제점만을 다음과 같이 간단히 짚어본다. 즉, 대응이론과 관련한 그 다양한 이론들은 거개가 대응이론 적용범위에만 치중할 뿐, 그 어느 하나도 여기서 적시하려는 바와 같은 대응이론에 대한 구조적인 분석 없이 모두가 '단선편향구조'를 전제하고 있다는 점이다.

우선 그간에 발표된 관련 논의 중 전통적 대응이론을 가장 본격적으로 체계화한 라이온즈의 이론(1970)[45]을 간략히 검토한다.

라이온즈가 짝구조이론이 타당하다고 보는 대표적 예들은 앞서 '단선편향구조'를 가지는 외포권리의 예들과 정확히 일치함을 밝힌다. 즉 '빚 받을 권리'(1970 : 45–6)를 위시하여 "약속이나 계약, 보상을 필요로 하는 상해(傷害), 부모와 자식관계, 학생과 교사와의 관계 등의 결과로 발생되는 권리들이(1970 : 46–7) 바로 그 예들이다. 이 예들 중 그가 이론적 설명을 위해 사용하는 예는 '빚 받을 권리'가 발생되는 '채권–채무관계'인데, 설명의 틀은 일반론적이기에 여기서는 그 개념적 틀만을 살핀다. 이 틀에 나타나는 대응구조이론의 이론적 체계는 대략 다음과 같이 집약할 수 있다(1970 : 46–49).[46]

>>> ———

45. D. Lyons, "The Correlativity of Rights and Duties," *Noûs* IV–1(Feb. 1970). 이하 관련논의 중 괄호안의 숫자는 이 글에서의 출처를 가리킴.

1. 권리 · 의무의 필연적 공존 : 권–의/책무 중 어느 한쪽도 다른 쪽 없이는 발생하지 않는다.
2. 의/책무의 근거는 권리의 정당한 자격에 있다.
3. 권리–의/책무 존재의 상호 전제성 : 권리–의/책무의 존재 중 어느 한쪽만 밝혀지면 다른 한쪽의 존재 여부는 이로부터 유추될 수 있다.
4. 권리–의/책무의 구체적 · 결정적 대응성 : 권리–의/책무 중 어느 한쪽의 상술은 다른 한쪽에 대한 상술을 결정한다.
5. 권리–의/책무의 개념적 대응성 : 두 개념은 서로가 개념적 짝을 구성한다.
6. 권리와 의/책무의 내용을 연결해 주는 공식적인 규칙의 존재 : 두 당사자 중 일방, 이를 테면 A가 상대방, 이를 테면 B를 통제할 권리는 B가 A의 통제에 따를 B의 의/책무와 연결되며, 이는 마치 A의 채권이 B의 채무와 연결되는 것과 같다.

이상과 같은 이론적 체계에서 숨은 그림에 대한 논리적 호도의 여지는 특성 '1' 항에서 '5항' 사이에 있다. 그 이유는 특성 '1' 에서 '5' 까지는 권리주체 및 책무주체가, 이를 테면 A와 B로 구체화되지 않은 상태에서 보편적 개념 사이의 관계만 기술하고 있기 때문이다. 즉, 이들 5가지 특성은 권리–의/책무관계가 <권리(자)→의/책무(자)> 로 표현되든 혹은 <의/책무(자)→권리(자)> 로 표현되든 언제나 <권리자→의/

46. David Lyons, 앞의 글(1970), pp. 46–49.

책무자> (여기에서는 파인버그의 '권리 지시선') (본 논의 3절 참고)로밖에 나타나지 않고, 그 속성인 '일방성'과 '편향성'이 은폐되어 확연히 드러나지 않기 때문에 어느 쪽으로든 그 관계 분석이 가능하다는 여지를 가진다. 그리고 이 여지 속에 그 숨은 그림 호도의 논리가 들어 있다. 이 호도의 여지를 없애기 위해서는 언표된 특성들에 잠재된 관계 방향—의/책무(자)→권리(자)—이 각 특성 항목에 첨가되어야 한다. 물론 이 중 '2'항은 앞서 언급한 파인버그의 '권리 지시선'의 방향을 말해주는 것으로 권리우위의 편향성을 시사하지만, 그렇다고 이것만으로는 이 편향성이 일방적 편향성인지를 확정하기는 아직 어렵다. 그 확정은 아래 제6항의 분석에서 이루어질 것이다.

이렇듯 복선균형관계의 인적 관계를 추정할 수 있는 추정의 여지 속에 호도의 논리적 여지가 있게 된다. 그런데 이러한 호도의 베일이 벗겨지면서 그 실상인 일방단선편향구조가 확정적으로 드러나는 곳은 '6'항의 "공식적인 규칙"이다. 이는 [도표 2]로 묘사되는 구조와 동일한 구조를 갖기 때문에 '6'항에서 권리-책무관계구조는 '편향적' 속성뿐만 아니라, 더 나아가 '일방적' 속성마저 가지고 있음을 드러내게 된다. '2'항의 일방성이 확정되는 곳도 바로 이 '6'항이다. 이 '편향적'이고도 '일방적'인 속성이 라이온즈의 외포권리에 대한 이해에도 개재되어 있음은 이미 살펴본 바와 같다. 특성 '6'항에서야 이러한 속성이 잘 드러나는 이유는 권리 및 의/책무의 두 주체 A와 B가 구체화되어 이들 각각에 권리와 책무가 분리되어 부여된 모습을 보이기 때문이다. 다시 말해서 여기서는 특성 '1'에서 '5'까지의 특성이 가지는 추정의 여지가 두 주체의 확정과 더불어 더 이상 이 속성에 대한 개념적 은폐가 불가능하기 때문이다. 그러나 '6'항이 말해주는 중요한 것은 그러한 호도의 여지 속에서 이론적 관행은 일방단선편향구조를 가지는 인적 관계를 권리관계의 준칙으로 수용하고 있다는 점이다.

따라서 이 이론체계가 권리관계의 본의에 합당하도록 수정되어야 할 1–5항까지는 언표 뒤에 숨은 '의/책무(자)→권리(자)' 관계와 관련한 언급이 첨가되어야 한다. 그리고 제'6'항 "공식적 규칙"은 다음과 같이 수정되어야 할 것이다. [6. 권리와 의무의 내용을 연결해 주는 공식적인 규칙의 존재 : 두 당사자 A와 B는 둘 사이의 권리–의/책무관계에서 각각 의/책무내포권리 및 권리내포의/책무를 가지며 상호 대등한 권리와 의/책무주체가 된다. 이는 마치 A의 채권과 B의 채무가 연결되고 동시에 B의 채무에 대한 '의무권리'가 이에 대한 A의 존중의무가 연결되는 것과 같다.] 다만 그 추정의 폭을 살리면서 최소한의 수정으로 만족하려 한다면 적어도 '6' 항만은 위와 같이 변경되어야 할 것이다. 이렇게 변경해 놓고 볼 때, 우리는 앞서 수행한 권리–의/책무관계의 기본구조 도출을 위한 표현형식의 정위작업(3장 3절 참고)을 떠올리지 않을 수 없다.

4–5. 물적 환원주의와 소외

이러한 인적 관계에 대한 물적 관계의 호도 속에 이루어지는 물화과정 전반을 '물적 환원주의'라 부르기로 하고, 물화과정에서 연유하는 이상의 해악을 포함한 연관된 정치적 · 사회적 · 경제적 · 문화적 폐단들을 '물적 환원주의 해악'이라고 부르기로 한다면, 이 둘은 인적 관계의 불평등 문제와 더불어 현시대적 인간 사회생활 전반에 걸친 인간소외 문제의 핵심을 구성한다. 물론 여기서 물적 환원주의 폐단의 직접대상이 되는 것은 권리-의/책무관계에서 권리주체에 대응하는 의/책무주체가 된다. 그럼에도 여기에서 그 대상을 인간 보편으로 확대한 데는 그 나름의 이유가 있다. 우선, 물화과정이 앞서 살폈듯이 근대 이래 인류 보편의 현상이라는 점 때문이다. 그리고 다음으로는 인간 존재의 대타적 사회성 때문이다. 이 두 번째 이유와 관련해서는 간단한 설명을 덧붙인다. 인간 모두가 대타적으로 존재한다는 것은 인간 모두가 모두에 대해서는 언제나 타자로 존재함을 의미한다. 그래서 권리주체에 의한 의/책무주체의 타자적 소외는 이미 그 역도 성립하게 된다. 더구나 이들의 관계가 복선균형구조 속에 놓일 수밖에 없기 때문에 일방의 물적 환원주의에 의한 소외는 타방의 같은 소외로 이어지게 되는 것이다. 그렇다면 권리 및 의/책무를 내용으로 하는 사회관계 속에서 근대 이래의 물화가 가속되고 있는 오늘을 살고 있는 인간 대부분은 이러한 소외문제에 항상 노출되어 있다는 말이 될 것이기 때문이다.

세 번째 이유는 권리나 의/책무 이 모두가 인간 존엄성을 인간 사회 내에서 보호하기 위한 사회제도적 개념인 만큼 그 사회의 정치 · 경제 · 사회 · 문화 전부문에 걸친 규율 및 제도들의 핵심을 구성하게 된다는 데 있다. 그리고 그런 만큼 오도된 권리-의/책무관계에서 비롯되는 물적 환원주의의 해악은 전사회제도의 해악으로 이어질 것이고, 이는 다시 이 제도 속에 살고 있는 전사회구성원들에게 직접적인 해악을 주게 될 것이다. 그리고 이 해악은 결국 전사회구성원들의 소외를 야기할 것이다. 그런데 이러한 전사회구성원들의 소외가 각 사회를 단위로 하여 서구 자유주의 이론이 보편이론으로 수용되고 있는 지구의 곳곳에서 진행된다면, 이는 인류 보편의 물화현상과 더불어 전인류적 소외

현상을 야기함에 다름 아니라고 보여진다. 이는 세계 보편의 인권이 서구의 권리개념에 근거함으로써 후자의 오류가 세계 보편의 오류로 확대될 수 있는 가능성에 대한 우려와도 연결된다.

인간소외 문제에 관해서는 그간 좌 · 우를 막론하고 폭넓게 진행되어 온 자본주의 사회비판 논의들,[47] 비판이론 계열에 속하는 논의들,[48] 그리고 인간소외를 주제로 한 논의들[49]이 지적하고 폭로한 것 이상 여기서 더 덧붙일 것은 없으리라 생각한다. 다만 이하에서는 논의의 균형상 자유주의와 시장주의 전통을 충실히 견지하고 있는 몇몇 논의들을 이들이 지적하고 있는 물적 환원주의의 정치적 · 철학적 · 경제적 · 사회적 해악을 중심으로 살펴보며 본장을 마무리할까 한다.

우선 물적 환원주의가 결과한 현실정치의 문제를 지적하는 논의들이 있다. 이를 테면 매킨타이어(A. MacIntyre)는 근대 이래의 정치를 "다른 수단에 의한 시민전쟁"—즉 재산과 재산권이라는 수단에 의해서 한편에서는 능력에 따른 정당한 "몫"을 내세우고 다른 한편에서는 "필요"를 내세워 치러지는 "있는 자"와 "없는 자" 간의 전쟁—이라고 규

47. 예를 들어 K. Marx & F. Engels, "On the Jewish Question"(pp. 26−52), "Economic and Philosophical Manuscripts of 1844"(pp. 66−125), "Society and Economy in History"(pp. 136−142), "Letters on Historical Materialism"(pp. 760−768), in R. C. Tucker ed., *The Marx−Engels Reader*(N.Y. ; W. W. Norton & Co., 1978) ; C. B. Macpherson, *The Political Theory of Possessive Individualism* (Oxford : Oxford Univ. Pr., 1962).

48. 예를 들어 H. Marcuse, *One−Dimensional Man*(London : Routledge & Kegan Paul, 1964) ; E. Fromm, *To Have or To Be?*(N. Y. : Harper & Row, 1976).

49. 예를 들어 B. Ollman, *Alienation : Marx's Conception of Man in the Capitalist Society*, 2nd ed(London : Cambridge University Press, 1977) ; I. Mészáros, *Theory of Alienation* (London : Merlin Press, 1978).

정한다. 그리고 자유 평등권이 그 실효성을 잃은 가운데 불평등한 재산권을 호도 하는 명분으로나 차용되는 한, 따라서 인간이 재산이라는 물적 논리를 관철해 가는 대리역에 머무는 한 이러한 일종의 전쟁정치는 불가피하다고 주장한다.[50)]

또 바버(B. Barber)는 오늘날의 정치를 일종의 "동물원 정치"라고 규정하면서 이 안에서의 권력에 대한 추구나 자유에 대한 추구 모두가 결국은 소유 논리의 연장선 위에 있음을 지적한다. 그래서 소유의 욕구는 권력을 권위로 폭력을 권리로 단순한 소유를 합당한 권리 하의 정당한 몫으로 바꾸어 가며 정글을 방불케 하는 재산 획득 전쟁을 합법화한다는 것이다. 그 안의 인간들은 고독한 짐승들이고 이들의 물적 욕심을 채워 주는 것, 그것이 오늘날 정치의 모습이라는 것이다.[51)] 이러한 정치세계를 "소유적 개인주의"가 지배하는 세계로 묘사하면서 여기에는 인간과 인간 사이의 관계를 규제할 어떠한 도덕률도 그 실효력을 잃을 수밖에 없음을 지적하는 논의 또한 적지 않다.[52)] 결국 이러한 세계에서는 이기적 개별자들의 재산권 주장만이 있을 따름이지 인적 관계에서 필히 견지되어야 할 재산권에 상응하는 의/책무는 그 근거부터 파괴당한

50. A. MacIntyre, *After Virtue*(Nôtre Dame : University of Nôtre Dame Press, 1981), Ch. 17.

51. B. Barber, *Strong Democracy : Participatory Politics for a New Age*(L. A. : University of California Pr., 1984), pp. 20–25, 67–79.

52. 이를 테면 C. Pateman, *The Problems of Political Obligation*(N. Y. : John Wiley & Sons, 1979), pp. 26–30 ; H. Pitkin, "Obligation and Consent", in Peter Laslett et als. eds., *Philosophy, Politics and Society*, 4th Series(Oxford : Basil Blackwell, 1972), pp. 77–78 ; R. S. Downie, "Three Accounts of Promising", *The Philosophical Quarterly*, 35–140(Jul. 1985), pp. 259–271.

채 실효성을 상실하게 되는 것이다. 이는 오늘날 세계 보편의 논의지평 확보를 호소하고 있는 서구 자유주의적 인권논의가 인권의 '권리' 측면에만 치중해 있고 '인권적 의무'의 측면에는 몹시 인색하다는 사실에 곁들여 있는 정치적 색깔과 결코 무관하지 않아 보인다.

또한 우리의 논의에 보다 가깝게 현금 개인주의적 자유주의 쪽에서 나오는 권리이론들이 "그릇된 전제" 위에 서 있다는 것을 지적하는 철학적 논의들이 있다.[53)] 이들이 공통적으로 주장하는 바에 따르면, 현금의 개인주의적 자유주의 이론들이 자유권과 재산권을 마치 동일한 것인 양 전제하고 있다는 것이다. 그런데 이는 마치 평등과 불평등을 동일한 것으로 전제하는 것과 같다는 것이다. 왜냐하면 자유권은 자율권 평등원칙 하에 인적 관계에서 발생하는 것인 반면, 재산권은 불가불 불평등을 그 운동법칙으로 삼는 물적 관계에 얽혀서 발생하기 때문이라는 것이다. 이는 이미 레인볼트의 논의 속에서도 확인한 바 있다. 그러나 보다 직접적으로는 오늘날 권리이론이 주로는 "경제적 인간"의 "도덕적 인간"대체를 상시적으로 부추기고 있다는 우려 섞인 논의가 있다.[54)] 이 논의는 경제적 인간이 지배하고 또 경제적 인간을 양상하고 있는 순환고리 속에서 시장자본주의가 인간소외, 즉 본연의 인간관계에서 벗어나는 사회관계를 점증적으로 부추기고 있음을 경고한다.

>>> ———

53. 이를 테면 T. Nagel, "Libertarianism Without Foundations", *Yale Law Journal* 85 (1975), pp. 136–49 ; C. C. Ryan, "Yours, Mine, and Ours : Property Right and Individual Liberty", *Ethics* 87–2(1977), pp. 126–41 ; J. H. Reiman, "The Fallacy of Libertarian Capitalism", *Ethics* 92(Oct., 1981), pp. 85–95 ; J. Christman, "Can Ownership be Justified by Natural Right?", *Philosophy & Public Affaris* 15–2(Spr., 1981), pp. 123–56.

54. D. Gauthier, *Morals by Agreement*(Oxford : Clarendon Press, 1986), Ch. IV.

최근에는 에찌오니(A. Etzioni)를 중심으로 하는 일부 "공동체주의"자들이 "공동체윤리강령(The Responsive Communitarian Platform)"[55]을 제정하여 사회운동[56]을 전개하고 있다. 이 운동은 '권리'라는 명분 하에 공동체 존립마저 위태롭게 하고 있는 개인적 · 집단적 물질이기주의의 만연을 공동체의 이름으로 막기 위한 것이다. 물론 이 운동은 미국 사회에 초점을 맞추고 있지만, 그 이면에는 외포권리 및 외포의/책무가 일상화된 미국 사회에서 균형잡힌 권리–의/책무관계 수립을 통한 물적 환원주의의 폐단을 억제하자는 의도[57]가 깔려 있다.

이상 예시한 정치 · 철학 · 경제 · 사회 제 분야에 걸친 논의들이 한결같이 '재산권'에 초점을 맞추어 우리 삶의 도덕성 상실과 물화를 내용으로 하는 인간소외 문제를 고발하고 있음은 결코 우연이 아닐 것이다. 그리고 이는 또한 우리 삶 속에 뿌리깊이 관행화된 외포권리 및 외포의/책무이론을 내장하고 있는 서구 자유주의 권리이론들이 학문적 이론이라는 미명 하에 저질러 온 폐단의 결과에 다름 아니라고 생각한다. 이 이론들은 우리들의 삶 속에서 학습되고 이 삶을 조직해내는 사회 전반의 다양한 제도들에 원용되면서 '물적 환원주의' 해악과 '인간소외' 해악의 확대재생산의 주역으로 기능해 왔다고 볼 수 있는 것이다.

이렇듯 권리–의/책무관계를 왜곡하여 전반적인 사회관계에서 궁극

55. A. Etzioni, *The Spirit of Community : Rights, Responsibilities, and the Communitarian Agenda*(New York : Crown Publishers, Inc., 1993), pp. 253–267.

56. A. Etzioni, 앞의 책(1993), pp. 15–20.

57. A. Etzioni, 앞의 책(1993), pp. 4–10 ; M. A. Glendon, *Rights Talk : The Impoverishment of Political Discourse*(N. Y. : The Free Press, 1991), Ch. 4–5.

적으로 물적 환원주의 해악과 이에서 비롯되는 인간소외 해악을 조장하는 외포권리 및 외포의/책무를 대종으로 삼고 있는 서구 자유주의 권리이론이 어떻게 자유주의 사회의 관행으로 굳어지고 또 어떻게 세계적으로 전파되었는지에 대해서는 본 논의의 범위를 넘는 것이기에 여기서 상론할 수가 없다. 다만 한 가지 역사기록이 보여주는 것은 서구 19C 중후반 '토지'를 중심으로 인간 사회관계와 정치질서를 조직해 오던 산업혁명 이전의 부(富)의 개념이 산업화 및 자유주의의 개인주의 요소의 돌출과 맞물리면서 탈인격화된 개념으로 바뀌게 되는 동시에 한낱 이기적 소유와 치부의 대상이 되었다는 점이다.[58] 그리고 그 이후의 전개는, 하나의 가설차원에서, 근대 서구적 삶의 세계 보편화와 더불어 우리들 삶의 중심가치가 유·무형의 물질적 부(富)로 자리를 옮기고 산업화와 자본주의화로 재강화되면서 인류사회를 조직해 온 과정[여기에는 서세동점(西勢東占)의 제국주의적 세계전파도 포함된다]에서 연유되었다고 볼 수도 있다. 또 인간 스스로가 그러한 중심가치의 획득과 교류에 매몰되어 가는 과정 속에서 더욱 굳어졌다고도 볼 수도 있다. 그리고 이러한 가능성에 덧붙여 관련 이론들이 이러한 현상을 자의적 혹은 타의적으로 용인하고 이에 학문적 합리성 토대를 제공함으로써 더욱 조장된 것이라고도 볼 수 있다. 그리고 이들 가능성 사이의 중층적이고도 복합적인 상승효과에 그 이유를 돌릴 수도 있을 것이다.

이와 관련하여 한 가지 덧붙인다면, 이러한 서구 자유주의 권리이론들에 의해 주도되고 있는 외포적 권리-의/책무관계의 대중화와 이를 통한 인적 권리-의/책무관계에 대한 물적 환원화 경향은 권리개념의

58. G. G. Ruggiero, 앞의 책(1964〈1927〉), Pt.IICh.VI§1 참고.

'소유적 이해'와 깊은 관련이 있다는 점이다. 이는 뒤의 7-8장에서 살펴볼 '권위'에 대한 소유개념적 이해와 동전의 양면을 구성한다. 서구 자유주의 권리이론들이 권리를 하나의 소유물로 여긴다는 것은 본장 2절에서 살펴보았듯이 그 이론계의 태두격인 하트의 '권리포기'라는 언급에 단적으로 드러난다. 권리가 포기될 수 있다는 것은 권리가 하나의 실체로서 그 담지자의 소유물과 같다는 말이 된다. 그러나 개인차원의 모든 기속권한(권리)과 기속책임(의무와 책무)이 관련 개인행위나 그 결과와 대응되는 실체가 아니라, 그 행위나 행위의 결과에 대한 인간 사회관계질서로부터 위임된 '자격(title)'이다. 이를 테면 권리에 관한 '선택이론'이나 '수혜이론'에서와 같이[59] 권리가 '선택'이나 '수혜', 그리고 의/책무가 그 '선택이나 수혜의 결과 짊어지게 되는 짐'으로 등치되는 것이 아니라, 이는 그와 관련하여 인간 사회관계를 질서지우는 원칙과 제도로부터 위임된 자격[60]임을 말해주는 것이다. 무릇 모든 자격이 그렇듯이 이는 자격을 부여하는 상위질서로서의 인간 사회관계질서와 이 질서에 의한 권위화를 전제한다. 그리고 여기에는 앞서 살펴보았듯이 권리주체로서의 인간 자격이 포함되어 있다. 그런 만큼 권리대상이 되는 인간 외의 모든 유형·무형의 재화나 이에 비견하는 가치는 포기

59. 이 두 이론은 서구 자유주의 권리이론의 양대 산맥을 구성하는 것으로 그 특징은 권리 및 의/책무를 소유적 개념으로 이해한다는 점이다. 자세한 예와 종합적인 평가에 대해서는 P. Jones, *Rights*(New York : St. Martins Press, 1994), 26-36 참고.

60. 권리를 '자격'으로 보는 입장은 '선택이론'이나 '수혜이론'에서와 같이 권리를 일종의 '소유물'로 보는 입장에 비해 몹시 희소하다. 그 예로는 P. Jones, 앞의 책(1994), 36-39 ; H. Steiner, "The Structure of a Set of Compossible Rights", *Philisophy*, 74-12(Dec. 1977) 참고.

될 수 있어도 권리 자체는 포기될 수 없는 것이다.

지금까지 우리는 서구 자유주의 권리이론들에 수용되고 있는 권리형태론을 통하여 이들의 권리-의/책무관계와 그 구조에 대한 이해가 논리적으로나 그 실천면에서 얼마나 잘못되어 있는가를 살펴보았다. 그러나 이를 3장의 권리-의/책무관계의 기본구조에 대한 논의와 연결해 보면, 이는 결과적으로 3절에서 살핀 '일반표현형식'의 정위문제가 결국 이렇듯 깊은 이론적 오류와 실천적 해악의 반영이라고 말할 수 있다. 이로 미루어 이상의 검토작업이 성공적이라면 우리가 앞서 도출한 기본관계구조가 그만큼 견실하다는 것을 입증한 것이 될 것이다. 그리고 이러한 '입증'은 서구 자유주의 권리이론에 일반적인 권리형태로 수용되고 있는 외포권리 및 외포의/책무는 그 관계구조가 기본관계구조에 부합하도록 수정되어야 함을 말해준다. 그간 기본관계구조에 비추어 논증되고 비판된 오류의 수정사항을 집약하면 다음과 같다. 1) 단선편향관계구조는 복선균형관계구조로 수정되어야 한다. 2) 외포권리 및 외포의/책무의 주체들 사이의 관계적 특성인 구조의 '편향성'과 '불평등성'은 '균형성'과 '대등한 상호성'으로 수정되어야 한다. 3) 결국 외포권리 및 외포의/책무는 내포권리 및 내포의/책무로 새롭게 이해되어야 한다.

그리고 이러한 권리-의/책무관계 및 구조의 변화를 자유주의 기본정신에 부합하는 주체, 이를 테면 '갑'과 '을', 간의 관계에서 보면 다음과 같다. 1) 이들은 전반적인 권리-의/책무체계 내에서 서로가 대등한 권리와 의/책무의 주체로 남아야 된다. 2) 이들의 권리-의/책무관계는 논리적으로 대등한 상호성원칙에 맞게 수립되어야 한다. 3) 이들의 인적 · 물적 관계에서 비롯되는 자유(이익)와 제약(부담)은 '갑'과 '을'

상호 간의 (역할분담과 기여도에 대한) 합의에 따라 정의롭게 분배되어야 한다. 4) 이들은 자유평등권이 보장된 대등한 주체로서 상황변화와 새로운 정의기준의 고려에 따라 이미 설정된 권리–의/책무관계라 할지라도 이에 대한 수정 · 재합의 · 폐기 등 기존 관계의 변화에 능동적으로 대처할 수 있어야 한다.

이제는 이어지는 5장에서는 이상 살펴본 관련 두 주체 상호 간의 권리–의/책무관계가 이들이 속해 있는 사회 내의 도덕적 · 제도적 제약과 어떤 관련을 맺고 있는지, 특히 3장 말미에서 제기한 관련 두 주체 상호 간의 권리–의/책무관계의 사회적 정당성 조건의 내용은 무엇인지 등과 관련하여 살펴본다.

5장

기본관계질서와 자유주의 사회질서[1)]

제3장에서 권리–의/책무관계의 기본구조의 특성에 대한 논의 말미에 제기한 의문들은 간단히 줄여 권리–의/책무기본관계질서의 사회적 정당성과 관련한 문제로 집약할 수 있다.[2)] 그리고 이 정당성 문제는 그

1. 여기서 '(자유주의) 사회질서'는 이 책의 논지에 부합하게 보다 정확한 의미로 전달되기 위해서는 3장 4절에서 설명한 '기속질서'의 한 형태인 '사회기속질서'로 표기되어야 한다. 이는 우리에게 익숙한 '계약질서', '정치질서'라는 개념의 경우도 마찬가지인데, 이들 개념은 질서의 형태에 초점을 맞춘 의미상의 외포가 강조되어 그 내포적 특성인 질서의 기속적 성격이 간과되기 쉽기 때문이다. 보다 자세한 것은 본장의 논의 속에서 밝혀질 것이다. 그러나 용어상의 지나친 혼란을 줄이기 위해 특별한 경우가 아니면 '계약질서', '정치질서'의 경우에서와 마찬가지로 '사회질서', '사회기속질서' 이 두 용어를 병용할 것이다.
2. 롤즈(J. Rawls)는 최근 저작 『정치적 자유주의(*Political Liberalism*)』(1993)에서 그의 '기본구조'와 관련하여 '정당한 권리'를 칸트(I. Kant)식 사회계약론으로부터 도출될 수 있는 권리와 같은 성격의 권리로 본다. 물론 이는 대체로 사적 영역에서 발생하는 권리의 경우에 해당한다. 이 경우 권리는 롤즈의 가상적 원초상태에서 선택된 정의원칙에 부합하는 정당성을 담지한 채 '공적

관계의 성립조건과 성립된 관계의 유효조건과 관련된다. 이 중 성립조건은 자율성원칙을 기준으로 하는 정당성 문제와 직결된다. 그리고 관계의 유효조건은 권리-의/책무관계 자체에 대해서라기보다는 그 관계가 구성하는 질서와 이 질서의 '기속력'[3]과 관련해서 이 관계질서가 유효한 기속력을 가지기 위한 정당성 문제와 직결된다. 우선 성립조건의 정당성은 일차적으로 개인의 대자적 자율성에 근거한 정의기준에서 출발하여 대타적 관계의 두 주체 사이에 자율권평등원칙에 입각한 합의를 통해 조절된 정의기준에 부합하는 정당성이기 때문에 이에 대해서는 이미 앞장의 기본관계구조에 대한 논의를 통하여 밝혀졌다고 본다. 즉, 권리-의/책무관계 성립조건의 정당성은 이미 1) 그 관계형식에서 유감 없는 자율권 행사를 포섭할 수 있는 계약의 형식으로, 2) 그 기속력 근거에서 그 관계에 서는 주체들의 자율권을 근거로, 3) 그 기속질서의 형태에서 자율적 권위부여를 통한 자기 질서의 형태로, 그리고 4) 그 기속력의 성격에서 자기 질서에 함의된 권위의 성격으로 나타내

»»

영역'으로 확대 된다. 이때 그 정당성은 '기본재화', '정치적 선', '공적 이성' 등을 경유하여 '중첩합의'에서 확인된다. 본장에서의 논의는 롤즈의 방법과는 달리(상호 다른 내용과 그 비교에 대해서는 서론 각주 '5' 참고) 3장에서 도출한 '권리-의/책무기본관계'가 그 자유주의적 정당성을 유지한 채 어떻게 자연스런 삶 속에서 사회관계질서로 확대되어 가는지, 혹은 사회관계질서 속의 정당성을 확보해 가는지를 추적해 볼 것이다. 롤즈 관련 논의에 대해서는 그의 *Political Liberalism*(N. Y. : Columbia University Press, 1993), VII §8, II §6, IV §3, V §4, VI §§2-4 등 참고.

3. 이 용어는 3장 2절에서 살펴본 '기속질서'의 관할하는 힘을 의미하는 것으로 '구속력'이라는 개념과 차별화하기 위해 사용된 것이다. 기속질서가 가지는 '기속력'은 의/책무의 '책임'에서 오는 단순한 '구속력'뿐 아니라 그 구속의 테두리 내에서 행사되는 권리를 보장해주는 힘까지 포괄한다.

보임으로써 만족되었다고 볼 수 있다.

그래서 이제부터는 권리-의/책무관계질서가 가지는 기속력이 유효하기 위한 조건으로서 정당성 문제를 생각하면 된다. 이 문제는 이 관계질서의 내용이 되는 권리와 의/책무가 사회적 근거를 가지는 만큼, 그리고 사회의 범위는 두 주체를 넘어 이 둘을 포함하는 범사회로 확대되는 만큼 둘 사이의 대타적 관계는 사회관계로 확대되면서 이를 규제하는 사회질서와 제도에 부합해야 한다는 조건 속에서 고려되어야 한다. 그런데 이 조건은 우선 그 사회질서와 제도 자체가 과연 정당한가라는 가외의 문제를 대두시킨다. 여기서는 일단 총체단위로서의 일정의 정의로운 사회와 그 질서를 가정한다(이하 '정의사회 가정'). 이러한 가정이 이루어진 후에야 우리의 문제는 본 논의의 범위에 타당한 유효조건이 준거해야 될 정당성 기준을 설정할 수 있고, 이 기준에 부합하는 유효조건 문제를 다룰 수 있게 되기 때문이다.

물론 이때 정당성 기준은 사회의 정의기준에 부합하는 사회적 정당성 기준이고, 그런 만큼 개인이 대자적 자율성에 근거한 정당성 기준이나 두 관계주체 사이에 자율권평등원칙에 입각해 도달한 합의에 함의된 정당성 기준과는 이하에서 살펴볼 바와 같이 그 적용대상의 범위와 포괄성에서 다르다. 그러나 사회적 정의기준 역시 유효권리-의/책무관계 성립조건(3장 참고)에서와 같이 최소한 두 가지 조건을 만족해야 한다. 그 하나는 대자적 정의기준이나 계약적 합의에 근거한 정의기준이 자율권평등원칙에 근거하여 존재하듯이 사회적 정의기준 역시 자율권평등원칙에 근거해야 한다는 것이다. 자율권평등원칙에 근거해야 하는 정의기준은 사회구성원들의 평등한 자율권 행사가 집약되어 이루어낸 사회적 합의의 결과일 수밖에 없다. 이는 사회정의 기준으로부터 비롯되는 권리 및 의/책무 역시 만인자유평등원칙과 그 실행원칙인 자율권평등원칙을 전제하여서만 발생되어야 함을 말해준다. 그래서 여기에는 초인간적 정의기준이나 가부장적 정의기준처럼 자율성과 무관하게 외삽된 정의기준이 끼어들 여지가 없다.

다른 한 조건은 사회의 정의기준은 특정 사회의 특수성을 넘어 자율적 인간이 구성하는 인간 사회의 보편성에 열려 있어야 한다는 것이다. 이는 이른바 '근대적 인간 이미지' (혹은 자유주의적 인간 이미지)에 부합하여 구성되는 사회는 다양한 우연변수에 의한 그 사회 나름의 특수성에도 불구하고 근대적 인간 이미지에 내재하는 인본주의의 보편성(2장 2절 참고)을 벗어날 수 없기 때문이다. 이 두 번째 조건은 첫 번째 조건과 더불어 사회정의 기준이 적어도 그 사회가 자유주의 기본정신의 구성요소인 만인자유평등원칙과 자율권평등원칙을 수용하는 한, 근대적 인간 이미지 속의 인류 보편을 포괄하는 인본주의에 열려 있어야 함을 요구한다. 즉, 그 사회정의 기준이 '열린 인본주의 원칙'[4)]에 부합해야

4. 여기서 말하는 '열린 인본주의원칙'은 서론 첫머리에서 '자유주의기본정신의 기저(基底)'와 관련하여 언급되고, 3장 2절에서 권리 및 의/책무로 표현되는 (자유주의적) 개인 삶의 특수성이 조율되는 '당사자사이의 간주관성(間主觀性)근거'와 관련하여 언급된 '인본주의입장'이, 한 총체단위로서의 자유주의사회를 가정할 때, 그 자유주의사회의 사회기본원칙으로 변모한 것이다. 이러한 변모의 필요는, 한 총체단위로서의 자유주의사회 '사회세계(social world)' 내의 구성원들(개인/단체) 사이의 당사자관계에(혹은 그 사회세계를 단위로 하는 총체사회단위의 당사자관계에) 즉현실적으로 적용되는 인본주의입장이, 그 당사자관계 '속'에 1)(그 적용범위에서) 이들 당사자관계 밖의 제3자(개인/단체/총체사회단위)를 포섭하여 확대적용되어야 할 필연성과, 2)(그 적용효과에서) 당사자관계 및 제3자와의 관계에 일률적으로 공평해야 될 필연성으로부터 발생한다. 이 원칙은 한 총체단위로서의 '자유주의사회'의 태생적 혹은 근본적 제약이라는 의미에서 일종의 '자유주의사회성립조건원칙'으

함을 요구한다. 이러한 요구의 만족은 사회정의 기준이 사회마다의 특수성을 감안한다 하더라도 '열린 인본주의 원칙'의 적용과 실행에 있어서 정도의 차이로 이해되어야지, 종류의 차이로 이해될 수 없음을 의미한다.[5] 결국 사회정의 기준은 두 원칙, 즉 '자율권평등원칙'과 '열린

»»

로 볼 수 있는데, 그 역할은 롤즈가 '정치적 자유주의(political liberalism)'의 한계를 설명하기위해 원용하고 있는 벌린(I. Berlin)의 테제(theme)—"배제(排除) 없는 사회세계는 없다(there is no social world without loss)"— 중의 '배제'의 임계기준(그 중에서도 '자유주의사회에 특유한 배제의 임계기준')과 비슷하다 할 수 있다. 관련된 롤즈의 논의와 그 구체적 내용에 대해서는 그의 앞의 책(1993), Lec. V(특히 pp. 197-199) ; 그리고 그의 "The Priority of Right and Ideas of the Good", Philosophy and Public Affairs, 17-4(Aut. 1988), pp. 251-276 (특히 pp. 265-266) 참고. 더불어, '열린 인본주의원칙'의 서구(序句) '열림'은, 인본주의원칙이 1)위에서 밝혔듯이 한 총체단위로서의 자유주의사회의 개인/단체/총체사회단위 각 단위 내, 혹은 각 단위 상호 간에 이루어지는 당사자관계가 제3자를 포섭한 가운데 고려되어야 한다는 의미와, 2) 3장 2절에서 언급한 정치 · 경제 · 사회 · 문화 제 부문에 걸친 사회적 삶의 확충과 변화에 수응해야한다는 의미, 그리고 3)자유주의사회 사회구성원들의 합의로 형성된 '사회정의원칙'은, 그것이 어떠한 내용과 형태의 것이든 서론 첫머리에서 밝힌 바대로 '자유주의기본정신'의 기저를 이루고 있는 '인간존엄성존중입장' 및 '인본주의입장'으로부터 변모된 '인본주의원칙'에 부합하는 한, '인본주의원칙'의 '파생(사회)실행원칙'으로 수용될 수 있다는 의미를 가진다. 마지막 '3)항의 의미'와 관련해서 한 가지 첨언한다. 본 장의 논의는, 이하에서 볼 바와 같이, '정의사회가정'부합하는 모델사회를 롤즈의 '공평으로서의 정의(justice as fairness)'가 규제하는 정의사회로부터 구하고 있는데, 이는 본장의 논의가, 롤즈 스스로도 용인하듯이, '공평으로서의 정의'를 자유주의사회 정의실행원칙의 '한 형태'로 간주(위 롤즈의 책 : xxix, 176n3 ; 위 롤즈의 글 : 253n2)한 때문이다. 이렇게 간주한 보다 자세한 이유의 일단은 본장 논의 3절 및 4절에서 밝혔다. 그럼에도 불구하고 롤즈의 '공평으로서의 정의'는 그 도출 및 구성과정에서 몇 가지 문제점을 지니는데, 이와 관련해서는 본장 논의 3절을 서론의 각주 '5)'와 더불어 참고하기 바란다.

5. 이와 관련한 유익한 예는 M. Walzer, *Thick and Thin*(Notre Dame : University of

인본주의 원칙'을 만족해야 하며, 그 만족 여부는 '자기모순원칙'(3장 2절 참고)에 의한 검증으로 그 필연성이 확인될 수 있어야 한다.

이상과 같이 성립조건 및 유효조건과 관련한 정당성 문제의 성격을 가름해 볼 때, 권리-의/책무관계질서가 유효 기속력을 가지기 위한 정당성 문제는 그 기속력이 어떻게 '사회의 정의원칙과 정의로운 사회제도'(이하 '사회정의질서')에 연결되어 있는가를 밝히는 문제로 보다 구체화된다.

이하에서는 약속책무를 예로 들어 설명하고 있는 롤즈(J. Rawls)의 '위임책무이론'을 통해서 이 문제의 해결을 모색해 보려 한다.[6] 논의는 우선 롤즈의 위임책무이론이 제기되는 배경에서부터 출발할 것이다. 이어서 위임책무이론이 그의 '정의이론' 속에서 가지는 위상에 대해서 살펴볼 것이다. 세 번째로는 사회정의질서와 연관하여 의무와 책무의

>>>

Notre Dame, 1994)에서 찾아 볼 수 있다(특히 Chs. One & Four 참고). 이 논의 속에 전제된 정의기준은 앞에서 언급한 '인본주의적 입장'으로 볼 수 있고, 본 논지에 초점을 맞추어 생각한다면, 이러한 정의기준은 이를 고려하는 주체로부터의 거리의 장·단에 반비례하여 그 적용이 보다 강하거나 약하거나 하는 정도의 문제일 따름이지 호·오, 애·증의 서로 다른 종류의 감정에 따라 변하거나 유·무의 판이한 종류의 입장이 개재될 문제가 아니라는 것이다.

6. 롤즈의 '위임책무이론'에 대한 논의는 주로 그의 책, *A Theory of Justice*(Cambridge, Mass. : Harvard University Press, 1971), Chs. II, VI에 의존한다. 혹자는 '정의'에 관한 저술에 '권리'나 '의/책무'에 대한 본 논의가 근거하는 것이 주제의 성격에서 좀 잘 맞지 않는다는 느낌을 가질지 모르겠다. 그러나 나는 오히려 가장 적합한 관계에 있다고 본다. 권리와 의/책무야 말로 인간사회의 협조관계에서 고려되어야 할 자유(이익)나 제약(부담)의 분담(분배)문제와 직결되어 있고, 바로 이 분담(분배)의 정당성을 가려주는 것이 정의의 역할이기 때문이다. 이는 롤즈의 위의 책(1971)에서 뿐 아니라 본장 서두의 각주 '1'에서 보듯이 롤즈의 최근 저서(*Political Liberalism*, 1993)에서도 확인된다.

상호 변별과 연관에 대한 롤즈의 설명을 재구성하고, 그 변별 속에 전제된 대응권리를 추론해내어 '권리–의/책무 상호 관계에 대한 롤즈의 모델'(이하 '롤즈 모델')을 모색해 볼 것이다. 모색된 롤즈 모델은 1차적으로 권리 및 의/책무가 서로의 연관 속에서 어떻게 존재하는지 그 존재양태를 밝히는 데에 실마리를 제공해 줄 것이다. 그러나 이 존재양태는 권리 및 의/책무의 상호 관계 속에서 현실화되는 '기속력의 구조와 질서'(혹은 '권리–의/책무관계기속질서')에 의해 구체화되고, 이 권리–의/책무관계기속질서는 다시 사회정의질서(사회정의원칙 및 정의로운 사회제도)에 연결되기 때문에, 이는 2차적으로 '권리 및 의/책무의 사회적 위임구조와 위임질서'(이하 '사회기속질서')를 밝히는 단서가 될 것이다. 네 번째는 바로 위에서 탐색된 권리 및 의/책무의 존재양태와 권리–의/책무 상호 관계의 기속질서를 단서로 하여 후자의 사회정의 기준에 부합하는 사회기속질서의 내용과 구성형식을 밝혀볼 것이다. 여기에는 롤즈 모델에 대한 비판적 보완이 포함될 것이다. 이렇게 해서 밝혀진 권리–의/책무 상호 관계에 대한 정당한 사회기속질서를 포괄적인 설명력을 가지는 하나의 이론적 틀에 담아 '층위위계체계–사회질서 모델'로 제시해 보는 것이 이어지는 논의이다. 끝으로 제시된 모델이 가지는 설명력의 보편성은 본 논의의 주제에 직접 연관성을 가지는 서구의 몇몇 선구적 권리 및 의/책무에 대한 이론, 그리고 간접적이나마 이와 연계되어 있는 논의들—이를 테면 대표적인 전통적 사회계약이론이나 정의이론—을 예로 삼아 검증해 볼 것이다. 검증 말미에서는 본 모델이 가지는 함의에 대해 생각해 볼 것이다.

5-1. 프리차드의 의문과 롤즈의 답

프리차드(H. A. Prichard)는 일찍이(1940) 약속으로 인해 발생되는 책무에 대하여 다음과 같은 의문을 제기했다.

> 우리는 모종의 행위에 대한 약속이나 동의, 혹은 수임(undertaking)을 통하여 그 행위에 대한 책무를 창출하는 듯이 생각한다. … 그러나 … (이러한 겉보기와는 달리) 우리가 무엇을 하겠다는 이른바 약속으로 인해 창출되는 것은 그 진면목에서 … 그 약속된 행위를 수행할 책무가 아니라 다른 무엇인데, 이 (다른 무엇)의 창출로 우리는 그 약속한 바를 수행하게끔 구속되는 것이고 … 이 (다른 무엇)의 창출로 (비로소) 약속한 바에 대한 우리의 책무가 발생되는 것이다. … (그런데) 문제는 그것(다른 무엇)이 무엇인지를 밝히는 것이 문제이다.[7)]

이를 간략히 하면, 약속을 포함한 언질행위(동의, 승낙 등) 자체에서 그 언질행위의 내용을 이행해야 할 책무가 발생되는 것이 아니라 그러한 책무를 야기하는 그 무엇이 창출되고, 책무는 바로 이 창출된 그 무엇에서 비롯되는데, 그 무엇이 무엇인지를 밝히는 것이 문제라는 말이다. 즉, 우리는 항용 약속을 포함한 언질행위를 그에 따를 책무의 근거로 보는 데 반해, 프리차드는 약속을 포함한 언질행위를 단지 그에 따

7. H. A. Prichard, *Moral Obligation*(London : Oxford University Press,1968), pp. 169-170, 179.

를 책무의 근거를 촉발시키는 하나의 매개체 내지는 계기일 뿐 그 근거는 따로 있다고 보는 것이다.[8)]

이러한 문제제기 후에 프리차드가 어딘가 존재하는 약속책무의 근거에 대하여 내린 결론은 다음과 같다.

> 내가 제안하고 싶은 일반적 결론은 … 이것 혹은 저것을 하겠다는 (약속행위에 대한 평상적 의미에서의) 약속은 일견 합의된 것들을 지키기로 하는 [또 다른 하나의 통괄적 선(先) 합의처럼 보이는] 무엇인가가 공유된 개인들 사이에나 존재할 수 있다는 것이다. … 그러나 이 (선 합의와 같이 보이는 그 무엇은) 다른 합의들과는 달리 언어의 사용을 요하지 않는다. … (일상적) 합의들의 존재에 시사되어 있는 그 무엇(즉, 선 합의와 같이 보이는 그 무엇)은 흡사 또 다른 하나의 합의처럼 보이지만 엄밀히 말하여 또 다른 합의로 볼 수는 없다(179).

이 결론은 프리차드는 자신이 제기한 문제의 해답을 찾지 못했음을 말해준다. 그리고 여기에는 그가 찾고자 하는 '그 무엇'의 성격에 대한 윤곽만을 분명히 할 수밖에 없었던 고뇌의 고백이 담겨 있다.

위와 같은 프리차드의 문제에 대한 하나의 답은 롤즈의 책, *A Theory*

---

8. Prichard는 "약속(promise)"을 포함하는 언질행위를 하나의 개념 혹은 개념의 "발성(noise)"으로 이해하는데(Prichard, 1968 : 172ff), 사실 약속을 포함하는 언질행위를 묘사하는 개념들 속에는 '약속은 지켜져야 한다'는 등의 '책무' 개념까지 포함되는 것은 아니라는 점에 유의할 필요가 있다. 이를 테면, '아버지'라는 개념 속에 '가족을 부양해야할 책무'라는 의미가 포함되어 있지는 않듯이.

of Justice(1971) (이하 『정의론』[9]) 에서 찾아볼 수 있다.

> 나는 신뢰원칙에 대한 앞서의 설명이 프리차드가 제기한 문제에 답이 됨을 밝히고 싶다. … 정의로운 약속관행이 공적으로 형성된 규칙의 체계로 존재하고 또 공평성원칙이 존재하면 위임책무(fiduciary obligation)에 대한 이론(적 설명)에 부족함이 없다. 공평성원칙의 원용은 순전히 가상적인 것이다 ; 그래서 프리차드가 (말하는) 그 무엇, 그에게 선(先) 합의처럼 보였으나 실제로는 (선 합의가) 아닌 그 무엇에 해당하는 것은 (다름 아니라) 정의로운 언질행위 관행에 연계된 공평성원칙(principle of fairness)에 대한 가상합의인 것이다(350).

프리차드의 문제에 대한 롤즈의 이러한 답 속에는 1) 프리차드의 문제는 위임책무의 문제라는 점과, 2) 이 위임책무는 기능상으로 언질행위로부터 따르는 책무를 위임해 주는 선 합의에서 비롯되는 상위질서가 전제되나 그러한 선 합의질서는 실재하지 않고 다만 가상합의질서의 존재를 인정할 수밖에 없다는 점, 3) 이 가상합의의 내용은 약속과 같은 언질행위에서 공평성원칙을 준수하자는 무언의 합의라는 점, 4) 따라서 약속과 같은 언질행위에 따르는 책무는 다름 아닌 공평성원칙 준수에 대한 책무로부터 위임된 위임책무라는 점 등이 포괄되어 있다. 그리고 이러한 함의를 가지는 롤즈의 답이 말해주는 것은 '약속', '동의'와 같이 언어적 관습을 활용한 언질행위로 인해 발생되는 듯이 보

9. J. Rawls, 앞의 책(1971), pp. 349–350. 이하 롤즈 관련 논의에 나타나는 괄호 안의 숫자는 이 책에서의 출처를 가리킴.

이는 책무는 그 근거를 가상합의로 도출된 공평성원칙에 두고 있다는 점이다.

이상 프리차드의 언질행위에 따르는 책무에 대한 심도 있는 문제제기와 그에 대한 롤즈의 답 속에는 위에서 우리가 구체화한 문제, '권리 및 의/책무의 기속력이 어떻게 사회의 정의질서와 연계되는가?' 를 탐색하는 데 중용한 단서를 제공한다. 즉, 정의를 '공평성으로서의 정의' (11)로 규정하고 있는 롤즈의 말대로라면 권리와 의/책무의 기속력은 공평성으로 이해되는 사회정의질서로부터 위임된 것으로 간주할 수 있는데, 그렇다면 이 기속력 위임근거로서의 사회정의질서는 과연 무엇이고, 권리와 의/책무는 그 기속력과 함께 이 사회정의질서 속에 어떤 모습으로 존재하며, 또 어떤 위임질서 속에서 어떻게 위임되는지 등 사회정의질서 속의 권리 및 의/책무의 존재양태와 기속질서의 사회적 연계를 탐색하는 데 중요한 단서를 제공하는 것이다. 뿐만 아니라 롤즈의 프리차드의 문제에 대한 답의 도출배경은 정의이론을 모색하는 과정의 일부를 구성하기 때문에 일단 탐색된 권리와 의/책무의 존재양태 및 권리–의/책무관계의 기속질서는 사회질서부합유효조건과 더불어 정의기준에 부합하는 정의기준부합유효조건마저 만족하는 존재양태와 기속질서, 즉 사회질서부합유효조건을 만족하는 그 잠재태들 중에서도 정위된 기본원형을 드러내 보여줄 것이다. 특히 정의기준부합유효조건 만족은 이는 앞서 해결해야 될 문제를 구체화할 때 선결되어야 될 전제로 제시한 '정의사회 가정' 에 합당한 문제해결을 가능케 할 것이다.[10]

5-2. 롤즈의 약속책무와 두 위임근거

롤즈는 모든 책무가 공평성원칙으로부터 비롯된 위임책무임을 설명하는 과정에서 약속책무를 그 대표적 예로 삼는다(112, 113-114). 약속책무의 발생계기가 되는 약속이란, 롤즈에 의하면, 사회적으로 공유된 관행적 규칙체계에 의해 규정된 특정의 행위를 말한다(344). 이를 테면 '나는 X하기를 약속한다' 는 언어행위가 이에 해당한다. 이러한 약속행위는 홉스(T. Hobbes)의 전제적 권력과 같이 상호 신뢰를 강제할 수 있는 제도적 장치가 없는 상황에서 사회적 약속관행을 이용하여 상대방(피약속자)에게 먼저 자신(약속자)의 신뢰를 담보하는 역할을 한다(346). 이때 이러한 자신의 신뢰가 담보될 수 있는 이유는 그 사회적 약속관행이 약속자, 피약속자 모두에게 정의롭다고 인지되기 때문이다. 그리고 이 두 당사자 간의 유효한(정당한) 약속관계는 약속자가 약속행위를 통하여 이 정의로운 약속관행을 피약속자에 대하여 의도적으로 촉발함으로써 비롯된다(346). 결국 유효한 약속은 그 근거를 정의로운 약속관행

10. 기실 본 논의가 제일 많이 의존해야 할 기존의 권리이론 중 정의이론의 맥락 속에서 체계화된 것은 몹시 드물다. 기존권리이론들은 정치사회적인 정의가치보다는 인간 존엄성이라는 윤리적 가치에 그 일차적 정당성을 걸고 있다. 이는 한면으로는 현금 권리개념/이론이, 2장 1절에서 살펴보았듯이, 그 뿌리를 두고 있는 자연권개념 및 자연권이론에 잠재되어 있는 자연법전통의 흔적을 계승하고 있음을 말해주지만, 다른 한면 이하의 논의에서 드러나듯이 권리이론들은 사회정의질서가 요구하는 윤리적 정당성 외의 제도적 정당성조건을 충족해야 한다는 가외의 정당성요구를 결여하고 있음을 말해준다. 이런 점에서 롤즈의 위임책무이론은 기존의 권리이론들에서는 찾아보기 어려운 가외의 정당성 논거를 본 논의에 제공해 주는 셈이 된다.

에 두고 있다는 말이 된다. 그리고 유효한 약속으로부터 유효한 약속책무가 비롯되기 때문에, 이 말은 유효한 약속책무는 정의로운 약속관행에 근거한다는 말도 된다.

이렇듯 약속관계 수립의 근거가 되는 사회적 약속관행 전체 체계를 롤즈는 '약속규율'이라 부르는데, 이때 이는 약속과 관련된 도덕적·사회적 제도를 총괄하여 대표하는 약속제도를 의미하기도 한다(344). 그리고 이 약속제도는 약속과 관련된 언사나 행위가 어떠한 상황에서 이루어졌는지, 그리고 과연 이러한 언사나 행위가 '약속회피조건(excusing conditions)'을 저촉하지 않았는지 등 약속관계 성립여건과 관련된 사항을 관할한다(345). 이때 약속관행이 정의롭다 함은 바로 이러한 약속제도가 정당하다는 것을 의미하는 것이다. 그리고 약속제도의 정의로움의 여부, 즉 정당성 여부는 '원초상태(original position)'에서 선택된 이른바 '두 정의원칙(two principles of justice, 이하 '정의원칙')'에 부합하느냐의 여부에 의해 결정된다 한다(345–346). 이를 테면 유효한 약속이 되기 위해서는 약속의 '기속언사(operative words)'(3장 2절 참고)가 각성상태에서 자발적으로, 위협 없이, 그리고 당사자 사이에 공정한 관계 속에서 이루어져야 한다는 등의 여건을 충족해야 하는데, 이 여건이 바로 정의원칙에 부합하는 '정의로운(정당한)' 약속관행이라는 것이다. 이와 관련하여 롤즈는 약속규율은 그 자체가 정의관념에 연결된 도덕성[11]의

---

11. 도덕성은 통상 윤리적 옳음(ethical righteousness)을 의미하는데, 여기서는 원초상태에서의 선택자들에게 잠재되어 있는 정의감이 제도이전의 '기본구조'에—주로는 정의원칙과 공평성원칙에—표출된 정의로움(정당성 혹은 유효성)을 말해주는 것으로 이해된다. 이와 관련해서는 Ch.I–§2, Ch.VIII, pp. 348–349 참고.

근원과는 별도로[12] 존재할 수 있는 법적 규율이나 경기규칙처럼 일종의 '제정된 관행(constitutive convention)'에 불과하기에(346) "어떠한 도덕적 책무도 발생시키지 못한다"고 말한다(348). 그렇다면 유효한 약속과 이로부터 비롯되는 유효한 약속책무의 도덕성(정당성)은 정의원칙에 근거한다는 말이 되는데, 이는 결국 유효한(정당한) 약속책무는 그 기속력을 궁극 정의원칙에 근거한다는 말과 같다 할 수 있다.

그런데 다른 한편, 롤즈는 이러한 약속을 지킬 책무는 정의원칙과는 다른 "공평성원칙의 결과"(346)라 한다. 그에 의하면, 약속을 지킬 책무(이하 '약속책무')는 보다 가깝게 "신뢰원칙(the principle of fidelity)"으로부터 비롯된다. 하지만 이 신뢰원칙은 공평성원칙의 "결과" 혹은 "특수경우"(344, 346)에 불과하기 때문에 약속을 지켜야 할 책무는 궁극적으로 공평성원칙으로부터 비롯된다고 한다. 그리고 더 나아가 약속책무는 보다 가시적으로는 "약속의 규율"을 촉발함으로써 발생되는 것처럼 보이지만 궁극적으로 공평원칙으로부터 비롯된다고 한다(345–346). 롤즈는 이를 보다 구체적으로 표현하여 약속관행은 "자유로운 약속책무의 수립을 위한 한 방편"일 뿐 약속책무는 "공평성원칙을 전제"로 하는,

12. 이는 다시 말하면, 약속규율이 유효하기위한 정당성은 바로 그 도덕성에 있는데, 그 도덕성은 바로 그 약속규율이 유효하기위해 부합해야 할 정의원칙으로부터 나온다는 것이고, 약속규율에 대한 (제도적 책무와 별도로 일치할 수도 안할 수도 있는, 그러나 도덕적 정당성을 가지기 위해 필수적인) 도덕적 책무의 근원은 바로 정의원칙이 된다는 것이다. 그리고 이를 약속행위와 연결해서 보면, 정의로운 약속관행, 즉 정의원칙에 부합하는 약속규율의 관할 하에 있는 약속관행에 따른 약속만이 유효한 약속이 되고 이로부터 만이 정당한 약속책무가 발생된다는 말이 되는데, 이는 결국 정당한 (도덕적)약속책무는 정의원칙에 그 근원을 둔다는 의미가 된다.

즉 공평성원칙에 근거하는 "위임책무"라고 말한다(348).[13)]

이상 본절의 논의를 종합하면, 한편으로는 유효한 약속책무는 정의로운 약속규율의 촉발을 매개로 하여 정의원칙에 근거한다는 말이 된다. 그리고 다른 한편으로는 유효한 약속책무는 정의로운 약속규율을 방편으로 수립되지만 공평성원칙에 근거한 위임책무라는 말이 된다. 이 말을 다시 (유효한) 약속책무를 중심으로 보면 여기에는 동일한 한 주제에 대해 서로 다른 두 명제가 성립되어 있음을 알 수 있다. 즉, '유효한 약속책무는 정의원칙에 근거한다'는 명제가 그 하나이고, '유효한 약속책무는 공평원칙에 근거한다'는 명제가 그 둘이다. 이 두 명제의 성립은 결국 정의원칙과 공평원칙 모두가 유효한 약속책무의 근거원칙임을 가리킨다. 그러나 이 두 명제가 양립하기 위해서는 두 근거원칙이 상호 부분과 전체의 관계에 있거나, 질서상 상하의 관계에 서거나, 혹은 두 근거원칙이 성격과 역할상 서로 다른 근거를 대상으로 하거나 그 어느 한 경우여야 한다. 그렇지 않다면 양립이 불가능한 것으로 어느 한 원칙은 기각되거나 같은 의미의 두 명칭이어야 한다. 이상의 두 명제와 관련한 문제는 일단 정의원칙과 공평성원칙 사이의 관계규명이 선행되어야 하기 때문에 이하에서는 이를 롤즈의 설명을 중심으로

13. 롤즈의 '위임책무'에 대한 언급은 약속의 경우에만 국한되지 않는다. 그는 더 나아가, 약속과 같은 언질행위로부터 비롯되는 책무는 하나의 대표적 예일 뿐(344), "모든 책무는 공평성원칙(principle of fairness)으로부터 비롯된다"(1971 : 342)고 한다. "책무란 정의(定意)상 공평성원칙에 의해 구체화된 필수요건"(112)일 뿐이라는 것이다. 모든 책무가 공평성원칙으로부터 비롯되는 한, 이들은 약속에서와 같이 위임된 책무일 뿐이다(114, 348). 그렇다면 롤즈의 약속책무로 대표되는 책무이론은 공평성원칙에 근거한 위임책무이론으로 일반화할 수 있을 것이다.

살펴본다.

5-3. 의무와 책무

롤즈에 의하면 '정의원칙' 및 약속책무의 근원이 되는 '공평성원칙'은 가상적 '원초상태(original position)'에서 자유롭고 평등한 도덕적 개체들(13, 19, 115, 118, 337)—즉 삶의 목표와 정의감을 본유한 인격체들—로서의 원초적 선택자들이 합의를 통해 선택한 원칙들에 속한다(108, 333; 참고 §3, §11, §§18–19, §§51–52). 상기 원칙은 크게 사회제도에 적용하기 위해 우선적으로 선택되는 원칙들과 개인행위[14]를 관할하기 위해 뒤따라 선택되는 원칙들로 구분된다(110; 참고 108, 116). 전자에는 유일하게 자유평등원칙과 차등원칙을 내용으로 하는 정의원칙이 속하고(4, 7; 참고 §11), 후자에는 정의(에 대한)의무 · 상호존중의무 · 호혜적 상부상조의무 등을 내용으로 하는 많은 '자연적 의무원칙(principles of natural duty)'(114–115, 337, 338)과 공평성(신뢰성)에 대한 책무의 유일한 근거가 되는 '공평성원칙(principle of fairness)'(111, 114)이 속한다.

다른 한편, 롤즈는 '정의의무원칙'(정의로운 제도에 따를 의무와 정의로운 사회제도의 시행을 가능한 한 도와야 할 의무, 즉 수용 · 지지의무; 115, 334)을 이들 자연적 의무원칙 중 가장 근본이 되는 원칙으로 꼽는다. 이 정의

---

14. 개인행위는 보통 말 그대로 개인(individual) 단독행위자를 그 행위자로서 전제하지만, 대체로는 개인들의 집합인 소 그룹단위를 포함할 경우도 있기 때문에 '개별주체행위'로 표기함이 보다 나을 것으로 보인다. 이하에서는 두 표기를 병용할 것이다.

의무원칙은 약속규율에서와 같이 정의원칙에 부합하는 '정의로운' 제도에 대한 개인들의 의무적 기속을 요구하는 원칙이다(115). 이 요구의 관철을 통해 이 원칙은 정의원칙의 제도에 대한 기속력을 개인행위 차원으로 연계해 주는 매개역할을 한다고 볼 수 있다. 그렇다면 앞절에서 제기된 정의원칙과 공평성원칙의 관계와 관련하여 살펴보아야 될 대상에는 '정의의무원칙'이 가외로 개입됨을 알 수 있다. 이는 약속책무가 약속규율과 연계되어 있는 만큼이나 약속제도에 개인을 연계하는 정의의무원칙은 약속책무와 연결되기 때문이다. 동시에 후자가 그런 만큼 약속책무의 두 근거가 되는 정의원칙과 공평성원칙은 정의의무원칙과 연결될 수밖에 없을 것이기 때문이다. 결국 살펴야 될 관계의 한편에는 약속제도와 관련하여 유일하게 정의원칙이 있고, 다른 한편에는 개인행위와 관련해서 공평성원칙과 (정의원칙 및 이 원칙에 부합하는 정의로운 제도에 개인행위를 의무적으로 기속시키는) 정의의무원칙이 있는 셈이다.

이렇듯 복잡한 구성 속에 놓여 있는 원칙들 중 정의원칙과 공평성원칙 상호 관계의 일단을 살필 수 있는 곳은 롤즈가 정의원칙의 핵심내용인 정의를 "공평으로서의 정의(justice as fairness)"라고 규정하는 언급에서이다(§3). 이 말은 롤즈가 "은유로서의 시(詩)"에 빗대어 설명하듯이(13), 정의가 곧 공평성은 아니되 정의의 내용적 특성과 그 지향하는 귀결점이 곧 공평성임을 보여준다. 즉, 이 공평성은 정의원칙이 선택된 원초적 상황이 공평(fair)하고(12) 그 선택절차 역시 공평함(85–86; 참고 §4, §24)을 반영하는 지표이자 이 원칙이 규제할 사회 제(諸) 제도가 정의롭기 위해 지향해야 할 목표가 된다(13; 참고 §2). 이렇게 보면 정의원칙에서 정의의 내용은 이들의 선택의 자유를 평등하게 보장하는 공평성이 된다. 이렇게 되는 데는 롤즈가 말하는 정의(正義)는 원초적 선택자들 사이의 공평한 합의결과로서의 "절차적 정의(procedural justice)"[15]일 수 밖에 없게 되기(§14) 때문이다.

그리고 이 절차적 정의는 롤즈의 두 가정 위에 서 있다. 그 하나는 원초적 선택자들이 이미 자신의 삶의 목표와 나름의 정의감을 지닌 도덕적 인격체들이라는 가정이다(19, 118). 그 둘은 이들 상호 관계가 "대칭적 균형(symmetry)"관계로 설정(12)될 정도로 상호 자유롭고 평등하다는 가정(13, 115, 337)이다. 결국 롤즈의 정의는 위의 두 가정 위에 선 '절차적 정의'의 성격을 띠면서 그 내용을 '공평성'으로 가지게 되는 것이다. 여기서 구태여 그 이유를 추론해 본다면, 우선 원초적 상태의 상황적 공평성은 정의원칙 합의절차 및 결과에 필연으로 반영될 것이기 때문이다. 다음으로 이 필연적 공평성은 기본질서원칙으로서의 정의원칙 합의 후에는 당위적 목표가 될 수밖에 없기 때문이다. 그래서 정의원칙에 의해 조직되는 모든 주요 사회제도들은 이에 담긴 공평성—자유로운 선택권의 평등한 행사—을 보장함을 그 존재이유로 하게 되는 것이다.

이렇게 살펴볼 때, 롤즈가 규정하고 있는 정의는 원초상태에서 가정된 원초적 선택자들에 대한 인간관 — 즉, '대칭적 균형관계에 놓여 있는 자유롭고 평등한 존재' — 을 이들이 구성하는 사회관계에 투사한 결과라고 말할 수 있겠다. 이러한 인간관은 '모든 인간은 자유롭고도

15. 여기서 '절차적 정의'는 미리 정해진 정의의 기준이 없는 가운데 자유롭고 평등한 '원초적 선택자들(original choosers)'이 자신들이 정의롭다고 생각하는 사회기본질서원칙을 공평한 합의절차를 통해 도출해낼 때, 도출된 결과가 그 도출과정이 정의로운 만큼 결과적으로 정의로울 것임을 의미한다(§14 참고).

평등하다'는 '만인자유평등관'에 다름 아니며, 근대 이래의 모든 사회 · 인문학적 담론의 포괄적 대전제가 되어 왔음도 부인하기 어렵다. 물론 원초상태와 관련한 롤즈의 설명 속에는 또 하나의 전제, 즉 도덕적 인격체로서의 인간관이 가정되어 있다. 그러나 이는 만인자유평등관이 이미 합목적성과 자기 규율능력을 가지는 자율적 존재, 즉 도덕적 존재임을 전제하기 때문에 이를 통해 자유평등관에 포섭된다 할 수 있을 것이다.

이렇듯 원초상태의 인간관이 만인평등관으로 대표될 때, 이제 정의의 핵심내용이 공평성으로 특징지어지는 것은 만인자유평등관에 충실한 한 모든 인간 사이의 관계 및 행위의 정의준거가 불가불 공평성일 수밖에 없기 때문이라고 말할 수 있다. 또한 이러한 정의가 원칙이 되어 공평성의 제도적 보호를 목표로 삼게 되는 것은 제도의 존재이유상 만인평등관을 계속 존속시켜야 되기 때문이다. 그리고 이를 존속시키기 위해서는 불가불 공평성을 준칙으로 삼을 수밖에 없기 때문이라고 말할 수 있다. 그래서 공평성과 정의는 분명 그 언표상의 차이를 가지나 만인평등이라는 전제 하에서는 그 속뜻을 같이할 수밖에 없는 것이다. 이러한 속사정이 바로 정의(正義)의 정의(定義)를 '공평성으로서의 정의'로 표현하게 하는 것이며, 정의원칙, 보다 정확히 '공평성으로서의 정의의 원칙'은 만인평등관의 (제도차원의) 사회제도적 실행원칙[16)]으로

16. 이와 비슷한 실행원칙들로서는 Hart의 '자유권평등원칙', Gewirth의 '인권평등원칙', Feinberg의 '존엄성평등원칙', Nozick의 '자연권평등원칙' 등을 예로 들 수 있다. 이에 대해서는 각각 H. L. A. Hart, "Are There Any Natural Right?", *The Philosophical Review* Vol. I, 64-2(April, 1955), pp. 175-176 ; A. Gewirth *The Community of Rights*(Chicago : The University of Chicago Press, 1996), p. 6 ;

그 기능을 하게 되는 것이다. 이렇게 볼 때 롤즈의 정의원칙은 만인평등관을 전제할 때 정의가 공평성으로 특징지어지는 만큼이나, 그리고 제도가 사회구성원 개별주체의 행위와 상호 관계를 전제하는 만큼이나 (개별주체행위 차원의 사회적 실행원칙인) 공평성원칙으로 특징지을 수 있겠다. 이렇게 특징지을 때, 이 두 원칙(정의원칙과 공평성원칙)은 롤즈가 언급한 바 적용 및 기속의 대상의 차이를 가질 뿐, 그 기속의 준거와 목표를 공히 만인자유평등관의 사회적 실행에 걸고 있다는 점에서 동일하다 할 수 있을 것이다.

이렇듯 만인자유평등원칙에 토대를 두고 정의원칙과 공평성원칙을 사회제도적 규율과 개인행위의 정당성 준거로 내세우고 있는 롤즈의 정의사회는 앞서 설정했던 '정의사회 가정'에 합당한 배경사회의 한 모델을 제공해 준다. 자율권평등원칙과 사회구성원들의 자율권 행사를 통한 합의형식으로부터 도출된 정의원칙에 의해 조직되는 정의로운 사회는 바로 이와 같은 원칙을 전제하여 같은 형식 속에서 수립되는 권리-의/책무관계의 정당한 기속질서를 모색하고 있는 본 논의에 더할 나위 없는 배경사회의 모델이 되기 때문이다. 더불어 이 모델 사회는 바로 자유주의 기본정신에 부합하는 정의로운 사회의 모델이기도 하기 때문이다. 그러나 본 논의의 논지에서 볼 때는 이 모델에는 몇 가지 검토되어야 할 문제점들이 숨어 있다.

그 중 하나는 정당성 준거로서의 정의원칙과 공평성원칙이 구태여

›››

J. Feinberg, "The Nature and Value of rights", in J. Feinberg(ed.), *Rights, Justice, and the Bounds of Liberty : Essays in Social Philosophy*(Princeton, N.J. : Princeton University Press, 1980(1970)), p. 151 ; R. Nozick, *Anarchy, State, and Utopia*(N.Y. : Basic Books, Inc., Publishers, 1974), pp. 10, 137, 302을 참고.

'원초상태'를 가정한 '가상합의'를 전제해야 되느냐는 것이다. 이는 롤즈가 문자 그대로 이해한 서구 자유주의 전통의 '근대 사회계약' 이론 위에 자신의 정의원칙 도출의 바탕을 마련하기 때문에 야기되는 문제로, 종래 공리주의 이론들이 적절히 제기해 온 '허구성 시비'[17]에서 벗어나지 못하게 하는 족쇄가 된다. 더불어 이 문제는 6장에서 살펴볼 '근대 사회계약'의 기본정신을 제대로 이해하지 못했다는 본 논의의

---

17. 이 허구성에 대한 공리주의 이론들의 '원론적' 비판은 그 전통의 선구적 전범이 되고 있는 Jeremy Bentham의 "Anarchical Fallacies", in John Bowring, ed., *Works of Jeremy Bentham* (N.Y. : Russell and Russell, 1962), Vol. II(pp. 491–534)를 들 수 있고 ; 직접 롤즈와 노직을 겨냥한 비판으로는 B. Ackerman, *Social Justice in the Liberal State*(New Haven : Yale Univ. Press, 1980), pp. 5–6, 99–101, 331–333, 336–345, Secs. 65, 67 ; 롤즈의 사회계약론적 입장에 대한 비판으로는 Benjamin R. Barber, "Jusifying Justice : Problems of Psychology, Measurement, and Politics in Rawls", *American Political Science Review* LXIX(1975) ; M. J. Sandel, *Liberalism and the Limits of Justice*(2nd ed.)(Cambridge : Cambridge University Press, 1998), Ch. 3 참고. 이러한 허구성 시비의 대상은 롤즈의 정의원칙 도출을 위한 '원초적 입장'의 고안과 관련된 것으로 이는 그의 최근 저작 『정치적 자유주의(*Political Liberalism*)』(1993)(이하 'PL')에 이에 대한 변호와 더불어 그대로 이어진다. 그는 여기에서도 '원초적 입장' 고안에 대한 기존입장을 견지하면서 이를 '정치적 자유주의'와 연관시켜 '정치적 정의관'(I §2), '완전한 자율성'(PL : II §6), '중첩합의'(IV §§1–6), '공적 이성'(VI §§2–4) 등의 개념으로 변호하고 있다. 그러나 이러한 변호에도 불구하고 그의 '원초적 입장'의 가상적 고안에 따르는 비현실성은 그 강도에서 결코 줄어들지 않으며, 오히려 그가 관련지운 '정치적 자유주의'는 그의 변호를 정치적 현실과 또렷이 대조시킴으로써 허구성시비의 목표를 그의 '정의론'에서보다 더욱 선명하게 해준다. 나는 '공리주의 이론'에 동의하지 않지만 이 이론의 입장에서 제기하는 전통적 사회계약이론(칸트의 사회계약이론 포함)에 대한 '원론적' 허구성 시비는 타당하다고 보며, 그런 만큼 롤즈의 『정의론』(1971)이나 『정치적 자유주의』(*Political Liberalism*) (1993)에서 견지되고 있는 '원초적 입장'에 대해 이 허구성시비 역시 그 설득력을 잃지 않는다고 생각한다.

비판의 표적으로 이어진다.

두 번째 문제는 가상합의 문제와 연결되어 제기되는 것이다. 이 문제는 가상합의 속에는 '가상'을 빌미로 하는 기획가의 자의적 독단이 개재될 수밖에 없다는 데서 비롯된다. 이에 대해서는 이 장 마지막 절에서 살펴볼 애커먼(B. Ackerman)이 몹시 따갑게 지적한다.[18] 기실 가상합의를 전제한 정의원칙은 롤즈의 논의에 전혀 그 여지가 없는 하나님 계시나 꿈 속의 초월적 각성을 전제하지 않는 한 바로 롤즈의 기획적 산물일 수밖에 없다. 그러나 롤즈는 한 인간으로서의 (대단한?) 학자일 따름이지 인두겁을 탈각한 초인간적 그 무엇일 수는 없다는 점에서 그의 정의이론이 딛고 서 있는 사회계약적 합의형식과 마찰을 빚는다. 이는 바로 그의 이론의 토대상의 문제가 된다.

세 번째 문제는 가상에서 합의된 정의원칙이 스스로를 변개하지 않는 한, 이 원칙은 본 논의에서 정당성 조건으로 설정한 '열린 인본주의 입장'을 담아내지 못하는 닫힌 원칙이 될 수밖에 없다는 점이다. 롤즈가 기본토대로 삼는 만인자유평등원칙이나 그 실행원칙인 공평으로서의 정의원칙은, 분명 본 논의의 '인본주의 입장'이나 그 시험원칙인 '모순원칙'의 검증을 만족한다. 특히 '공평성'은 자연법전통에 나타나는 인간 이미지(2장 2절 참고)의 현대적 지속을 예증해 주는 징표이자

18. B. Ackerman, 앞의 책(1980), pp. 331–332, Sec. 65. 이러한 애커먼의 지적은 롤즈가 최근의 저작, 『정치적 자유주의』(1993)에도 그대로 타당하다. 이러한 기획의도는 『정의론』(1971)의 '원초적 입장'에 대한 이 책(1993)에서의 집요한 견지에도 그대로 이어지지만, 자연스런 인간 사회'관계'에서 표출되고 형성되는 인간성을 '정치적 인간관'에 합당한 개인 심성으로 실체화하는 곳(I §§5–6, II §§5–8, V §§13–4)에서 이러한 개인적 심성을 정의원칙 도출배경과 관련하여 객관화하려고 노력하는 곳(III) 등에서 엿볼 수 있다.

앞으로의 상황변화에 대해서 대단한 유연성을 가지는 정의기준이다. 그러나 그의 '케이크 커팅' 비유(85)를 통해서 시사되는 '균등을 의미하는 평등주의적 색깔'은 그의 정의기준 전반에 대한 몰역사적이고도 평등주의적인 기획의도를 의심케 한다. 케이크를 만드는 데 과거에 얼마나 기여했는가를 따지지 않는 롤즈의 케이크 커팅 비유가 시사되어 있는 원초적 합의에서의 분배의 정의는 불가불 균일한 몫을 지향할 것임은 불문가지이다.[19] 뿐만 아니라 원초상태에서 정해져 이미 사회기본구조로 확정되는 롤즈의 정당성 준거는, 분명 가상을 빌미로 하는 단발성 이벤트의 결과로, 공평성원칙을 '의도된 균등'에 가두어 두는 결과를 초래하게 되어 있다. 이로 인하여 롤즈의 공평성원칙은 앞으로의

19. 이에 대한 비판으로는 R. Nozick, 앞의 책(1974), pp. 198–213 참고. 나는 노직(Nozick)의 자연권–의존적 정의관점에 동의하지는 않는다. 그러나 그가 절차에 의존하는 롤즈의 정의원칙을 평등주의로 흐를 수밖에 없는 '결과순간포착정의원칙(time–slicing end–result justice principle)'으로 특징화하는 것에는 무리가 없다고 본다(이와 관련해서는 노직의 앞의 책〈1974〉198–213 참고). 이를 테면, 무지의 장막 속에서 합의절차로 도출되는 정의원칙은 케이크 커팅과 흡사한 결과를 초래하리라 본다. 왜냐하면 원초입장을 지배하는 제일 원칙은 과거의 사회협력에 대한 공과(功過)가 전혀 고려될 수 없는 자유평등원칙일 것이기 때문이다. 그 다음, 이렇게 결정된 원칙을 사회협력의 공과가 이미 고려되어 그 결과가 반영되고 있는 현실세계로 가져와 적용한다고 생각해 보자. 이는 평등주의적 기획을 부를 것이고, 그 기획의 실행은 엄청난 혼란 속에 평등주의의 강압을 부를 것이다. 사람들이 롤즈의 원초상태에서 결정된 정의원칙과 더불어 세상을 다시 시작한다면 무리가 없을 것이다. 그러나 가상적이고 비역사적인 원초상태는 역사의 진행 속에 존재하는 현실세계는 아닌 것이다. 이러한 우려는, 노직의 비판과 더불어 롤즈의 최근 저작(*Political Liberalism*, 1993)(이하 'PL')에도 같은 타당성을 가진다. 롤즈의 평등주의 의도는 그의 『정의론』(1971)으로부터 그대로 견지되는데, 이를 테면, PL : VII, VIII §§1–9, 등에서 탐지된다.

공평성 내용변화에 따른 그 원칙의 변경 · 폐지 · 신설이라는 가변성에 닫혀 있을 수밖에 없다. 이는 간접적으로 그의 정의원칙이, 현실적 삶과 단절된 과거 가상시점에서 결정된 것으로 추정되는 정의기준에 의해, 오늘과 미래에 전개될 사회구성원들의 현실적 삶이 소외되고, 이들의 삶 속에 같이 살아 있어야 할 정당성 준거가 화석화되는 우(愚)에 노출되어 있음을 말해준다. 이 문제는 간접적으로 6장에서 살펴볼 '사회계약'의 기본정신에 다시 비추어 볼 것이다.

그리고 이상의 문제 외에 마지막 다른 한 문제는 롤즈의 정의원칙과 공평성원칙의 도출과정에 합의를 위한 협상과정이 없다는 점이다. 이 협상과정은 롤즈의 무지의 장막에 가려진 채 그의 이론 속에 드러나 있질 않은 것이다. 이 문제는 롤즈 이론이 전제하고 있는 만인자유평등원칙이나 자율권평등원칙에 정면으로 배치된다. 3장 권리-의/책무관계 기본구조를 모색하는 과정에서 보았듯이 계약관계 형식에 전제된 협조관계와 '기속언사' 및 '기속사실'은 바로 이 협상과정을 함의한다. 더구나 자율적 주체 간의 협조관계는 협상을 전제하는 만큼이나 두 전제적 원칙의 자연스런 도출조건이자 실행조건이다. 협상 없는 합의는 있을 수가 없고, 합의에 이르지 못하는 자율권 행사는 롤즈의 정의원칙 도출과는 무관하다. 그런데도 롤즈의 이론 속에는 실질적 자율권 행사가 이루어지는 협상과정 역시 그저 무지의 베일에 가려 정의원칙 도출과정에 자율권 행사가 도대체 있었는지 없었는지조차 알 길이 없는 것이다. 뿐만 아니라 협상이 결여된 상황에서는 정의원칙의 정의(올바름) 기준이 참여자들 사이에 어떻게 공유되는지도 알 길이 없기에 이는 앞서 지적한 기획가의 자의적 독단의 문제와도 연결된다.

이 마지막 문제는 샌들(M. Sandel)의 롤즈 정의이론의 사회계약적 구상에 대한 비판논의의 핵심문제가 된다.[20] 그러나 롤즈의 문제는 그렇다 하더라도 샌들의 비판기준 역시 문제이다. 그는 '자율성 기준'에 안티노미적 '정의기준'을 별도로 세워 이를 롤즈의 협상과정 결여문제에 결부시키는데, 이 정의기준 역시 앞서 롤즈의 정의원칙에 대한 몰역사성 비판을 피할 수가 없다. 노직(R. Nozick)이 잘 지적하듯이 기획가의 자의적 판단이 개재되는 단발성의 '결과순간포착 정의기준(time-slicing end-result justice principle)'의 몰(沒)역사성 문제에 노출되어 있는 것이다.[21] 결국 롤즈나 샌들이나 모두 기획가적 자의성 오류를 범하는 셈이 되는 것이다. 이러한 오류는 내 생각에 태고부터 면면히 이어져 온 인간 삶에 대한 불신으로부터 비롯된 것으로 보인다. 불신에 따른 이러한 기획의 남발은 호흡 짧은 정치적 기획가들에 주로 나타난다고 보이는데, 이런 점에서 이들 또한 정치기획가들과 비슷한 정향 속에 드는 정치학자가 아닌가 생각해 본다. 이러한 불신에 따른 기획 속에서 이들은 인간 삶의 진솔성을 뒤로 한 채 '가상' 속에서, 혹은 '순간포착'의 시간 속에서 자의적 정의기준을 마구 만들어내고 있는 것이다. 본 논의는 이러한 기획적 의도와는 달리 '삶'의 진솔성을 믿는다. 그리고 정당성 기준을 삶의 전개에 열어놓는다. 그 열려진 삶 속에서 사람들은 (왜곡되고 기획만능주의적인 정치가 없다면) 자체 조절을 통해 정당한 삶을 영위해

20. M. Sandel, 앞의 책(1998), pp. 105-109.

21. R. Nozick, 앞의 책(1974), pp. 198-213 참고. 앞서 롤즈의 공평성원칙에 평등주의기획이 개재되는 불가피성은 이 몰역사적 정의기준수립을 불가피하게 하는 그의 원초상태 설정 때문이라고 볼 수 있다. 그래서 노직은 모든 정의기준은 절차에 의존하기보다는 오히려 자격으로서의 권리에 의존해야 함을 강조한다.

간다고 믿는 것이다. 본 논의에서는 이러한 믿음들을 '열린 인본주의 입장' 원칙과 그 시험원칙인 '모순원칙'이라는 정당성 기준에 이미 담아놓았다.

이러한 문제점들을 염두에 두면서 유효기속질서 탐색을 계속한다. 유효약속책무가 정의원칙과 공평원칙에 동시에 근거한다면, 이 두 원칙은 그 기속의 내용과 준거를 같이 하고 있는 일종의 동의이음관계에서 있다 할 수 있겠는데, 롤즈가 이 두 원칙을 별도로 설정한 이유는 무엇일까? 롤즈는 이러한 의문을 예상한 듯 이를 둘—즉, 1) 왜 제도를 대상으로 하는 정의원칙과는 별도로 개별주체행위를 대상으로 하는 자연적[22] 의무원칙이 선택되는가에 대하여(335), 그리고 2) 개별주체행위를 대상으로 하는 원칙은 자연적 정의의무원칙이면 될 텐데 왜 이와 별도로 공평원칙을 또 선택해야 하는가에 대하여(343)—로 세분하여 설명한다. 우선 첫 번째 의문에 대하여, 개인행위를 대상으로 하는 자연적 정의의무원칙이 필요한 이유는 제도와 개인행동에 대한 정의로움의 기준이 다를 수 있는 가운데 상호 불일치할 수 있으므로(334) 이를 방지하기 위해서라 한다(339). 즉, 정의원칙은 원초적 선택자들의 합의로 도출된 공통의 정의기준으로 그들이 구성하는 사회의 '주요 제도들에 공인된 정의의 준거'[23]가 됨에 비해, 개인들은 여전히 이러한 제도

22. 여기에서 '자연적'이라는 어구는 1차적으로 각 개인들의 자발적이고도 의도적인 행위와 무관하게, 또 이들이 처해있는 제도적 관계와 무관하게, 다만 인간이라면 누구에게나 모두 적용된다는 의미(114–115)를 가지지만, 그밖에 원초상태의 선택자들에게 잠재되어 있다고 간주되는 인간 본연의 내재적 정의감과 도의심(이 글 각주 '6'참고)에 근거하기에 여타의 인위적 준칙에 우선한다는 의미(507–512) 또한 가진다고 보여 진다.

23. 이를 롤즈는 "기본구조(basic structure)"라 부른다(§2).

적 정의준거와는 다를 수 있는 각기 나름의 정의감에 따라 행동함으로써 두 정의준거 사이의 갈등과 혼란—이를 테면 제도적 준거로서의 두 정의원칙과 개인적 준거로서의 공리주의 원칙(334–5)—이 있을 수 있기 때문에 이를 방지하기 위함이라는 것이다. 그 방지책으로서 롤즈는 제도적 원칙이 개인원칙에 우선하는 만큼(110) 정의원칙이 보편적으로 개인행동의 정의로움(혹은 윤리적으로 옳음)의 관념 속에 포섭될 필요가 있다고 제안한다(333, 335). 그 일차적 조처는 개인행동이 정의기준에 부응하도록 개인을 정의로운 제도에 대한 의무(수용과 지지의무)를 통하여 정의원칙에 기속시키는 것인데, 이렇듯 정의로운 제도에 대한 수용·지지의무를 관할하는 것이 바로 자연적 정의의무원칙이라는 것이다(335). 이런 점에서 개인을 대상으로 하는 정의의무원칙은 제도와 개인을 엮어 정의원칙과 개인적 옳음을 연계하는 중요한 1차적 연계선이 된다(116, 333, 334).

위와 같은 정의원칙의 개인행동에의 포섭을 위한 일차적 조처에 뒤따르는 2차적 조처는 위에서 세분된 두 번째 의문, 왜 자연적 정의의무원칙 외에 공평성원칙이 가외로 필요한가에 대한 설명에 나타난다. 우선 두 원칙의 차이에 대한 롤즈의 설명에 따르면, 자연적 의무원칙이 특정 개인의 자발적이고도 의도적인 행위와 무관하게 특정 사회 내에서 언제나 어디서나 관련 사안에 대한 의무적 기속을 규정한다. 반면에, 공평성원칙은 반드시 '특정 개인의 의도적이고도 자발적인 행위와 특정 상대방을 전제하여'[24] 발생되는 책무적 기속을 관할한다(114–115, 113).

24. 책무의 이러한 특성 때문에 책무관계는 특정 당사자 간에 특정 사회제도를 수용·활용할지 여부에 대한 선(先)합의를 전제하게 되는데, 서구 자유주의

그런데 여기서 한 가지 유의할 점은, '자연적 정의의무' (소극적 수용 · 지지의무)가 공평성원칙의 발동과 더불어 보다 적극적으로[25] 전자의 구체적 규율사항을 준수/이행할 책무를 가외로 발생시킨다는 것이다(113). 이는 공평성원칙이 정의원칙과는 달리 특정 상대방을 전제하여 기존의 정의원칙과 정의로운 제도를 의도적으로 활용함으로써 발동되는 원칙이기 때문이다. 그래서 공평성원칙으로부터 비롯되는 책무는 언제나 소극적인 '수용 · 지지의무'를 전제하여 발생되는 보다 적극적인 '준수 · 이행의무' 이행책무(책무는 언제나 '의무이행책무'가 됨)가 되는 셈이다.

롤즈는 이와 관련하여 왜 정의의무원칙 외에 공평성원칙이 가외로 필요한지 그 간단한 설명을 덧붙인다. 즉, 이는 자연적 정의의무원칙으로부터 비롯되는 정의로운 제도에 이미 연계되어 있는 개인들의 의무적 기속을 공평성원칙에 근거한 책무를 통하여 보다 강화하기 위함이라는 것이다(116). 여기서 '보다 강화' 한다는 말은 바로 위에서 설명한 대로 수용과 지지를 내용으로 하는 보편적이고도 자연적인 정의의무

전통에 속하는 거개의 권리이론들은 이 전제된 선 합의절차를 도외시한 나머지 이로부터 추론해야 할 당사자 간의 권리-의/책무관계를 왜곡하고 있다. 이를 테면, 유효한 약속관계는 약속자의 약속규율의 수용 · 활용제의에 대한 피약속자의 명시적 · 묵시적 동의가 있어야 비로소 성립하는데, 서구 권리이론들은 이 절차를 도외시함으로써 피약속자의 권리 및 의/책무가 고려되지 않은 왜곡된 약속관련 권리-의/책무관계를 제시한다. 이와 관련해서는 이봉철, "권리관계구조에 대한 오류"(『한국과 국제정치』, 2004) 참고.

25. 롤즈는 이렇듯 보다 포괄적이고 적극적으로 변모되는 정의의무 역시 '자연적' 정의의무로 간주하는데(111, 344) 이는 뒤에서 살펴보겠지만, 원초적 선택자들의 정의감과 이들이 선택한 정의원칙에 대한 (도덕적) 의무가 위임된 것으로 보기 때문인 듯하다.

원칙이 정의원칙과 정의로운 제도의 구체적 규율사항을 준수 · 이행할 정의의무로 변모됨을 의미하는 것이고, 또한 공평성원칙에 의한 책무는 이러한 의무를 특정 상대방에 대하여 이행할 가외의 책임을 부과함으로써 2중의 기속력을 가지게 됨을 강조하는 것으로 볼 수 있을 것이다.

이상의 롤즈의 자문자답은, 제도관할 정의원칙으로부터 의무원칙을 따라 발생된 '의무'와 개인행위 관할 공평성원칙으로부터 발생된 '책무'는 그 근거와 기속능력에서 서로 다르다는 점과, 그럼에도 이 둘은 앞의 약속의 예에서도 드러났듯이 밀접히 연결되어 있다는 점을 동시에 시사한다. 그리고 이러한 시사점은 그 기속의 내용과 준거를 만인평등원칙에 공유하고 있는 정의원칙과 공평성원칙을 별도로 설정한 이유를 밝히는 문제가 궁극적으로 의무와 책무의 상호 변별과 상호 연관을 밝히는 문제임을 말해준다. 그리고 이러한 시사점이 함의하는 중요한 의미는, 롤즈는 책무를 통하여 이러한 중첩된 책임을 이행케 함으로써 앞서 살펴보았듯이 개인행위의 직접적 동인이 되는 권리의 '자연적 근거'를 사회 속의 한계(개인 행위에 따르는 사회적 의/책무)로 테두리지어(3장 1절 참고) 권리를 사회기속질서에 묶어두고 있는 것이다. 이와 관련하여 롤즈는 이상의 의무와 책무로 구성되는 중첩된 기속책임[26)]은 구체적인 상대방에게 이행되어야 한다고 말한다(113). 그러나 이는 다른 한편 매일의 삶 속에서 스스로의 목적에 따라 권리를 행사하는 사회

26. 기속책임'은 기속질서(3장 4절 참고) 속의 '의무'와 '책무'를 합한 의미를 가진다. 이에 대하는 권리의 개념은 '기속권한'이 될 것인데, 이는 기속질서의 제약 속에 있는 권리를 의미한다.

구성원 개개인은 이를 통해 자신이 속해 있는 사회기속질서를 구성하는 사회의 제반 도덕원칙과 제도에 매일매일 ('사회계약' 적) 동의나 약속을 행하고 있다는 말도 될 것이다. 물론 이러한 해석의 가능성은 '원초상태' 의 가상계약에 정초하고 있는 롤즈의 이론체계 속에서는 그 여지를 발견하기 어렵다. 이와 관련한 자세한 논의는 6장으로 이어진다.

의무와 책무의 변별과 연관성에 대한 보다 구체적인 실마리는 롤즈가 공평성원칙이 특정 개인에게 책무를 발생시키기 위해 동시에 충족되어야 할 두 조건을 제시하는 곳(111–112)에서 발견된다. 첫 번째 조건은, 개인행위와 연관되는 제도가 "정의롭거나 혹은 공정해야"(111) 한다는 것인데, 이는 그 제도가 두 정의원칙에 부합해야 한다는 의미이다. 여기서 '제도' 란 규칙의 가시적 체계로 이해되는 것으로 게임, 예식, 의회, 시장 등을 포괄하는 일반적 사회관행의 제도 및 이 제도가 사회구성원의 생각과 행동에 현실화된 것을 통칭한다(55). 정의로운 제도인 경우, 이에 대해서는 일단 수용 · 지지를 내용으로 하는 자연적 정의의무를 지게 된다. 이를 테면 개인의 약속행위와 관련되는 제도가 정의로울 경우, 이로부터 일차적으로는 이를 수용 · 지지할 자연적 정의의무가 발생하게 되는 것이다.

두 번째 조건은, 특정 개인이 이상과 같은 제도를 자발적으로 이용하여 이 제도가 주는 편의와 이익을 도모하는 경우라야 한다는 것이다(112). 이를 테면 앞서 언급했듯이 약속행위를 통해 공인된 정의로운 약속규율을 촉발하고, 이 촉발된 약속규율이 주는 '신뢰' 를 담보하여 새로운 협업관계를 창출하거나 안정된 협업을 유지할 경우(346–347)가 이에 해당한다. 이때 공평성원칙에 입각하여 약속책무를 지게 된다. 그런데 두 번째 조건인 자발적이고 의도적인 개인행위는 이 행위와 연관되는 제도가 "정의롭거나 공정해야 한다"(111)는 첫 번째 조건을 선결해야 되므로 결국 책무는 정의의무와 불가분리의 선후관계에 있음을 알 수 있다. 이 선후관계 속에서 의무와 책무의 관계는, 롤즈가 밝히고 있듯이, 책무는 바로 이 선결해야 할 '정의로운 제도에 대한 정의의무를 이행할 책무'로 구체화되는 데서 밝혀진다(113). 이를 테면 앞서 살폈듯이, 유효한(정당한) 약속책무는 정의로운 약속규율을 전제한다함이 이에 해당하겠는데, 이는 달리 말하면 정의로운 약속규율에 구체적으로 명시되어 있는 규율사항(유효한 약속이 되기 위한 조건)에 대한 정의의무를 이행할 책무가 된다. 그리고 이 책무가 바로 공평성원칙에 근거하는 유효한 약속책무가 된다는 말이다. 결국 의도적이고 자발적인 제도이용행위를 통해서 공평성원칙의 작동이 촉발됨과 동시에 의무와 의무이행책무라는 2중기속이 발생하게 되는 것이다.

그렇다면 의무와 책무는 기속상의 어떤 차이를 가지는 것인가? 이 둘 사이의 변별에 대한 구체적인 모습은 롤즈가 '정치적 책무(political obligation)'의 예를 들어 설명할 때 잘 드러난다. 그 설명에 의하면, 정치적 책무는 특정 정치사회의 구성원 모두가 그 정치제도가 정의로울 경우, 그에 대해 가지는 일괄적 정치적 의무와는 달리 특정 정치적 지위에 있는 공무담임자들에게만 해당되는 것으로 나타난다(113–114, 116; 참고 §53). 이는 달리 말하면, 책무는 정의로운 제도에서 직무를 담임했을 때, 혹은 정의로운 규칙이 존재하는 어떤 조직체나 집단행동에 가담했을 때 그 직책에 따르는 의무(직무)를 수행하기 위해, 혹은 그 규칙을 준수하기 위해 가외로 짊어져야 할 부담이라는 말과 같다(344). 그래서 우리는 종종 정의로운 제도(규율 및 관행 포함) 하에서는 그 제도에 순종해야 할 정의의 의무와 그 제도가 규정하는 자신의 몫을 수행해야 할 책무를 동시에 가지게 되는 경우에 처하게 되는데(116), 이렇게 보면 책무는 정의에 대한 의무와는 별도로 정의로운 제도를 이용(담임)하는 데 따른 가외의 부담과 같다할 수 있겠다. 즉, 롤즈는 자연적 정의원칙이 가장 기본적 의무로 삼는 것이 정의에 대한 의무로 보기 때문에 정의로운 제도에 대해서는 의도적 이용 여부와 관련 없이 위와 같은 균일한 정의의무를 지고, 이를 이용할 경우에는 이 제도가 규율하는 구체적 의무사항을 이행할 가외의 이용비용 비슷한 책무를 지게 되는 것으로 나타나는 것이다(114, 116, 344). 롤즈는 이러한 공평성원칙으로부터 비롯되는 책무를 일종의 "보다 나은 자의 짐(noblesse oblige)"이라 부른다(116). 여기서 '보다 나은 자'는 자신의 이익을 증가시키거나 지위를 향상시키기 위해 사회의 정의로운 제도를 이용/담임하는 사람을 말함이고, '짐'은 바로 책무를 가리키는 것으로 정의로운 제도(규율과 관행 포함)를 이용하는 사람의(그에 대한 의무 밖의) 가외의 부담 혹은 가외의 사용료 정도가 될 것이다. 이런 점에서 공무담임자들이 짊어지는 정치적 책무는 이들이 국민을 위하여 공복(公僕)으로 일하고 있다는 하나의 표징으로 볼 수 있겠다.

종합하면, 의무와 책무는 전자가 정의로운 제도에 대하여 사회구성원 모두가 균일하게 짊어져야 할 명령적 부담(복종과 지지)임에 비하여, 책무는 사회의 정의로운 제도를 자발적이고 의도적으로 이용할 경우 그 제도에 대한 정의의무 외에 짊어지게 되는 가외의 부담(자임한 의무 이행책무)이라는 점에서 변별된다고 할 수 있다. 그리고 보다 앞서 설명한 책무가 의무에 대하여 가지는 관계는 정의의무를 지게 되는 제도와 연관된 개인행위로부터만 정당한 책무가 발생된다는 점에서 유효한 책무는 항상 정의로운 제도를 전제한다고 할 수 있다. 그러나 한 가지

유의할 점은 그렇다고 정의로운 제도가 항상 유효한 책무를 수반한다고 말할 수는 없듯이 정의의무는 책무를 전제한다고는 말할 수 없다는 것이다. 이는 앞서 왜 정의로운 약속제도에 대해서만 공평성원칙이 적용되고 그에 따른 책무가 발생하는지에 대한 해답을 제공한다. 유효한 약속책무가 발생하려면 우선 약속규율에 대한 정의의무가 먼저 발생해야 하지만 그 역은 아닌 것이다.

또 이는 같은 논리에서 왜 유효한 약속책무가 한편으로는 정의원칙에 근거한다 하고, 다른 한편으로는 공평성원칙에 근거한다고 하는 상호 다른 두 명제가 성립하는지에 대해서도 해답을 준다. 즉, 정의원칙은 약속규율에 대한 정의의무를 발생시킴으로써 약속책무의 1차적 (성립) 근거가 되고, 공평성원칙은 이 정의의무를 근거로 약속규율을 자발적이고도 의도적으로 촉발하여 약속관계를 수립한 당사자들이 이 규율을 공평하게 준수 · 이행하겠다고 자임한 부담(책무)의 2차적 (발동)근거가 되는 것이다. 그리고 이러한 근거상의 선후는 의무와 책무의 선후관계와 마찬가지로 공평성원칙은 언제나 정의원칙을 전제하여 발동되어 책무의 근거가 된다고 말할 수 있다. 그러나 그렇다고 정의원칙의 1차적 책무근거가 존재한다 해서 공평성원칙의 발동과 책무근거가 자동적으로 부수된다고 말할 수는 없다는 점이다.

이 모두는 더불어 비록 정의원칙과 공평성원칙 모두가 그 기속의 내용으로서 공히 공평성으로 특징지을 수 있고 그 기속의 근거로서 공히 만인평등원칙을 공유함에도, 개인행위의 자발성과 의도성이라는 공평성원칙 발동조건을 매개로 일정의 차이를 가지고 있음을 말해주는 것이다. 즉, 전자는 이미 가정된 만인자유평등원칙의 제도적 수용을 (수동적으로) 요구하고 후자는 이의 개인행위상의 (적극적) 적용을 요구한다는 차이를 가진다.[27] 이는 제도와 개인행위라는 대상의 차이와 요구상의 의무적 명령성과 책무적 자임성, 그리고 이에 따른 수용태도상의 수동성과 적극성이라는 차이가 있음을 말해주는데, 그밖에도 선 정의원칙, 후 공평원칙이라는 선후의 차이가 있음은 위에서 본 바와 같다. 물론 이들 차이에도 불구하고 두 원칙에 있어서 요구의 핵심은 공평성—공평한 선 수용과 공평한 후 적용—에서 만나고 있다는 점에는 변함이 없다 하겠다. 결국 두 원칙의 관계는 사회제도 · 구성원의 행위, 구성원 간의 관계 등 제 차원에 일관된 공평성의 확립을 전제하여 공통의 기속내용과 기속준거를 가지나, 서로 다른 대상(제도 vs. 개별행위주체)에 대하여, 그리고 그에 따른 서로 다른 역할(의무적 기속 vs. 책무적 기속)을 분담하는 관계라고 말할 수 있을 것이다. 그리고 이렇듯 서로 다른 2중적 기속이 가지는 의미에 대해서는 앞서 언급한 바와 같다.

5-4. 롤즈의 위임체계

이상과 같은 정의원칙과 공평성원칙(이하 두 원칙)의 상호 관계 및 그 관계에 부수된 의무와 책무 간의 변별과 연관성에 대한 설명은 의/책무가 두 원칙으로부터 어떻게 위임되는지 그 위임의 연계구조를 잘 보여준다. 더불어 이는 의/책무의 정당한 기속력위임의 연계구조 역시 잘 보여준다. 여기에서 다룰 이 연계구조는 이 절의 말미에서 다룰 연계단

27. 이러한 차이를 롤즈는 정의원칙의 수용 · 지지와 관련한 '불가피성'과 '자발성'의 차이로 설명한다(343–344).

계별 의/책무 (및 이에 상응하는 권리)의 내용과 더불어 의/책무 (및 이에 상응하는) 권리가 사회정의질서 속에서 어떤 모습으로 존재하는지 그 존재양태와 기속질서를 파악하는 틀을 제공하게 된다는 점을 우선 언급해 둔다.

우리는 이미 책무의 위임연계와 관련하여 프리차드의 약속책무 관련 의문에 대한 롤즈의 답 속에서, 그리고 롤즈의 이에 대한 설명과 일반화(112, 342, 344)를 통하여 모든 책무는 원초상태에서 가상합의에 의해 선택된 공평성원칙에 대한 책무로부터 위임된 위임책무임을 본 바 있다. 즉, 약속관계를 비롯한 모든 개인차원의 인적 · 물적 관계—이를테면 채권–채무관계, 계약관계, 거래관계 등 —에서 비롯되는 모든 책무는 그와 관련된 관행 및 규율상의(즉, 제도상의) 규정 이전에 공평성원칙에서 발생되므로 약속책무와 마찬가지로 모두 정의원칙과 이에 부합하는 제반 제도에 대한 정의의무를 공평성원칙에 입각하여 이행해야 할 정의의무(공평성원칙 포함)이행책무로부터 위임된 위임책무가 되는 것이다. 이때 그 '위임의 연계(fiduciary ties)'(350)는 공평성원칙으로부터 정의원칙 및 정의로운 제도의 원용을 경유하여 개인행위로 이어진다. 그래서 개인행위 차원에서 가지게 되는 책무는 공평성원칙에 대하여 가지는 정의원칙준수의무이행책무와 정의로운 제도준수의무이행책무가 위임된 복합물이 된다. 이로써 롤즈의 책무이론은 위임책무이론이라고 일반화할 수 있을 것이다.

이러한 위임책무이론 속에는 의무와 그 기속력 역시 위임된 위임의무와 위임기속력이라는 사실이 포함되어 있다. 이는 약속책무에서와 마찬가지로 모든 책무가 정의의무를 전제하는 만큼 정의원칙에 대한 의무 및 정의로운 제도에 대한 의무를 전제하는 데에서 비롯된다. 일반적으로 의무는 구체적 개인들의 자발적이고도 의도적인 행위와 무관한 것으로 이미 정해진 책임으로 존재한다. 그리고 이와 비슷하게 사회구성원들이 정의로운 관행, 정의로운 규율, 정의로운 주요 사회제도 등에 대하여 자연적으로 가지게 되는 롤즈의 정의의무 역시 개인들의 자발적 · 의도적 행위와 무관하게 원초상태에서의 가상합의에 의해 선택된 정의원칙 및 정의의무원칙에 입각하여 이미 정해진 것으로 나타난다. 그럼에도 개인은 일상생활에서 이 정의의무를 이행해야 한다는 것이 롤즈의 주장이었다. 그렇다면 여타의 도덕적 일반의무야 그 기원을 더 따져보아야 알겠지만, 현실생활에서 개인이 이행해야 할 롤즈의 '정의의무'는 원초상태에서 합의된 정의원칙과 정의의무원칙에 대한 의무로부터 위임된 것이라고 볼 수밖에 없다. 이는 책무가 공평성원칙으로부터 위임된 것과 마찬가지로 위임의무라고 말할 수 있다. 그리고 그 위임의 연계 역시 위임책무에서와 마찬가지로 정의원칙으로부터 정의로운 제도를 경유하여 개인행위 차원으로 이어진다고 보아야 한다. 그래서 개인행위 차원에서 가지게 되는 의무는 정의원칙에 대한 의무와 정의로운 제도에 대한 정의의무가 위임된 복합물이 된다. 이로써 롤즈의 의무이론은 그의 책무이론과 마찬가지로 위임의무이론이라고 일반화할 수 있을 것이다.[28)]

28. 이 두 일반이론으로부터 한 걸음 더 나아가서 보면, 앞서 살핀바와 같이, 정의원칙이건 공평성원칙이건 모두가 그 기속력근거를 만인평등관에 두고 있는 일종의 실행원칙으로 볼 수 있기 때문에, 이 두 원칙으로부터 비롯되는 위임의무와 위임책무의 최종 근원은 궁극 보다 보편적인 준칙, 즉 만인평등원칙에 있다고 말할 수 있을 것이다. 그렇다면 이 두 일반이론은 합하여 만인평등원칙에 근거한 위임 의/책무이론으로 더 포괄적인 일반화가 가능할

그런데 이러한 의무와 책무 모두의 위임성을 인정할 때, 여기에는 권리와 그 기속력의 위임 또한 곁들여질 수밖에 없다. 왜냐하면 의/책무는 이에 상응하는 권리의 존재를 전제하기 때문이다. 이는 정의원칙과 공평성원칙이 원초상태부터의 정의감과 공평성을 각 개인들의 행동에서 자유롭고 평등한 선택권을 중심내용으로 하여 보장해 주기 위한 것이라는 권리중심적 해석을 가능케 한다. 더불어 정의의 의미가 가상상태인 원초적 상황에서 이미 수립된 만인 자유평등의 대전제와 이에 따른 평등한 선택권을 공평하게 보장하는 것이고, 이를 원칙화한 것이 정의원칙이라는 해석도 가능케 한다. 따라서 개인차원의 두 원칙, 즉 공평성원칙과 정의의무원칙은 한편으로는 누구나 정의원칙에 대해 공평히 의/책무를 지어야 정의롭다는 것을 준칙화한 것이자, 다른 한편으로는 역으로 이 의/책무에 상응하는 권리를 보호하는 것을 준칙화한 것이라는 양면적 의미를 가지게 된다. 이러한 권리의 양면성에 대해서는 앞서 3장 3절에서 살펴본 바 있다. 이러한 양면성은 롤즈가 하트(H. L. A. Hart)의 "상호규제성(mutuality of restrictions)"원칙이 공평성원칙의 근거아이디어(intuitive idea)임을 밝힐 때에도 분명하게 드러난다(112, 343). 하트의 상호규제성원칙은 간략하자면 특정 규율 하의 특정 협업관계에 특정인이 자의에 따라 동참하는 경우, 이 규율이 정의로울 때는 이 특

›››

것이다. 즉, 우리는 모두가 일반적으로 만인평등원칙과 그 실행원칙(자율권평등원칙, 정의원칙, 공평성원칙, 정의의무원칙 등), 그리고 이에 부합하는 제도에 대한 수용 및 지지의 의무를 짐과 동시에 이에 근거하여 편의와 이익을 도모하는 어떠한 의도적이고 자발적인 행위를 할 경우 그 행위내용이 상기의 원칙과 제도를 공평하게 적용해야할 가외의 관련 의무준수 책무를 진다고 할 수 있는 것이다.

정인은 이 규율에 따라 규율에 정해진 자기 몫을 다하는 책무뿐만 아니라 다른 동참자가 이 규율에 복종할 것을 요구할 수 있는 권리 또한 가진다는 것이다.[29)]

그러나 정의원칙과 공평성원칙은 권리보호의 준칙이기 이전에 '자연권적 보호' 의 대상으로 볼 수 있다. 이렇게 볼 수 있다는 것은 롤즈의 말대로 정의감과 공평성이야말로 인간 본연의 보편적 도덕적 특성, 즉 '도덕적 인격성(moral personality)' 의 핵심 구성요소로서(12, 19, 505) 이미 정의원칙이 선택되는 원초상태부터 마치 모든 인간에게 평등하게 보장되어야 할 "자연권"적 보호의 대상으로 전제(19, 118; 참고 §§73-77) 될 수 있기 때문이다. 정의원칙과 공평성원칙이 앞서 살펴본 것처럼 바로 이러한 정의감과 공평성을 준칙화한 것이므로 롤즈와 더불어 이 두 원칙을 인류 보편 차원의 자연권적 보호의 대상으로 볼 수 있는 것이다. 그래서 롤즈는 공평으로서의 정의감을 포함하여 이 두 원칙을 일종의 원초상태 이래 전승되어 온 '공공자산(collective asset)' 으로 표현한다(347). 어떤 사회의 공공자산은 그 사회의 규모에 무관하게 구성원 모두가 수호할 의무와 향유할 권리 모두의 대상이 된다. 그리고 만약 이 공공자산이 그 사회구성원들의 행동준칙으로서의 내용을 가질 때는 하트의 협업공동체 규율에서와 마찬가지로 모든 구성원 개개인은 이를 수용하고 지지해야할 의무 및 이 의무를 이행할 책무, 그리고 이와 동시에 이에 상응하는 권리 및 자신의 이익과 편의를 위하여 이를 활용할 권리를 가지게 된다.

이렇듯 정의로운 인간 사회의 공공자산으로 존재하게 되는 정의원

29. H. L. A. Hart(1955), p. 185.

칙과 공평성원칙은 그 자체가 권리의 대상일 뿐만 아니라, 이로부터 비롯되는 권리는 마치 이로부터 비롯되어 위임되는 의/책무와 마찬가지로 위임권리라고 볼 수 있다. 그래서 그 위임의 연계구조와 연계내용은 의/책무 및 그 기속력체계와 그 궤를 같이 한다고 말할 수 있다. 즉, 권리 위임의 연계는 정의원칙 및 정의의무원칙으로부터 정의로운 제도를 경유하여 개인행위 차원으로 이어진다. 그래서 개인행위 차원에서 가지게 되는 권리는 정의원칙 준수에 대한 의무에 상응하는 권리와 정의로운 제도에 대한 수용과 지지의무 혹은 준수 · 이행의 의무에 상응하는 권리, 그리고 이상과 같은 각각의 의무를 수행할 각각의 책무에 상응하는 각 권리들의 복합물이 된다고 말할 수 있다. 롤즈의 『정의론』의 특성이 '도의론(deontic theory)'적 성격에 치우쳐 있기에[30] 여기에 권리론의 여지를 찾기는 어렵지만, 그의 의/책무이론에 상응하는 권리의 측면에 중심을 두어 굳이 권리이론이라는 이름을 붙인다면, 롤즈의 권리이론은, 그의 의/책무이론과 마찬가지로 위임권리이론이라고 일반화할 수 있을 것이다.

또한 이러한 일반화된 위임권리이론으로부터 한 걸음 더 나아가서 보면, 앞서 살핀 바와 같이 정의원칙이건 공평성원칙이건 모두가 그 기속근거를 만인자유평등관에 두고 있는 일종의 사회적 실행원칙으로 볼 수 있기 때문에, 이 두 원칙으로부터 비롯되는 위임권리 및 그 기속력의 최종 위임근거는 궁극적으로 보다 보편적인 준칙, 즉 만인자유평

30. '도의론'은 주로 인간의 의무와 책무를 중심으로 논의되는 이론들을 말하는데, 롤즈의 정의이론이 거의 이에 가깝다. 이는 그의 책 말미 색인표에서 '권리'의 사용회수와 '의무 및 책무'의 사용횟수를 비교해 보면 바로 드러난다.

등원칙에 있다고 말할 수 있을 것이다. 그렇다면 롤즈의 위임권리이론은 만인자유평등원칙에 근거한 위임권리이론으로 더 포괄적인 일반화가 가능할 것이다. 즉, 우리는 모두가 일반적으로 만인자유평등원칙과 이에 부합하는 제도에 대한 준수 및 이행의 권리를 가짐과 동시에, 이에 근거하여 편의와 이익을 도모하는 어떠한 자발적 행위를 할 경우, 이로부터 비롯되는 책무에 상응하는 가외의 권리, 즉 그 제도에 근거하는 책무[위치적 책무(positional obligation)]에 상응하는 권리[위치적 권리(positional rights)]를 가진다고 할 수 있는 것이다. 물론 여기에서 만인자유평등원칙은 이와 같은 위임권리의 근원이 되기도 하지만, 이 또한 일종의 공공자산으로서 수호하고 지지해야 할 의/책무와 이에 상응하는 권리의 대상이 된다는 데에도 변함이 없다고 해야 할 것이다. 왜냐하면 정의원칙과 공평성원칙이 일종의 공공재산이라면 이 두 원칙의 모태가 되고 있는 만인자유평등원칙 역시 원초상태 이래의 공공자산일 수밖에 없기 때문이다.

5-5. '층위위계체계-사회질서' 모델

이상 우리는 롤즈의 약속과 관련한 위임책무이론을 통하여 정의원칙과 공평성원칙의 관계와 그 속에서의 의무와 책무의 상호 변별 및 상호 연계가 어떻게 이루어지고 있는지 살펴보았다. 그리고 이로부터 의/책무 및 권리의 위임근거, 위임연계질서 그리고 위임구조를 추론하여 보았다. 이로써 우리는 롤즈의 설명 속에서 권리 및 의/책무와 그 각각의 기속력이 어떤 모습으로 존재하는지 그 구조적 얼개와, 이들의 정당한(도덕적인) 기속력이 어떠한 위임질서와 구조 속에서 연계되는지에 대해서 파악할 수 있었다. 이를 개략하자면, 1) 구체적 개인행위로부터 비롯되는 권리 및 의/책무의 기속력 근거는 이와 관련되는 제도와 두 원칙—정의원칙과 공평성원칙—에 두고 있고, 2) 그 기속질서는 원칙, 제도, 개인행위 등 3차원에 걸치는 위임연계 속에 분포되어 있으며, 3) 이러한 위임연계 속에는 일정의 위계질서, 즉 위임질서가 존재한다는 것이었다.

이상은 1) 롤즈의 위임책무이론의 이해에 근거하여 2)그의 의무와 책무의 상호 변별과 연계에 대한 설명을 재구성하고, 3) '1)'과 '2)'에 전제되어 있는 '권리'를 추론해낸 그간 논의의 개략인 만큼 이를 '권리 및 의/책무의 존재양태에 대한 롤즈 모델' (이하 '롤즈 모델')이라 부르기로 한다. 그런데 본 논의의 중심과제인 '권리 및 의/책무의 존재양태와 그 상호 관계의 기속질서의 내용을 파악하기 위해서는 롤즈 모델 속의 위임구조와 그 위임연계질서가 어떤 내용의 권리 및 의/책무로 구성되어 있는지가 밝혀져야 한다. 이를 테면 사회적 원칙 · 제도와 개인행위의 각 차원의 권리 및 의/책무와 그 기속력의 내용이 가감 없이 그대로 위임된 동일내용으로 존재한다는 것인지, 아니라면 그 각각의 내용은 어떻게 다르며, 그 다른 내용은 앞서 살펴본 위임구조 및 위임연계질서와 어떤 다른 모습으로 결합하게 되는지, 특정 개인이 특정 내용의 권리를 가진다든지 혹은 특정 내용의 의/책무를 짊어진다는 것은 이러한 위임연계구조와 위임연계질서 속에서 어떻게 이해할 수 있는 것인지 등 권리 및 의/책무의 존재양태와 권리-의/책무관계기속질서의 구체적 내용과 구성에 대한 의문이 아직 풀리지 않고 있는 것이다. 이하에서는 롤즈 모델을 토대로 이를 보완해 가면서 이상의 문제들에 답해볼 것이다. 그리고 이는 권리 및 의/책무 존재양태와 권리—의/책무관계기속질서 내용에 대한 탐색으로 이어지면서 이를 설명해낼 수 있는 이론적 틀이 모델로 제시될 것이다.

롤즈 모델에 나타나는 원칙차원의 기속책임(requirements)과 제도차원의 기속책임 사이에는, 비록 롤즈의 설명 속에는 뚜렷한 변별에 대한 언급은 없지만, 원칙과 제도의 차이만큼 그 내용과 역할상의 차이가 함의되어 있다. 롤즈가 언급하고 있는 원칙—이를 테면 정의원칙, 공평성원칙 등—은 공평성을 내용으로 도덕규범으로서의 역할을 하는 데 비해, 제도(관행과 규율)는 그 도덕적 정당성의 문제를 잠시 제외하고 생각한다면 그 나름의 내용과 역할을 갖는다. 롤즈가 모든 제도는 제정된 관행(constitutive conventions)으로 그 자체 도덕적 기속력을 가질 수 없음을 강조할 때(348), 이는 한편으로는 제도적 기속책임이 정당화되기 위해서는 공평성을 내용으로 하는 정의원칙의 도덕적 기속력 범위 내에 있어야 함을 말하는 것이지만, 다른 한편으로는 그 제도 자체가 요구하는 기속책임은 여전히 제도적 기속책임으로서 원칙차원의 기속책임과는 구분되어야 함을 시사하는 것이기도 하다(349). 그래서 개인들은 제도적 기속책임이 도덕적 기속력을 가질 때만이—마치 모든 제도가 도덕원칙으로서의 두 정의원칙에 부합함으로써만이 정당화될 수 있듯이—정당화될 수 있는 제도적 기속책임을 가지게 되지만, 이때 가지게 되는 제도적 기속책임은 공평성이나 정당성에 대한 원칙차원의 요구충족책임 외에 관련 제도 자체가 요구하는 구체적 상황요건 및 행위지침을 충족시켜야 할 책임을 포함한다.[31]

---

31. 이러한 제도적 기속책임의 특성은 본 논의를 자체논지를 벗어난 다른 문제

이러한 차이를 약속을 예로 들어 설명하자면, 개인들이 약속을 통해서 지게 되는 책무만 하더라도 2중적인데, 이 2중의 책무가 서로 다르다. 약속을 통에서 지게 되는 1차적 책무는 공평성원칙의 한 부속원칙(약속 등 언질행위 부문에 특수화된)으로서의 신뢰원칙에 따라 약속은 지켜야 한다는 약속준수책무(원칙차원의 기속책임)이다(344, 346). 그러나 2차적으로 개인들은 약속제도로서의 약속규율에 대해서 이미 앞서 롤즈의 설명을 통해 살펴보았듯이, 이 규율이 구체화하고 있는 약속언질행위의 조건—당사자 사이 약속관계상의 "공정한 지위"(345)를 보장할 수 있는 약속환경—을 충족시킬 약속조건충족책무(제도적 기속책임)도 지게 되는 것이다(344–345). 이때 2차적으로 지게 되는 약속조건충족책무는 그 약속규율이 두 정의원칙에 부합할 경우 약속 당사자 사이 약속관계에 대해 제도적 기속력뿐만 아니라 도덕적 기속력 또한 가지게 된다. 그리고 이 경우가 바로 유효한 구속력을 가지는 약속이 제도차원에서 성립(345)되어 비로소 공평성원칙에 따른 약속이행 책무가 발생되는 경우로 이해되는 것이다. 그러나 유의해야 할 점은, 그렇다고 이 2차적 책무가 공평성원칙에 대해서 지게 되는 1차적 책무와 같지는 않다는 것이다.

그러나 롤즈의 관련 논의 속에는 이러한 원칙차원과 제도차원 사이

›››

로 접속시키는 만큼 본 논의의 핵심을 벗어나게 한다. 그래서 그 단서만을 지적한다면, 기속책임을 둘러싼 원칙차원과 제도차원의 차이는 사회구성원들의 '불복종'과 '양심상의 거부'에서 상호간 분립과 대립으로까지 진전될 수도 있다는 점이다. 이는 롤즈가 이와 관련하여 사회기본구조가 그 대강에서 정의로울 경우에는 어느 정도의 한계 내에서는 설사 도덕적 기속력이 미약한 덜 정의로운 사회제도일지라도 이에 대한 제도적 기속책임이 있음을 인정하는 곳(§53, §55)에 함의되어 있다.

의 기속책임의 차이에 관한 변별이 간과되어 있다. 그리고 그외에도 원칙 및 제도차원의 기속책임이 구체적으로 귀착해야 될 개인행위 차원의 기속책임에 대한 사항이 거의 설명되고 있지 않다. 이러한 미비점은 롤즈의 관련 논의에 소홀히 된 권리측면에 대한 설명과 더불어 보완되어야 할 부분이다. 물론 롤즈의 관련 논의가 제도를 대상으로 하는 정의원칙과 개별행위주체를 대상으로 하는 공평성원칙을 중심으로 정의질서의 기속력이 어떻게 개별주체의 행위로까지 이어져 정의질서를 이루어 가는가에 대한 과정, 즉 정의의 사회적 기속질서체계에 초점을 두고 있다는 점에서 개별행위주체 자체와 관련한 세부적 각론은 나름대로의 이유 있는 기각사항이 될 수도 있다. 그러나 본 논의는 정의질서가 개인차원에서 어떠한 권리-의/책무관계기속질서로 나타나는가를 살피는 데 중점을 두기 때문에 개인행위 차원의 기속책임과 이에 수응하는 권리에 대한 설명은 불가결의 필수사안이 된다. 더불어 보다 보편적인 논의의 지평에서 볼 때도 모든 권리 및 의/책무—그것이 사회원칙차원에서 비롯된 것이든, 아니면 사회제도 차원에서 비롯된 것이든—의 존재이유, 수행의 주체 및 대상, 그리고 그 기속의 귀착점 등의 현실적 모습이 궁극에 가서는 개별적 개인과 이들 사이의 관계 속에서 구체화되기 때문에 개인행위 차원의 권리-의/책무관계 기속질서에 대한 설명은 더욱이나 필수불가결하게 되는 것이다. 기실 일반적 상식에 비추어보더라도 롤즈의 원칙 및 제도에 치중한 정의의 사회적 기속질서 관련 논의는 오히려 개인차원의 권리 및 의/책무로 구성되는 계약적 기속질서를 설명하는 보완설명의 성격을 가져야 한다고 생각된다. 이는 롤즈의 정의원칙과 이에 부합하는 사회관행과 제도가 궁극적으로 원초상태에서 가정된 자유롭고 평등한 (도덕적 인간으로서의) 개별자들의 자유로운 선택권을 보호하기 위한 것이라는 관점에서 그렇고, 또 사회의 원칙 및 제도들을 그 구성원들의 자연권적 기본권을 보장하기 위한 수단으로 보는 자유주의 기본정신의 관점에서는 더더욱 그렇다.

위에서 살폈듯이 사회원칙 차원의 기속책임의 내용이 사회제도 차원의 기속책임의 내용과 다르듯이 개인행위 차원의 기속책임의 내용이 상기 두 차원의 기속책임과 다르다는 사실은 개인행위 차원의 기속책임에 대한 별도설명의 필요성을 더욱 절실하게 한다 할 수 있으리라. 물론 이러한 별도설명의 필요성은 이렇듯 서로 다르게 변별되는 기속책임에 수응하는 권리의 경우에도 모두 타당하게 절실한 필요성이기도 하다. 이를 테면 내가 '부시 행정부는 제국주의의 화신이다' 라고 말했을 때, 나는 그렇게 말할 권리를 '모든 인간은 의사표현의 자유를 가진다' 는 원칙과 이를 보장한 사회적 제도에 근거해서 가지게 된다고 말할 수 있다. 그러나 그러한 내 권리는 원칙차원 및 제도차원의 권리에, 추상적 권리에 그쳐서는 안 되고 관계적 차원에서 미국 정부요인을 포함한 내 주변의 직 · 간접으로 내 말을 듣고 있는 특정 다수 개개인에 대한 구체적 권리여야 하기 때문이다. 그리고 주변 사람들이 가지는 이러한 내 권리를 존중해야 할 의/책무는 이상과 같은 원칙과 제도에 근거하여 발생된다 하겠지만, 이들 원칙과 제도에 대한 추상적 의/책무에 그쳐서는 안 되고 보다 직접적으로는 즉현실적 발언자인 나에 대한 의/책무여야 하기 때문이다. 또한 내가 가지는 권리의 내용은 막연히 의사표현 자유가 아닌 구체적으로 '부시 행정부는 제국주의의 화신이다' 라는 언명에 대한 자유가 되고, 이러한 구체적 내용을 가지는 나의 권리에 대한 특정 주변 사람들의 의/책무의 내용도 추상적인 '의사표현 자유' 에 대한 존중이 아닌 나의 바로 그러한 언명에 대한 존중으로 구체화되어야 하기 때문이다. 물론 나나 주변 사람들 모두 의사표현의 자유와 관련한 원칙이나 사회적 제도를 지지 · 수용할 권리와 그에 따를 의/책무를 동시에 가질 것이다. 그러나 그렇다고 이러한 권리 및 의/책무가 위에서 살핀 바와 같은 개인차원의 구체화된 권리 및 의/책무와 같다고 볼 수는 없는 노릇인 것이다. 이는 개인행위 차원의 권리와 책임은 그 내용에서 원칙 및 제도차원의 권리 및 책임내용과 다르다는 사실과 더불어 후자의 차원은 전자의 차원을 정당화하고 보장하기 위한 방편의 의미로 존재함을 밝혀준다.

이러한 차이는 약속의 경우에도 마찬가지이다. 이를 테면 약속관계가 성립할 수 있는 적절한 상황에서 B가 A로부터 10만 원을 빌리고 일주일 후에 갚기로 A에게 약속했다면, A–B 사이에는 유효한 약속관계가 성립되어 B는 A에게 한 약속을 이행해야 하고, A에게는 B의 이러한 약속책무에 상응하는 권리가 부여되어 A–B 약속관계는 약속을 내용으로 하는 권리–의/책무관계기속질서 속에 들게 된다.[32] 이때 B가 A에

32. 이러한 예에 상응하는 예로서 롤즈는 “어떤 사람이 변명의 여지가 없는 적절한 상황에서 ‘나는 X하기를 약속한다’고 말하면 그는 X를 해야 한다”를 들고 있다(345). 그러나 여기서 ‘어떤 사람’이 “나는 ‘X하기’를 약속한다”했을 때, ‘어떤 사람’과 ‘X하기’는 구체적 대상을 지목하지 않은 범칭의 명칭변수임에 주목할 필요가 있다. 이 범칭의 명칭변수는 약속일반에 대한 약속규율과 공평성원칙이 대상으로 하는 명칭변수와 그 추상화층위가 같기 때문에 약속책무발생의 직접적 계기가 되는 특정 당사자 간의 약속관계와 이에 따르는 권리 및 의/책무의 내용이 드러나지 않고 단지 ‘약속은 지켜져야 한다’는 원칙에 대한 일반적 권리–의/책무관계만이 드러나게 되어 책무(혹은 이에 대응하는 권리)의 위임층위의 중첩혼동을 야기한다. 이러한 롤즈의 예와 위의 예의 차이는 A. Gewirth는 ‘일반권’과 ‘특별권’의 차이를 이용하여 이를 확연히 구분할 때 잘 드러난다. “A가 B로부터 약속된 10달러를 받는 특별권에는 이 $10에 대한 A의 아무런 의무도 따르지 않는 데 반해 A가 자

대하여 지는 약속책무는 1) '[선의의(bona fide), 346] 약속은 지켜져야 한다' 는 공평성원칙(혹은 신뢰의 원칙)에 따른 약속준수의무이행책무와, 2) 약속규율에 따른 '약속 유효조건에 부합하는 약속은 또한 그에 상응하게 지켜져야 한다' 는 약속규율준수의무이행책무 등 추상적인 내용을 가지는 약속책무 외에, 3) 'A에게 일 주일 후 10만 원을 돌려주어야 한다' 는 구체적인 내용을 가지는 약속이행책무 또한 가지게 되는 것이다. 이때에도 역시 A에게는 B의 이러한 3중의 의/책무에 각각 대응하는 권리가 발생됨으로써 A-B 약속관계는 3중의 권리-의/책무관계 기속질서의 관할 하에 놓이게 된다. 롤즈의 논의 속에는 바로 이렇듯 구체적 내용을 가지는 개인 당사자 간의 약속책무에 대한 설명이 생략되어 있다. 그러나 내 생각으로는 이 개인차원의 약속이행의 의/책무야말로 모든 일상적 약속책무의 현실태일 뿐만 아니라, 오히려 이를 설명하기 위해 그 근거로 고려되는 것이 원칙차원과 제도차원의 추상적 의무이행책무라고 보는 것이 보다 합당하다고 생각되는 것이다.

이상의 논의를 통해 보완된 롤즈 모델은, 이를 테면 위에서 든 A-B 사이의 약속관계에서 비롯되는 약속책무의 예를 B를 중심으로 보면, 원칙차원 · 제도차원 · 개별행위주체 차원에 걸쳐 3중의 복합형태를 가

›››

신에게 한 B의 (10달러를 주기로 한) 약속을 B가 지키게 하는 일반권에는 그 약속이 그대로 지켜지도록 노력할 의무가 따른다. 왜냐하면 A는 그렇게 함으로써 모든 사람에게 하나의 중요한 (공공)자산인 약속이행의 (사회적) 제도를 견고히 하는 데 도움을 주기 때문이다. …"(Gewirth, 1996 : 234). 물론 Gewirth의 언급 중 A-B간 권리-의/책무 특별관계에 대한 부분은 재고의 여지가 있는 것으로 이에 대해서는 한 검토연구(이봉철, "서구 자유주의 권리이론에 나타나는 '일 방향 권리-의/책무구조'의 오류비판", 『한국과 국제정치』, 20-2(경남대학교 극동문제연구소, 2004 여름), pp. 91-119를 참고.

지는 것으로 나타난다. 즉, 1) 공평성원칙에 입각하여 '선의의 약속은 지켜져야 한다'는 원칙준수의무이행책무, 2) '유효한 약속이 되기 위해서는 약속규율에 부합해야 한다'는 약속규율준수의무이행책무, 그리고 3) 구체적으로 A–B 간의 정의로운 관계(정의로운 인적 · 물적 교류와 그 교류조건) 내에서 약속한 구체적 내용을 이행할 책무(즉, B는 A에게 일주일 후 10만 원을 갚아야 할 책무) 등 3가지의 서로 다른 책무가 동시에 중복하여 발생하게 되는 것이다. 다른 한편, 이를 A를 중심으로 볼 때는 B의 3중 중복책무 각각에 대응하는 권리가 B에게 발생된다. 그리고 이렇게 발생된 3중의 권리 및 책무는 그 상호관계기속질서의 관할 하에 놓이게 된다.

그런데 A–B의 약속관계가 유효하기 위해서는 우선 의/책무측면에서 약속규율이 규정하고 있는 유효조건을 만족해야 되기 때문에 개별행위주체 차원의 상호 관계상의 의/책무는 제도차원의 구속 하에 있고, 약속규율은 정의원칙에 부합함으로써만이 정당화될 수 있기 때문에 제도차원의 의/책무는 원칙차원의 구속 하에 있게 되는 등, 서로 다른 층위의 의/책무의 3중 복합형태를 구성하며 일정의 위임위계질서를 형성함을 알 수 있다. 물론 이를 권리측면에서 볼 때도 마찬가지여서, 권리 역시 3중의 권리복합 형태로 구성되면서 원칙층위→제도층위→개인행위층위로 이어지는 권리위임위계질서를 형성하게 된다. 결국 약속관계를 예로 한 이상의 설명이 말해주는 것은 첫째, 의/책무와 이에 상응하는 권리 모두가 동일하게 중복되어 있는 3층위에 걸쳐서 3중의 복합구조를 구성하며, 이 복합구조는 원칙층위에서 개인행위층위에 이르는 일정의 위임위계질서 속에 놓이게 된다는 점이다. 두 번째, 이러한 층위별 복합구조와 위임위계질서 속에서 권리–의/책무관계 역시 3중의 층위별 복합구조를 구성하면서 권리–의/책무상호관계기속질서는 층위 사이를 이어주는 위임위계질서를 따라 사회원칙질서, 사회제도적 질서에 부합하는 상호관계기속질서로 확대되어 간다는 점이다.

3장 2절에서 밝힌 바와 같이 어떤 복합물이 일정의 질서를 중심으로 구조화된 것을 체계(system)라 부른다면, 일정의 위임위계질서 속에서 원칙 · 제도 · 개인행위의 3층위에 걸쳐 3중 복합형태로 나타나는 약속 관련 의/책무 및 권리와 그 상호관계기속질서는 일종의 위계적 층위로 구성된 의/책무 및 권리체계 및 그 상호관계기속질서체계로 존재한다고 말할 수 있을 것이다. 이러한 체계성은 약속책무의 경우가 앞서 책무일반과 의무일반을 포괄하는 기속책임을 대표하고, 이 의/책무에 상응하는 권리일반을 대표하는 만큼이나 제도적용 정의원칙과 개인적용 두 원칙(자연적 정의의무원칙과 공평성원칙)이 적용될 수 있는 한 이들 원칙에 위임근거를 두는 기속책임 및 권리 전반에 일반화할 수 있다. 권리 및 의/책무의 체계적 존재와 그 상호관계기속질서체계를 일반화할 수 있다는 것은 적어도 자유주의적 인간 사회관계와 그 관계질서를, 그 원칙층위와 제도적 층위를 포괄하여 '권리–의/책무기본관계'(3장 3절 참고)와 '권리–의/책무기본관계질서'(3장 4절 참고)로 풀어낼 수 있음과, 사회기속질서로 확대되는 그 체계성을 통하여 자유주의적 인간 사회관계체계와 그 질서체계를 설명할 수 있는 이론적 틀을 제공할 수 있음을 말해준다. 더구나 이 '틀'은 '정의사회 가정'(본장 서두)에 요구되는 조건을 충족하는 배경사회에서 모색된 것인 만큼 적어도 자유주의적 인간 사회관계와 그 질서가 준거해야 될 전범(典範)으로서의 성격을 가진다. 이런 의미에서 이 '틀'을 이제부터 '권리 및 의/책무 존재양태에 대한 층위위임체계–사회질서 모델'(이하 '층위위계체계–사회질서 모델')로

부르기로 한다.

이하에서는 이상에서 도출된 '층위체계-사회질서 모델' 의 존재양태, 질서구조, 층위별 역할분담 등과 관련한 몇 가지 특징을 살펴보면서 본절을 마무리한다. 우선 그 존재양태에서 그 포괄범위를 중심으로 볼 때, 일견 개인층위를 중심으로 제도층위와 원칙층위가 차례대로 그려가는 동심원다발 같은 모습을 띤다.[33)] 이를 약속을 예로 살펴보면, 개인행위 차원의 약속 관련 권리 및 의/책무를 중심원으로 하여 그 밖을 약속을 포함하는 포괄적 언질행위의 유효조건 충족과 관련한 권리 및 의/책무가 둘러싸고, 그리고 약속 관련 모든 권리 및 의/책무의 근거가 되는 공평성원칙에 대한 권리 및 의/책무가 가장 외곽의 원을 둘러치는 모습처럼 나타나는데, 이를 '권리 및 의/책무 존재양태의 3중 복합체계'(이하 '복합체계')라 이름할 수 있을 것이다. 그런데 또한 이 3개의 원은 같은 중심을 공유하며 서로가 중첩되어 있어서, 개인행위 층위는 그 범위에 해당하는 만큼의 제도층위와 원칙층위를 확보하며, 제도층위는 그 범위에 해당하는 만큼의 원칙층위를 확보하고 있는 모습이다. 즉, 동심원다발처럼 상호 겹쳐 있는 각 층위별 권리 및 의/책무의 기속력은 일정한 위계질서를 따라 권리-의/책무상호관계의 기속질서체계를 형

33. 이러한 '권리-의/책무기본관계'가 사회기속질서에 수응하면서 형성되는 권리 및 의/책무의 '층위체계모델'의 모습은 롤즈의 최근 저작 『정치적 자유주의(*Political Liberalism*)』(1993)(이하 'PL') '제IV강'에서 논하고 있는 '중첩합의'를 연상시킨다. 그러나 그의 중첩합의는 '공적이성'(PL : VI)에 이해 인도되고 형성되는 인간 심성(PL : II §1 §§5-7, VIII §§5-6)의 몇 가지 한정된 덕목(PL : V 5)이 결합된 결과로서, 여기에서 사회구성원의 자연스런 삶이 인간 사회관계에서 형성되는 '층위체계 모델'과는 그 내용 및 성격, 그리고 형성과정과는 판이하다.

성하면서 정의로운 사회질서와 접합되어 있는 것이다.

이 질서체계를 B의 A에 대한 약속관련 의/책무를 예로 하여 설명하면, 1) (개별행위주체 차원에서) B의 약속-의/책무의 내용 속에는 공평원칙준수의무이행책무와 정의로운 약속규율준수이행-의/책무 및 A와 수립한 '원칙-및-제도부합관계(인적 · 물적 교류와 그 조건terms)'의 유지/이행의무에 따라 A에게 10만 원을 일 주일 후에 갚을 의/책무가 동시에 존재하고, 2) (사회제도 차원에서) A-B의 약속관계 수립이 촉발하는 약속규율은 정의원칙에 부합해야 할 조건 속에 있으면서 그 구체적 규율사항인 유효약속의 조건을 부과한다. 그리고 3) (사회정의원칙 차원에서) 맨 외곽의 정의원칙과 공평성원칙은 원초상태에서 가정된 평등한 자유선택권이 약속과 관련된 제도적 관행과 개인행위에 관철되도록 정의라는 이름으로 두 하위층위가 자신에 부합할 조건을 부과한다. 이는 제도층위나 개별행위주체층위 모두에서 '약속은 지켜져야 한다'는 의무적 기속과 '이러한 의무를 특정한 상대(위의 예에서는 'A')에 대하여 이행해야 한다'는 책무적 기속을 나타내는 공통의 후렴구로 반복되어 나타난다.[34]

34. 원칙층위에서는 '… 원칙에 부합하는 약속은 지켜져야 한다'로 표현되고, 제도층위에서는 '… 경우 약속은 지켜져야 한다'로 표현되며, 개인차원에서는 '… 경우 … 의(할) 약속은 지켜져야 한다'고 표현되는데, 이를 특정 상대방을 전제한 책무적 기속의 경우에서 보면, 뒤에 붙는 '약속은 지켜져야 한다'는 표현은 약속행위에 대한 원칙(공평성원칙의 부속원칙으로서의 신뢰원칙)차원의 기속책임을 가리킨다. 여기에서 정의원칙이 간여하는 영역은 '…할 경우'의 조건부여 영역에 해당하며, 이는 각각 당사자들이 적용할 '제도'와 당사자들이 수립하게 될 '관계'의 정의원칙 부합, 즉 정당성(유효성) 여부를 결정한다.

이러한 층위체계의 중첩성과 언표상의 반복성은 기속권한 및 기속책임의 위임을 가시적으로 보여주는 것이자 각 층위별 역할이 어떤 것이고 또 그 위임된 역할이 층위체계에서 어떤 질서구조 속에 놓이게 되는지, 즉 층위 간 위임연계(fiduciary ties)의 역할과 그 구조를 가늠해 볼 수 있는 단서를 제공한다. 그런데 여기서 위임연계의 역할과 위임질서구조의 내용은 층위 상호 간 위임질서체계를 형성하고 있는 권리-의/책무관계 기속질서가 사회의 정의원칙과 정의로운 제도로 구성되는 사회기속질서체계로부터 비롯되는 권리-의/책무관계기속질서에 다름 아님을 말해준다. 다시 말하여 복합체계로 존재하는 권리 및 의/책무와 그 상호 관계가 구성하는 기속질서체계는 그 내용과 구성에서 사회정의 기준에 부합하는 3중 복합의 사회기속질서체계와 일치하는데, 이는 일반화된 '(정의로운) 사회질서'에 다름 아닌 것이다. 우선 사회질서의 원칙층위는 원칙의 선택이 이루어지는 원초상태에서 가정된 '모든 인간은 자유롭고 평등하다'는 인간의 (도덕적) 지위에 관한 보편적 대전제를 확보할 수 있는 원칙[35]을 내세워 이에 대한 의/책무와 권리를 보장해 주는 역할을 분담한다. 이를 테면 첫째, 정의원칙과 공평성원칙은 원초상태의 선택자들(original choosers)의 평등한 자유선택권과 이에 대한 상호 존중의/책무를 보장함으로써 원초상태의 만인자유평등관념을 확보한다. 이러한 역할이 사회제도질서층위에 연계되면, 이를 테면 약속규율의 경우, 이의 정의원칙에 대한 부합요건으로서 공정한 (약속

---

35. 이의 다양한 형태와 관련해서는 각주 '8'을 참고. 이들 원칙 하에서는 '만인자유평등원칙'에서와 같이, 이를 테면 약속의 경우, '자유롭고 평등한 인간 사이의 약속은 지켜져야 한다'고 표현될 것이다.

협상) 지위(fair position)의 유지로 나타난다. 그리고 사회개인질서층위에 연계되면, 이를 테면 위에 든 약속의 예에서 A와 B는 약속관계 이전이나 이후 줄곧 대등한 (도덕적) 인간으로서의 지위를 견지하게 된다.

둘째, 사회질서의 제도층위는 사회원칙질서층위로부터 위임된 평등한 자유를 유지하기 위한 제도적 여건—이를 테면 위에서와 같은 공정한 지위를 당사자 상호 관계 속에서 유지하기 위한 여건—을 마련하고, 이를 개별행위주체층위에 연계하여 관련 당사자들이 상호 대등한 지위 속에서 공정한 관계를 수립할 수 있게 하는 역할을 한다.

셋째, 이러한 사회질서 위임 연계의 종착점에 있는 사회구성원 개인층위의 관련 당사자들은 1) 서로 자유롭고 평등한 인간으로서의 대등한 지위를 견지하는 가운데 2) 공정한 조건, 즉 공평성원칙과 정의로운 제도에 근거해서 3) 서로에게 (정신적 · 물질적으로) 공정한 몫(자유, 제약; 권리, 의무; 이득, 손실)을 분담할 수 있는 사회적 (협업)관계를 수립하게 되는 것이다. 이때 이러한 사회협업관계로부터 비롯되는 당사자들의 권리–의/책무상호관계의 기속질서 이행은 3층위 모두에 걸쳐 결국 (정의로운) 사회질서의 이행이 될 때만이 그 정당성을 보장받게 되는 것이다.

이렇듯 사회질서를 이행하는 개인행위층위의 당사자는 원칙층위와 제도적 층위로부터의 사회적 규제 속에 놓이게 되는데, 그 특징적 사안만 예를 든다면, 첫째, 이해당사자 간의 어떤 (협업)관계일지라도 상호 자유평등 지위를 훼손할 경우는 1)을 저촉함으로써 원인무효가 된다. 둘째, 이해당사자 어느 일방이 체결된 관계를 부당하게 훼손할 경우에는 2)의 공정조건을 규정한 규율로부터 제도적 벌칙이 가해진다. 셋째, '3)'과 관련하여 기존 관계의 수정 · 갱신 · 폐지할 필요가 발생할 경우에는 '1)'과 '2)'에 의거 언제나 상호 합의가 전제되어야 한다. 넷째, 이해당사자 간의 어떤 (협업)관계일지라도 그 관계 밖의 제3자에 대하여 '자기모순원칙'(3장 2절 참고)에 위배되는 결과—이를 테면 그의 존엄성 및 삶에 대한 위해—를 의도할 경우는 '1)'을 저촉함으로써 원인무효가 된다는 등이 될 것이다.

이상 권리-의/책무관계기속질서체계가 어떻게 (정의로운) 사회기속질서체계로 연결되며, 사회기속질서의 내용을 구성하고 확충해 가는지에 대하여 살펴보았다. 이상 살펴본 내용이 가지는 정치적 함의는 서구 자유주의 사회계약의 기본정신과 관련하여 이어지는 6장에서 살펴본다.

5-6. '층위위계체계-사회질서' 모델의 보편성 검증

이제 앞에서 권리 및 의/책무의 존재양태와 그 상호관계기속질서를 바탕으로 도출한 '층위위계체계-사회질서 모델'의 보편성을 여타의 관련 논의들에 비추어 검증해 본다. 이 검증 속에는 복합체계로 존재하는 권리-의/책무관계기속질서와 사회기속질서체계 사이의 동일성 검증이 포함된다.

우선 권리 (및 의/책무) 관련 논의들[36]을 대상으로 이 체계성의 일반

36. 거의 모든 권리이론은 의/책무이론을 별도로 논의하지 않는데, 이는 대체로 권리는 정확히 '대응관계(correlative relation)'는 아니라 할지라도 명시적이든 묵시적이든 의/책무를 전제한다고 보기 때문이다. 이는 Hart의 논의를 비롯한 아래의 모든 예에 해당한다.

화 가능성을 검토해 본다. 권리의 근거와 내용에 대하여 체계적 이론화를 시도해 온 게워스(A. Gewirth)의 논의는 위에서 살펴본 체계성을 보여주는 대표적 예라고 할 수 있다. 그는 '모든 인간은 자유와 유복함에 대한 평등한 권리를 가진다'는 보편적인 인권[37]근거를 도출하여 이를 내용으로 하는 "인권근거일관성원칙(Principle of Generic Consistency, 이하 'PGC')"[38]을 "최고의 도덕원칙"으로 삼아 모든 (현재적 그리고 잠재적) 권리를 체계화한다(1978a : 133–147; 1978b : x, 135, 참고 Ch. 3; 1982 : 41–78; 1996 : Ch. 1). 게워스에 따르면, 모든 인간은 PGC에 권리와 의무를

37. 여기서의 "인권"은, 여타 그의 모든 논의에서도 마찬가지이지만, 제반 '국내제도적 권리'와 구별하여 주로는 국제영역에서 이를 초월한 '인간 보편의 권리)'를 지칭하기 위한 용례와는 달리 국내·외를 막론한 모든 가능한 권리를 포괄하는 의미로서 사용된 것이다.

38. 이 원칙 자체가 말하는 것은 "상대방 및 자신의 자유와 유복함에 대한 권리에 일관되게 행동하라!"이다. 이 원칙은 A. Gewirth의 "The Golden Rule Rationalized", *Midwest Studies in Philosophy III*(1878a), p. 140 ; *Reason and Morality*(Chicago : The University of Chicago Press, 1978b), p. 135 ; *Human Rights*(The University of Chicago Press, 1982), p. 52 ; *The Community of Rights* (Chicago : The University of Chicago Press, 1996), p.19 등에서 찾아볼 수 있다. PGC는 이어지는 논의에서 보듯이 그 직접적용을 받는 개인차원에서는 행동의 지침으로써 관련당사자 간의 권리 및 의/책무의 준거가 되겠지만, '간접'적용을 받는 제도차원에서는 이 원칙은 '간접'준거가 되어 제도 뒤로 숨고 제도가 '직접'준거가 되어야 하기 때문에 "제도로부터 비롯되는 상대방과 자신의 권리에 일관되게 행동하라!"로 변용되어야 할 것이다. Gewirth가 PGC의 적용을 '직접'과 '간접'으로 달리 표현하고 있는 점에서나 또 간접적용에서 개인들에 대한 PGC적용은 '사회제도를 통해서 만이'(1978a : 143 ; 1978b : 200 ; 1982 : 60) 가능하다고 언급하고 있는 점에서 이러한 변용은 이미 시사되어 있음에도 그의 논의 전반에서 변용된 원칙은 찾아볼 수 없음을 지적해 둔다. * 이상의 논의와 본문 중 Gewirth 관련논의 말미에 나오는 괄호 안의 숫자는 위에서 전거한 문헌에서의 출처임.

동시에 가진다(1996 : 6). 그런데 이러한 권리와 의무는 롤즈의 공평성과 정의감을 내용으로 하는 정의원칙에서와 같이 원칙층위를 구성한다. PGC의 간접적용을 받는 사회의 제반 (사적 · 공적) 제도가 성립되면 이로부터 보호받아야 할 권리가 발생하며(1978 : 272–274, 참고 Ch. 5), 이로써 제도적 층위가 구성된다. 개인층위는 PGC의 직접적용을 받는 제반 개인 간 인적 관계 및 물적 거래관계로부터 비롯되는 권리로 구성되며, 그 세부내용은 다시 자아실현의 합목적적 전개에 따라 신체안위와 건강을 내용으로 하는 '기본권(basic rights)'(1978b : 211–213), 생존과 평균생활수준 달성에 대한 노력을 보장해 주는 것을 내용으로 '기본생활권(non-subtractive rights)'(1978b : 232–237), 그리고 문화생활을 포함한 행복추구 노력을 보장하는 것을 내용으로 하는 '부가적 유복권(additive rights)'(1978b : 240–245) 등으로 구성된다. 이상의 논의에서 드러나듯이 게워스의 권리이론은 사회질서의 원칙층위와 제도적 층위, 그리고 개인적 층위가 PGC를 중심으로 위계적 위임연계 속에 놓여 있는 권리체계를 구성하고 있음을 보여준다.

다만 롤즈의 논의로부터 도출한 체계(이하 롤즈 체계)와 게워스의 논의에 드러나 있는 체계(이하 게워스 체계)의 특징적인 차이는, 우선 전자에는 의/책무체계가 현시화되고 이에 상응하는 권리체계가 그 뒤에 잠재된 모습으로 가려 있는 데 비해, 후자에는 역으로 권리체계가 현시화되고 의/책무체계가 잠재되어 있다는 점이다. 기실 게워스의 권리체계는 위에서 본 것처럼 권리 및 의/책무의 동시적 근거가 되는 PGC가 제도층위와 개인층위에 각각 간접 혹은 직접 적용되기 때문에 비록 권리측면만이 언급되고 있지만 실제로는 의/책무측면 역시 PGC로부터 사회제도 및 개인층위에 위임된다고 보아야 할 것이다. 다음으로, 롤즈 체계에서는 사회원칙층위로부터 개인층위로의 위임은 사회제도층위를 매개하여, 즉 사회적 관습과 규율의 촉발을 매개하여 연계됨에 비하여 게워스 체계에서는 사회원칙층위로부터 개인층위로의 위임이 "직접" 연계된다는 점이다. 그러나 이는 게워스가 제도 속에 사회적 규율과 법적 기구만을 포함시키고 사회적 관습을 제외한 결과로 보인다(1978b : 272-282). 그러나 사회제도층위를 매개하지 않는 개인층위의 권리 및 의/책무체계는 그 현실적 타당성이 희박하다. 왜냐하면 특정의 도덕원칙은 해당 사회구성원들의 현실사회적 삶을 포괄하는 정당성원칙이 되어야 하고, 포괄적인 사회적 삶은 영역별로 그 나름의 행동패턴과 사회관계로 분기[39]되면서 이를 관할할 관습이나 규율, 혹은 법적 기구를 형성할 수밖에 없기 때문이다. 이를 테면 PGC는 약속제도나 상거래제도 혹은 결혼제도 등 제반 사회적 제도와 관련된 개인들의 사회적 행동에 대해서만 현실적으로 유의미하다고 말할 수 있는 것이다. 끝으로, 롤즈 체계는 구체적 내용을 가지는 개인의 권리가 제도차원과 원칙차원의 권리로 어떻게 연계되는지 그 종적 단면을 보여주는 데 반해, 게워스 체계는 권리 전반을 층위별로 그룹지어 권리체계의 횡적 단면을 보여준다는 점이다. 이러한 차이는 중요한 함의를 가지는데, 이에 대해서는 뒤에 애커먼의 체계성을 논하는 자리에서 살펴본다.

게워스의 논의에 나타나는 위와 같은 권리체계는 그밖의 내로라하는 대표적 권리이론들에도 공통적으로 나타난다. 이를 테면 서구 자유주의 계열에서 선구적 권리이론가 중의 하나로 꼽히는 하트의 「자연권

---

39. 이러한 분기 때문에 이를 테면, 교육권관련 논의과정에서 갑자기 집 전세권 얘기를 할 수가 없는 것이다.

은 과연 있는가?(Are There Any Natural Rights?)」[40]는 그간 널리 회자되어 온 논문으로서 그 한 예에 속한다. 하트는 이 글에서 모든 권리를 세 그룹으로 나누어 설명하는데, 이 중 "유일한 자연권"적 지위에 있는 '평등한 자유권(equal right to liberty)'은 하트 스스로가 여타 모든 권리의 정당성원칙으로 제시하고 있듯이(1955 : 175–176) 그의 권리체계의 사회원칙층위를 구성한다고 말할 수 있다. 사회제도적 층위에는 결과적으로 볼 때 하트의 일반권(1955 : 187–188)—즉 불특정 개인이 불특정 다수에 대하여 가지는 보호권—이 해당하며, 이는 자유권평등원칙의 "구체적 적용 예"(1955 : 176, 188)로서, 이를 테면 헌법차원의 '자유로운 표현의 권리'가 이에 속한다. 여기서 원칙의 '제도적 구체화' 속에는 약속규율의 경우에서와 같이, 이를 테면 위의 '적용 예'인 '자유로운 표현'이 되기 위한 상황과 조건의 구체화 역시 포함된 것으로 보아야 할 것이다. 이를 테면 무고(誣告)가 표현자유의 제도적 보장대상이 될 수는 없을 것이다. 그리고 체계질서의 최종 구조를 구성하고 있는 개인층위에는 결과적으로 하트의 특별권(1955 : 184–187)이 해당한다 하겠다. 이 특별권은 특정 개인 간의 인적 · 물적 (교류)관계(1955 : 179 note#7, 184)로부터 비롯되는 권리로서 관련 당사자들이 자유평등권원칙을 이용하여(1955 : 188, 190) 그들만의 관계에 해당하는 특별한 권리내용을 담게 된다.

물론 하트의 권리분류와 설명 속에는 권리의 층위별 구분에 대한 설명이나 원칙과 제도 및 개인행위 사이의 위임연계질서에 대한 설명을

---

40. H. L. A. Hart, 앞의 글(Apr., 1955). 관련 논의 말미의 괄호 안의 숫자는 이 글에서의 출처를 가리킴.

포함하여 그 분류와 설명에 대한 체계적 이해를 위한 어떤 명시적 언급도 없다. 그러나 위에서 체계적 이해를 위한 조건으로 부기했듯이 "결과적으로 볼 때" 하트의 권리분류와 설명 속에는 위에서 본 바와 같은 체계성이 전제 내지는 시사되어 있다고 간주할 수 있는 것이다. 이를 테면 '일반권은 자유권평등원칙의 구체화' 라든지 '특별권은 자유권평등원칙의 이용을 통해 발생한다' 든지 하는 언급은 서로 다른 두 그룹의 권리가 모두 자유권평등원칙에 근거를 둔 위임연계질서 속에 있음을 시사하는 것으로 볼 수 있을 것이다. 또한 불특정 개인을 불특정 다수로부터 보호하기 위한 일반권은 그것이 사회관습이었건 사회규율이었건, 특정 사회구성원 사이에 공인된 제도에서 비롯되는 권리일 수밖에 없기 때문에 이는 제도를 전제한 분류라고 말할 수 있는 것이다. 마찬가지로 두 당사자 간의 특별한 관계로부터만이 비롯된다고 하는 특별권은 개인행위층위나 이와 같은 내용을 함의하는 분류기준을 전제하지 않고는 다른 기준설정이 불가하리라 추정되는 것이다.

하트의 논의에서와 비슷한 사고(思考)실험 속에서 그 체계적 구성을 드러내는 권리이론의 또 다른 예는 사계(斯界)의 또 다른 선구격인 파인버그(J. Feinberg)의 논의에서 찾아볼 수 있다. 파인버그도 하트와 같이 권리를 일반권과 특별권으로 분류한다. 그러나 그의 분류는 세분된 의무에 상응하는 권리들을 그룹지은 것이다. 이를 테면 채무의무나 약속의무 혹은 배상의무 등에 상응하는 권리들(채권, 약속을 이행받을 권리, 배상받을 권리 등)을 예상하여 이를 특별권으로 그룹짓고, 존중의무나 공동체구성원에 따르는 의무 등에 상응하는 권리들을 일반권으로 그룹짓는다.[41] 이러한 파인버그의 분류와 이에 담겨 있는 체계성에 대한 설명은 의무중심 논의라는 특성을 제외하면 하트에서의 관련 논의로 대신해도 큰 무리가 없으리라 본다. 다만 그의 또 다른 글에 비교적 선명하게 나타나 있는 사회원칙층위에 관한 논의를 그 요지만을 간략히 추려 소개한다면, 모든 권리의 근거는 '평등한 인간 존엄성(equal human dignity)'으로, 이에 근거해서 이에 대해 존중받을 것을 주장할 수 있는 자격, 그것이 모든 권리의 기본 특성이 된다는 것이다.[42] 그렇다면 평등한 인간 존엄성은 그가 분류한 일반권과 특별권 모두와 이에 상응하는 모든 의/책무의 정당성원칙이자 위임근거원칙이 된다고 말할 수 있을 것이다. 그리고 모든 권리 및 의/책무담론의 최종, 최고의 대전제인 만인자유평등원칙의 핵심이 인간의 도덕적 특성으로서의 존엄성을 평등하게 존중하는 데 있다고 본다면, 이 '존엄성평등원칙'이야말로 롤즈의 공평성을 내용으로 하는 정의원칙이나 게워스의 자유와 유복함을 내용으로 하는 '평등한 인권원칙', 그리고 하트의 '자유평등권원칙'과 궤를 같이 하며 권리 및 의/책무의 원칙층위를 구성한다고 말할 수 있을 것이다.

간략히 덧붙일 것은 마치 모델 체계(층위위계체계–사회질서 모델)와 게워스 체계 사이에서 드러나는 차이와 비슷하게 모델 체계와 하트/파인버그 체계 사이에도 차이가 존재하는데, 전자에 비하여 후자에서는 어느 한 측면을—하트는 권리측면을, 파인버그는 의/책무측면을—편

---

41. J. Feinberg, "Duties, Rights, and Claims", *American Philosophical Quarterly*, 3–2 (April, 1966), p. 142, 참고 pp. 137–142. 그는 여기에서 별다른 언급 없이 '책무'를 모두 '의무'로 대체하여 사용하는데, 이는 앞서 롤즈의 용례에 따르면 하–트의 '특별권'에서와 같이 모두 '책무'로 바뀌어야 한다.

42. J. Feinberg, "The Nature and Value of rights"(1980a〈1977〉), in J. Feinberg (ed.), 앞의 책(1980), p. 151.

중하여 보여준다는 점, 위임연계는 논의과정 속에서 추정할 수 있으나 분명한 언급은 없다는 점, 그리고 게워스 체계에서와 마찬가지로 권리 전반을 층위별로 그룹지어 권리체계의 종적 단면 대신에 주로 횡적 단면을 보여준다는 점 등이다. 그러나 이러한 차이점에도 불구하고 하트와 게워스의 논의에 드러나는 권리체계 및 의/책무체계는 그 체계적 성격상의 특징에서, 사회원칙 차원과 사회제도 차원 및 개인행위차원으로 나뉘는 권리 및 의/책무의 세 층위로 구성된다는 점과 이 층위 사이에는 기속력의 위계질서를 중심으로 하는 위임연계가 이루어지고 있다는 점, 그리고 이 세 층위와 위계적 위임연계가 합하여 권리-의/책무관계 기속질서체계, 즉 '3층위위계위임구조질서체계'를 형성하고 있음을 보여준다. 뿐만 아니라 이렇듯 이상의 세 권리 관련 논의에 나타나는 공통적 특성은 하트, 게워스, 파인버그 세 이론가의 위상이 선구적인 만큼이나 여타의 관련 이론들에 나타나는 체계적 특성을 대표적으로 대변한다 해도 큰 무리가 없을 것이다. 다양한 주제의 다양한 권리 및 의/책무 관련 논의들은 그 논의 속에서 이와 같은 체계적 특성에 대한 명백한 언급 없이도 혹간 전적인 가정 속에서, 혹간 문맥상의 시사 속에서, 혹간 행간의 함축 속에서 이 특성을 반영하고 있다고 말할 수 있다. 이는 달리 말하면 모든 권리와 의/책무는 그 체계적 존재성, 즉 사회적 기속질서를 떠나서는 그 본모습을 이해할 수 없다는 말이자 권리-의/책무관계 기속질서체계는 그 존재양태 모델은 사회기속질서와 함께 모든 권리 및 의/책무이론에 일반화할 수 있다는 말이 될 것이다.

이상 권리 및 의/책무 직접 관련 논의 외에 그밖의 간접 관련 논의에서도 그 체계성을 발견할 수 있다. 우선 그 가장 뚜렷한 예는 전통적인 사회계약이론에서 찾아볼 수 있다. 주지하다시피 홉스(T. Hobbes)와 로크(J. Locke), 그리고 루소(J.-J. Rousseau)의 정치사회 출현에 관한 이론은 전통적 사회계약이론을 대표한다.[43] 물론 이들 세 이론의 도출과정과 내용, 그리고 도출된 결과가 가지는 정치적 함의는 서로 다르다. 그럼에도 이들 세 이론의 대강을 본 논의의 입장에서 살필 때는 자연상태에서 보장된 자연권을 어떻게 정치사회에서도 확보할 것인가에 공통적인 초점이 맞추어진다. 즉, 그 확보를 위한 정치사회적 제도를 어떻게 만인자유평등원칙에 근거하여 수립하고 이 제도가 결과적으로 어떻게 사회구성원들의 제반 정치사회적 권리를 그들이 자연상태에서 보지했던 자연권과 같게, 혹은 이에 근사하도록, 그리고 만인자유평등원칙에 부합하도록 보장할 것이냐라는 과제설정에서는 공통적이라고 말할 수 있는 것이다. 이렇게 보면 자연권을 내용으로 하는 만인자유평등원칙과 이에 근거하고 이에 부합하게 수립된 정치사회적 제도, 그리고 이러한 원칙과 제도 하의 사회구성원 개개인들의 구체적 행위와 사회관계는 권리 및 의/책무측면에서 위의 분석결과에서와 같은 3층위체계를 형성한다고 말할 수 있는 것이다.

다음으로, '층위위계체계-사회질서 모델'은 권리 및 의/책무의 정당성과 그 정당한 분배문제를 핵심내용으로 하는 정의이론에서도, 특히 정의원칙의 근거와 도출 및 제도화를 포함하는 발생이론 계열 쪽에서 그 뚜렷한 예를 발견할 수 있다. 근자의 관련 이론은 앞서 모델 체계

43. 각각 T. Hobbes, *Leviathan*, C. B. Macpherson(ed.), (N. Y. : Penguin Books, 1968), §xvii-§xviii : J. Locke, *Two Treatises of Government*, Peter Laslett(ed.), (London : Cambridge Univ. Press, 1963), §vii-§ix ; J.-J. Rousseau, *The Social Contract*, Lester G. Crocker(ed.), (N.Y. : Pocket Books, 1967), BkI §6-§9, BkII §4, BkIII §1 참고.

도출의 근거논의로 원용한 롤즈와 노직 및 애커먼의 논의가 대체로 대표격이 아닌가 한다. 이 중 롤즈의 논의와 노직의 논의의 차이는 애커먼이 적절히 지적하듯이 전자는 전통적 사회계약이론의 계약과정에 초점을 둔 정의원칙 도출을 시도한 데 비해, 후자는 전통적 사회계약이론의 자연상태론에 초점을 맞춘 정의로운 제도(여기서는 최소국가) 도출을 시도했다는 점이 될 것이다.[44] 롤즈의 공평성을 내용으로 하는 정의원칙과 공평성원칙, 정의로운 제도, 그리고 이들 사이의 복잡한 관계 속에서 권리 및 의/책무가 어떻게 3층위위임위계체계 형식에 속하는지에 대해서는 이미 살펴본 바이다. 롤즈의 이론에서와는 달리 노직의 정의논의[45]에서는 정의원칙이 '평등한 자연권원칙'으로 이미 정해져 있다. 자연권은 완벽한 자유(1974 : 10)와 그 행사에서의 평등(1974 : 137, 302)과 합하여 변두리 제약만을 허용하는(1974 : 28-30, 303) '불가침의 개인 자연권원칙'을 형성한다(1974 : 31, 141, 330). 따라서 그에게 남은 문제는 여하히 이러한 원칙에 맞는 정의로운 제도(국가)를 개인 자연권의 침해 없이 도출하는가(1974 : Pt. I)이며, 그것도 전통적 사회계약이론의 전체 계약이라는 인위적 수단에 의존하지 않고 보이지 않는 손을 통하듯 자연스레 도출하느냐(1974 : 18, 118-119, 121)는 것이다. 그 도출결과가 최소국가이며(1974 : 113-119), 이는 자연권평등원칙의 제도적 화신으로 원칙층위의 제도적 층위로의 하자 없는 위임연계를 보여준다. 이러한 최소국가는 다름 아닌 실현가능한 유토피아이기도 하며, 그 속에

44. B. Ackerman, 앞의 책(1980), p. 6(note #3).
45. R. Nozick, 앞의 책(1974). 이하 논의 말미의 괄호 안의 숫자는 이 책에서의 출처를 가리킴.

서의 사회구성원 개인들은 가장 완벽한, 자연권평등원칙에 부합하는 권리주체가 될 수 있다는 것이다(1974 : 333–334, 참고 Ch. 10). 따라서 개인층위는 최소국가라는 제도층위를 경유하여 원칙층위의 위임연계선상에 있게 되는 것이다. 이렇게 볼 때, 사회원칙 중점의 롤즈의 이론과는 다르지만 사회제도 중점의 노직 이론 역시 3층위위임연계체계의 형식 속에 있다고 말할 수 있는 것이다.

마지막으로 살펴볼 애커먼의 정의에 관한 논의는 롤즈나 노직의 관련 논의와는 사뭇 다르며, 그런 만큼 그의 논의 속에 드러나는 권리 및 의/책무체계도 독특한 유형에 속한다. 여기서 또 하나의 예로서 살펴볼 애커먼의 논의는 그의 『자유주의 국가에서의 정의(*Justice in the Liberal State*)』[46]인데, 책제목에 나타나 있듯이 그의 정의이론은 '자유주의'와 '자유주의 국가'를 전제한다. 그에게 정의는 '만나(manna)'로 대변되는(1980 : 24, 31, 97) 희소한 유 · 무형의 재화를 정당하게 통제할 수 있는 권리이자 권력을 의미하며, 이는 대화라는 즉현실적 투쟁방법을 통하여 쟁취된다(1980 : §1, §3). 대화라는 즉현실적 정의의 방법을 택한 만큼 정의는 그 이상의 원칙적 · 제도적 근거를 필요로 하지 않는다. 기실 애커먼은 전통적 사회계약이론이 전제하고 있는 자연상태나 그 속에서 보장된다고 보는 자연권원칙과, 심지어는 사회계약 그 자체를 벤담(J. Bentham)이 보듯이 하나의 웃어넘길 허구로(1980 : 5–6, 99–101), 그리고 사회계약이론과 공리주의 이론 모두에 암암리 전제되어 있는 '우월한 심판관'이나 '가상적 설계자'를 중세의 신정적(神政的) 잔재로 간주하

46. B. Ackerman, 앞의 책(1980). 이하 논의 말미의 괄호 안의 숫자는 이 책에서의 출처를 가리킴.

여(1980 : 331−332, 참고 §65) 거부한다. 그리고 그의 정의이론의 국한된 배경으로 전제된 자유주의란 권력에 대하여 대화하는 한 방법(1980 : 6, 참고 §6, §65, §67)이요, (자유주의) 국가란 그 구성원들이 이러한 정의를 확보하기 위한 정당한 대화의 구조(1980 : 20, 72, 81, 100)일 뿐이다. 그래서 (자유주의 국가의) 시민이 되기 위한 조건 역시 대화수행 능력의 구비(1980 : 70)와 대화결과에 일관된 행동(81)일 따름이다. 이러한 상황에서는 미리 정해진 개인행위층위의 권리나 의/책무가 있다면 단지 대화할 권리와 대화에 응할 의/책무일 것이고, 사회제도층위의 대표적 구성요소인 국가에 대한 정치적 복종 역시 정당한 대화구조의 수용 및 이에 대한 존중과 다를 바 없을 것이다. 이는 원칙차원에서도 마찬가지여서 언급되고 있는 '합리성원칙'(1980 : 4−7), '일관성원칙'(1980 : 7−8), '중립성원칙'(§4)은 대화실행원칙으로서, 이에 관련된 권리나 의/책무는 궁극에 가서는 '다원적 평등(undominated equality)'(1980 : 18)을 내용으로 하는 '중립대화(neutral dialogue)', 즉 정의실현 방법으로서의 모델 대화(1980 : 14, 참고 §5)에 귀속된다고 말할 수 있을 것이다.

애커먼의 정의이론에는 이렇듯 당면한 현안—즉, 희소자원의 배분—을 놓고 구체적 개인들이 벌이는 권리투쟁 방법으로서의 중립대화에 대한 권리나 의/책무체계만 드러난다. 반면, 투쟁결과 쟁취될 실질적인 권리나 의/책무에 대해서는 하트의 논의를 비롯한 권리이론들이나 노직의 정의이론에서 나타나는 바와는 다르게 미리 정해진 명칭도, 각 층위별 분류도 나타나지 않는다. 이러한 대화중심의 권리 및 의/책무체계 구상 속에는 권리 및 의/책무를 '허구적 자연권이론' 및 '신정적 계약이론' 으로부터 해방하여(1980 : 331−333, 336−345, §67) 자유주의 문화의 소산이자 그 문화를 생활하는 구체적 개인(1980 : 100, 327, 353)의

행위—즉, 대화를 통한 권리투쟁—에 그 근거를 수립한다는 의도적 기획이 숨어 있다. 그러나 그렇다고 기획에 따른 대화중심체계가 자유주의 문화의 역사 깊이 심겨진 모델 체계를 대신할 수는 없다. 이는 애커먼이 기획실현주체로 상정한 중립대화의 실행과정과 실행원칙이 증명한다. 이를 테면 애커먼이 대화투쟁의 대상영역을 출생(1980 : Ch. 4), 교육(1980 : Ch. 5), 인적 · 물적 교류(1980 : Ch. 6), 정치관계(1980 : Ch. 9) 등으로 분류할 때, 여기에는 사회생활의 부문별 관행 및 규칙의 존재와 대화로 쟁취될 구체적 권리 및 의/책무의 분화가 가정되어 있다. 즉, 제도층위의 권리 및 의/책무는 가정된 채 개인층위의 권리 및 의/책무에 얹혀서 구체적으로 현시될 따름이지 대화중심체계의 제도층위로 대체된 것은 아님을 말해준다.

이는 사회원칙층위에서도 마찬가지여서 다원적 평등이 중립대화의 실행원칙인 '처지의 평등(I am as good as you are)' 원칙[47]으로 표현되는 곳(1980 : 19ff., 참고 §67)에서 확인할 수 있다. 사실 이 처지평등원칙 속에는 자유주의의 기본토대를 형성하는 합리적 인간관을 바탕으로 하는 만인자유평등원칙이 함의되어 있는데(1980 : 66–67, 93, 168–171, 374), 이 원칙이 중립대화실행원칙으로서 실행력을 가지기 위해 요구되는 이에 대한 준수요구권리와 준수의/책무는 만인자유평등원칙에 대한

47. 이 원칙은 인간 본연의 생득적 권리, 이를 테면 게워스의 인간 본체론적 근거권리(자유와 필요충족권)에 근거하지 않은 열린 형태의 원칙으로서의 특징을 가지기 때문에, '처지'에 대한 해석이 서로 다를 때에는 당사자 사이의 대화가 평행선을 달릴 수 있을 것이고, 이를 극복하기 위해서는 '처지'의 해석에 대한 공통기반을 마련하기 위해 마치 게워스의 "Golden Rule"처럼 불가불 애커먼이 애써 피하려고 하는 자연권이나 근거인권기준에 의존할 수밖에 없는 불완전한 상태에 있다(Gewirth, 1978a : 133–140참고).

준수요구권리와 준수의/책무를 전제하지 않고는 성립할 수 없는 것이다. 이러한 사실은 처지평등원칙이 궁극적으로는 만인자유평등원칙에 기속근거를 둔다는 점과 만인자유평등원칙을 대화를 통해 실현하기 위한 실행원칙이기도 하다는 점을 말해주는 것으로, 이는 롤즈의 정의 및 공평성원칙, 하트의 자유권평등원칙, 게워스의 평등인권원칙, 파인버그의 존엄성평등원칙, 노직의 자연권평등원칙 등이 만인자유평등원칙에 대하여 가지는 관계와 다를 바가 없다고 할 수 있다. 이 두 종류의 원칙(처지평등원칙과 중립대화실행원칙)은 그것이 가상적이고 추상적이든, 아니면 즉현실적이고 구체적이든 모두가 만인자유평등원칙에 근거하고 있다는 점은 부인하기 어려운 것이다. 그리고 이 만인자유평등원칙은 이제 하나의 형이상학적인 도덕원칙에 국한되지 않고 자유주의 문화권에 살고 있는 구체적 개인들의 부문별 생활관행에 침투되고 이 관행을 지탱해 주는 롤즈적 기본구조로 존재하면서 어떠한 이론적 순간기획으로도 대체할 수 없는 문화적 이력으로 기능하고 있는 것이다.

결국 권리 및 의/책무와 관련한 애커먼의 즉현실적 대화중심체계는 대화를 통해 쟁취될 (그 대상이자 목적인) 권리 및 의/책무의 개인층위가 관행으로 굳어진 사회제도층위와 그 형성근거인 사회원칙층위로부터 분리될 수 없음을 말해준다. 그러나 이는 또 역으로 제도층위와 원칙층위는 일종의 잠재적 형식일 뿐, 그 현실적 구체성은 개인층위를 통해서만 표현될 수 있음을 시사한다. 이 점에 대해서는 그간의 롤즈의 위임체계에 대한 논의과정에서도 누누이 강조한 바이다. 이는 이를 테면 사르토리(G. Sartori)가 적시하듯이, 마치 정치적 · 법적 평등이 공평한 기회를 내용으로 하는 형식적 평등으로 기능하면서 구체적 내용을 가지는 관련 사안에서 실질적 평등을 기해가는 것과 비슷하다 할 수 있다.[48)]

평등의 구체화는 형식적 평등의 보장 속에서 가능하며, 실질적 평등의 기속력은 형식적 평등으로부터 위임된 것이다. 이러한 시사점은 앞서 예로 든 권리이론 및 정의이론에 드러나는 권리 및 의/책무의 분류—사회원칙층위, 사회제도층위, 개인행위층위로 그룹지은 횡적 분류—와 관련해서 중요한 함의를 지닌다. 즉, 애커먼의 대화중심체계에 묵시적으로 들어 있는 위임연계는 롤즈의 위임체계와 더불어 서구 자유주의 권리이론들에 관행화된 권리의 횡적 분류가 범하고 다음과 같은 가정오류를 밝혀주는 것이다. 우선 잠재적 형식으로 존재하는 원칙층위와 제도층위의 권리 및 의/책무가 실체라는 가정 위에 서 있다. 그 결과 이를 현실태인 양 오해하는 착각을 야기한다. 다음으로 횡적 분류는 마치 각 층위별 권리 및 의/책무가 상호 간에 위임연계 없이 독립적으로 실행될 수 있다는 가정을 암암리 전제한다. 그래서 층위별로 따로따로 이를 실행할 수 있다는 오해를 불러일으킨다.

이러한 가정오류로부터 비롯되는 오해의 실상을 드러내기 위해 좀 당혹스러운 의문을 제기해 본다. 이를 테면 앞서 예를 든 바대로 나의 현실적인 언표('부시 행정부는 제국주의의 화신이다')에 따르는 구체적인 권리에 결부되지 않은 헌법상의 추상적인 '표현자유권'을 가질 수 있는지? 혹은 약속을 포함하여 현실적인 언질행위에 따르는 구체적인 의/책무 없이 약속관행과 약속규율로부터 비롯되는 의/책무를 독립적으로 짊어질 수 있는지? '표현자유권'과 '약속제도에 대한 의/책무'의 궁극적 근원이 만인자유평등원칙이라 하여 현실적인 언표행위와 언질행

48. G. Sartori, *The Theory of Democracy Revisited*(N. J. : Chatham House Publishers, Inc., 1987), §12.4.

위에 따르는 권리 및 의/책무와 무관하게 그 원칙으로부터 비롯되는 추상적인 '자유평등권' 및 '자유평등준수-의/책무'를 독립적으로 담지할 수 있는지? 물론 이들 질문에 대한 답은 모두가 '아니다!' 이다. 그리고 이상의 당혹스런 의문들에 대한 애커먼의 논의가 주는 시사점은 구체적인 사회구성원 개개인의 현실적 언표와 언질행위, 그리고 이로부터 비롯되는 구체적인 권리 및 의/책무의 발생 없이는, 즉 개인행위기속질서층위와 분립된 사회제도질서층위 및 사회원칙질서층위의 권리 및 의/책무는 독립적으로 기능할 수도 없고 현실적 존재를 확인할 수도 없다는 것이다. 애커먼의 대화중심체계가 가지는 이러한 시사성과 관련해서 본 논의는 이미 권리 및 의/책무존재의 3중복합체계와 위임위계질서에 따라 구성되는 그 상호 관계기속질서체계의 구체적 모습을 그리는 가운데 이를 사회질서의 층위별 위임성 및 그에 따른 체계성과의 동일성으로 표현한 바 있다.

5-7. '층위위계체계-사회질서' 모델 보편성이 가지는 의미

이상 권리 및 의/책무의 층위별 복합체계와 그 상호관계기속질서가 구성해내는 '층위위계체계-사회질서 모델'의 보편성을 검증해 보았다. 존재하는 그 많은 권리이론들 중 몇몇 서구의 선구적인 대표이론의 예를 통해서 이 모델이 보편모델이라고 주장하기는 어려울 것이다. 그러나 검증대상으로 삼은 이론들이 관련 학계를 주도해 오고 있다는 점에서, 그리고 이 모두에 원론적 공통기반을 가진다는 점에서 적어도 이 모델이 서구 특유의 관련 이론들의 '서구적 원형모델'로서의 보편성은 갖추고 있다고 말할 수 있을 것이다. 다른 한편, 오늘날 세계의 많은 사회가 '만인자유평등원칙'을 필두로 하는 몇몇 실행원칙 차원의 사회규범과 이를 사회질서화한 관행 및 제도가 엮어내는 '사회성'[49]에 근거한다고 볼 때, 이를 전제하여 존재하게 되는 권리 및 의/책무와 이들의 상호관계기속질서에 대한 이 모델의 보편성은 적어도 그 구성형식의 측면에서 그만큼의 보편성은 확보한다고 생각된다. 그리고 그런 만큼 층위위계체계–사회질서 모델은 서구 자유주의 권리이론을 구성하고 있는 권리–의/책무 존재양태 및 그 상호관계질서의 '서구적 원형모델'의 한계를 뛰어넘어 권리–의/책무관계로 표현되는 인간 사회관계, 특히 자유주의적 인간 사회관계가 존재하는 곳에는 어디에서나 쉽게 발견되고 또 적용될 수 있는 '보편모델'로서 기능하리라고 기대해 본다. 다만 '만인자유평등원칙'의 보편적 수용 하에서도 특정 사회의 사회규범원칙과 제도의 구체적 내용은 사회적 상황에 따라 다를 수 있음은 인정해야 할 것이다. 이러한 상황적 차이는 현금의 '동–서문화 간 인권논쟁'[50]에서 보는 바와 같이 심각한 문제점들을 야기하게 되는데,

---

49. 여기서 '사회성'이란 특정 권한과 책임이 그 자격을 부여받기 위한 원칙 및 관습 · 제도가 공유될 수 있는 특정 인간집단이 이미 존재한다는 의미에서이다. 물론 원칙 및 관습 · 제도의 공유가 사회성을 결정짓는 단일 변수일 수는 없으되, 그것이 역사였건, 문화였건, 생물학적 동질성이었건, 이 모두를 포함하는 사회성의 변수들은 변수 자체로서가 아닌 이들의 공유를 통해서 사회성을 구성한다고 보면, 같은 논리에서 일정 사회집단이 특정원칙 및 관습 · 제도를 공유한다는 것은 그 집단을 근거로 하는 모종의 사회존재를 추정하는 충분한 근거가 될 것이다.

50. 미국의 인권정책에 대하여 싱가포르의 이관유(Lee, Kuan Yew) 수상과 말레이시아의 마하티르(Mahathir Mohamad) 수상의 인권과 관련한 '아시아가치(Asian Values)' 혹은 '아시아식 방법(Asian Way)'의 강조는 관련 학계의 '동–

이와 관련해서는 다른 기회에 상론하기로 한다.

이제 보편성 검증을 거친 권리 및 의/책무' 층위체계 모델' 과 그 상호관계의 기속질서체계가 가지는 몇 가지 시사점을 그간의 논의에 대한 개략과 더불어 생각해 본다. 그간 논의의 전개단락은 1) 롤즈의 위임책무이론의 재구성과 이의 확대를 통한 권리 및 의/책무에 대한 롤즈 모델 도출, 2) 롤즈 모델의 비판적 보완을 통한 권리 및 의/책무 존재양태와 그 상호관계기속질서에 대한 층위위계체계-사회질서 모델 구성, 3) 층위위계체계-사회질서 모델과 이에 내재하는 기속질서체계의 보편성 검증으로 대별할 수 있을 것이다.

그리고 이러한 단계별 논의전개 속에서 중점적으로 살펴보려 한 것은 권리-의/책무상호관계가 어떻게 정의로운 사회질서 속에서 유효한 관계로 정당화되고, 그 기속질서가 어떻게 사회기속질서로 확대되면서 동일화되는가 하는 점이었다. 이는 3장에서 살펴본 권리-의/책무관계 기본구조와 그 질서가 어떻게 자유주의 기본정신에 부합하게 사회질서의 내용을 확충해 가는지를 탐색하는 과정에 다름 아니라고 볼 수 있다. 이 탐색과정은 2단계에 걸쳐 진행되었다. 이 중 1단계의 논점을 개

›››

서문화 인권논쟁'을 촉발하였다. 단순화의 위험을 무릅쓰고 그간의 비난과 논쟁의 핵심을 요약한다면, '인간 존엄성 확보를 위한 인권 노력의 범문화권적 공통성에도 불구하고 서구의 인권이론 및 인권 실행기준은 지나치게 '개인권리'에 편중적이며, 상대적으로 여타 지역 · 문화권에서 존숭하고 있는 '공동체 가치'에 대한 의무를 백안시한다'는 것이다. 이와 관련하여 J. R. Bauer and D. A. Bell(eds.), *The East Asian Challenge for Human Rights*(Cambridge : Cambridge University Press, 1999) ; Wm. Theodore de Bary and Tu Weiming, (eds.), *Confucianism and Human Rights*(Cambridge : Cambridge University Press, 1999) 참고.

략하면, 1) 롤즈의 위임책무이론 속의 위임연계를 살펴보았고, 2) 이를 의무와 권리에 확대하여 위임연계가 권리 및 의/책무에 일반화될 수 있음을 논증해 보였으며, 3) 이를 롤즈 모델로 구성하여 권리-의/책무관계기속질서의 층위별 체계 파악의 단서로 삼았다. 이상이 1단계 논의의 주요 논점이라면 2단계에서는 일종의 입론과정으로, 4) 롤즈 모델에 대한 비판적 보완을 통하여 권리-의/책무관계기속질서체계와 정의로운 사회기속질서체계와의 연관을 설명할 수 있는 층위위계체계-사회질서 모델을 도출하였고, 5) 이 모델이 층위별 체계로 구성되는 사회질서체계 모델에 다름 아님을 보였으며, 6) 이 모델의 사회질서 기능 속에서 어떻게 권리-의/책무관계에 서는 사회구성원들을 보호하고 규제하는지를 예를 들어가며 설명하였다. 그리고 마지막 작업은 바로 위에서 마무리한 바와 같이, 이상의 1단계의 논점과 2단계에서 입론된 결과의 보편성에 대한 검증이었다.

이제는 이상 개략한 그간 논의가 가지는 함의를 다음 논의를 위한 준비작업 겸 생각해 본다. 그 함의의 첫 번째는, 모든 권리와 의/책무는 관련 주체의 행위의 정당한 동력과 그 행위결과에 대한 응당한 책임은 될 수 있으나 행위주체의 실체적 소유물은 아니라는 점이다. 이는 권리나 의/책무개념이 자연권전통에서 보듯이 천부적 · 불가양도의 주어진 실체가 아니라 그 태생부터가 도덕적 · 사회제도적 개념임을 말해준다(2장과 3장 참고). 그런 만큼 이 개념들은 4장 서구 자유주의 권리이론들에 대한 검토결과에서도 지적한 바와 같이, 사회질서와 동연에 서 있는 인간 사회관계 기속질서로부터 위임된 '자격(title)'일 수밖에 없다. 이를 테면 권리에 관한 '선택이론'이나 '수혜이론'에서와 같이[51] 권리가 '선택'이나 '수혜', 그리고 의/책무가 그 '선택이나 수혜의 결과 짊어지게 되는 짐'으로 등치되는 것이 아니라, 이는 그와 관련한 사회원칙과 사회제도로부터 위임된 자격[52]인 것이다. 이런 점에서 상기 두 이론 중 어느 한쪽에 그 입지를 두고 있는 대부분의 서구 자유주의의 관련 이론들은 실체적 소유개념의 오류 속에 있다고 말할 수 있다(4장 5절 참고). 무릇 모든 자격이 그렇듯이 이는 자격을 부여하는 상위질서와 이 상위질서에 의한 정당화 · 권위화를 전제하는데, 지금까지 살펴본 권한과 책임의 위임체계가 이를 증명한다.

두 번째 시사점은 4장에서 살펴본 서구 자유주의 권리이론들의 '개인권리 편중성'에 대해서 본 모델이 가지는 의미와 관련된다. 관련 서구 이론들의 '개인권리 편중성'의 문제는 권리－의/책무관계를 권리에 부대되는 의/책무를 간과하고 권리 우선주의 입장에서 이해하고 있는 오도된 이론적 관행에서 비롯된다. 이러한 오해 속에서는 개인 행위자들은 사회원칙과 사회제도가 보장하는 권리만을 고려할 뿐[53] 이 권리

51. 이 두 이론은 서구 자유주의 권리이론의 양대 산맥을 구성하는 것으로 그 특징은 권리 및 의/책무를 소유적 개념으로 이해한다는 점이다. 자세한 예와 종합적인 평가에 대해서는 P. Jones, *Rights*(New York : St. Martins Press, 1994), 26－36 참고.

52. 권리를 '자격'으로 보는 입장은 '선택이론'이나 '수혜이론'에서와 같이 권리를 일종의 '소유물'로 보는 입장에 비해 몹시 희소하다. 그 예로는 P. Jones, *Rights*(1994), 36－39 ; H. Steiner, "The Structure of a Set of Compossible Rights", *Philisophy*, 74－12(Dec.1977) 참고.

53. 이러한 문제점을 레인볼트(G. W. Rainbolt)는 거의 모든 서구 자유주의 권리이론이 범하는 '자유권 과대확대 오류'로 지적하고, 테일러(C. Taylor)는 이를 관련 서구 이론들이 전통적으로 권리를 일종의 특권으로 간주하는 '주관적 권리'관념의 결과로 본다. 각각, G. W. Rainbolt, "Rights as Normative Constraints on Others", p. 105 ; C. Taylor, "Conditions of an Unforced Consensus on Human Rights", in J. R. Bauer, and D. A. Bell, eds. 앞의 책(1999), p. 127 ;

에 부대되는 원칙과 제도로부터 발생되는 의/책무, 즉 공동체 가치 존숭에 대한 의/책무는 부차적이거나 가외의 전근대적 간섭요인으로 간주하기 십상이다. 그러나 층위위계체계-사회질서 모델은 권리 및 의/책무가 그 상호관계기속질서의 위임연계 속에서 부여된 일종의 자격으로 보기 때문에 이들 사이의 관계가 원칙 · 제도 · 개인행위 모든 층위에서 쌍권적 · 쌍무적 · 인본주의적으로 작용하고 있음을 보여준다. 그렇다면 '개인권리 편중' 문제는 서구 자유주의 권리이론의 오류에서 기인한다고 말할 수 있다. 그리고 이 오류 속에는 앞서 지적한 이들 이론에 권리개념 이해와 관련하여 고질적인 소유적 사유구조가 내재해 있다. 이 오류에 대해서는 이미 4장에서 검토 · 비판한 바지만, 4장에서는 권리 및 의/책무주체 간 도덕적 지위와 이들 사이의 관계에 대한 구조분석을 통해서 이루어진 반면, 본 논의의 문맥 속에서는 권리-의/책무관계와 그 상호기속질서를 바탕으로 도출된 층위위계체계-사회질서 모델을 통해서 같은 비판논지에 도달했다 할 수 있다.

세 번째, 권한 및 책임이 위임된 자격으로 존재한다는 것은 권리 및 의/책무가 이에 정당한 기속력을 위임하는 사회기속질서의 형성이력과 관련하여 '사회성' 뿐만 아니라 '역사성' 또한 깃들어 있음을 말해준다는 점이다. 여기서 역사성은 그것이 가상적 원초상태에서 선택된 것으로 보든, 자연상태에서 사회계약을 통하여 합의된 것으로 보든, 혹은 새로운 조직을 위한 발기위원회에서 결정된 것으로 보든, 1) 특정 사

›››

테일러의 '주관적 권리'에 대한 배경논리는 그의 *Philosophy and the Human Sciences : Philosophical Papers 2*(Cambridge : Cambridge University Press, 1985), Pt. II Ch. 7("Atomism") 참고.

회원칙이 구성원 사이에 공유되기 위해 필요한 시간, 2) 또 이 원칙이 특정의 권한과 책임의 관행으로 제도화되기 위해 필요한 시간, 3) 그리고 이 원칙과 제도가 개인행위에 따르는 권한과 책임으로 일상적 삶 속에서 수용되고 실행되기 위해 필요한 시간 등 해당 사회의 사회성 형성 역사에 해당하는 만큼의 시간소요가 불가피했을 것이기 때문이다. 층위체계 모델이 가지는 이러한 시사점은 현금 권리 및 의/책무의 유효한 실행과 관련한 왜곡과 혼동, 특히 현행 권한 및 책임에 전제된 사회성과 역사성이 항상 같은 궤 속에서 유지되지는 못함으로써 초래되는 정치적 왜곡과 혼동을 가름해 줄 수 있는 한 가지 기준을 제공해 준다.

이를 테면 인권을 위요한 정치적 왜곡과 혼동의 근인에 대한 이해를 도와준다. 즉, 인권은 역사적으로 보아 그 보편적 구원성이 입증되는 인간 존엄성 혹은 인도주의 정신에 바탕을 두고 있으되, 이러한 원칙층위의 규범성이 실효성 있는 국제사회적 사회기속질서로 보장되지 못하고 있는 실정은 근대국가로 파편화되어 있는 국제사회의 사회성의 미미함과 그 사회적 제도화의 미숙[54] 때문이라는 이해에 이르게 해준다. 더불어 그간 서로 다른 역사적 환경 속에서 형성된 지역별 문화적 차이는 설사 '만인자유평등' 원칙을 수용하여 '열린 인본주의 입장' 을 견지한다 하더라도 이 원칙의 기속범위 내에서 그 사회문화를 질서지어 온

54. 그래서 '국제인권' 분야에서는 그 제도화 노력의 일환으로 UN을 비롯한 국제인권기구가 실현대상으로 해야 할 '인권목록'의 표준화를 모색하는 중에 있다. 이와 관련해서는 M. Cranston, *What are Human Rights?*(London : Bodley Head, 1973), 25–50, 66–67) ; H. Shue, *Basic rights : Subsistence, Affluence and U. S. Foreign Policy*(Princeton : Princeton University Press, 1980), 41– 46 ; J. Donnelly, *The Concept of Human Rights*(N.Y. : St. Martin's Press, 1985), Ch.6 참고.

사회규범과 관행 · 제도의 적용상 그 범위와 정도에서 차이를 불가피 노정할 수밖에 없을 것이다. 현금 '동-서문화 간 인권논쟁'의 핵심문제가 바로 이 '차이'의 문제임에 비추어 권리 및 의/책무에 내재된 역사성의 중요성을 실감하게 된다.

끝으로, 위의 세 번째 함의와 같은 맥락에서 다음 6장의 논의와 관련하여 가지는 시사점을 생각해 본다. 계약형식 속에서 이해되는 권리-의/책무상호관계의 기속질서체계가 사회질서와 그 내용과 구성에서 일치한다는 본 논의의 입론은 '근대 사회계약'의 기본정신에 대한 새로운 이해에 단서를 제공한다. 6장에서 살펴보겠지만, 그간 사회계약은 그 가상적 상황설정 때문에 공리주의 이론가들이 조롱해 왔듯이 허구의 이론으로 이해되어 왔다. 뿐만 아니라 현대 서구 자유주의의 관련 이론들은 사회계약을 단발성 이벤트로 이해함으로써 사회구성원들의 면면히 이어지는 삶을 순간적 기획에 가두는 오류를 노정해 왔다. 앞서 롤즈의 정의기준과 관련한 문제점에서 지적했던 모든 문제가 이들 관련 이론들의 오류와 관련되어 있다. 그리고 사회계약 이해와 관련한 이 모든 오류와 결함의 발단은 위에서 지적한 사회기속질서에 깃들어 있는 '사회성'과 '역사성'에 대한 몰각에 있다. 사회기속질서체계가 권리-의/책무관계체계와 그 상호관계기속질서체계를 통하여 사회구성원들의 매일 매일의 삶과 연결됨을 입증한 본 논의에 비추어 볼 때, 사회계약은 그 기본정신에서 기속질서와 그 동연에 서 있는 사회기속질서를 추인하여 정치화하는 계기일 뿐이지, 이와 동떨어진 새로운 정치질서 창출의 계기일 수 없는 것이다. 사회계약을 정치질서 '창출의 계기'로 보는 것은 사회기속질서가 가지는 사회성과 역사성을 지나쳐 보겠다는 입장의 단면을 드러내는 것으로, 이는 앞서 롤즈에 대한 비판에서 언급했듯이 자연스런 삶의 질서를 정치적 기획만능주의로 재단(裁斷)하는 결과를 가져올 뿐이다. 이제 다음 장에서 이러한 '재단'이 초래하는 심각한 문제점들에 대해 사회계약 관련 서구 자유주의 이론들을 통해 보다 자세히 살펴본다.

6장

사회계약적 정치질서[1)]:

'계기'와 '과정'

우리는 5장에서 개인적 삶의 계약적 권리-의/책무관계기속질서(이하 '계약적 기속질서' 혹은 '계약질서')가 어떻게 사회기속질서로 연계되는가에 대하여 살펴보았다. 더불어 이 계약기속질서가 사회원칙층위 · 사회제도층위 · 개인행위층위에 걸쳐서 체계화되어 있는 사회기속질서와 동연에 서 있음에 대해서도 살펴보았다. 본장에서는 지금까지 살

1. 여기서 '정치질서'는 이 책의 논지에 부합하게 보다 정확한 의미로 전달되기 위해서는 3장 4절에서 설명한 '기속질서'의 한 형태인 '정치기속질서'로 표기되어야 한다. 이는 우리에게 익숙한 '계약질서', '사회질서'라는 개념의 경우도 마찬가지인데, 이들 개념은 질서의 형태에 초점을 맞춘 의미상의 외포가 강조되어 그 내포적 특성인 질서의 기속적 성격이 간과되기 쉽기 때문이다. 보다 자세한 것은 본장의 논의 속에서 밝혀질 것이다. 그러나 용어상의 지나친 혼란을 줄이기 위해 특별한 경우가 아니면 '계약질서', '사회질서'의 경우에서와 마찬가지로 '정치질서', '정치기속질서', 이 두 용어를 병용할 것이다. 더불어 우리에게 익숙한 '지배질서'의 형태들로서 '독재질서', '전체주의(적) 질서', '전제질서' 등이 있으나, 이들은 (기속질서로서의 성격을 결하고 있어)

펴본 권리 및 의/책무를 중심으로 하는 인간 사회관계가 어떻게 계약적 · 사회적 기속질서로부터 '정치질서' 로 이행되는지에 대해 살펴볼 것이다.

'근대적 인간' (혹은 자유주의적 인간)[2]이 주체가 되어 구성한다고 여겨지는 '근대 정치질서' 와 관련한 논의는 그 출현과 그 구성형식 및 근

»»

정치질서로 볼 수 없기에, 이 책에서의 논외사항임 역시 부기해 둔다.

'정치질서' (혹은 정치기속질서)는 이질서가 근거하는 '공권력' 및 사회기속질서의 관리임무위임에 따라 창출되는 '사회기속질서보호 · 관리기구(운용인력포함)'와 더불어 구성되는 '사회기속질서 보호 · 관리제도' 속의 한 개념요소로, 사회구성원들의 사회적 삶 속에 공유되어 있는 '사회기속질서'(5장 참고)와 구별하기 위해 사용한 것이다. 본 논의에서는 정치질서를, 사회기속질서가 사회구성원들의 사회적 삶 속에서 이루어지는 사회계약을 통한 권위부여 과정과 그 속에서 일률적인 합의질서로 다듬어지는 과정(본장3절 참고)에서, 이 합의질서를 보호하고 이에 대한 준수를 관리하기 위한 목적으로 사회기속질서의 보호 · 관리임무위임에 따라 창출되는 '사회기속질서 보호 · 관리제도'의 출현과 더불어 비롯되는 질서라고 본다. 이러한 사회기속질서의 정치질서로의 변모계기가 되는 사회기속질서 보호 · 관리제도에 대한 상론은 피한다. 다만 본장의 논지 속에서 이 제도의 구성과 사회기속질서 및 정치질서와의 관계를 중심으로 그 특징적 대강만을 아래와 같이 부기한다.

사회기속질서 보호 · 관리제도는 그 구성형식에서 크게 둘로 나누어 볼 수 있는데, 그 중 하나는, 마치 그리스 '폴리스(polis)'나 오늘날 거론되는 '아나키공동체'에서와 비슷하게, 사회구성원들이 공동으로 직접 사회기속질서제도를 보호 · 관리하는 '사회기속질서직접공동 보호 · 관리제도'와, 오늘날 우리가 흔히 목격하듯이, 이를 특화된 전담기구(국가/정부)와 직업적 전담인력(정치인/공무원)에 맡기어 보호 · 관리하는 '간접사회기속질서 보호 · 관리제도' 혹은 '(간접)통치제도'로 나누어 볼 수 있다. 이때 통치제도는 흔히 '국가/정부'라 불리는 '통치기구'와 이 기구를 운용하는 '공무담임자', 이 통치제도가 이루는 '통치질서' 및 이 질서가 근거하는 '통치권력'으로 구성된다. 그리고 통치제도의 전담인력은 사회구성원들의 직접선거에 의하여 선출하여 구성하거나, 특정의 자격을 갖춘 직업전문가에게 그 관리임무를 위임하거나, 오늘날 흔히 보는 바와 같이 이상의 두 방법을 적절히 혼합하여 구성할 수 있다.

거를 중심으로 근대 초기 '자연권이론'의 문맥 속에서 '사회계약이론'으로 나타난다. 근대 사회계약이론은 근대 자연권이론이 서구 자유주의 권리이론의 뿌리가 되듯이 서구 자유주의 정치이론의 뿌리가 된다. 물론 이 두 이론적 뿌리는 권리의 주체이자 정치질서의 주체인 이른바 '근대적 인간'이 지니는 이미지의 양면같이 한 모습의 두 측면과 같다.

»»

오늘날 우리에게 익숙한 개념인 '통치제도의 도입과 더불어 존재하게 되는 정치질서'의 의미에서 볼 때, 사회기속질서를 사회구성원들이 공동으로 직접 보호 · 관리하는 그리스식의 '폴리스 질서'나 '아나키 질서'는 이런 점에서 '정치질서'라기보다는 '직접공동관리-사회기속질서'라 하는 것이 보다 타당하다 하겠다. 그러나 마치 그리스 폴리스를 '도시공동체(city-community)'로 보기보다는 '도시국가(city-state)'로 보는 경우가 많듯이, 흔히 폴리스질서를 '직접공동관리-사회기속질서'로 보기보다는 '정치질서'로 보고, 아나키 질서역시, 이와 비슷하게 일종의 정치질서로 보는 경우가 흔하다. 그 대표적인 예로는, David Miller, "anarchism", in *The Blackwell Encyclopaedia of Political Thought*, David Miller, ed.(Oxford : Basil Blackwell, 1987), pp. 10-14 ; A. Carter, *The Political Theory of Anarchism*(N. Y. : Harper Torch Books, 1971) 참고.

그래서 보다 구체적으로 말한다면, 오늘날 우리에게 익숙한 정치질서는 사회기속질서와 통치질서가 혼합되면서 구성되는 셈이며, 이와 비슷하게 '정치제도'는 기속질서제도와 통치제도가 합하여, '공권력'은 사회기속질서권위가 통치권력과 합하여, 그리고 '정치기구(운용인력 포함)'는 사회기속질서기구와 통치기구가 합하여 구성된다고 볼 수 있을 것이다. 이렇게 보면 정치질서 속에는 여타의 정치제도구성요소들에서와 마찬가지로 '기속'요소와 '통치'요소가 병존하는 셈이다. 그러나 통치요소는 기속요소들을 보호 · 관리하기위한 수단으로서 후자에 그 발생근거를 가지기 때문에 통치질서는 사회기속질서에 의해 정당화되어야 하고, 따라서 이 둘이 혼합하여 구성하는 정치질서는 사회적 기속질서와 동연에 서 있다 할 수 있다. 그리고 이러한 관계는 정치질서뿐만 아니라 정치제도의 여타 구성요소들에서도 마찬가지라고 보아야 한다. 그렇기 때문에 1절에서 살펴볼 바와 같이, 사회계약은 근대초기 사회계약이론가들이 보는 식으로 정치질서창출의 계기일 수가 없고, 더더군다나 홉스(T. Hobbes)나 로크(J. Locke)의 사회계약이론에 나타나듯이 통치질서를 창

다만 그 이론적 선후관계를 가린다면 마치 사회계약이론이 자연권이론에 연해서 이어지듯이 정치이론은 권리이론을 전제한다고 볼 수 있다. 그런 만큼 적어도 서구 자유주의 정치질서에 관한 한 그 질서의 형성과 구성형식 및 그 근거에 대해서는, 앞서 간간이 언급한 바이고 또 이하의 논의에서 드러나겠지만, 자연권이론과 연이어 있는 근대 사회

›››

출하는 계기로서의 '통치권계약' 혹은 '정부계약', 혹은 루소가 의도하는 바처럼 '일반의사'에 의해 정당화되는 '사회주권'창출의 계기로서의 '완전계약'으로도 볼 수 없는 것이다. 사회계약은 오히려 사회기속질서가 사회구성원들의 동의기반을 확충해 가면서 일률적인 합의질서로 형성되어가는 과정 속에 있다 할 수 있다(3절 참고).

정치질서(혹은 정치기속질서)와 사회기속질서는 위와 같은 관계 속에서 상호 차이를 가지는데, 그 차이의 특성은 후자에는 결여되어 있는 전자의 '강제성'(과 명령의 성격)에 있다 할 수 있다. 그러나 전자가 가지는 강제성은 사회기속질서가 근거하는 사회기속질서권위에 대한 자율적 복종의 내재적 요구(이를 테면, 공공이성 속에 합의되어 있는 '시민적 의무요구')가, 사회기속질서의 일률적 합의질서화과정을 보호 · 관리해야 할 통치권력의 목적 속에서 정치질서에 명시적 권리로 표면화되면서 비롯되는 강제적 복종요구권의 특성이다. 그리고 그런 만큼 이 강제성은 언제나 사회기속질서에 의해 정당화되어야 한다. 보다 구체적으로, 사회기속질서에 대한 사회구성원들의 자발적 복종(공공이성 속에 합의된 시민적 의무의 이행)은 보호되어야 하고, 이에 대한 불복종이 있을 경우에만 그 복종을 요구하는 통치권력의 권리가 발동되어 이 질서의 범위 내에서 이를 강제로 요구할 수 있는 것이다. 이러한 '사회기속질서에 대한 자율적 복종의 내재적 요구', '통치권력의 목적에 따른 사회기속질서 복종에 대한 강제적 요구권', '통치권력 강제성의 정당화조건' 등이 정치질서가 근거하는 '공권력'의 강제성을 구성한다. 이와 관련하여 롤즈(John Rawls) 가 그의 최근 저서, *Political Liberalism*(N. Y. : Columbia University Press, 1993)에서 '공권력의 강제성은 공통의 인간 이성(common human reason)의 기대에 부합해야 한다'는 입장(pp. 137, 139-140)은 여기에서의 '공권력 강제성 조건'과 비슷하다 할 수 있다. 결국 정치질서와 기속질서의 차이는 이 두 질서가 각각 근거하는 공권력과 사회기속질서 권위의 차이에 있으며 그 특징은 강제성의 유(전자의 경우) · 무(후자의 경우)로 대별할 수

계약이론 전통을 벗어나 논할 수가 없다. 앞서 사회기속질서와 관련하여 살펴본 롤즈(J. Rawls)의 정의이론 역시 정치사회의 기본질서로서의 정의원칙 도출을 일종의 사회계약 형식에 의존하고 있는데, 이는 정의원칙이 "원초상태"의 구성원들의 "사회기본구조"에 대한 합의로부터 도출되는 데에 잘 나타나 있다.[3)]

»» ———

있다.

이러한 정치질서와 사회기속질서의 특징적 차이는 질서위반의 결과에도 반영되는데, 3절에서 자세히 살펴보겠지만, 전자는 처벌을 담보로 하는 법적 범죄행위를 구성하고, 후자는 사회적 삶의 소외를 담보로 하는 도덕적 · 사회적 범죄행위를 구성한다. 두 질서위반결과의 차이와 관련하여 한 가지 덧붙일 것은 전자의 경우는 처벌의 문제가 점차 정치질서 속에 내재되어있는 사회적 기속력과 사회기속질서 권위로부터 통치권력과 법제도 중심으로 이동하게 되면서 사회적 삶과 유리되어 그 처벌효과의 종심(縱深)이 표면화되어 가는 단점을 가지는 반면, 후자의 경우는 그 처벌의 종심은 유지하되 사회의 확장과 삶의 이동성(mobility) 증가로 그 처벌의 실효를 거두기 어렵다는 단점을 가진다는 점이다. 이 각각의 단점은 각각의 경우에 역으로 대입하면 각각의 장점이기도 하다. 이를 테면, 전자의 경우에는 요즈음 고질화되어 있듯이 법만 피하면, 혹은 통치질서의 비호를 받으면, 불이익 없는 사회생활로 다시 복귀할 수 있는 도덕적 범죄인을 양산하는 단점을 가지나 사회적 대면성(對面性)을 피해 저지르는 한탕주의식 범죄행각을 차단할 수 있다는 장점을 가진다. 역으로, 후자의 경우는 한탕주의적 범죄행각을 차단하기 어려우나 법망회피나 통지권력과의 협잡을 통한 사회질서교란자를 도덕적 · 사회적 삶으로부터의 소외를 대가로 보다 실효성 있게 차단하고 내면적인 교화에 실효를 기할 수 있는 장점을 가진다.

2. 근대적 인간의 출현, 그 자연법적 전통 및 정치적 시사성에 대해서는 Q. Skinner, *The Foundations of Modern Political Thought*(Cambridge ; Cambridge Univ. Pr., 1978) Vol. I, Chs.1–3, 8–9 : Leo Strauss, *Natural Right and History*(Chicago ; The Univ. of Chicago Pr., 1953) ; A. Bullock, *The Humanist Tradition in the West* (Wisbech : Thames and Hudsan, 1985), Chs. I, II ; D. Germino, *Machiavell to Marx : Modern Western Political Thought*(Chicago ; The Univ. of Chicago Pr., 1979), Ch.1 참고.

그럼에도 불구하고 근대 초기 사회계약이론들을 포함하여 현금 롤즈의 정의이론을 비롯한 많은 서구 자유주의 이론들에 나타나는 정치질서 형성과 관련한 '사회계약'에 대한 이해에는, 2절에서 살펴보겠지만, 심각한 문제점들이 포함되어 있다. 이를 테면 근대 초기 사회계약이론의 경우 홉스(T. Hobbes)나 로크(J. Locke)의 이론은 '사회계약'을 '자연상태'로부터 '정치상태'로 이행하는 관문으로 이해하고 있는데, 이러한 이해 속에는 정치질서 근거의 결여라는 비현실성 문제가 개재되

---

3. 이 두 개념은 '롤즈'의 정의론에 나타나는 것인데, '원초적 상태(Original Position)'란 근대 초에 대두되었던 사회계약론(롤스는 '로크'판본을 모델로 했음을 밝힌다)에 나타나는 '자연상태'처럼 정치사회 창립을 전제하여 자율적 개별자들이 모여 살고 있는 일종의 가상상태를 말한다. 이 상태에 전제되어 있는 것 중 중요한 것은 ① 이들 개별자들이 어떻든 나름대로의 정치사회를 구성하여 같이 살 수밖에 없도록 예정되었다는 것이고, ② 이들 개별자들 사이에는 신체적, 능력상의 차이는 있을지 모르나 이 차이가 어떤 가치기준에 따라 불평등의 위계구조를 이루고 있지 않다는 점, ③ 그리고 '①'과 '②'와 같은 전제적 상황 때문에 이들은 사회를 구성할 때 이에 관한 모든 원칙과 절차와 제도상의 문제들을 이들 모두의 합의의 결과로 처리할 수밖에 없다는 것이다. 또 '기본구조'란 새로 창건될 사회이거나 아니면 기존의 사회의 정치·경제·사회 전 부문에 걸쳐 사회구성원의 권리·의무·사회적 지위 및 부 등에 대한 정의로운 분배 방법과 갈등해결 방법 등을 제도화할 때, 이들 모든 제도를 일관적이고 체계적으로 규제하는 일종의 중심원칙과 같은 것으로 롤스는 이를 정의원칙으로 본다. 예를 들면 모든 정치사회 제도는 사회구성원 모두의 평등한 자유를 보장하도록 만들어져야 한다든지, 혹은 '더불어 사는 사회'이기 때문에 사회가 생산한 모든 지위와 부는 최하층의 사회구성원의 복지를 증진시키는 쪽으로 분배되도록 사회의 모든 정치경제제도가 놓여 져야 정의롭다는 것이다. 이때 '자유평등원칙'이나 '최소 수혜자 복지증가원칙' 등이 사회의 모든 주요 제도들을 체계적이고 일관적으로 관통한다면 이를 정의로운 기본구조라 할 수 있다는 것이다. 이상에 대해서는 J. Rawls, *A Theory of Justice*(Mass. : Harvard Univ. Pr., 1971), Pt.I(특히 §1.2~§1.4, §2.11~§2.16, §3.22~§3.26) 참고.

어 있다. 루소(J.-J. Rousseau)의 이론은 이 두 이론과는 달리 자연상태와 정치상태 사이에 정치상태 이전의 빌미를 제공하는 '사회상태'의 과정을 인정한다 하지만, 그가 이해하고 있는 사회상태는 홉스나 로크의 자연상태와 크게 다를 바 없으며, 따라서 그가 이해하는 사회계약(루소의 용어로는 '완전계약') 역시 그 근거가 결여된 정치질서의 일괄적 급조를 위한 관문으로 등장한다는 점에서 같은 비현실성 문제에 노출되어 있다. 이러한 근대 초기 사회계약이론들의 비현실성 문제는 현금 서구 자유주의 관련 이론들에 전자의 전통이론들이 문자 그대로 수용되면서 그에 포함된 문제점들의 전승은 물론, 이로부터 파생되는 사회계약 이해에 대한 또 다른 문제점들을 노정한다. 이를 테면 사회계약을 사회구성원들의 국가/정부에 대한 복종을 약속하는 계기로 이해한다든가, 또 사회기속질서가 근거하는 사회기속질서권위와는 무관하게 단순히 국가/정부의 통치권력 형성 및 그 정당화의 계기로 이해하는 등이 바로 그 예에 속한다.

사회기속질서의 정치질서(혹은 정치기속질서)로의 이행에 대해 살펴보려는 본장의 논의에서도 사회계약은 그 이행과정과 이행계기를 설명하는 데 중요한 이론요소가 된다. 그러나 본 논의에서 이해되는 사회계약은 위와 같이 이러저러한 문제점에 노출되어 있는 근대 초기 사회계약이론과 이를 수용하고 있는 서구 자유주의 이론들에서 이해되고 있는 사회계약과는 달리 이들 이론이 준거해야 할, 따라서 이들 이론에 공통적으로 담겨 있어야 할 '기본정신'에 근거한다. 여기서 기본정신은 롤즈가 말하듯이 공권력의 보장이 없는 상태에서 자유롭고 평등한 권리주체들이 자신의 자율권 행사를 통하여 형성해 가는 상호 간의 관계질서 속에 녹아 있는 정신이다. 또 이 정신은 권리-의/책무관계를 중심으로 형성되는 계약적 기속질서와 사회기속질서 속에 내재하는 정신이기도 하다. 즉, 사회계약의 기본정신은 사회계약이 정치질서 형성의 계기이기 이전에 '일률적 사회기속질서 합의의 계기' 여야 함을 말해준다. 나는 이러한 '사회계약의 기본정신' 을 기왕의 (근/현대) 사회계약 '이론' 과 구분하여 사회계약 '사상' [4)]이라 부를 것이다. 그리고 본장에서 살펴보려는 사회기속질서의 정치질서로의 이행과정은 바로 이러한 사회계약사상이라는 관점에서 논의될 것이다.

그리고 이러한 사회계약 기본정신으로서의 사회계약사상은, 위와 같은 의미에서, 근대 초기 사회계약이론들이나 이를 수용하고 있는 현금 서구 자유주의 관련 이론들에 공통적으로 함의되어 있는 '기본정신' 이어야 한다고 보는 것이다. 왜냐하면 우선 사회계약도 일종의 계약으로서 자유롭고 평등한 권리주체와 이들의 평등한 자율권 행사를 전제하기 때문이다. 이는 사회계약이 그 형식과 기속력에서 보편적 계약의 형식과 기속력을 바탕으로 할 수밖에 없음을 가리킨다. 다음으로, 본 논의의 입장과는 다르지만, 설사 이들 이론에 나타나는 것처럼 사회계약에 의해 정치질서가 창출된다 하더라도 이 정치질서는 사회계약이 보편적인 계약의 속성을 벗을 수 없는 한 계약적 기속질서라는 바탕을 떠날 수 없기 때문이다. 만일 근대 이래의 서구 자유주의 정치사상이 궁극적으로 '근대적 인간관' 을 바탕으로 개인의 자율과 정치적 권위의 균형점 모색의 과정에서 탄생한 것이고, 그 모색의 이론적 시도를 동전

---

4. '사상'은 특정 시대, 특정 장소에 보편화된 가치라는 점에서 이 가치에 대한 인식, 현실에 대한 입장, 구체적 실행방법 등과 관련해 특정한 이론가의 입장을 반영하는 '이론'과 구별된다고 본다. 그래서 여기서는 '근대 사회계약이론'과 '근대 사회계약사상'을 구분하여 논한다.

의 양면과 같은 자연권이론과 사회계약이론 속에 구체화하고 있다고 본다면, 근대 초기 사회계약이론이나 현금 서구 자유주의 관련 이론들은 이러한 균형점 모색에 담겨 있는 사회계약의 기본정신을 결코 떠날 수 없는 것이다. 그래서 이들 이론들은 바로 이러한 입장에서 검토되고 재평가되어야 할 대상이 되는 것이다.

이렇듯 본 논의의 초점을 '사회계약사상'에 둘 때 본 논의는 다음과 같은 전개상의 특성을 가지게 된다. 우선 기왕의 많은 사회계약이론들에 대한 세세한 설명 및 그와 관련한 번쇄한 논란을 피하면서 사회계약이 사회기속질서의 정치질서로의 이행에서 가지는 역할과 의미에 본 논의를 집중할 것이다. 이러한 논의의 국한 속에는 벤담(J. Bentham)을 위시한 공리주의자들의 근대 사회계약사상에 대한 비판에 대한[5] 면책 의도가 포함된다. 사실 그들이 주장하는 대로 원시사회의 인간들이 일정한 시점과 일정한 장소에서 그들 사회의 포괄적 정치질서에 대해서 계약과 같은 합의를 이룬다는 것은 거의 허구에 가깝다고 생각한다. 인간들은 원시와 현금을 막론하고 그저 각양각색의 사회를 이루며 면면히 살아왔을 따름이라고 생각한다.

다음으로는 정치질서의 형성과 관련하여 왜 사회계약이라는 이론적 장치를 도입하지 않으면 안 되었는지, 그리고 그에 담긴 기본의도는 무엇이었을까를 밝힐 것이다. 이는 그 기본의도에 부합하고 보다 적실성 있는 사회계약 체결형식과 존재형식을 가능하게 하여 기왕의 사회계

---

5. 이 허구성에 대한 공리주의 이론들의 비판은 Jeremy Bentham의 "Anarchical Fallacies", in John Bowring, ed., *Works of Jeremy Bentham*(N.Y. : Russell and Russell, 1962), Vol. II(pp. 491–534)을 그 전범으로 삼고 있다.

약이론들의 내용을 평가하는 기준을 마련해 줄 것이다. 근대 사회계약 사상에 대한 근자의 서구 자유주의 이론들의 시각과 입장을 검토하는 2절은 바로 이러한 평가기준에 의한 것이다.

마지막으로는 검토결과 새로운 이해의 지평에 놓이는 사회계약이 정치질서에 대하여 가지는 의미를 중심으로 새로운 사회계약이론을 입론해 볼 것이다. 이 입론은 기왕의 사회계약이론들의 사회계약 기본정신(사상)에 대한 오해를 수정하는 과정을 통해서 이루어질 것이다. 그리고 이 입론과정 속에는 앞장에서 롤즈의 위임책무이론에 대한 비판적 보완을 통해서 살펴본 '사회기속질서'와 정치질서의 연결 및 이러한 연결 속에서 공권력[6]이 사회구성원들의 자율권에 대하여 가지는 의미가 포함될 것이다. 그러면 우선 첫 절에서 기왕의 사회계약이론들이 근거해야 할 사회계약의 기본정신에 대해 살펴본다.

6-1. 근대 사회계약의 기본정신

앞서 홉스와 로크의 자연권이론에 대한 논의를 통해서 그 일단을 살

6. 공권력이 정치기속질서의 근거임에 대해서는 이미 앞의 각주에서 밝혔거니와 그 내용구성과 근거 및 성격에 대해서는 3절에서 살펴보게 될 것이다. 다만 여기서 강조하고자 하는 바는 흔히 같은 의미로 혼동하고 있는 '통치권력'은, 정치질서에 대해 통치질서가 그렇듯이, 공권력준수를 관리 · 통제하는데 요구되는 직책을 수행하기 위한 의무(직무) 뒤에 따라오는 권리라는 점이다. 그래서 이를 흔히 '위치적 의무(positional duty)'라 부르는데, 이에 관해서는 A. J. Simmons, *Moral Principles and Political Obligations*(Princeton : Princeton University Press, 1979), pp. 17–18 참고.

펴본 바지만, 근대 사회계약사상의 정치적 함의는 근대 서구 정치사상이라는 넓은 지평 위에 그 토대를 가진다. 정치사상은 어느 특정 시기, 어느 특정 정치권력에 보편화된 정치적 이상가치와 그 가치를 실현하기 위한 정당한 정치실천 형식을 포괄한다. 이와 관련해서는 2장 2절에서 '근대적 인간' 등장의 시대배경을 논하는 자리에서 살펴보았다. 이런 의미에서 '근대 서구 정치사상', 그리고 그 중에서도 오늘날 우리에게 가장 보편적으로 받아들여지고 있는 근대 자유주의 정치사상은 '자유롭고 평등한 자율적 개별자들로서의 인간'이라는 소위 '근대적 인간관'에 부합하는 정치이상 가치와 정치질서에 대한 모색에서 출발한다. 근대 사회계약사상은 이러한 근대 자유주의 정치사상의 핵심과제의 유일한 해결책으로 제시된 것이었다. 즉, 모두가 평등하게 자율적인 이른바 '근대적 인간'을 바탕으로 어떻게 그러한 인간들이 구성하는 사회에 인간 사이의 지배–복종이 불가피할 정치질서를 조직해낼 것이냐 하는 실천과제에 대한 해결책으로서 제시된 것이었다.

근대는 이미 기왕의 초인간적 정치질서들, 예를 들어 "그리스"적 우주질서나 "중세"적 신(神)의 질서, 그밖의 자연, 전통, 관습 등으로부터 연역되어지는 정치질서관이 더 이상 그 명분상의 위세를 발휘할 수 없는 상황이었다. 초인간적 상위 정치질서가 사라져 가는 상황에서 정치질서는 인간적 질서와 권위일 수밖에 없었다. 이는 근대적 인간들의 삶 속에 그들의 생활을 조직해내는 정치질서가 더 이상 그들의 자율적 삶과 괴리된 외삽(外插)적 권위로부터 도출될 수 없는 새로운 정치질서관으로 바뀌고 있었음을 말해준다. 이제 자유주의적 정치질서는 근대적 인간관 속에 표현된 자율성과 그 사회적 표현원칙인 자율권평등원칙을 적극적으로 지지하거나 최소한 이를 거스를 수 없게 된 것이다.

이는 정치질서와 그 근거인 공권력은 이제 그 정당성의 하한선을 평등한 정치사회 구성원들의 평등한 자율권 보장에 두게 되었음을 말해준다.

그러나 인간적 정치질서인 한 이는 인간에 의한 인간의 지배일 수밖에 없다. 그리고 인간에 의한 인간의 지배, 이는 자율성평등원칙과 불가피 정면충돌할 수밖에 없다. 이는 마치 수평구조 속에 어떻게 수직적 질서를 담아내느냐 하는, 즉 수평적 사회구성원들을 바탕으로 어떻게 수직적 상하관계를 특징으로 하는 정치질서를 조직해내느냐 하는 문제와 같았다. 이는 논리적으로 하나의 근본적 모순구조를 이룬다. 이러한 모순을 해결하고 정당한 정치질서 속에서 공권력을 형성할 수 있는 방안에 대해, 그리고 이에 부합할 수 있는 공권력의 성격과 목적에 대해 이론적 틀을 제공한 것이 바로 근대 사회계약이론들이다.[7] 따라서 근대 사회계약의 기본정신은 바로 새로운 (근대적) 인간 이미지와 그 이미지에 함의된 정치이상 가치를 담아낼 수 있는 새로운 의미에서의 정당한 정치질서와 공권력의 수립에 그 기본과제를 두고 있다고 말할 수 있다.

근대 사회계약사상을 통해 개인은 처음으로 모든 정치적 · 사회적 문제에 있어서 초점이 되었으며, 시민의 자격으로 정치질서에 대하여 간접적이 아닌 직접적 관계 위에 서게 되었다(2장 2절, '자연법 근대화' 참고). 이 사상은 개인은 정치질서가 자신의 이익을 위해 존재하며 단지

7. 사회계약사상의 역사적 전개와 각 시대적 특징에 대해서는 J. W. Gough, *The Social Contract : A Critical Study of its Development*, 2nd ed.(Oxford : Clarendon Press, 1967) 참고. 특히 "근대사회 계약사상"의 특징에 대해서는, M. Lessnoff, *Social Contract*(London : Macmillan, 1986), Chs. 2–5 참고.

그것이 그 존재이유라고 주장할 수 있는 근거를 제공했다. 물론 홉스의 사회계약이론의 경우는, 설사 사람들이 자신의 안녕을 위하여 스스로를 위한 정치질서를 수립한다 하지만, 자연권을 포기하여 공권력을 수립한 후 사실상 아무 권리도 남지 않아 겨우 생존의 지속을 절대권력의 시혜로 보장받을 수밖에 없게 되어 있다. 그러나 홉스의 사회계약이론 속에 담긴 기본정신도 정치질서와 공권력의 기초와 목적은 그 계약의 체결 이유에 부합하게 개인의 자율성이 지향할 안전과 행복, 그리고 이를 결정할 자율권 행사를 전제하고 있음에는 의심의 여지가 없다.

자유주의 정치사상은 바로 이러한 근대 정치질서가 지향하는 이상과 기존 정치질서의 파탄현실에 대한 재조명과 더불어 시작되었다. 이러한 발전의 뿌리는 분명 종교개혁운동과 종교 갈등 및 순교(殉敎)에서 이어지는 유럽인들의 시민혁명의 바탕 위에서 자랄 수 있었음에 틀림없다. 그러나 근대 사회계약사상은 고래의 인본주의 가치와 근대적 개인주의 가치, 그리고 인간 도덕성에 대한 강한 자신감을 바탕으로 하는 새롭고도 보다 폭넓은 변화에 대한 기약을 담고 있었다. 사회계약사상을 체계화하려는 당시 이론들은 처음으로 종교적 신념보다는 과학적 주장 같은 이성적 추론에 근거하면서 이론적 합리성을 삶의 전부문을 포섭하는 정치질서의 합리성에 연결시킬 수 있었다. 당시의 사회계약이론들은 기왕의 이론들[8)]에 비해 더욱 과감하고, 보다 세속적이며, 보다 합리적이었던 것이다. 이 이론들은 그후 이어지는 계몽주의, 즉 인간의 이성적 능력이 교육과 과학의 발전에 의해 더욱 고양되며, 이로써

---

8. 고대 이래 홉스로부터 비롯된다고 보이는 근대 초기 사회계약이론 이전의 사회계약이론들에 대해서는 J. W. Gough, 앞의 책(1967), Chs. II–V, VII 참고.

인간은 미신과 전통적 속박으로부터 해방될 것이라는 더욱 강화된 합리성 신념과 자연스럽게 연결되게 된다.[9)]

이러한 정신사적 배경 속에서 등장하는 사회계약사상에 대한 이론적 색깔은 초기 대표적 이론가들인 홉스 · 로크 · 루소에서조차도 서로 다르게 나타나지만, 그 이론적 기반에 공통적으로 함의되어 있는 기본정신을 개략하자면 다음과 같이 말할 수 있을 것이다.[10)]

첫째, 정치질서의 기원이나 목적과 관련하여, 이들 사회계약이론들은 정치질서를 인간 스스로를 위한 순전히 인간의 질서이지 그 이상도 그 이하도 아니라고 본다. 플라톤(Platon)이 보는 식으로 우주적 · 자연적 질서에 인간을 조화시키기 위한 질서도 아니고, 아퀴나스(St. T. Aquinas)식으로 인간 사회질서를 신(神)의 질서에 순치시키기 위한, 보조적이고 예비적인 질서라는 의미에서의 정치질서도 아니라는 것이다. 오히려 정치질서는 인간적 목적을 실현시키기 위해 인간 스스로가 만들어낸 질서로 보는 것이다. 정치질서의 출발과 목적에 대한 이러한 인간중심적 입장은 상호 협조를 바탕으로 호혜적 복리를 도모한다는 계약적 기속질서의 목적과 맞닿아 있다.

둘째, 정치질서의 주체와 관련하여, 이들 사회계약이론들은 인간은

9. 계몽주의의 탈종교적 합리주의 정신에 대해서는 P. Gay, *The Enlightenment : The Rise of Modern Paganism*(N. Y. : W. W. Norton & company, 1977), Chs. 5, 7 참고.

10. 이에 대해서는, T. Hobbes, *Leviathan*, ed. by C. B. Macpherson(N. Y. : Penguin Books, 1968), Chs. 13–15, 17 ; J. Locke, *Two Treatises of Civil Government*, ed. by P. Laslett(N. Y. : A Mentor Book, 1963), Book I, Chs. II, III, V–VIII ; J.-J. Rousseau, *The Social Contract*, Lester G. Crocker ed. & tr.(N.Y. : Pocket Books, 1974), Book I, Chs. 5, 6을 참고.

누구나 자율적이며 사회 속에서 평등한 자율권을 가진다는 소위 근대적 인간 사회관 위에 서 있다. 이는 권리-의/책무관계기속질서에 전제된 인간 사회관에 다름 아니다. 그리고 더 거슬러 올라가면 이에 담겨 있는 인간성에 대한 이해는 권리 및 의/책무의 근거를 이루는 자연적·사회적 인간성에 대한 이해에 다름 아니다. 이러한 인간은 이제 정치사회를 구성하면서 정치질서의 권위부여 주체로서 자리매김하게 되고, 이들의 자율권은 공권력의 구성요소가 된다. 그래서 이들은 이론상 정치의 주인, 즉 민주주의 정치질서의 주체로 존재한다.

셋째, 정치질서의 형태 및 성격과 관련하여, 이들 사회계약이론들은 어떠한 정치질서이든 사회구성원 개인 스스로의 동의나 승낙 없이는 그를 구속·지배할 수 없다고 본다. 이는 일종의 근대적 인간이 지니는 자율성의 정치사회적 실현방식으로서 정치적 자결주의와 자치주의 형태로 나타난다. 어떤 정치질서이든 그 수용 여부는 자신의 결정·선택 여하에 따른다는 점에서 자결주의이고, 일단 결정·선택하면(이는 자기 입법과 같음) 그 결정사항에 구속(이는 자기 입법에 의한 자기 구속과 같음)된다는 점에서 자치주의이다. 이런 점에서 정치질서 형태는 권리 및 의/책무를 내용으로 하는 계약적 기속질서 형태와 동연에 서 있다고 볼 수 있다. 정치질서는 기속질서에서와 같이 정치원칙, 정치제도, 정치관계 등을 계약형식을 빌려 스스로가 선택하며 이에 자율적으로 복종한다는 관점인 것이다. 또 이러한 관점은 계약적 기속질서에 포함된 기속력 근거가 스스로의 권위부여를 통해 형성되듯이 정치질서 실행력의 근거인 공권력이 자발적 복종을 전제하는 권위적 성격이어야 할 것 역시 요구한다.

결국 이들 이론에 공통적으로 담긴 사회계약의 기본정신, 즉 근대 사회계약사상은 자유롭고 평등한 인간들이 개별적으로 자신의 목적과 이익을 위해 서로의 동의나 승낙(약속)을 통한 계약형식 속에서 자신들의 정치사회를 구성하고, 그 정치질서와 조직을 스스로 선택 · 결정하며, 이에 책임진다는 것을 주요 내용으로 삼고 있다. 그리고 공권력은 그 목적 · 주체 · 형식과 함께 그 기속력 근거를 권리 및 의/책무의 기속력 근거와 동연에 서 있는 권위에 두어야 함을 말해준다.[11)]

물론 이러한 기본정신에서 한 걸음 더 나아가 그 구체적 이론구성을 보면 그 속에는 위에서 예로 든 이론가마다의 서로 다른 여러 갈래의 입장이 드러난다. 이를 테면 홉스의 경우는 '자연상태'의 비참함과 위험을 내세워 절대군주 '리바이어던'의 창출이 불가피함을 역설하고, 로크의 경우는 자주 실족(失足)할 가능성을 안고 있는 이성을 통해서만 이해될 수 있는 자연법의 성문화 필요성을 정부 존재의 필연성으로 연결하여 사회계약을 '정부계약'으로 변질시키며, 루소의 경우는 '완전계약'을 통해 개인화될 수밖에 없는 주권의 결집을 유도하기 위해 개인 자율권을 뛰어넘는 총체적 주권개념, 즉 "일반의사"[12)]를 외삽시킨다. 그러나 이러한 서로 다른 이론적 차이에도 불구하고 이들 사회계약이론들이 가지는 기본정신 속의 정치질서와 그 근거인 공권력의 목적 · 주체 · 성격은 앞서 살펴본 공통사항으로 수렴된다.

---

11. 사회계약 기본정신은 달리 말하면 근대적 인간의 자율적 속성의 사회적 투사라 할수 있는데, 이와 관련해서는 Guido de Ruggiero, *The History of European Liberalism*, R. G. Collingwood, tr.(Boston : Beacon Press, 1964〈1927〉), Introduction–§7 참고.

12. J.–J. Rousseau, 앞의 책(1974), Book I, Ch.6 ; Book II, Ch. 3 ; Book IV, Ch.1 참고.

이렇게 근대 사회계약이론들에 담긴 공통의 기본정신을 살펴볼 때, 그에 담긴 정치질서의 원형은 전반적인 구성내용과 구조에서 앞서 살펴본 권리 및 의/책무를 내용으로 하는 계약적 기속질서와 동연에 서 있음을 알 수 있다. 즉, 1) 정치질서의 도출형식은 정치사회 구성원들의 자율권 행사를 보장할 수 있는 계약형식으로, 2) 그 질서를 유지하는 공권력의 구성은 정치사회 구성원들의 자율권의 집약으로, 3) 공권력의 성격은 자율성에 근거한 자기 질서에 수응하는 만큼 권위의 성격으로, 4) 그리고 정치질서 형태는 자기 입법에 대한 자발적 복종을 의미하는 자치질서(혹은 자율질서) 형태로 특징지어지는 만큼 두 질서는 같은 구성요소와 같은 구성양식 속에서 같은 논리의 연장선 위에 서 있음을 알 수 있는 것이다. 하기야 위에서도 잠시 언급한 바처럼, 근대적 인간을 모델로 하여 이로부터 도출된 인간성이나 인간 사회관에 근거한 두 질서가 다만 이들 각각의 관할범위와 관할대상상의 차이 외에 그 구성요소와 구성양식에서도 근본적인 차이를 가진다고는 생각하기가 어려울 것이다.

그러나 사회계약이 그 출현의 계기가 된다고 여겨지는 일률적 사회 기속질서와 정치질서는 그 기본에서 개인 간의 계약질서에 뿌리를 두시난, 개인 낭사자 사이에 이루어지는 계약적 합의에 고려되는 주체 사이의 '차이'는 사회계약적 합의에서는 광범한 사회 전체를 전제하는 만큼 '다양성(혹은 다원성)'이라는 가치로 확대된다. 물론 차이의 다원적 존재로 인한 다양성 가치도 자율성 가치에 근거한다. 모든 사람은 각각의 신체적 조건이나 정신적 능력 및 가치관에서 서로 다를 수 있다. 다를 수 있는 자유는 어쩌면 서로 다르게 태어난 모든 사람들의 권리이다. 일정하게 정형화된 신체조건이나 일사불란한 인생관, 가치관,

세계관으로부터 자유로울 수 있는 권리가 자율권인 것이다. 내가 내 생긴 대로 살고 내가 좋아하는 것을 선택하며 이러한 삶과 선택적 행동에 대한 이해득실은 결국 나에게 귀속될 때 나는 자율적일 수 있다. 그래서 자율권 행사의 내용은 서로 다를 수 있다. 이러한 차이를 인정한 채 각자의 삶을 자유롭게 계획하고 실현해 갈 자율권을 동등한 가치를 두어 존중해 주는 것이 사회계약의 기본정신에 부합하는 일률적 사회기속질서와 정치질서를 수립한다는 본연의 의미일 것이다.

모든 사람은 이렇듯 자율권을 사회적 · 정치적으로 평등하게 향유해야 한다는 규범의식이 사회계약사상의 대전제를 꾸미고 있다. 사회계약사상의 대전제가 '모든 정치사회 구성원들은 평등한 자율권을 가진다' 는 자율권 평등관에 놓여 있다는 것은 결국 이러한 '차이의 가치' 를 '다양성 가치' 로 확대할 수밖에 없음을 말해주는 것이다. 그래서 사회계약의 기본정신을 구성하는 사회적 · 정치적 자율가치는 바로 이 다양성가치를 전제한다. 사회계약사상의 기본정신을 구성하는 자치주의 역시 같은 내용을 근간으로 한다. 그러나 이는 역으로 사회구성원 각자의 차이를 인정하는 가운데 자율가치를 합의된 일률적인 질서로 수렴하는 데는 사회계약이 불가피함을 말해준다. 사회계약을 통해서만이 사회구성원들은 불가피 일률적일 수밖에 없는 사회기속질서에 대해 평등한 자율적 주체로서의 위상을 가질 수 있기 때문이다. 나의 자율적 삶과 행동의 결과는 다른 누구도 아닌 내 책임에 귀속되기 때문에 내 삶에 대한 자기 입법이자 자기 준수, 즉 자치가 되듯이, 사회계약을 통하여 내 삶의 조건을 결정짓는 모든 사회적 · 정치적 결정에 나의 참여가 필수불가결하며, 모든 사회 · 정치결정 과정에서의 나의 선택과 결정은 궁극에 가서는 내 삶에서와 같이 자치이므로 사회적 · 정치적 자치를 보장받을 수 있다. 이러한 사회적 · 정치적 자치는 국내 정치사회에서는 각국 헌법상의 국민주권원칙으로 표명되고 국제사회 영역에서는 국제규약상의 자결권원칙으로 표명되어 있다(이를 테면 국제 사회권 규약 제1조 및 자유권 규약 제1조).

그러나 사회계약사상의 대전제 속에는 이와 같은 자율권 실현을 극대화하려는 요소 외에 그 자율권에 일정의 테두리를 만들어 통제하려는 강력한 규제요소가 들어 있다. 사회기속질서를 보호 · 관리하기 위한 이른바 '통치제도'의 출현과 더불어 그 존재가 비롯된다고 여겨지는 정치질서의 대전제, 즉 '평등한 정치적 자율권' 전제 중 '평등'의 요소가 바로 이 규제요인이다. 그리고 이는 개인적 자율정신이 나를 넘어 계약상대방, 협업관계에 있는 사회구성원, 정치사회 및 다양한 정치사회들로 구성되는 국제사회로 확산되는 길목에 숨어 있다. 이렇듯 정치질서의 대전제 속에 내재되어 있는 '평등'의 규제요소는 통치제도와 정치질서에 대하여 두 가지 함의를 가진다. 그 하나는 평등이 (정치질서의 내용이 되는) 일률적 사회기속질서의 보호 · 관리를 위한 통치제도 없이도 이 사회기속질서에서 자체적 보호 · 관리기제의 역할을 수행한다는 점이다. 이 점을 부각시켜 국가/정부와 같은 통치제도 및 기구를 거부하는 것이 '아나키 정치질서'이다. 그리고 다른 하나는 이 평등요소에서 비롯되는 자기모순원칙에 근거하는 인본주의 입장이 사회기속질서에서와 마찬가지로 통치제도와 정치질서의 정당화 조건이 된다는 점이다. 통치제도 및 이의 창출과 더불어 등장하게 되는 정치질서가 궁극 사회기속질서에 근거하고 있다고 본다면, 사회기속질서의 정당화 조건은 의당 정치질서의 정당화 조건이 되어야 한다.

물론 여기서 '평등'의 의미는 '같음'으로서의 의미가 아닌 '공평(혹은 정의)' 으로서의 의미이다.[13] 대전제에 깃들어 있는 평등정신은 한 마디로 나의 자율이 중요한 만큼 나 이외의 다른 사람들의 자율과 자치 또한 존중되어야 한다는 타자 배려와 존중의 정신이다.[14] 계약형식에서의 평등근거는 이들이 속해 있는 사회로 확산되면서 타자의 수효에 비례하여 더더욱 강화된다. 그러면서 기속질서에 담긴 인본주의 정신을 전사회를 아우르는 인본주의, 즉 사회적 인본주의에 이르게 한다. 그리고 각자의 삶의 사회정치적 실현과 이 삶의 사회정치적 실현조건의 선택과 결정이 자율원칙과 자치원칙에 입각해서 이루어지는 곳, 더구나 이 모든 것이 서로 다를 수 있는 사람들의 평등한 자유가 정치적 권리로 보장되는 곳이 정치사회여야 하므로 이 사회적 인본주의는 사회계약과 더불어 정치적 인본주의가 된다. 더불어 한 정치사회를 아우르는 이 정치적 인본주의는 각기 다른 다수의 정치사회를 아우르는 국제적 인본주의를 지향한다.

인본주의 정신의 이러한 점진적 확산은 앞서 언급한 '인본주의적 입장' 의 확산을 의미하는 것으로 사회적 다원주의 원칙, 정치적 다원주의 원칙, 국제적 다원주의 원칙을 그 실행원칙으로 구성하면서 적어도 이

---

13. 이에 관해서는 G. Sartori, *The Theory of Democracy Revisited*(N. J. : Chatham House Publishers, Inc., 1987), §12.2 참고.

14. 자율권평등원칙에 깃들어 있는 이러한 정신은 밀(John Stuart Mill)에 이르러서 비위해원칙(non-harm principle)으로 나타난다. 이에 대해서는 J. S. Mill, *On Liberty*, Currin V. Shields, ed.(Indianapolis : The Bobbs-Merrill Company Inc., 1956), pp. 3, 13 & Ch. IV 참고. 그리고 이에 대한 비판적 논의로는 A. Ryan, "Mill and Rousseau : Utility and Rights", in G. Duncan, ed., *Democratic Theory and Practice*(Cambridge : Cambridge University Press, 1983), pp. 39-57 참고.

지구촌에서의 '열림' 의 외포를 확충해 간다. 그래서 '열린 인본주의 입장' 은 근대적 인간관에서 시작하여 이들 사이의 계약기속질서, 사회기속질서, 정치기속질서, 그리고 국제사회질서에 이르기까지 일관된 정당성 조건의 토대를 형성한다. 이러한 열린 인본주의 입장은 근대 초 사회계약이론가들이 그리고 있는 완전독립에 가까운 자연상태로부터 상호 의존이 불가피한 정치사회 상태로 이어지는 이론구성에도 똑같이 전제되어 있는 원칙이다. 서구 자유주의 이론들에 의해 사회계약과 더불어 수립된다고 여겨지는 정치질서는 그래서 상호적 자율권 평등을 중심내용으로 하는 '열린 인본주의 입장' 으로 규제되어야 한다. 이는 달리 말하면, 계약질서와 사회기속질서에서와 마찬가지로 열린 인본주의적 입장이 정치질서에서도 최우선적 정당성 조건이 된다는 의미이다. 그러나 정치적 다원주의 원칙에 대한 만족으로 요구되는 이 정당성 조건은 다시 국제적 다원주의 원칙을 만족해야 하는 요구에 또 수응해야 한다.

이상은 근대 사회계약이론들에 담겨 있는 기본정신, 즉 사회계약사상을 몹시 간략하게 축약한 것이지만, 근대 이래 오늘날까지 논의되고 제도화되어 있는 자유민주주의의 이론적 요소들이 거의 여기에 줄기를 대고 있음을 알 수 있다. 예컨대 피치자인 국민이 국가의 주인이라는 의미나 국민이 모든 정치적 공권력의 근거라는 의미에서 말하는 '민주', '주권재민', '국민주권' 등에 관한 이론이라든가 그밖의 '자유권', '권리 평등주의', '정치적 다원주의' 등과 관련한 이론이 모두 이로부터 연유한다고 볼 수 있다. 그리고 그런 만큼 근대 이래 확산일로에 있는 자유화와 민주화라는 정치적 실천가치에 유일무이한 대의명분이 되어 오고 있다는 사실 또한 이미 두루 알고 있는 바와 같다.

이렇게 볼 때, 근대 사회계약사상에 함의된 정치질서관은 모든 정치사회를 논리적으로나 역사적 견지에서 개인들 간의 계약관계에 근거한 일종의 계약관계질서로 본다는 입장에 서 있다 할 수 있다. 그리고 이러한 계약적 정치질서관을 근대 사회계약이론들은 사회계약이 (3장에서 살펴본 쌍방계약의 기본형식 속에서 이루어지는) 정치질서 창출의 계기로 이론화하고 있는 것이다. 그러나 여기서 분명히 해둘 것은, 사회계약은 사회기속질서를 사회구성원들이 스스로의 반복되는 권위부여를 통해 이들 사이의 합의를 결집해 가고 일률적 질서로 다듬어 가는 계기일지언정 정치질서 창출의 직접 계기는 아니라는 점이다. 오히려 정치질서 창출의 계기는 통치제도 창출의 계기와 맞물리는 것으로 로크의 사회계약이론에 나타나는 '정부계약' 으로 보아야 한다.

물론 통치제도는 사회기속질서로부터 이의 보호 · 관리임무를 위임받아 창출되는 점과, 이 창출과 더불어 존재하는 정치질서는 사회기속질서에 근거한다는 점에서 일률적 사회기속질서를 합의해내는 과정 속의 사회계약이 정치질서 창출의 간접적 계기라고는 볼 수 있을 것이다. 그러나 사회계약을 이러한 정치질서 창출의 간접 계기로 볼지라도 사회계약은 사회구성원들 사이에 이루어지는 약속행위인 반면, 정부계약은 사회기속질서로부터 이의 관리임무가 위임된 통치기구가 사회구성원들에 대하여 그 위임임무를 성실히 이행하겠다고 약속하는 행위라는 점에서 사회계약과는 그 성격이 크게 다르다는 점에 유의해야 한다.

이상과 관련한 자세한 논의는 본장 3절에서 기왕의 서구 자유주의의 사회계약 관련 이론들에 대한 검토가 가지는 함의를 살펴보는 과정에서 이루어질 것이고, 그 전에 이하에서는 이러한 근대 사회계약이론들에 내재하는 사회계약 기본정신에 대한 기왕의 서구 자유주의 이론들의 이해에 대하여 살펴본다.

6-2. 서구 자유주의 이론의 근대 사회계약사상에 대한 이해 검토 : 서구 이론이 보는 문제와 처방

'근대 사회계약'은 고프(J. W. Gough)가 지적하듯이[15] 20C 이래 서구 자유주의 이론가들에게는 더 이상 연구의 흥미를 끌지 못하는 낡은 주제인 듯하다. 이러한 고프의 지적은 본 논의와 관련해서 두 가지 시사점을 말해준다. 그 하나는 현금 서구 자유주의 이론들의 근대 사회계약에 대한 이해는 대체로 절대왕권에 대한 저항이론으로 확립된 근대 초기의 사회계약이론들에 나타나는 내용의 수준에 머물고 있다는 점이다. 더불어 이러한 이론적 연구의 정체는 이들 이론이 근대 사회계약이론을 19C까지 시민혁명의 격동 속에서 시민의 자유와 권리를 쟁취하는데 그 사명을 다한 과거의 이론으로 본다는 공감대 속에 있다는 점이다. 다른 하나는 근대 사회계약이론에 그 정당성 기반을 두고 있는 현실 자유주의 정치질서에 대한 이들 이론의 이해 속에도 이러한 공감대가 반영되어 초기 근대 사회계약이론의 내용이 그대로 투영되어 있음을 말해준다. 기실, 아래에서 살펴보듯이 이들 관련 이론은 근대 초기 사회계약이론을 그대로 수용하는 가운데 이 이론이 현금 자유민주주의 정치현실을 설명하지 못하는 부분만을 보정(補正)하려는 시도의 되

15. J. W. Gough, 앞의 책(1967), p. 1.

풀이에 그치고 있는 것으로 나타난다. 나는 근대 초기 사회계약이론들을 포함하여 현금 서구 자유주의 관련 이론들의 전자에 대한 이해가 앞서 살펴본 사회계약의 기본정신에 비추어 새롭게 사회계약에 대한 이해의 지평을 넓혀야 된다고 생각한다. 그리고 이렇게 새롭게 이해되는 사회계약의 기본정신은 고프의 지적에 나타난 이미 낡아버린 정신이 아니라 오늘날 그 중요성을 더해가는 정신이라고 본다. 이러한 관점에서 이하에서는 근대 초기 사회계약이론과 이와 관련한 현금 서구 자유주의 이론들의 문제점을 후자의 전자에 대한 보정 시도를 중심으로 검토해 보려 한다.

과거에 이루어졌다고 가상되는 사회계약 때문에 이를 통해 수립된 정치질서에 대해서 우리는 언제나 복종해야 한다면 우리는 웃고 말 것이다. 왜냐하면 우리는 그렇게 한 적이 없으니까. 더불어 그와 관련해서 아무리 중요한 문제들이 제기된다 하여도 과거를 복원할 수 없는 한 우리는 정상적인 논의를 전개할 수 없다. 그래서 이러한 과거회귀적 문제들은 여기서 논의의 대상이 될 수 없다. 그래서 우리는 사회계약 형식에 대입된 현행 정치질서와 관련하여 사회계약의 기본정신과 관련하여 제기되는 몇 가지 문제들을 생각해 볼 수 있을 따름이다. 다만 여기서 현행 정치질서를 사회계약에 대입할 때 한 가지 유의해야 할 사항을 지적하고 지나간다. 즉, 앞서 1절에서 각주를 통하여 지적한 바이지만, 현행 정치질서는 '아나키 정치질서'와는 달리 이른바 '간접통치질서'가 결부되어 있는 정치질서인데, 이 통치질서는 사회기속질서를 관리·통제하기 위한 보조질서로 통치제도와 통치권력이 사회기속질서제도와 사회기속질서권위에 대해서 가지는 관계와 마찬가지이다. 이러한 보조적 사안들은 여기서는 고려의 대상일 수가 없다. 그럼에도 이를 다시 한 번 강조하는 이유는 아래에서 살펴보듯이 현금 서구 자유주의 이론들의 사회계약이론에 담겨 있는 보정 시도 속에는 이상 지적한 사항에 대한 혼동에서 오는 오류가 빈번하기 때문이다.

현금 서구 자유주의 이론들이 그 보정을 논의하고 있는 사회계약이론의 문제들 가운데 하나는 정치현상에서 정치적 복종에 대한 책무(혹은 정치적 책무)의 근거, 다시 말해서 정치적 복종에 대한 자율적 동의나 약속을 어떻게 '확인' 할 수 있는가 하는 것이다.[16] 우리들이 현행 정치질서에 승복하는 것은 이에 대한 자율적 동의나 약속 때문인가? 이는 확인할 수 있는가? 할 수 있다면 어떻게 할 수 있는가? 동의나 약속을 부정하는 사회구성원들에게는 그렇다면 정치적 공권력은 미칠 수 없는 부분통치여야 하는가? 투표와 같은 몇몇 정치참여행위를 동의나 약속의 표시로 보아 정치적 책무의 근거로 볼 수 있는 것인가? 아니면 특정 정치사회 구성원 모두에게 혜택이 될 수 있는 국방과 같은 공공재의 수혜를 동의나 약속의 표시로 보아 정치적 책무의 근거로 간주해도 되는 것인가? 그렇다면 투표나 가시적 정치 참여행위에 의도적으로 불참하는 사람들이나 공공재의 수혜를 자신의 의사에 반한 강요된 수혜로 생각하는 사람들은 어떻게 되는 것인가? 이들 의문은 모두 정치적 복종에 대한 근거로서 이에 대한 자율적 동의나 약속을 어떻게 확인할 수 있는가의 문제를 제기하고 있다.

예컨대 로크의 "묵시적 동의이론(tacit consent theory)"이나 투스만(J. Tussman)의 "총체적 정치이론(body politik theory)"은 위의 첫번째 '확인

16. 이 문제가 최근에 이르기까지도 해결되고 있지 못하고 있다는 것은 대표적으로 J. Rawls, *A Theory of Justice*(Mass. ; Harvard Univ. Pr., 1971), ch. Ⅵ 참고.

문제'를 전제한 해결책 제시라고 볼 수 있다.[17] 로크가 계약 제2세대 이후의 정치사회 구성원들과 무산자 및 해외여행자를 비롯한 외국인 거주자들의 현행 정치질서에 대한 자율적 정치복종책무를 추론해내는 근거는 바로 '묵시적 동의이론'이었고, 투스만이 정치복종에 대한 명시적 동의표시를 하지 않은 나머지 정치사회 구성원들을 정치교육상의 미숙아 내지는 바보로 치부하여 이들은 사실상의 동의 없이도 정치권위에 당연히 복종해야 된다고 주장하는 근거가 바로 총체적 정치의 필연성이다. 그리고 이 두 이론 모두는 실질적 동의에 대한 확인이 불가능하기 때문에 동원된 이론들이다.

그럼에도 불구하고 로크의 묵시적 동의이론에서는 묵시적 동의를 가정된 것으로 간주하기 때문에 실제로 (묵시적으로나마) 동의했는가 여부는 여전히 확인되어야 할 문제로 남는다. 그리고 확인이 안 되는 한 현존하는 정치질서는 '부분통치'의 문제에 당면하게 된다. 투스만의 총체이론에는 정치 미숙아나 바보로 치부된 사람들이 정말 미숙아나 바보이기 때문에 동의가 불가능했는지, 아니면 이들은 나름대로의 정치적 판단에서 고의로 동의하지 않고 있는지의 여부 역시 여전히 확인되어야 할 문제로 남는다. 후자의 경우라면 현존하는 정치질서는 '정치강제'의 문제에 당면하게 된다. 이렇게 보면 두 이론은 확인문제의 해결이라기보다는 결과적으로 문제의 회피가 되고 만다. 특히 투스만의 경우에 국한해서 볼 때, 설사 그의 총체정치이론을 수용한다 하더라도 이는 결과적으로 자율적 정치복종이 해당하는 국민과 총체정치의 필

---

17. J. Locke, 앞의 책, ch.Ⅷ (특히 sec 119) ; J. Tussman, *Obligation and Body Politic* (Oxford ; Oxford Univ. Pr., 1960), ch. 2, 4 참고.

요상 자율성을 무시한 정치적 의무가 해당하는 국민으로 나뉘어 정치 지배형식의 불평등을 초래한다는 문제점이 제기된다. 결과적으로 확인 문제는 해결되지 않은 채 여전히 남게 되며, 오히려 사회계약의 자율성 평등원칙에 반하는 부분복종의 수용이나 강제적 정치복종 요구라는 정치질서의 형평성과 관련한 또 다른 문제들을 야기하게 되는 것이다.

두 번째 문제는 설사 자율적인 동의와 약속에 근거했다 하더라도 모든 정치적 책무는 '정당화' 될 수 있느냐 하는 것이다. 예를 들어 다수의 동의를 내세워 나머지 소수를 억압하거나 전국민의 합의에 근거했다하여 이유 없이 다른 나라 국민을 약탈 · 유린하여 자국민을 배불리는 이른바 범죄집단 같은 정치질서집단에 대한 복종의 책무는 동의와 약속이 전제되었다 하여 정당화될 수 있는지 없는지, 또 정당한 정치질서는 이에 대한 자발적 동의와 무관하게 일사분란한 정치복종을 요구할 수 있는지, 이도 저도 아니라면 정치질서의 정당성과 더불어 자발적 동의가 동시에 존재해야 정당한 복종이 가능한지 등의 골치 아픈 문제를 제기한다. 더불어 이 문제는 그간의 히틀러(A. Hitler)나 무솔리니(B. Mussolini)에서 보듯이 국내적 동의기반이 상당히 확고함에 비추어 대외적으로는 비인도적 · 반인륜적 범죄정치를 할 수도 있다는 점에서 국제정치적 위상 속에서 조명되어져야 할 필요성을 가진다.[18] 동시에 이 정당성 문제는 정당한 정치권위가 정당한 정치적 책무의 근원인지, 아니면 자율적 동의 여하가 정당한 정치권위의 근거인지, 정치권위의 정당성

18. 이 문제는 그간 국제법상의 정전(正戰)문제에 대한 논의 전통과도 맞닿아 있는 것으로 이를 보다 포괄적인 측면에서 국제정의(國際正義)의 주제 하에 다룬 C. R. Beitz, *Political Theory and International Relations*(N.J. ; Princeton Univ. Pr., 1979)를 참고할 것.

과 자율적 동의 사이의 우선성을 판별해 줄 것 역시 요구하고 있다.

두 번째의 정당성 문제를 전제해서 그 해결을 시도한 대표적인 예는 그린(T.H. Green)과 피트킨(H. Pitkin)의 논의에서 볼 수 있다.19) 이를 테면 그린의 경우는 아리스토텔레스(Aristoteles)와 헤겔(G. W. F. Hegel)에서와 마찬가지로 국가를 모든 인간 (정치)집단 중에서 가장 윤리적인 실체로 본다. 그리고 현실적으로 존재하는 국가와 정부에 의해 주도되는 정치질서는 그 국가 정치사회 구성원 모두로부터 정당하게 정치적 복종을 요구할 수 있다는 입장이다. 피트킨의 경우는 그 국가정부가 정당성을 가지고 있는 한에서 그 관할 하의 모든 정치사회 구성원들에게 복종을 명할 권리를 가진다는 입장이다. 전자가 근대 독일 정치사상의 기저가 되어온 정의국가(rechtstaat) 전통의 입장에서 국가질서에 대한 복종을 의무화하고 있는 것이라면 후자는 '정의로운 정부', '정당한 법', '적법한 권위'에 대한 복종의무를 가정하고 있다. 그러나 우선 첫머리에 지적해 둘 것은 이 두 이론 모두가 통치기구로서의 국가/정부를 사회기속질서에 근거하는 정치질서로 혼동함으로써 본절 첫머리에 지적한 우를 범하고 있다는 점이다. 설사 이들의 지속되는 혼동 속의 국가/정부를 정치질서 혹은 정치질서의 주도자로 인정해 준다 하더라도(이하의 관련 논의는 이러한 혼동을 용인하는 입장에서 전개됨), 양자 모두가 국가/정부의 현존성이나 그 정당성을 전제하여 정치복종을 의무화하고 있다는 점에서 자율적 정치복종보다는 강제적 복종 의무론으로 기울

---

19. T. H. Green, *Lectures on the Principles of Political Obligation*(London ; Longmans, Green and Co., 1950) ; H. Pitkin, "Obligation and Consent", in P. Laslett et. als (eds.) *Philosophy, Politics and Society*(4th Ser.)(Oxford ; Basil Blackwell, 1972), pp. 45-85 참고.

고 있다고 볼 수 있는데, 이는 근대 사회계약의 기본정신과는 원칙상 그 거리가 멀다. 만약 여기에 국가/정부의 현존성과 정당성을 빌미로 자율적 복종을 가정한다면, 즉 '현존하니까' 혹은 '정당하니까' 이미 복종에 대해 자율적 동의가 있었던 것으로 가정한다면 이 두 입장은 모두 '가정적 동의이론(hypothetical consent theory)'으로 그 이해의 폭을 넓힐 수도 있다.

그런데 이 정당성 문제에 대한 그린과 피트킨의 두 해결책을 소위 '가정적 동의이론'으로 폭을 넓혀보더라도 가정적 동의이론 자체가 품고 있는 다음과 같은 문제에 다시 걸리게 된다. 그 문제는 '동어반복 오류'와 '추론전도 오류'라는 양 날을 갖는데, 이는 이 이론이 정치적 정당성을 동의와 약속에 의한 정치복종의 책무와는 무관한 독립변인으로 취급하고 있기 때문에 발생한다. 일반적으로 사회계약의 기본정신으로 볼 때 통치제도와 통치질서의 정당성은 그 정치사회 구성원들의 자발적 정치복종에 대한 동의와 약속에 근거하여 표현할 수밖에 없도록 되어 있다. 이 점은 오늘날 특정 정권과 이에 결부된 통치질서의 정당성이 그 피치자들의 동의기반의 넓이와 깊이에 달려 있다는 점과 다를 바가 없다. 그렇다면 가정적 동의이론의 근간이 되는 국가/정부라는 통치제도를 정치질서의 주도자로 보아준다 하더라도 이들의 정당성 역시 동의나 약속과 무관하게 그 근거를 가질 수가 없게 된다. 자체 이외의 근거를 상실한 정당성은 그저 '정당하기 때문에 정당하다' 고밖에 말할 수 없으며, 이는 바로 동어반복의 오류이다. 또 이와 연관해서 볼 때 정치 사회구성원들의 정치복종에 대한 동의와 약속만으로 부여될 수 있는 통치제도나 이 제도가 주도한다고 가정한 정치질서의 정당성이 그 정당성 부여 이전에 정치복종 요구의 근거가 되고 있다는 것은 이 이론이 추론상의 선후가 바뀐 역추론 오류의 결과에 다름 아닌 것이다.

이렇듯 정당한 정치복종의 책무를 밝힐 수 없는 가정적 동의이론은 정치복종의 책무를 정치 복종의 의무로 전위시킴으로써 또 다른 문제를 야기하게 된다. 이 문제는 정치복종의 책무에 대한 정당한 근거가 모호한 채 정치복종의 책무를 요구함으로써 일어나게 되는데, 이는 확인문제 해결을 시도한 투스만의 총체 정치이론에서와 같이 정치복종의 강제, 그것도 자발적인 복종을 강제하는 야릇한 형태로 나타나게 된다. 이는 몰락 이전의 전체주의적 사회주의 국가들에서 볼 수 있었던 가부장적 정치강제(이를 테면 100%의 투표결과를 강요하는 행위)로서 정치적 양심까지 강제하는 포괄적이고도 몹시 은밀한 정치강제의 형태를 띠게 된다. 결과적으로 이러한 정치질서는 정치사회 구성원들의 정치적 의사와는 무관하게 외삽된 '정당성'이라는 구호 하에 복종이 강요되는 정치사회를 만든다. 결국 동어반복 오류와 추론전도 오류를 바탕으로 하는 이 가정적 동의이론은 정치복종에 대한 정당한 책무가 어디에 근거하는지를 밝힐 수가 없다. 때문에 그린이나 피트킨의 해결책은 그 이해의 폭을 넓혀보더라도 정치복종의 책무에 대한 정당화 근거를 마련할 수 없다. 뿐만 아니라 오히려 자율적 정치복종의 책무를 정치복종의 의무로 전위시킴으로써 사회계약사상의 기본정신을 위배하는 결과를 초래한다.

세 번째 문제는 지금까지 살펴본 확인문제, 정당성 문제와 결부되어 나타난다. 그 핵심은 자율적 동의와 그에 따른 정치적 책무의 자의성 문제이다. 근대 사회계약사상의 기본근거는 인본주의 정신에 입각한 사회구성원 개별자들의 자율성임에 대해서는 이미 살펴본 바이다. 바로 이 자율성이 사회기속질서와의 연계가 단절된 채로는 동의와 약속의 자의적 파기와 그 불이행을 야기할 것임은 가히 짐작이 가는 바이다. 왜냐하면 사회기속질서와의 연계가 단절된 사회계약은 단발적 이벤트성의 계약으로 정치질서를 준수하겠다는 자율적 약속행위나 약속 후 이에 대한 자율적 번복행위나 똑같은 비중의 자율권 행사이기 때문이다. 이를 해결하기 위해서는 사회계약적 정치질서 밖의 어떠한 상위질서에 의존할 수밖에 없는데, 지고의 자율적 주체로서 이미 동의하고 약속한 정치질서는 바로 이러한 외삽된 상위질서를 혁파하면서 등장한 질서임을 기억해야 한다. 설사 자율권 행사에 따른 책임의 문제를 거론하더라도 이는 자율권 행사의 완결된 상태에서 나타나는 문제이기 때문에 행사 도중의 변경과 도중 중단은 또 다른 자율권 행사가 되어 버리고 마는 것이다. 그럼에도 기왕의 사회계약이론으로는 자의성에 대한 통제는 자기 모순을 감수하지 않고는 거의 불가능하게 되어 있는데도 그 이론의 근본 성격상 이 자의성을 통제할 수 있는 이론적 장치를 마련할 수 없는 것이다. 결국 사회계약 번복문제는 기왕의 사회계약이론들이 사회계약이 일률적인 사회기속질서를 형성해 가는 과정에서 수행되는 사회구성원들의 약속행위임을 이해하지 못한 채 급작스런 정치질서 창출을 위한 일회적 계기로 이해하는 데 따른 당연한 결과로 볼 수 있다. 그리고 이렇게 이해되는 사회계약은 일회적 기속성에 담긴 자율권 행사의 번복을 규제할 기제가 통치권력의 강제 외에는 없기 때문에 번복문제의 해결은 정치강제 문제로 대체되고 마는 것이다.

또한 설사 "계약은 지켜져야 된다(pacta sunt servanda)"라는 계약준수의 도덕원칙으로부터 계약번복과 불이행을 규제할 수 있다고 본다 하더라도 이는 그 자체 논리적 완결을 이룰 수가 없다. 왜냐하면 이 원칙은 또 다른 질문 '왜 계약은 지켜져야만 되는가?' 에 대한 답으로부터 계약준수 근거나 계약이행의 필연성을 도출해야 하는데, 이 원칙으로부터는 이 원칙의 초인간적 권위근거(이를 테면, 신성이나 관습상의 전통)를 외삽시키지 않는 한 도덕적 양심 외에는 그 근거나 필연성을 담보해낼 수가 없다. 그러나 전자는 위에서도 언급했듯이 사회계약사상 출현의 지성사적 배경 속에서 이미 그 실효성을 상실한 것이고, 후자는 계약 번복의 자율권 행사의 고려요소는 될지언정 규제요소는 될 수가 없다. 결국 자율성을 제1원칙으로 하는 근대 사회계약이론이 자율성 자체로부터는 계약준수 근거를 추론해낼 수 없다는 데 세 번째 문제의 핵심이 놓여 있는 것이다.

따라서 지리 · 환경적 요인이나 역사 전통적 요인 등 비의지적 자연변인으로부터 발생하는 이민 · 이주비용이나 (다른 나라의) 언어나 관습을 습득하는 데 드는 적응비용을 고려하지 않는다면 모든 정치사회는 이 번복문제에 걸려 실질적 무질서의 혼돈상태에 이르게 될 가능성이 있는 것이다. 사회계약에 대한 서구 자유주의 이론들의 이해대로라면, 그리고 이러한 이해로부터 필연적으로 제기될 수밖에 없는 번복문제대로라면, 위와 같은 자연적인 억제변인을 무시할 때, 세계의 모든 정치사회는 마치 군립하는 보험회사와 같은 모습을 띠게 될 것이고, 세계인류는 (마치 보험회사의 보험조건에서와 같이) 각 정치사회의 정치조건에 따라 이 나라 저 정부를 떠도는 정치 유랑인이 될 것이다.[20]

20. 이러한 문제점을 역으로 풀어보려는 노력으로 R. Nozick은 정치질서를 보험계약과 같은 사회계약을 전제하여 도출한다. 이와 관련해서는 R. Nozick, *Anar-chy, State, and Utopia*(N.Y. ; Basic Bks Inc., 1974), Pt. I , 그리고 이에 대한 설명과 비판에 대해서는 이봉철, "현대 자유주의적 정치이론과 그 문제점 : J. Rawls, R. Nozick, B. Ackerman", 『한국정치학회보』, 21-2(1987), pp. 321-

이상의 계약준수 번복문제는 동시에 앞서 살펴본 확인문제와 정치복종에 대한 책무의 정당성 근거문제와 결부되어 거론되고 그 해결책이 모색되는 만큼 앞서 전거한 이론들의 일정 부분에 대해서도 그 함의를 가진다. 이를 테면 로크의 묵시적 동의이론이 적용된 부분과 투스만의 총체적 정치의 필요성이 작동되어야 할 부분, 그리고 그린과 피트킨이 동의의 확인문제와 더불어 정치복종책무의 정당화 문제를 가정적 동의이론으로 해결하려던 영역에서이다. 이들의 논지에 따르면, 정치질서에 대한 복종 동의는 자율권 행사에 따르는 책임이므로 이는 당연한 것으로 가정된다. 다만 확인문제에 걸리거나 정치복종에 대한 책무를 정당한 근거 위에서 추론해낼 수 없다고 간주되는 사회구성원들에 대해서만 이 번복문제가 제기된다고 본다. 그리고 그 이유를 정치적 책무의 번복문제가 언제나 현재적 비동의자나 현재적 동의 거부자로 표출될 수밖에 없다는 데 돌린다. 이를 테면 과거에 불복종했던 자가 현재에 복종자가 된 것은 문제가 되지 않거니와, 현재 복종하고 있으면서 앞으로 복종하지 않을 수도 있다는 막연한 가정은 별 의미가 없다는 것이다. 또 그런 한에서 이 문제는 그 현실성을 지닌다고 여겨졌던 때문으로 보인다.

그래서 앞서 살펴본 로크의 경우에도 명시적 동의의 경우는 의당 그 동의권 행사에 따른 책임이 결부된다고 가정되어 있으며, 투스만의 경우도 예외가 아니다. 그리고 이는 그린과 피트킨의 경우에도 마찬가지인데, 이 또한 앞서 살펴본 바대로 일종의 정치적 의무로의 전이조치는 비록 정치강제 문제가 부수되지만, 간접적이나마 이 사회계약 준수 번

---

326 참고.

복문제를 해결하는 효과를 가지게 된다. 그렇다면 이들 번복문제의 영역 역시도 로크의 묵시적 동의이론이 적용된 부분과 투스만의 총체적 정치의 필요성이 작동되어야 할 부분과 겹친다고 볼 수 있다. 결국 이들 겹치는 부분에서만이 사회계약 번복을 통한 현재적 불복종 가능성이 제기되기 때문에 번복문제가 제기되는 곳은 확인문제와 정당성 문제가 제기되는 곳과 결부되어 있는 것이다.

그러나 그럼에도 불구하고 내가 보기에 정작 문제가 되는 곳은 의당 동의행사에 따른 책임이 가정된 영역이다. 다시 말해서 로크와 투스만의 실제 동의가 이루어졌다고 생각되는 부분에서 이 계약준수 번복의 문제가 야기되는 것이다. 그리고 그린과 피트킨이 사회계약의 자율성 원칙을 수용하여 그들의 정당성이론을 가정적 동의이론으로 완화시키는 곳에 바로 번복문제가 도사리고 있는 것이다. 보다 구체적인 문제의 내용은 의당 동의권 행사에 따르리라는 책임의 근거는 어디에 있으며, 그 구속력은 번복을 무산시킬 정도로 유효한가 하는 것이다. 근거가 불명확하면, 그리고 구속력이 유효성에 미치지 못하면 유효한 책임에 대한 가정은 단지 희망에 불과한 것이 된다. 설사 자율개념의 내포가 이미 그에 따르는 책임을 전제한다 하더라도 개념상의 근거가 실제 유효한 책임근거가 되기는 어려운 것이다. 더구나 그 책임은 자율주체의 내적 책임(왜냐하면 자기 입법에 대한 자기 준수책임)이기 때문에 그 위반은 기껏해야 양심과 도의상의 책임에 머무르고 만다. 왜냐하면 유효한 구속력을 가지는 모든 규율과 제도에 권위부여를 하는 원인행위로서의 동의와 약속(사회계약)이 바로 그 규율과 제도가 가지는 구속력의 근거가 되기 때문이다.

그렇다고 국가/정부의 현존성을 근거로 그 구속력을 발동한다면 이는 앞서 지적했듯이 우선 정치복종의 문제라기보다는 통치권력에 대한 복종의 문제가 되며, 설사 이 두 문제를 같은 문제로 용인한다 하더라도 이 문제는 다시 확인문제와 정당성 문제를 다시 불러들이게 되어 끝없는 회귀론에 빠지게 되고 말 것이다. 그래서 이는 결과적으로 모든 사람이 양심적 도덕인이 아닌 한은 그 실행력을 기대할 수 없다는 말이 되는 것이다. 실제로 이러한 문제점에 대한 고민은 우회적이나마 8장에서 살펴볼 워프(R. P. Wolff)의 고백에서도 나타나는데, 그는 자율과 정치권위 사이의 화해를 모색하면서 실행력 있는 정치복종의 책무와 그 지속적 효력을 모색하는 데 실패했음을 밝히고, 그 결과 현실 자유주의 정치질서가 아나키 질서이거나 개인 자율성을 도외시한 정당화될 수 없는 강압 정치질서일 수밖에 없다고 단언하고 있다.[21] 이렇듯 이 문제가 가장 최근의 이론에서도 아직도 표출되고 있다는 사실은 기왕의 서구 자유주의 이론들의 사회계약사상에 대한 이해가 얼마나 소홀했는지를 미루어 짐작케 하는 것이다.

6-3. 검토가 가지는 함의 : 허구적 문제와 그릇된 처방

이상 현금 서구 자유주의 사회계약이론들이 근대 초기 사회계약이론들을 당면하여 제기하고 있는 문제점과 그 보정 시도에 대하여 검토해 보았다. 이는 바로 현금 서구 자유주의 이론들의 근대 사회계약이론

21. R. P. Wolff, *In Defence of Anarchism*(N. Y. ; Harper and Row Publishing Co., 1970), pp. 69–71.

에 대한 보정 시도에 나타난 사회계약 기본정신에 대한 이해를 검토한 것이라 말할 수 있기 때문에 앞으로는 이렇듯 긴 표현을 줄여 이들 이론의 이해는 '현대 서구 사회계약 이해'라 하고 이에 대한 필자의 검토는 '현대 서구 사회계약 이해 검토'라 부르기로 한다. 이제 이상 검토된 기왕의 사회계약이론들의 문제점들이 가지는 함의를 본장의 결론삼아 생각해 보기로 한다.

첫 번째 문제로, 왜 확인문제가 위에서 살펴본 현금 서구 자유주의 이론들의 보정 시도에도 불구하고 풀리지 않는지에 대해 생각해 본다. 정치복종에 대한 동의와 약속의 '확인문제'가 대두되는 중요한 이유는 현금 서구 자유주의 이론들이 사회계약사상이 기본으로 삼고 있는 자율주의와 자치주의의 핵심내용을 제대로 이해하지 못했기 때문이라고 본다. 보다 구체적으로 이 문제는 자율주의와 자치주의는 정치질서주체로서의 정치사회 구성원들의 동의와 약속에 근거하는 것임에도 이들 이론에서는 이들 주체를 피치자로 오해함으로써 자율주의와 자치주의의 근거를 확인할 수 없는 데서 대두되는 것이다. 이러한 오해에는 두 가지 오류가 개재되어 있다. 그 하나는 사회계약의 주체일 수 없는 별도의 가(假)주체를 설정하여 진정한 주체를 이 가주체의 타자적 대상으로 전도(顚倒)시키는 오류이다. 이를 '주객전도(主客顚倒) 오류'라 부르기로 한다. 두 번째 오류는 첫 번째 오류로부터 이어지는데, 이는 사회계약을 통한 진(眞)주체의 동의와 약속에 근거하는 정치질서에 대신해서 가주체와 진주체 사이에 이루어질 별도의 사회계약(실상은 앞서 본 바와 같은 로크류의 '정부계약')에 근거하는 통치질서를 외삽시키는 오류이다. 이를 '외삽 오류'라 부르기로 한다. 이러한 오해와 오류는 사회계약을 정치질서 창출의 단발성 이벤트로 착각하는 데서 비롯된다. 그리고 이 착각으로부터 사회구성원들의 동의와 약속의 명시성과 관련한 확인문제가 대두되는 것이다.[22] 그래서 명시적으로 동의와 약속을 한 일부 국민이나 시민에게만 정치권위의 유효성이 인정된다고 보는 '부분통치 문제' 와 그 나머지 국민이나 시민에 대한 '정치강제 문제' 에 당면하게 되는 것이다.

부분통치는 그 자체가 이유 없는 정치불평등주의임과 아울러 정치강제는 자율주의나 자치주의와 정면 대립된다. 그리고 이는 바로 근대 사회계약사상의 전면부정과 다를 바 없다. 확인문제 해결의 중요성은 바로 여기에 있는 것이다. 확인문제를 달리 표현하자면, 이는 '특정 정치질서가 사회계약의 기본정신에 부합하도록 그 정치사회 구성원 전체를 아우를 수 있는 동의기반을 어떻게 논리적 필연 속에 담아낼 수 있느냐?' 는 문제가 된다. 그리고 이 문제는 기왕의 서구 자유주의 사회

22. 이러한 착각 속에 놓여 있는 것이 서구 자유주의 이론들의 사회계약에 대한 현주소이며, 그 단적인 예는 롤즈의 최근의 저서, 『정치적 자유주의(*Political Liberalism*)』(1993)', VII §§3–8에서 찾아볼 수 있다. 물론 롤즈는 여기에서 전통적 사회계약이론(로크의 경우)과 그 현대적 수용의 예(노직의 경우)를 '자유지상주의'로 규정하고 칸트(I. Kant)의 사회계약이론에 비교하여 비판하고 있다. 그러나 롤즈의 이해를 통해 드러나는 칸트의 사회계약이론도 또 이 이론의 변용을 통하여 구성하는 롤즈의 '원초적 입장'에 담겨 있는 원초합의로서의 사회계약도 '단발성 이벤트'의 성격으로 이해되고 있다. 오히려 사회계약은 롤즈가 이 책(1993) '제IV강'에서 강조하고 있는 '중첩합의(overlapping consensus)'의 일과(日課)적 형성과정이라고 할 수 있다. 그러나 또한 이 중첩합의는 롤즈가 말하는 식의 '기본재화(primary goods)'와 '공적 이성(public reason)'(VI)에 인도된 개인적 심성과 덕성의 공통분모로 형성된다기보다는 사회제도적 개념인 권리 및 의/책무로 기속되는 사회구성원들의 상호 협조관계 속에서 진행되는 이들의 지속되는 삶 속에서 생성되고 그 속에 존재하면서, 그 구성내용의 변개와 재생성을 되풀이한다고 말할 수 있다.

계약이론에는 현행 정치질서의 주체로 여겨지는 정치적 동일자 세력(국가/정부와 이를 지지하는 세력)이 이와 대타적 관계에 서 있다고 생각되는 정치적 타자세력(반국가/반정부세력을 포함하는 비지지세력)을 어떻게 포섭할 수 있는지를 설득력 있게 설명해내는 문제로 구체화된다.[23) 더불어 이 구체화된 문제는 정치질서에서 주체-타자관계의 설정을 궁극에 가서는 이론적으로 해체시켜야 할 현대 사회계약 이해로서는 해결 불가능한 과제로 남게 된다. 왜냐하면 현대 서구 사회계약 이해 속에 설정된 주체(국가/정부)-타자(국민)라는 2분구조에서는, 타자가 주체에 완벽하게 동일화되지 않는 한 타자에 대한 주체의 정치적 강제는 어떠한 형태이든 불가피할 것이고, 그런 한에 있어서는 사회계약사상의 근본정신은 훼손될 수밖에 없기 때문이다. 설사 양자 사이에 완벽한 동일화가 가능하다 하더라도 이는 우연의 가능성일 뿐이기에 이를 바탕으로 하는 사회계약사상의 확인문제에 대한 이론적 풀이 역시 우연에 그칠 수밖에 없을 것이다.

현대 서구 사회계약 이해가 확인문제를 풀 수 없었던 데는 이와 같은 문제의 심각성을 간과한 데서 비롯된다. 이미 앞서 검토논의에 드러나 있듯이 현대 서구 사회계약 이해 속에는 이미 사회계약의 주체를 정치질서(실제로는 통치질서)를 담당하는 국가/정부와 그 대상으로서의 국민/피치자로 양분하는 사유구조가 전제되어 있다.[24) 물론 국민 중에

---

23. '동일자'와 '타자'에 대한 보다 자세한 의미는 V. Déscombes, *Modern French Philosophy*, tr. by J. M. Harding et. als.(Cambridge : Cambridge University Press, 1979). Chs.1, 5 참고.

24. 이러한 사유구조는 서구 자유주의 전개과정에서 볼 때 중세의 소유적 '자유'개념에서 발원하여 절대왕정 시대에 '(정치적) 자유'는 왕에 의해 신민에

는 친체제적 지지자도 있고 반체제적 비지지자도 있게 되어 이러한 양분구도는 '동일자세력(국가/정부/친체제 국민)-타자세력(반체제적 피치자)' 라는 정치질서의 양분으로 확대된다. 이는 전(全)사회구성원이 단일한 주체로 등장하는 원래의 사회계약의 체결형식에도 위배될 뿐만 아니라, 아래에서 살펴보듯이 '주-객전도 오류' 와 '외삽 오류' 를 초래하게 된다.

우선 이러한 기왕의 서구 자유주의 사회계약이론들의 사유구조 속에 핵심으로 자리하고 있는 사회계약의 주체로서의 국가/정부에 대해서부터 생각해 본다. 국가와 정부는 이미 살펴보았듯이 사회기속질서와 그 속의 사회구성원들의 삶에 대한 보호 · 관리를 사회기속질서로부터 위임받아 창출된 통치제도에 불과하다. 이렇게 보면 사회계약의 주체는 국민이며, 오히려 타자는 국민이 합의해낸 사회기속질서를 유지하는 데 최선을 다하겠다는 동의/약속과 더불어 직책을 얻게 되는 국가/정부 및 그 공무담임자들인 것이다. 그러나 보다 엄밀한 의미에서 국민의 공복(公僕)기구인 이들은 국민과 대등한 지위의 타자도 아니다. 이런 의미에서 앞서 지적했듯이, 현대 서구 사회계약 이해의 전범이 되고 있는 로크의 사회계약은 그 실질적 의미에서 '정부계약' 에 불과하며, 이 정부계약은 국민이 정부에 대하여 행하는 약속행위가 아니라 오히려 정부가 정치질서주체인 국민에 대하여 행하는 약속행위로 보아야 하는 것이다.[25)]

>>> ———

허여되는 '특권' 으로 이해되던 사상사적 배경을 반영한다. 이와 관련해서는 Guido de Ruggiero, 앞의 책(1964〈1927〉), Introduction-§1 참고.

25. 이를 루기에로(Guido de Ruggiero)는 루소를 따라 국민이 정부에 주는 것은 '계약' 이 아니고 '법' 일 따름이라고 말한다. Guido de Ruggiero, 앞의 책(1964

국가/정부가 국민을 '주'로 하여 '객'의 위치에 있음은, 국민들은 자신들이 합의하여 구성한 정치기속질서(사회기속질서와 통치질서의 결합질서)에 대하여 평등하게 의무를 가지게 되는 반면에, 국가/정부의 공무담임자들은 정치적 의무에 더하여 가외의 정치적 책무를 진다는 롤즈의 말에도 잘 나타나 있다(5장 2절 참고). 그럼에도 이러한 국민–국가/정부관계를 뒤바꾸어 이해하는 것이 현대 서구 사회계약 이해인데, 이러한 이해를 가능케 하는 깊숙한 곳에는 '주객전도 오류'가 자리하고 있다. 그리고 이 주객전도 오류가 현대 서구 사회계약 이해로 하여금 사회계약을 정부계약으로 혼동하게 하면서 확인문제의 한 축을 구성하고 있는 것이다. 이 오류를 시정할 때 우리는 확인문제의 1차적 난제인 주체–타자라는 분할구도를 해체시켜 단일주체를 구성해낼 수 있다. 그리고 이 오류의 수정은 이상의 설명이 말해주듯 바로 사회계약의 기본정신에 부합하는 이해 속에서만이 가능하다.

다음으로, 이상과 같은 국민–국가/정부 상호 관계와 관련한 주객전도 오류 속에는 현대 서구 사회계약 이해가 간과하고 있는 확인문제의 2차적 난제, 즉 정치질서가 궁극적으로 어떤 내용으로 구성되는지, 그 구성내용과 관련한 문제가 결부되어 있다. 우선 결론부터 말한다면, 사회계약의 기본정신에서 볼 때, 정치질서는 사회기속질서와 그 보호·관리를 위해 도입된 통치질서의 결합질서이기 때문에(각주 '1' 참고) 국가/정부로 표상되는 온갖 규율을 비롯한 제도적 장치들은, 통치제도적 요소를 제하고 본다면, 국민이 그 사회적 생활을 통해 실천해 온 사회

›››

〈1927〉), p. 62. 이는 정부가 사회기속질서와 그 권위의 관리임무 위탁을 받은 도구임을 시사한다.

기속질서의 집적이어야 한다. 그래서 국민이 자신들의 사회생활 속에서 이미 수립하여 실천하고 있는 사회기속질서를, 설사 사회계약을 통하여 정치적으로 제도화하고 이를 정치질서화 한다 하더라도 사회구성원들의 삶 속의 기속질서가 사라지거나 그 기본내용과 구성이 변하는 것은 아니다. 오히려 사회계약의 기본정신은 이러한 기속질서 사항을 통치질서가 그대로 수용할 것을 자율권평등원칙을 대전제로 내세워 약속하게 하고 사회계약의 필수조건으로 함의하게 하고 있는 것이다.

그런데 현대 서구 사회계약 이해는 이러한 정치질서의 바탕이 되어야 할 사회기속질서 사항을 간과한 채 국가/정부가 주도하는 통치질서만을 앞세운다. 그 단적인 증거가 주객전도 오류 속에 나타나는 사회계약의 정부계약으로의 내용대체이다. 이러한 현대 서구 사회계약 이해의 간과는 바로 국민들의 정치사회 내의 생활 자체가 사회기속질서에 대한 동의와 약속의 확인이듯이 국민들의 정치적 삶 자체가 사회기속질서에 부합하는 정치질서(사회기속질서와 통치질서의 결합질서)에 대한 동의와 약속의 확인이라는 점에 대한 간과인 셈이다. 그리고 이러한 간과 속에서 정치질서는 통치질서로 환원되고 만다. 왜 사회적 삶 속에서 자율적으로 실천하고 있는 기속질서에 국가/정부라는 이름만으로 국민들로부터 가외의 복종책무를 확인받아야 하는가? 만일 확인받아야 할 경우가 있다면, 이 경우는 '외주(外注)국가'와 같은 외삽된(즉, 질서유지 대가를 받고 통치용역을 수행하고 있는) 외래 행정집단이거나, 국민의 동의와는 아랑곳없는 독재집단이나 외세 정복집단에 의한 정치질서(즉 사회기속질서와는 부합하지 않는 정치질서)의 경우일 것이다. 그런데 이러한 정치질서는 사회계약사상 내에서 고려될 수 있는 정치질서의 종류는 전혀 아니다. 이를 가름하지 못하는 현대 서구 사회계약 이해는 그래서 주객전도 오류에 더하여 '외삽 오류'를 범하게 되는 셈이다. 그리고 이 외삽 오류는 정치질서를 통치질서로 환원해서 보는 현대 서구 사회계약 이해의 당연한 귀결이다.

이제 두 번째 문제, 정치적 복종에 대한 책무의 '정당화 문제'가 왜 풀리지 않는지에 대하여 살펴본다. 정당화 문제가 근대 사회계약사상에 대해 가지는 중요성은 특정 정치권위(통치제도 내의 통치권력의 근거)가 확고한 동의기반을 갖추었다 하더라도 이 동의기반이 특정 정치사회의 구성원 일부를 정치적으로 타자화하기 위해 사용될 경우와 그 동의기반 밖의 여타 정치사회를 유린하기 위해 사용될 경우, 이를 규제할 수 있는 사회계약상의 규제장치와 연결되어 있다는 점에 있다. 그리고 이는 사회계약사상에 포함되어 있는 자율과 자치를 어떻게 만인자유평등원칙에 부합하도록 이론화할 수 있느냐는 문제, 즉 자율적 정치사회 구성원들이나 정치사회 단위들 사이의 평등과 자유의 이론적 조화 문제에 연결된다. 사실 사회계약사상에 포함되어 있는 평등사상은 특정 정치사회 내부는 물론 국제적 · 범인류적 범위로 확대될 수 있고, 그런 점에서 자율가치와 자치가치는 최대한 범인류적 범위 내에서 평등하게 보장되고 보호될 수 있어야 한다. 이는 근대 사회계약사상의 출발점이자 지향목표인 인본주의 정신의 표현에 다름 아닌 때문이다. 우리는 이미 그간의 논의과정에서 인본주의 정신이 인간성의 자연적 · 사회적 근거에서 출발하여 자율적 인간으로서의 근대적 인간관과 근대 사회계약사상의 대전제가 되는 자율권 평등에 이르기까지 일관된 토대를 구축하고 있음을 살펴보았다. 그리고 우리는 이를 앞서 모든 인간 사회관계기속질서의 첫머리 정당성 조건인 '열린 인본주의 입장'이라고 이름한 바 있다.

이렇게 볼 때 인본주의적 입장은 사회기속질서를 그 실질내용으로 하는 정치질서의 동의기반에 대한 정당성 여부를 판별해 주는 상위기준이 될 수밖에 없다. 이러한 정당성 판별의 상위질서를 전제할 때, 적어도 이론상 1차적으로 모든 국가/정부가 사회계약주체라는 허구적 지위를 벗어야 하고, 2차적으로 사회계약 단위들(특정 정치사회들) 사이에 설정되는 상호 주권적 주체-타자관계는 범인류차원의 인권적 권리-의/책무관계에 의해 대체되어야 한다. 그럼에도 불구하고 1차적 기준으로 볼 때, 현대 서구 사회계약 이해 속에는 사회계약이 사회기속질서와 단절된 통치제도 중심의 정치질서 창출 계기로 설정되어 있기 때문에 사회계약상의 동의기반 자체의 정당성을 가려줄 이론체계가 들어설 여지가 없다. 또 2차적 기준으로 볼 때, 1차적 기준의 여지를 결여한 현대 서구 사회계약 이해는 사회계약상의 자율권 및 자치권이 특정 정치세력과 특정 정치사회를 넘어 보편적 만인자유평등원칙과 어떻게 정당한 조화를 이룰 수 있는지를 보여줄 수 있는 이론체계 도입의 논리적 여지 역시 거의 기대하기 어렵게 되어 있다. 그래서 전체라는 동의기반을 빙자하여 정치사회의 일부 구성원을 소외 · 억압하거나[26] 국익과 민족이익을 앞세워 타국가 · 타민족을 침탈, 식민화하여도 인도주의라는 도덕적 호소 외에 이에 대한 반론 근거를 자체적 이론체계로는 추론해내기가 어렵게 되어 있는 것이다. 결국 정치적 책무에 대한 '정당

26. 빙자의 필요성은 앞서 살펴본 확인문제 및 정당성 문제의 미해결로 인한 동의 기반형성의 모호성 때문이고, 다른 또 하나의 이유는 설사 확인문제 및 정당성문 제가 검증되었다 하더라도 번복 가능성 때문에 동의의 유효시한과 정치권위의 통치 유효시한 사이의 일관적 연계장치가 이론 속에서 결여되어 있는 때문임.

성 문제'는 '열린 인본주의 입장'을 정당성 기준으로 하여 이에 부합하게 전개되고 있는 평상적 삶을 담아내는 대내적 정치질서와 대외적 정책에 대한 동의와 약속을 어떻게 이론적으로 가려내느냐 하는 문제와 연결되어 있음에도 서구 사회계약 이해 속에는 정치책무 정당성과 관련한 이러한 체계적 이론구성을 찾아보기 어려운 것이다.

이와 관련하여 우리는 이미 이 정당화 문제를 인류 보편적이고 변화의 융통성에 그 끝이 열려 있는 정의기준을 전제하여 '층위위계체계–사회질서 모델'(5장 5절)을 모색하는 과정에서 풀어냈음을 기억한다. 우리 삶 속에서 실천되는 인간 사회관계의 계약형식이 언제나 주체들의 대등한 도덕적 지위 속에서 호혜적 협조관계를 이루게 하면서 계약적 기속질서나 사회기속질서를 정당화하듯이, 이 정당성 조건은 사회계약을 통해 일률적으로 집약되고 다듬어지는 사회기속질서를 정치적으로 표현하고 제도화하는 정치질서에도 그대로 적용된다. 왜냐하면 적어도 사회계약의 기본정신에서 볼 때, 정치질서의 내용은 사회구성원들의 매일의 삶 속에서 행사되는 자율권의 사회적 집약을 통해 형성되는 사회기속질서로 구성되어야 하기 때문이다. 사회구성원들은 이미 그 정당성을 가누어 가며 매일을 살고 있기 때문에 사회기속질서를 담아내는 대내적 정치질서라면 이는 정당한 정치질서이고, 따라서 이에 대한 동의나 약속은 정당화된다. 다음으로 대내적 정치질서의 대외적 표출인 대외 정책의 경우에도 이상의 정당화 논리는 그대로 적용된다. 즉, 외삽된 정치적 왜곡이나 정치강제가 없는 한, 정당화된 삶을 엮어가는 기속질서를 반영하는 대외 정책에 대한 동의나 약속은 위와 같은 논리에서 정당화될 수밖에 없기 때문이다. 더불어 우리는 앞장에서 층위위계체계–사회질서 모델로 제시된 사회기속질서가 모든 인간 사회에 보편적임을 추론하였으며, 또 3장 1절에서 정당화 기준을 논의할 때, 이 기준은 각양의 인간 사회의 현실 여건에서 정도의 차이는 둘지 모르나 종류의 차이로 나타날 수 없음에 대해 살펴보았다(5장 각주 '3'). 기실 우리가 어떠한 인간 사회를 구성하여 살지라도 그 삶에 정치적 왜곡이나 강제가 없다면 그 자연스런 모습을 담아내는 정치질서는 이렇듯 정당하고 범인류적으로 확산될 수 있는 그런 열린 질서일 것이라고 본다.

현대 서구 사회계약 이해가 정당화 문제로 고심해 온 것은 바로 위에서 언급한 사회적 삶과 이를 엮어내는 사회기속질서를 지나쳐 봄으로써 앞서 살펴본 '주객전도 오류'와 '외삽 오류' 속에서 정치질서의 정당성 문제를 파악했기 때문이다. 이상의 오류에 대해서 이미 살펴본 입장에서는 오히려 현대 서구 사회계약 이해가 고심하고 있는 정당화 문제와 관련하여 '국민이 삶 속에서 정당하다고 생각하는 정의기준으로 이미 정당화하여 실천하고 있는 기속질서를 다시 정당화하라는 것은 누가 누구에게 누구의 입장에서 요구하는 것인지?', 더불어 '이때 다시 정당화해야 될 정치질서는 기속질서의 동연에 서있는 질서인가, 아니면 사회기속질서를 소외시키는 왜곡되고 강압적인 외삽적 질서인지'를 묻지 않을 수 없다. 사회계약의 기본정신에서 볼 때, 사회기속질서의 동연에 서 있는 정치질서라면 사회구성원들은 이를 그들의 사회적 삶의 과정 속에서 정당화하고 있다고 말할 수 있을 뿐이기 때문이다. 이를 테면 롤즈를 통하여 살펴보았듯이 우리는 정당한 약속관계를 통하여 사회관습이나 제도화된 약속규율 준수에 대한 사회계약적 의/책무를 정당화하는 것이요, 또 약속규율 준수에 대한 정당한 의/책무를 통하여 공평성원칙 준수에 대한 사회계약적 의/책무를 정당화하며 이에 대한 동의기반의 정당성을 더욱 두텁게 함으로써 매일매일 사회기속질서에 대한 중첩된 정당화 작업을 수행하고 있는 것이다.

이렇듯 정당화된 사회기속질서와 동연에 서 있는 정치질서라면 그 질서는 그 정치사회 구성원들의 매일 매일의 자연스런 삶 속에서 정당화되고 있는 것이다. 다만 정치질서에 포함된 통치질서의 경우는 정부계약상의 문제이기 때문에 직접관련이 없는 반면, 통치질서가 사회기속질서에 의한 위탁질서라는 면에서 간접적으로만 관련된다. 그러나 이 경우도 통치질서가 사회기속질서의 위탁사항에 충실해야 하는 정당성 조건이 충족되는 한, 사회기속질서에 대한 사회계약적 정당화는 그대로 위임된다고 보아야 한다. 더불어 이러한 사회기속질서에 대한 사회계약적 정당화는 사회적 삶의 변화에서 오는 정당화 조건의 변화에도 그대로 적용된다 할 수 있다. 사회적 삶이 변화에 열려 있는 만큼 변화하는 삶을 담아내는 사회기속질서 역시 삶의 변화에 열려 있기에 이 사회기속질서를 내용으로 하는 정치질서라면 사회적 삶의 변화의 연속선상에 서 있게 되기 때문이다. 이때 이러한 변화와 이 변화에 열려 있는 사회적 삶, 사회기속질서, 정치질서의 정당성 기준을 우리는 '열린 인본주의 입장' 으로 정리한 바 있다.

이런 점에서 앞서 살펴본 롤즈의 '원초상태' 에서의 '가상합의' 로 도출되는 정의원칙은 사회계약의 전통에 서 있으면서도 이러한 일상적 삶 속의 정당화 행위를 너무 허구화했다는 점에서 공리주의의 비판의 표적이 되고, 그의 사회계약 이해에 들어 있는 단발성의 이벤트 가정은 열려진 삶에 적응할 수 없는 경직성마저 부르는 단점을 가진다. 하기야 롤즈의 이러한 문제점은 문자 그대로 읽었을 때의 초기 사회계약이론가들인 홉스 · 로크 · 루소의 글에서도 공통적으로 발견되는 문제점이기도 하다. 이러한 '허구성' 과 '단발성 이벤트 가정' 은 현대 서구 사회계약 이해에 그대로 내재해 있다. 그리고 이러한 이해에 바탕을 두고 설정되는 (사회기속질서를 떠나 국가/정부에 초점을 맞춘) 정당성 기준과 정당화 조건은 마치 시장경제를 전면 대체한 계획경제처럼 제도적 경직과정 속에 화석화되어 이러한 변화에 적응할 수 없을 것이다.

우리는 일상생활에서 계약조건이 부당하다고 생각하면 제도나 법률에 의거하지 않더라도 시장의 가격조절 기능처럼 자율권에 대한 호혜적 이해를 바탕으로 언제나 변경하여 실천한다. 이러한 자율조절을 통한 변경된 실천의 반복은 기존의 제도를 바꾸게 될 것이고, 급기야 그 제도의 정당성을 받쳐주던 당시 현존하는 정의원칙마저도 바꿀 것이다. 이렇듯 국가/정부가 주도하는 제도 · 원칙의 경직성에서 오는 한계로 인한 현실적 삶과의 괴리를 그나마 줄이기 위해서라도 정치질서는 사회보편의 정당성 준거가 되는 사회기속질서가 생성해내는 사회제도와 사회기속질서가 자기 조절의 준거로 삼고 있는 삶의 보편원칙에 부합해야 한다. 동시에 정치사회 구성원들의 삶에 언제나 열려 있어 이에 감수성 있게 반응할 수 있어야 한다.

이쯤해서 혹자는 지금까지의 정당화 문제 논의가 진행 중인 삶의 정당성을 전제한 때문에 현행 정치질서는 항상 그 현존성 자체로 정당화되고, 따라서 이에 대한 동의나 약속은 언제나 정당화된다는 것을 의미하지 않나 하는 오해 섞인 의문을 가질지도 모르겠다. 이를 테면 이라크 파병이나 광주항쟁 탄압 같은 정치행위도 우리의 현행 삶 속에서 진행되었기 때문에, 그 삶이 정당화되는 만큼 그러한 정치행위 속에는 정당화될 수 있는 우리의 동의나 약속이 주어진 것으로 착각할지 모르겠다. 그러나 이는 단지 오해요 착각일 뿐이다. 우리의 삶 속에는, 그리고 이를 엮어가는 사회기속질서 속에는 정치적 왜곡이나 강제 없이 이러한 일이 도대체가 일어날 수가 없다.

대부분의 한민족 구성원들의 삶과 사회기속질서 속에는 동의/약속의 정당성 문제는 차치하고라도 6 · 25의 동족상잔의 음모가 들어설 여지가 없다. 또 아랍지역을 유린하고 있는 미국이라는 국가 뒤에 가려 있는 평범한 미국인들과 이에 테러로 맞서고 있는 평범한 아랍인들에게도 그들의 평범한 삶의 지평위에는 집단적 '유린' 과 '테러' 의 음모가 설계될 여백이 없다. 도대체가 우리의 삶과 사회기속질서에는 이러한 집단비극을 부를 만한 여지가 추호도 없는 것이다. 이 모두는 현대 서구 사회계약 이해에서 범하고 있는 것과 같은 주 · 객전도 오류와 외삽오류에 젖어 있는 정치질서에서나, 또 혹은 이를 수용하여 그것이 정당한 삶인 양 사회기속질서로부터 소외된 채 오류에 젖어 있는 정치질서에 부화뇌동(附和雷同)하여 살고 있는 하수인들에게나 일어날 수 있는 일인 것이다. 사회기속질서를 떠나 오류에 젖어 있는 정치질서를 살아내는 것이 얼마나 어려운지는 이하 번복문제에서 살펴보겠거니와 자신, 자신과의 사회적 협조관계, (계약적 · 사회적)기속질서, 그리고 정당한 정치기속질서를 떠난 이들의 삶은 제정신으로는 선택할 수 없는 그런 삶이라고밖에는 표현할 수 없는 것이다.

사회계약의 기본정신을 지금까지 생각한 '정당성 문제' 와 결부하여 볼 때, **사회계약은 정당한 정치질서를 '창출' 하기 위한 '정치질서 창출의 계기' 라기보다는 이미 계약형식에 담겨 전개되어 온 자연스럽고도 정당한 사회구성원 개개인들의 사회적 삶의 질서를 일률적인 사회기속질서로 '합의해 가는 과정' 에 내재하는 반복되는 약속행위로 이해되어야 한다.** 만약 이러한 사회계약이 정치질서에 대해서 가지는 의미를 찾는다면, 이는 정치질서의 내용을 구성하고 이의 정당화 근거가 되는 사회기속질서를 통해서만 발현되는 간접적인 계기로서의 의미일 뿐이다. 그리고 근대 초의 사회계약 이론가들이 항상 앞에 내세우는 '자연상태'는 정치질서 창출을 위한 빌미로서 오용되고 있지만, 그 진의는 2장 1절 말미와 2장 2절에서 살펴본 자연법질서에 함의되어 있듯이 자기 조절기능과 자기 질서화 기능을 구유한 자연스럽고도 정당한 삶 속에서 찾아야 할 것이다.[27] "자연으로 돌아가라"는 루소의 한 마디 외침 속에는 바

---

27. 근대 초의 사회계약이론들 중 정치질서 창출의 빌미로 본 '자연상태이론' 중 로크의 이론은 여기서 언급한 취지에 가장 근사한 이론이 아닌가 생각한다. 그래서 근래의 몇몇 대표적 논의들, 이를 테면, D. Gauthier, *Morals by Agreement*(Oxford : Clarendon Press, 1986)나 R. Nozick, 앞의 책(1974) 등은 그 이론 전개에 로크의 자연상태이론에 크게 의존하고 있다(전자의 경우는 특히 Ch.VII, 후자의 경우는 특히 Chs.1-3 참고). 물론 그렇다고 이 이론이 한 부분으로 포함되어 있는 로크의 사회계약이론이 앞서 논의한 '단발성이벤트'의 문제점이 면제되거나, 예로 든 두 이론이 여타의 비판을 면할 수는 없을 것이다. 그러나 롤즈가 그의 최근 저서 『정치적 자유주의』(이하 'PL')에서 이들 각각에 대해 가하고 있는 비판에 대해서는 재고의 여지가 있다. 이를 테면, 롤즈는 고티에(Gauthier)에 대해서는 로크의 자연상태이론에 의존하여 '합리성'으로부터 '합당성'을 도출하려는 것은 무모하다(PL : pp. 52-53) 하고, 로크와 노직은 '자유지상주의'로 함께 묶어 이들의 질서도출의 이론적 근거가 '자연상태이론'의 연장에 불과하기 때문에 그 이론적 시도들은 효과적인 정의질서의 근거로서는 '전혀 쓸모가 없다'(PL : VII §3)고 비판한다. 그러나 롤즈는 이 비판의 대상이 되는 이론들이 강하게 주장하고 있는 '합리성'은 로크의 '제약원칙(proviso)'을 비중 있게 강조되고 있음을 간과하고 있다[로크의 경우는 앞의 책(1963), Bk.II §§27, 33 ; 노직의 경우는 앞의 책(1974), pp.175-82 ; 고티에의 경우는 앞의 책(1986), Ch.VII 전체]. 그러나 이 제약조건은 로크의 경우에는 자연권인 '재산권'의 자연법적 제약을, 노직의 경우에는 현대적 권리(그 중에서도 '소유권'의 변두리 제약(side constraints)을, 그리고 고티에의 경우는 합리성(특히 경제적 합리성)에 대한 '합당한 도덕적 제약'을 부과한다는 데에 유의해야 한다. 이러한 제약은 롤즈가 그의 정의원칙을 가급적 약한이론(thin theory)에 위치지려는 의도와 그의 정의이론이 목표로 하고 있는 일종의 경제적 '재산권' 혹은 '소유권'의 정의로운 배분과

로 이러한 자연적 삶을 정치질서의 이상으로 제시한 것이 아닌가 생각해 본다. 혹시 홉스가 그리는 '자연상태'의 험악한 모습을 예로 들어 이러한 필자의 생각을 반박할지 모른다. 그러나 조금 여유를 가지고 다시 생각해 보면, 홉스의 자연인은 자연스런 개인적 삶의 주체라기보다는 홉스 스스로가 묘사한 '개인적 군왕(individual sovereign)'으로서의 이미지에 부합하게 이미 합법을 가장한 정치사회의 단위로 이해된다. 그래서 홉스의 '자연상태'는 주권국가들이 각축을 벌이는 국제 정치현실을 묘사하는 데 종종 사용되지 않나 생각해 본다.[28] 홉스가 '자연상태'에

관련한 합당한 제약과 크게 다르지 않다고 생각한다. 그리고 롤즈의 정의가 절차적 정의로서 배경적 정의에 의해 결정된다고 보면, 그가 비판하고 있는 3이론 모두가 결국은 그 배경적 정의를, 롤즈가 원초적 입장으로부터 구하듯이, '제약원칙' 하의 '자연상태'에서 구하고 있는 것이다. 비록 롤즈는 그의 원초적 입장에 자연상태적 요소가 있다면 '무합의지점(nonagreement point)'까지라고 밝히고 있지만(PL : p. 279) 그가 만약 그가 지목한 자연상태를 '홉스적 자연상태'로 이해하지 않는다면, 후자의 자연상태가 그의 원초적 입장과 그리 다른 점이 있을지 의문이다. 또, 만약 롤즈의 원초상태에서 도출되는 정의원칙이 차등의 원칙에서 그 배경적 정의의 특성을 찾는다면, 롤즈의 비판 대상이 되고 있는 이들의 '제약원칙'은 차등원칙에 못지않은 효과를 가질 수 있다고 본다. 그리고 자유주의 기본정신이 자연스런 삶의 권리적 보호에 있다고 본다면, 나는 전자보다 후자가 자연스런 삶에 더 근접한다고 생각된다. 다만 이상의 논의를 모두 포괄하여 롤즈의 원초적 입장이든, 그의 비판의 대상이 되는, 로크의(혹은 로크적) 자연상태에 근거한, 이론들이든, 모두가 그로부터 이루어지는 사회적 합의나 이 합의로부터 도출되는 원칙이나 질서가 '단발성이벤트'를 통해서가 아니고 인간 사회관계 속에서 지속되는 자연스런 삶의 일과(日課) 속의 합의이고, 이로부터 도출되는 원칙이나 질서가 지속되는 일과 속에서 형성 · 변개 · 재형성되는 질서로서 삶과 함께해야 한다는 점을 간과한 것은 위에서 살펴본 서구자유주의이론들과 같은 입장에 있다고 말할 수 있다.

28. 홉스의 '개인 간 관계'와 '주권국가들 간의 관계' 사이의 동일대비와 관련해서는 Guido de Ruggiero, 앞의 책(1964〈1927〉), Pt. II Ch. V §1 참고. 뿐만 아

대한 묘사에 뒤이어 '자연법'에 대한 각성을 논하는 취지는 바로 이러한 무소불위의 주권적 정치사회들 상호 간의 공존을 위한 자체 조절과 자체 질서화의 모색으로 이해되는데, 이는 바로 개인을 단위로 볼 때 '인본주의적 입장'의 정당화 기준에 서서 삶을 자체 질서화하여 정당화해 가는 과정을 주권체들 상호 간에 조절되는 화해의 한 모델로 삼은 것이라 볼 수도 있을 것이다.

세 번째로, 사회계약 준수의 '번복문제'와 관련해서이다. 사회계약 번복문제가 현대 서구 사회계약 이해에서 아직도 풀리지 않고 거듭 나타나고 있는 이유를 지금까지의 논의를 바탕으로 하여 생각해 보면 다음과 같은 이유에서라고 본다. 첫째, 사회계약의 체결형식과 관련하여 현대 서구 사회계약 이해가 사회계약을 사회구성원들(국민)–국가/정부 사이에 이루어지는 단발성의 순간 이벤트 정도로 생각하기 때문이다. 여기에는 앞서 살펴본 주객전도 오류, 외삽 오류 등의 문제가 같이 결부된다. 이러한 문제들과 연결되어 있는 이 생각의 근저에는 계약적 기속질서를 총체단위로서의 사회로 단순하게 외연만 확대한 것을 사회계약으로 보는 가정이 깔려 있다. 이 단순외연 확대가정으로부터 현대 서구 사회계약 이해는 사회적 삶과 사회기속질서의 기본속성인 '사회성'과 '역사성'(5장 7절)을 간과하게 되고, 이러한 간과는 사회계약

»» ———

니라 홉스의 '*Leviathan*(1650)'이 출간되기 2년 전까지 30년간 지속되던 유럽 전쟁이 'Westphalia'에서 주권평등에 의한 새로운 유럽 국제질서를 가져온 사건은 설사 그 문헌상의 확증은 아직 찾기 어렵다하나 홉스의 자연권이론을 본문에서와 같이 해석하는데 좋은 길잡이가 될 수 있다고 생각한다. 이와 관련해서는 Andreas Osiander, "Sovereignty, International Relations, and the Westphalian Myth", *International Organization* 55–2(Spr., 2001), pp. 251–287 참고.

과 사회기속질서의 성격과 그 의미, 즉 그 과정적 성격과 의미 및 형성적 성격과 의미에 대한 몰각으로 이어진다. 그 결과가 1회에 이루어진다고 여겨지는 사회계약 번복의 순간성을 억제할 수 있는 기제의 담보할 수 없게 하는 것이다. 총체적 사회단위 내의 전체 구성원들이 그들의 사회적 삶의 전부문과 전과정에서 중첩적으로 이루어지는 사회계약에 비해 사회의 2분구조 두 단위 사이에 1회로 끝나는 사회계약은 그 번복이 훨씬 쉽다.

두 번째, 현대 서구 사회계약 이해가 사회계약 번복문제와 관련하여 가지는 위와 같은 결함은 그대로 사회계약 체결의 내용으로 연결되는데, 여기에는 앞서 살펴본 사회계약과 정부계약과의 혼동문제, 정치기속질서와 통치질서와의 혼동문제, 순간 기획성의 문제 등이 결부된다. 사회계약은 그것이 사회적 삶의 과정 속에서 이루어지듯이, 과정 속의 삶이 엮어내는 총체단위로서의 사회 내 인간 사회관계의 질서에 관한 것, 즉 사회기속질서에 관한 것을 그 내용으로 한다. 국가나 정부가 가지는 일정한 특성이나 정당성, 혹은 국가/정부가 제시하는 정치사회에 대한 이러저러한 마스터 플랜을 내용으로 하여 이 내용을 사회구성원들이 선택하는 행위가 아니다. 전자의 내용이 사회계약 체결의 내용이라면 후자는 정부계약의 내용이다. 이 후자의 내용은 사회계약에 의해 다듬어진 사회기속질서를 바탕으로 선거나 투표로 결정될 사안이다. 현대 서구 사회계약 이해는 바로 이 후자의 내용을 사회계약 체결의 내용으로 보는데, 이것이 바로 사회계약을 정부계약으로, 정치기속질서를 통치질서로 혼동한 결과이다. 그리고 이 혼동 속에 사회계약 내용에 대한 마스터 플랜식의 순간 기획성이 개재된다. 이 기획성의 폐단이 '허구성'과 열려진 삶의 변화에 대한 '폐쇄성'으로 이어지는 것은 롤즈의 '원초상태' (5장 3절)와 관련하여 이미 살펴본 바이다.

현대 서구 사회계약 이해의 사회계약 번복문제는 바로 이러한 혼동 및 결함과 직결된다. 국가/정부의 제시하는 마스터 플랜이나 그 정당성은 시대가 변하고 상황이 바뀌어 그 현실성을 잃게 되면 의당 사회구성원들은 이를 거부할 것이다. 이 거부는 정부계약의 번복으로 나타나지 사회계약의 번복으로 나타나지 않는다. 국가/정부가 사회기속질서로부터 위탁받은 업무, 즉 이 기속질서를 보호 · 관리해야 될 통치질서 업무에 소홀하면 사회구성원들은 이를 거부할 것이다. 그러나 이는 선거나 투표를 통한 통치질서 거부로 나타나는 정부계약의 번복이지 사회계약의 번복은 아니다. 더불어 이러한 정부계약의 번복은 사회기속질서와 통치질서가 결합되어 있어 사회기속질서와 동연에 서 있는 정치기속질서에 대한 전면 거부가 아니라는 점에서 사회계약의 번복이 될 수 없다. 국가/정부로 표상되는 통치제도 없이도 정치기속질서는 유사 이래 어느 사회에건 존재해 왔고 존재할 것이기 때문이다. 결국 이러한 혼동과 이해상의 결함 속에 있는 현대 서구 사회계약 이해가 말하는 사회계약의 번복문제라면 이는 결코 풀리지 않고 거듭 나타날 하등의 이유가 없다. 문제 자체로서의 위상도 가지지 못한다.

세 번째는 사회계약 기본정신상 사회계약 자체 내에 심어진 번복억제기제와 관련하여 현대 서구 사회계약 이해가 가지는 함의에 대한 것이다. 사회계약 기본정신에는 보편적 의미에서의 계약형성과 계약이행상의 상호성과 타자 배려에 대한 최대한의 존중이 논리적 필연으로 전제되어 있다. 이러한 사회계약 기본정신으로 보면, 계약적 기속질서나 사회기속질서는 그 기본원칙에서 동연에 서 있다. 계약 당사자 간의 관계는 이미 3장과 5장에서 보았듯이 쌍권적 · 쌍무적이며 계약 당사자들과 그외 제3자 사이의 관계는 인본주의적 평등원칙에 근거한 도덕성을 가진다. 특히 정치기속질서의 구성내용과 근거의 전범(典範)을 제공하고 있는 근대 사회계약사상은 특정 정치사회 내부 전체 구성원들 사이의 쌍권적 · 쌍무적 관계를 전제하며, 그밖의 제2의 정치사회와 그 구성원들에 대해서도 '열린 인본주의 입장'에 근거한 평등관계에 선다. 이렇게 볼 때, 근대 사회계약사상의 기본정신인 자율주의와 자치주의는 상호성과 타자 배려가 존중되는 쌍권적 · 쌍무적 · 인본주의적 평등관계의 틀 속에서만이 그 타당한 의미를 가지게 된다고 볼 수 있다. 결론적으로 사회계약의 기본정신에 입각할 때 사회계약 준수의 번복문제는 계약형식의 인간 사회관계와 그 속에 대전제로 함의되어 있는 자율권평등원칙 이 모두를 훼손하지 않고는 일어날 수 없게 되어 있다.

그러나 현대 서구 사회계약 이해 속에는 사회계약사상에 전제된 이러한 상호성과 타자 배려에 대한 존중의 논리적 필연성을 담아낼 이론적 장치가 결여되어 있다. 보다 구체적으로 현대 서구 사회계약 이해는 이러한 존중이 이론적 필연으로 표현되는 쌍권적 · 쌍무적 · 인본주의적 사회계약이론 체계 위에 서 있지 못한 것이다. 이와 관련해서는 4장에서 권리-의/책무관계구조에 초점을 두어 살펴본 서구 자유주의 권리이론의 문제점이 시사하는 바가 크다. 그 논의에서 지적한 문제는 단도직입적으로 말한다면 서구 자유주의 권리이론이 권리-의/책무기본관계구조(3장 참고)와는 달리 쌍권적이고 쌍무적인 계약관계를 담아낼 수 없고, 이는 결과적으로 인본주의적 입장에서 볼 때 권리 및 의/책무 주체 사이의 대등한 도덕적 지위를 훼손함으로써 '만인자유평등원칙'의 도덕기반을 훼절할 뿐만 아니라, 물적 환원주의를 부추겨 인간소외 문제를 초래한다는 것이었다. 그런데 이러한 서구 자유주의 권리이론의 문제점은 이론상 계약형식의 권리-의/책무관계 기속질서를 기초로 하는 사회기속질서에도 그대로 이어져 사회기속질서의 쌍권적 · 쌍무적 · 인본주의적 원칙을 훼절할 수밖에 없다. 이렇게 볼 때, 4장에서 살펴본 서구 자유주의 권리이론의 문제점은 여기서 논하고 있는 사회계약 번복문제와 관련하여 크게 두 가지 시사점을 준다.

그 하나는 자율권 행사를 근간으로 전개되는 사회계약사상은 자연권에 그 뿌리를 두고 있는 권리이론 없이는 속 빈 강정이 될 것이기에 그 권리이론의 문제점은 바로 사회계약사상 에 대한 이해의 문제점이라는 점이고, 그 둘은 이런 의미에서 권리이론의 문제점은 바로 번복문제와 관련한 현대 서구 사회계약 이해의 문제점과 직결된다는 점이다. 결국 서구 자유주의 권리이론이 노정하고 있는 문제점을 그대로 안고 있는 현대 서구 사회계약 이해 속에는 쌍권 · 쌍무 · 인본주의에 바탕을 둔 사회기속질서에 대한 이론체계가 결여되어 있고, 이는 바로 현대 서구 사회계약 이해가 사회계약 자체에 심겨 있는 번복 억제기능조차 담아낼 수 없는 이론체계 위에 서 있음을 말해준다. 즉, 현대 서구 사회계약 이해는 번복문제와 관련하여 계약주체 당사자 간이나 이들과 제3자간의 쌍방 사이에 자유주의 기본정신에 배태되어 있는 상호성과 타자 배려에 대한 존중을 필연성으로 묶어낼 수 있는 권리-의/책무관계 기속질서이론과, 그 기속질서 훼손을 규제할 수 있는 유효 기속력과 그 추론근거가 되는 권리-의/책무관계 기속질서 및 사회기속질서에 대한 이론의 체계적 근거를 결여하고 있음을 말해주는 것이다. 그래서 이러한 결함 속에 있는 현대 서구 자유주의 사회계약 관련 이론들이 사회계약 준수에 대한 자의성에서 기인하는 권력남용(정치권위의 자의성), 사실적 무정부상태(피치자 쪽의 자의성), 정치사회집단 간의 비인도적 침탈(사회계약집단 간의 상호 자의성)의 비합리성을 규명할 수 있는 이론적 근거를 제시할 수 없음은 너무나 당연한 일일 것이다.

결국 사회계약 번복은 사회기속질서 위반이 선행되지 않고는 일어날 수 없는 것이고, 사회기속질서 위반은 계약기속질서를 통한 사회협조 관계의 포기 없이는 일어날 수 없으며, 계약기속질서와 사회협조 관계의 포기는 한 개인이 사회 속에서 쌍권적 · 쌍무적 협조관계 수립을 통한 사회적 삶을 그만둔다는 것을 의미하게 된다. 따라서 사회계약을 번복한다는 것은 결과적으로 허구적 사회와 허구적 사회구성원을 가정하지 않는 한 있을 수 없게 되는 것이다. 그래서 현대 서구 사회계약 이해가 사회계약의 '번복문제'를 해결할 수 없다는 것은 사회계약사상 자체를 이해하지 못한다는 말이자 사회계약사상에 뿌리를 두고 있는 자유주의 전통에 서 있으면서도 자유주의 기본정신에서 벗어나 있다는 말이 되는 것이다.

이상 사회계약 번복문제의 미해결이 의미하는 바에 대한 논의에 사회계약 번복이 얼마나 일어나기 힘든 사안인가에 대한 부연설명을 덧붙이면서 번복문제와 관련한 논의를 마무리할까 한다. 번복문제는 앞서 밝힌 대로 확인문제 및 정당성 문제와 결부되어 있기 때문에 그 해결에서도 이 두 문제의 해결과 결부된다. 그러나 설사 확인문제가 해결되더라도, 또 정당성 문제가 해결되더라도 이 번복문제는 사회계약사상의 대전제가 되는 자율권평등원칙에 대하여 제기된 문제이기 때문에 사회계약 기본정신의 이해와 관련한 최종의 문제이며, 그런 만큼 나름대로의 중요성과 특성을 지닌다. 그래서 여기서는 전술한 두 문제해결에서 제시된 해결책을 선결사항으로 수용하고, 그 가운데에서 왜 사회계약 번복이 거의 불가능에 가까운지를 예시를 통하여 설명해 본다. 다만 확인문제와 정당성 문제의 해결이라는 선결조건이 만족되지 않는 상황에서는 어떻게 할 것인가라는 문제가 남는다. 그러나 나는 이 경우에는 사회계약 번복의 문제에 해당하지 않는다고 본다. 왜냐하면 이 경우는 자율권평등원칙을 기본전제로 하지 않는 사회계약, 사회기속질서가 그 내용과 구성이 되지 않는 사회계약, 계약형식의 권리–의/책무관계가 성립할 수 없는 사회계약, 따라서 정상적인 사회적 삶과 연결될 수 없는 사회계약, 즉 사회계약 아닌 사이비 사회계약에 해당하기 때문이다.

이런 관점에서 우선 앞서의 두 문제 해결논의에서 제시된 중점사항을 번복문제의 선결조건으로서 명기해 본다.

1) 주/객전도 오류 및 사회계약과 정부계약의 혼동 수정

국가/정부가 정치기속질서의 주체가 아니라 국민이 그 주체이며, 사회계약은 사회기속질서를 대상으로 정부계약은 국가/정부로 대표되는 통치제도를 대상으로 한다.

2) 양분된 주체–타자관계 설정의 해체 :

국가/정부는 국민에 대하여 설정된다고 여겨지는 정치기속질서의 실체적 주체의 지위로부터 이 질서에 담긴 사회기속질서와 이 질서주체인 국민을 보호 · 관리하기 위한 공복(公僕)기구의 지위로 전이됨과 동시에 일원적 정치사회 구성원으로 흡수된다.

3) 정치기속질서와 통치질서의 혼동 수정 :

통치질서는 사회기속질서가 자신의 보호 · 관리를 목적으로 사회기속질서 권위의 위탁에 의해 도입되는 통치제도상의 질서이며, 정치기속질서는 이러한 통치질서와 사회기속질서의 결합질서다.

4) 외삽 오류의 수정 :

정치기속질서의 구속력 근거는 국가/정부의 통치권력에 있지 않고 정치사회 구성원들의 사회기속질서가 근거하는 사회기속질서 권위에 있다.

5) 사회계약의 정치기속질서 창출기능에 대한 가정 수정 :

사회계약은 정치기속질서를 창출하는 단발적 이벤트성의 '계기'가 아니라, 정치사회 구성원들의 정상적인 삶을 엮어내는 사회기속질서를 일률적 합의질서로 결집해내는 연속 '과정'이다.

6) 정치기속질서의 정당성 기준 :

정치기속질서의 정당성 기준은 국가/정부의 특정한 성격에 있거나 이에 의해 설정되는 것이 아니고 사회기속질서와 이에 담긴 '열린 인본주의 입장'에 있다.

이러한 선결적 해결을 전제했을 때 사회계약 주체별로 번복 가능한 경우를 나누어 보면, 1) 도덕적 · 사회적 파탄자들이거나 2) 범법자들로 범주화할 수 있다. 이러한 번복가능주체의 범주 속에는 '사회계약 불참여자들'은 고려되지 않았다. 그러나 이 불참여자들 속에는 3) 미성년자를 포함하여 신체적 · 정신적 능력 결손으로 참여불가능한 자들과 4) 고의적으로 사회기속질서를 이탈한 자들로 나누어 볼 수 있는데, 전자는 사회기속질서 참여가능한 대리인들을 통해서 간접적으로나마 사회기속질서 하에 놓일 수 있는 동시에, 이 5) '대리인들의 번복문제'가 제기될 수 있다. '5)'의 사회계약 번복가능 대리인들의 경우는 후자의 '4) 고의 이탈자들'의 경우와 더불어 '1)'이나 '2)'에 선별적으로 분류될 수 있다. 따라서 주체별로 번복가능한 경우는 '1)', '2)'로 집약할 수 있다.

'1)'의 도덕적 · 사회적 파탄자들은 계약질서와 사회기속질서를 위반한 자들로서 스스로 자신의 개인적 · 사회적 삶을 포기한자들로 보아야 한다. 개인적 · 사회적 삶의 포기는 자율성 포기에 의한 자아이탈, 계약기속질서 위반에 의한 개인 간 호혜적 협조관계 이탈, 그리고 사회기속질서 위반에 의한 사회공동체 이탈의 결과로 야기된다. 물론 이 과정 속에는 '인본주의적 입장'에 대한 모순원칙을 범함으로써 인류사회라는 유적 공동체 이탈이 포함될 수 있다. 더구나 사회구성원들에게는 사회계약에 이르기 전의 전(全)과정, 즉 계약관계나 사회협조 관계에서 발생하는 권리 및 의/책무사항을 자체 자율권 행사만으로 변경하고 신설할 수 있는 구제절차가 마련되어 있는 만큼(3장 참고), 이 경우는 사회계약을 이미 포기 혹은 중도에 포기한 것으로 간주된다.

'2)'의 범법자의 경우는 사회기속질서의 파기와 더불어 정치기속질서 파기를 결과하는 사회계약 번복의 최종의 경우에 해당한다. 이 최종의 번복자들은 이미 그들의 사회적 삶 속에서 이루어진 사회계약을 통해 동참한 사회기속질서를 이탈함으로써 (가) 그 근거가 되는 계약질서 및 사회기속질서제도와 시회기속질서원칙을 위배하는 1차적 번복범죄인 '도덕범죄', (나) 전사회구성원들이 사회계약 과정을 통해 결집해 온 일률화된 사회기속질서를 위배하는 2차적 번복범죄인 '사회적 범죄', 그리고 (다) 이 사회기속질서를 보호 · 관리하기 위해 이 사회기속질서로부터 그 임무가 위임된 통치질서를 위배하는 3차적 번복으로 인한 '범법'을 구성하게 된다. 결국 이들은 사회계약 체결 전 단계로 거슬러 올라가 계약기속질서 및 사회기속질서를 위배한 '도덕적 파탄자들'이 됨과 동시에, 사회기속질서에 동참해 있는 과정 중에는 '사회적 파탄자들', 그리고 정치기속질서 형성 후에는 '범법자들'이 되는 3중의 범죄를 동시에 구성하는 꼴이 된다. 따라서 사회계약의 기본정신에 비추어 보면 이 경우는 도덕적 · 사회적 · 정치적(법적) 처벌은 물론 그 전에 이미 도덕적 층위 · 사회적 층위 · 정치적 층위 등 3층위에 동시적으로 걸쳐 있는 삶에 대한 일괄적 소외[29]와 포기가 선행된다고 보아야 할 것이다.

이러한 사회계약 번복의 중층적 규제기제는 앞서의 번복문제 논의와 관련하여 두 가지 중요한 함의를 가진다. 그 중 하나는 현대 서구 자유주의 이론들이 그들이 말하는 '정치질서'와 관련하여 결과 순간포착의 평면적 시간관념(5장 2절 참고) 속에서 논의하고 있는 사회계약의 번복은 앞서 반복해서 강조했듯이 도덕적 · 사회적 · 정치적 3층위에 걸쳐서 전개되는 삶의 전과정을 동시에 포기하는 대가를 치르지 않고는 감내하기 어려운 거의 불가능에 가까운 사안이라는 점이다.[30] 그 둘은 앞서 살펴본 '확인문제', '정당성 문제'와 관련하여 로크 · 투스만 · 그린 · 피트킨 등 서구 자유주의 이론들의 고민의 핵심에 있는 a) '계약 2세대 이후 세대의 정치질서 유효 기속력의 문제', b) '정치적 미숙자나 미성년자의 문제', c) '정치적 미숙이나 무관심을 빙자한 사회계약 사보타지 문제' 등에 대한 순리적 해결책을 제공한다는 점이다. 이를 테

---

29. 사회기속질서 이탈이 가져오는 '삶의 소외'는 전근대사회에서는 더욱 심각한 양상으로 나타난다. 이를 테면, 고대 그리스에서 보이는 '패각추방', 중세 유럽의 '길드사회'에서 보이는 '생업권 박탈', 한국전통의 계(契)와 두레사회에서의 '대문봉쇄'나 '출입로폐쇄'등으로 나타났다.

30. 물론 여기에는 오늘날 흔히 목격하듯이 통치질서의 도입과 더불어 비롯되는 정치적 삶이 도덕적 · 사회적 기속질서 속의 삶으로부터 유리됨으로써 빚어지는 처벌종심의 표면화 문제와 처벌에 의한 교정효과의 무실화문제가 개재된다(1절 각주 '1'참고).

면 a)는 사회계약의 과정적 특성 속에서 자연스레 해결된다. b)는 위의 '3)' 의 번복불가능자로 논의의 대상에서 제외된다. 다만 '5)' 의 경우가 문제가 되는데, 이는 '1)' 과 '2)' 에 선별적으로 걸어서 해결할 수 있다. c)는 '1)' 과 '2)' 의 선별적 적용을 통해서 해결할 수 있다. 더불어 이러한 해결을 통해서 관련 서구 자유주의 이론들이 범하고 있는 사회계약의 가상전제에 따르는 '허구성 문제', 사회계약을 단발성 이벤트로 착각하는 데에서 야기되는 '정치강제의 문제', '부분통치의 문제' 등을 해소시킬 수 있다.

지금까지 사회계약 번복문제의 해결을 사회계약 번복이 정상적인 사회구성원들로서는 거의 불가능하다는 것을 '확인문제' 와 '정당성 문제' 에서 선결되어야 할 문제점들의 수정사항과 결부하여 예시해 보았다. 이제 마지막으로 현대 서구 사회계약 이해가 흔히 사회계약 번복의 원인으로 지목하는 자율권 행사가 정치기속질서의 근거, 즉 공권력에 모순될 수 없기 때문에 사회계약 번복의 원인행위로 작용하는 것이 불가능하다는 점을 덧붙인다.

이미 앞서 살펴본 바와 같이 사회구성원들의 자율권 행사는 그들이 사회적 삶 속에서 이를 통해 이미 권위를 부여한 사회기속질서의 근거인 사회기속질서 권위 속에 내재되어 있다. 그런데 정치기속질서는 사회기속질서와 동연에 서 있기 때문에 그 근거가 되는 공권력 역시 사회계약을 통해 행사된 사회구성원들의 결집된 자율권으로서의 사회기속질서 권위와 동연에 서 있게 된다. 따라서 정치적 공권력을 자율권 행사를 통해 부인하기 전에 사회기속질서 권위를 부인함으로써 사회계약을 번복하는 동시에 도덕적 · 사회적 범죄행위를 구성하지 않고는 결코 공권력 부인을 통한 사회계약 번복은 불가능하다. 그런데 이러한 범죄행위는 위에서 살펴보았듯이 개인적 · 사회적 삶을 포기하는 삶의 파탄자가 아니고서는 자행하기가 불가능하다. 이런 의미에서 현대 서구 사회계약 이해가 흔히 사회계약 번복의 원인행위로 지목하는 자율권 행사에 의한 공권력 부인은 사회계약과 정부계약의 혼동, 사회기속질서 권위–통치권력–공권력 사이의 혼동, 이 두 혼동의 또 다른 측면이라 할 수 있다. 이로부터 앞서 살펴본 번복문제 고려에 선결되어야 할 6가지 수정사항에 또 다른 수정사항이 첨가되어야 하는데, 이를 간략히 하면 다음과 같다.

7) 공권력의 구성/내용/성격의 수정 :

공권력은 사회기속질서 권위와 통치권력으로 구성되는데, 사회기속질서 권위는 사회계약을 통한 권위부여에 의해 형성되고, 통치권력은 사회기속질서의 일률화와 이를 보호 · 관리를 목적으로 도입되는 통치제도에 그 목적에 한정하여 위임된 사회기속질서 권위로 형성되기 때문에 그 기본성격은 사회기속질서 권위와 동연에 선다.

8) 공권력의 부인이 단순한 자율권 행사라는 오류 수정 :

자율권 행사에 의한 공권력 부인으로 사회계약을 번복하는 것은, 시간적으로 이미 사회기속질서 권위가 사회기속질서를 보호 · 관리하는 통치질서의 등장과 더불어 공권력화한 후에나 이루어질 수밖에 없기 때문에, 이러한 자율권 행사 이전에 사회기속질서 권위의 부인을 통한 도덕적 · 사회적 '범죄행위'를 구성하지 않고는 공권력의 부인을 통한 사회계약 번복은 불가능하다.

이쯤해서 위의 선결조건이 다 만족되고 위의 두 경우(범법행위와 삶의 포기)에 해당되지 않는 경우로서, 사회계약 번복의 문제가 정당한 사유로 고려될 수 있는 또 다른 경우가 있을 수 있지 않나 하는 의구심을 가질지도 모른다. 이러한 경우 가운데 가장 대표적인 한 예가 롤즈가 말하는 '시민불복종'[31]의 경우라 할 수 있는데, 이는 주로 국가/정부의 제도적 경직성으로부터 야기되어 정치기속질서와 사회기속질서 사이의 심각한 괴리(乖離)를 결과할 경우에 해당한다. 그러나 나는 이를 사회계약 번복의 문제로 보지 않는다. 이는 정치적 왜곡이나 정치적 강제와 결부된 정치기속질서의 변경이나 이 왜곡과 강제의 장본인인 국가/정부의 혁파문제라고 본다. 기실 그간의 모든 혁명은 국가/정부로 표상되는 통치제도를 표적으로 했으며, 사회계약을 깨자는 것이 아니라 사회기속질서와 동연에 서 있어야 할 정치기속질서를 독단하는 공복(公僕)집단, 즉 국가/정부를 갈아보자는 목표를 내세워 발기해 왔다. 정치사회 구성원들의 자연스런 삶의 흐름이 통치질서에 의해 왜곡되거나 강제로 폐색될 때, 이들의 일상적 삶에 열린 도덕가치와 정의가치를 담고 있는 사회기속질서가 통치집단이 독단하는 정치기속질서의 벽을 넘지 못할 때, 대다수 정치사회 구성원들의 배고픔의 신음소리가 소수 유산자를 감싸고 도는 통치집단에 대한 원망으로 바뀔 때, 그때 혁명은 분출했었다. 이러한 혁명의 바탕동력 속에는 사회기속질서가 쌩쌩하게 살아 있는 만큼 사회계약의 기본정신이 쌩쌩히 살아 있는 것이며, 혁명의 분출은 오히려 사회계약을 통해 결집된 사회기속질서를 수호할 목적에서 사회계약을 파기하고 있는 통치질서를 혁파하기 위한 것으로 보아야 한다. 그러니 시민불복종이나 이와 맥을 같이하는 위와 같은 의구심을

31. J. Rawls, 앞의 책(1971), Secs. 55–59 참고.

불러일으키는 여타의 상황은 사회계약 번복의 징후로 보기보다는 정부계약 번복가능성이 폐색되어 있는 가운데 통치집단을 혁파하기 위한 혁명의 징후로 보아야 할 것이다.

이상 기왕의 서구 자유주의 사회계약 관련 이론들을 이들이 아직까지도 풀 수 없어 논란의 대상이 되고 있는 대표적 난제를 중심으로, 사회계약 기본정신에 비추어 검토하는 과정 속에서 그리고 그 검토결과가 가지는 함의에 대한 논의 속에서, 입론한 새롭게 이해되는 사회계약의 내용을 요약하면 다음과 같다.

1) 국가/정부가 정치기속질서의 주체가 아니라 국민이 그 주체이며, 사회계약은 사회기속질서를 대상으로, 정부계약은 국가/정부로 대표되는 통치제도를 대상으로 한다.
2) 국가/정부는 정치기속질서의 주체인 국민을 보호 · 관리하기 위한 공복(公僕)기구이며, 일원적 정치사회 구성원의 일부이다.
3) 통치질서는 사회기속질서가 자신의 보호 · 관리를 목적으로 사회기속질서 권위의 위탁에 의해 도입되는 통치제도상의 질서이며, 정치기속질서는 이러한 통치질서와 사회기속질서의 결합질서이다.
4) 정치기속질서의 구속력 근거는 국가/정부의 통치권력에 있지 않고 정치사회 구성원들의 사회기속질서가 근거하는 사회기속질서 권위에 있다.
5) 사회계약은 정치기속질서를 창출하는 단발적 이벤트성의 '계기' 가 아니라, 정치사회 구성원들의 정상적인 삶을 엮어내는 사회기속질서를 일률적 합의질서로 결집해내는 연속 '과정' 이다.
6) 정치기속질서의 정당성 기준은 국가/정부의 특정한 성격에 있거나

이에 의해 설정되는 것이 아니고 사회기속질서와 이에 담긴 '열린 인본주의 입장' 에 있다.

7) 공권력은 사회기속질서 권위와 통치권력으로 구성된다.

8) 통치권력은 사회기속질서의 일률화와 이를 보호 · 관리를 목적으로 도입되는 통치제도에 그 목적에 한정하여 위임된 사회기속질서 권위로 형성된다.

9) 공권력의 기본성격은 사회기속질서 권위와 동연에 서는 권위의 성격이다.

10) 자율권 행사에 의한 공권력 부인으로 사회계약을 번복하는 것은, 그 이전에 사회기속질서권위의 부인을 통한 도덕적 · 사회적 '범죄행위' 를 구성하지 않고는 불가능하다.

11) 사회계약의 번복은 개인적 · 사회적 삶의 포기 및 (정치기속질서등장 이후의) 정치적 삶의 포기와 동시에 도덕적 · 사회적 범죄 및 (정치기속질서 등장 이후의) 정치적 · 법적 범죄행위를 구성한다.

7장

자율로부터 소외된 권위 :

권위는 소유될 수 없다!

7-1. 자유주의 질서와 권위

권리로부터 출발하여 자유주의적 삶에 비추어 서구 자유주의 이론을 검토해 보는 우리의 여정은 이제 그 종착점에 다다르고 있다. 이제 권위 관련 서구 자유주의 이론들에 대한 검토논의와 관련한 7, 8장만을 남겨놓고 있다. 그러나 '권위'는 지금까지 논의해 온 권리 및 의/책무로 표현되는 자유주의적 삶, 이 삶이 펼쳐지는 자유주의적 인간 사회관계, 그리고 인간 사회관계 속에 형성되는 질서의 결과적 현상일 뿐이다. 이는 자유주의적 삶에서는 인간 존엄성에 근거한 '자존의 형태'로, 자유주의적 인간 사회관계에서는 관계 당사자들 사이의 합의를 통한 '결합된 자율권의 형태'로, 그리고 정치관계에서는 사회적으로 합의된 사회기속력과 통치권력이 결합된 '공권력의 형태'로 표현된다. 이렇듯 표현형태를 달리하는 권위는 대자적 삶에서는 자기자율질서 속에, 인간 사회관계에서는 사회기속질서 속에, 정치관계에서는 정치기속질서 속에 그 각 질서의 결과적 현상으로 존재한다. 결국 권위는 우리 삶의 중층위적 관계와 그 관계질서가 형성해내는 결과적 현상일 따름이지 이러한 관계와 질서를 존재하게 하는 어떤 실체가 아닌 것이다. 그래서 권위에 대한 검토는 지금까지 논의의 결과일 따름이므로 이 책의 맨 뒤에 자리하게 되었다. 그리고 이런 의미에서 권위는 지금까지 논의의 전(全)과정을 함축한다고 말할 수 있다. 권위 속에 함축된 이러한 내력은 그 검토 이전에 지금까지 논의의 중간 결산이 필요함을 말해준다. 여기서의 논의는 그래서 권위 검토 논의의 서설이자 '중간결산'의 성격을 가진다.

나는 자유주의적 삶이란 인간 개개인의 자연스런 삶에 가장 근사한 삶이라고 본다. 그러나 이러한 삶의 전개는 언제나 이 개개인들이 구성하는 사회를 전제한다고 이해하기 때문에 개인의 자연적 성정이 그대로 발현되는 삶일 수는 없다. 사회 속에서 전개되는 개인의 삶은 같이 모여 삶으로써 비롯되는 갖가지 질서 속에 담겨 나름의 제약을 받게 되어 있다. 그래서 나는 이러한 삶의 주체인 인간 개개인의 인간성 자체가 자연성과 사회성의 길항관계 속에 근거한다고 보았다. 우리는 그간 이러한 인간 삶이 사회 속에서 이루는 질서를 개인들 상호 간의 협조관계에서 비롯되는 '계약기속질서', 이 계약질서가 사회관계로 확산되면서 이루게 되는 '사회기속질서', 사회기속질서와 이 질서 속에서의 사회구성원들의 삶을 보호하고 관리하기 위한 통치제도의 출현과 더불어 존재하게 되는 정치기속질서, 이렇게 3형태의 질서로 나누어 보았다(3장 4절 참고). 그리고 자연스러운 자유주의적 삶이 개인관계 · 사회관계 · 정치관계 속에서 전개됨과 더불어 존재하게 되는 이러한 세 형태의 질서는 그간에 살펴본 바와 같이 그 공통의 목표를 이러한 삶의 보호에 두고 있다고 보았다.

이렇게 볼 때 세 질서는 이른바 '자유주의 질서'라 할 수 있을 것이다. 그리고 그것도 자유주의의 기본정신에 충실한 '자유주의 원형질서'라고 부를 수 있을 것이다. 그간 우리가 살펴본 것은 바로 이러한 세 형태의 '자유주의 원형질서' 속에서 개인의 이른바 '자유주의적 삶'의 영역이 어떠한 관계망으로 재구성되어 어떻게 자리매김하게 되는지에 관한 것이었다. 그리고 그간 전개되어 온 서구 자유주의 이론들이 이러한 원형 자유주의 질서를 어떻게 이해하고 있는지에 대한 것이었다. 즉, 이들 이론이 언필칭 '자유주의 기본정신'에 부합하게 자연스런 자유주의적 삶을 끌어안고 있는 이론인지 아니면 이 삶을 떠난 이론인지를 검토해 본 것이었다. 그리고 그 결과는 앞장에서 지적한 이들의 문제점이 말해주듯이, 이들 이론은 자유주의적 삶을 떠난 혹은 이를 담아내지 못하는 이론으로 판명되었다고 본다.

질서 속의 삶은 삶의 주체들 사이의 관계질서 속에서 전개되는 삶이다. 그리고 자유주의 질서 속의 삶은 자연스러운 삶이다. 이런 면에서 우리는 자유주의적 삶을 구구절절 묘사할 필요가 없다. 더구나 그 삶의 주체인 인간 속성을 자유주의에 합당함직한 개인적 심성과 공적(정치적) 덕목을 나열하고, 이를 도덕심리와 기본 선(善)을 매개로 엮어 자유주의적 삶과 삶의 사회를 구성해내며, 이로부터 자유주의적 정치사회질서가 준거해야 할 정의원칙을 인위적 기획을 통해 꾸며낼 필요가 없다.[1)]

---

1. 이러한 입장의 대표적 예가 롤즈(J. Rawls)의 최근 저작 *Political Liberalism*(N. Y. : Columbia University Press, 1993)이며, 이 입장은 그의 전(前) 저작 *A Theory of Justice*(Cambridge, Mass. : Harvard University Press, 1971)까지 거슬러 올라간다. 그리고 이러한 입장이 이 책이 취하고 있는 입장과 어떻게 다르며, 재고

자연스런 삶, 그 삶의 주체, 이들이 엮어내는 인간 사회관계질서 속에는 이미 이와 관련된 자유주의적 특성의 전범(典範)이 들어 있기 때문이다. 이로부터 한 발짝 더 나아가면, 그 주체가 살고 있는 사회와 자유주의적 삶을 보호함을 목적으로 하는 자유주의 기본정신에 부합하는 사회질서의 바람직한 모습에 대한 예측도 가능할 것이다. 이런 점에서 '1'에 각주한 롤즈의 자유주의적 정의원칙과 관련된 논의들은 이러한 전범을 자연스러운 삶의 인간사회적 관계의 맥락보다는 삶과 그 주체의 개별적 특성에 초점을 두어 묘사한 성격이 짙다고 말할 수 있다(서론 각주 '5' 참고).

자유주의적 관계질서는 서론에 밝힌 몇 가지 원칙과 입장, 그리고 3장 3절에서 살펴본 권리-의/책무관계로 특징지어지며, 그 관계질서는 권리-의/책무관계기속질서로 나타난다. 인간 사회관계질서 밖의 권리는 사실적이며 최소의 체감개념이고, 의/책무는 사실적이며 최대의 체감개념이다. 그러나 인간 사회관계질서 속에서는 권리는 당위적 · 최대의 사회제도개념이 되고 의/책무는 당위적 · 최소의 사회제도개념이 된다. 이러한 개념상의 변화는 자유주의 최후의 보루인 만인자유평등원칙 때문이다.[2] 즉, 자유주의에서 권리의 주체는 의/책무주체이고, 동시

>>>

되어야 할 문제점들에 대해서는 지금까지 논의해온 각 장의 주제와 연관하여 군데군데에서 살펴보았다.

2. 만인자유평등원칙이야말로 롤즈가 앞의 책(1993) '제IV강'에서 설명하고 있는 자유주의 정치문화의 동의기반에 대한 '중첩합의(overlapping consensus)'를 형성해내는 최고 · 최초의 '형성자'(롤즈의 표현을 빌면, 수렴자 혹은 조절기구〈module : pp. 12f, 145〉)라고 생각한다. '최고'의 형성자라는 말은 어떠한 형성원칙도 이 원칙에 부합해야 한다는 정당성 기준의 의미에서고, '최초'의 형성자라는 의미는 인간 사회관계의 최초 기본관계인 2인-관계에서부터

에 의/책무주체는 권리주체로서 상호 서로에 대해서 평등하게 자유로워야 되기 때문이다. 이러한 사실 · 당위와 최대 · 최소의 두 개념상의 변화는 만인자유평등원칙 하에 사실과 당위, 그리고 최소조건과 최대조건의 혼효를 의미하며, 이 혼효는 만인자유평등원칙 혹은 이 원칙을 최후의 보루로 삼고 있는 자유주의와 관련하여 두 가지 함의를 가진다.

그 하나는 두 개념이 만인자유평등원칙이 한 개인의 삶의 자유를 최대한 보장해야 하는 필요조건과, 그 보장 가운데 다른 개인의 자유로운 삶 역시 전자의 삶과 대등하게 보장해야 하는 충분조건을 만족하는 개념임을 의미한다는 점이다. 사실로서의 최소개념인 권리나 최대개념인 의/책무가 만인자유평등원칙의 당위요소와 결합하여 각각 최대, 최소의 사회제도개념으로 변모한다는 것은, 사실요소를 통한 필요조건의 만

>>> 자유주의정치문화에 대한 동의기반을 일구어낸다는 의미에서다. 사실 만인자유평등원칙은 '자유'와 '평등'부터가 '만인 사이의' 개념으로 이해되어야 함을 말해준다. 즉, 이 두 개념자체가 관계적 성격으로 이해되어야 함을 말해주며, 인간 사회관계 속에서 그 현실적 의미를 찾을 수 있음을 말해준다. 만일 이 두 개념이 자유주의를 특징짓는 대표적 개념이고, 이 두 개념의 인간사회적 실천형식을 표현하는 만인자유평등원칙이 자유주의 정당화의 최고 · 최후의 보루라고 한다면, 자유주의적 삶 · 사회 · 사회질서는 어쩌면 관계적 맥락에서 성찰되어야 함이 마땅하지 않나 생각된다. 그래서 우리는 삶의 주체인 사람을 실체로 보기보다는 사람과 사람 사이에 있는 그 무엇이라는 의미의 인간(人間)이라 개념화했는지 모른다. 그리고 이 개념이 그간 면면(綿綿)히 누에의 실타래처럼 이어져 온 자연적 삶의 성찰로부터 생성된 것이라면, 자유주의가 보호하고자 하는 우리의 삶은 바로 그렇게 자연스럽게 이어져 온 '자연스런 삶'의 보호가 아니고 다른 무엇일까 생각해 본다. 그래서 나는 처음부터 자유주의적 삶은 자연적 삶이며, 이러한 삶은 서구의 자연법 전통과 동양의 천리(天理)전통에 이어진다고 보았다. 그리고 만일 서구 자유주의가 모든 장점과 장점을 아울러 나름의 특장(特長)을 가진다면 바로 이러한 자연스러운 삶을 보호할 것을 표방하고 기약해온데 있다고 보았다.

족과 그 위에 당위요소가 혼효됨으로써 사회제도개념으로서의 개념적 충분조건의 만족으로 이어지게 되는 것이다. 두 번째 함의는 이렇듯 개념적 필요 · 충분조건을 만족하는 권리 및 의/책무는 그 상호 관계를 내용으로 하는 인간 사회관계질서가 1차적으로 만인자유평등원칙에 부합함을 의미한다는 점이다. 사회제도개념으로서의 두 개념의 개념적 필요 · 충분조건이 만인자유평등원칙의 필요 · 충분조건과 동연에 서 있고, 이 두 개념 간의 관계가 인간 사회관계질서의 내용을 구성한다면 이 질서와 전자의 원칙이 서로 부합하는 것은 당연하다. 그리고 2차적으로는 이렇듯 만인자유평등원칙에 부합하는 인간 사회관계질서는 인본주의 정당성 기준과 모순원칙(3장 2절 참고)에 순응하는 질서가 되고, 그런 만큼 이 인간 사회관계질서는 적어도 자유주의 사회에서는 공평성을 내용으로 하는 사회정의원칙에도 부합함을 의미한다는 점이다. 자유주의적 정의는 롤즈가 말하는 식으로 '절차적 정의' (5장 2절 참고)이다. 절차적 정의의 요체는 인간에 대한 강한 인본주의적 신뢰 속에서 결과도출 환경만을 공평하게 유지하자는 데 있는데, 만인자유평등원칙은 바로 이러한 절차적 정의의 기본바탕이 된다. 그렇다면 이 원칙에 부합하는 권리–의/책무 상호 관계가 그렇듯이, 이 원칙에 부합하는 세 형태의 인간 사회관계질서(계약기속질서, 사회기속질서, 정치기속질서) 역시 의당 정의로운 질서일 수밖에 없다.

이렇게 해서 자유주의적 인간 사회질서는 만인자유평등원칙에 근거한 개인 자율권으로부터 출발하여 인본주의 정당성 기준과 사회정의원칙 속에 전개되는 자유주의적 삶을 담아내는 질서가 되는 것이다. 그런데 무릇 자유주의 질서를 포함하는 모든 인간 사회질서는 그 질서에 참여하는 참여자들을 구속하는 구속력에 그 실효성이 근거한다.[3] 권리–

의/책무관계질서를 특징으로 하는 자유주의 질서는 그 목표를 자유주의적 삶의 안존에 두고 있는 만큼 그 기속력을 불가불 개개인의 자율권에 둘 수밖에 없다. 이 자율권은 자율적 질서제정권과 이 질서에 대해 자율적으로 복종할 '복종의무권' (3장 3절 레인볼트의 '의무권리' 참고)을 포괄한다. 이 두 권리가 합하여 자율질서 혹은 자치질서를 구성하는데, 이 자치질서 속에서는 질서제정권만 표면화되고 자율적 복종의무권은 전자에 흡수되어 이 질서 속에 내재하게 된다.[4] 흡수되는 이유는 '자기질서'는 '자율적 복종'을 전제하기 때문이다. 그런데 이 자율권은 인간존엄성이라는 개개인의 자기 권위에 근거하기 때문에 자율적 복종의무권이 내재된 자치질서는 자기 권위의 질서가 되는 셈이다. 결국 자율권에 근거하는 자치질서로서의 자유주의 질서는 그 기본속성상 구속력의 토대적 근거를 자기 권위에 두고 있는 것이다.

이러한 자기 권위는 대자적 관계를 떠나 계약관계와 사회관계 속에서 합의적 권위로 바뀌게 되고, 계약기속질서와 사회기속질서를 구성하면서 계약기속질서 권위와 사회기속질서 권위로 변모한다. 따라서 계약기속질서와 사회기속질서 역시 그 속성은 권위질서이며, 그 토대는 여전히 자율권이 근거하고 있는 자기 권위가 되는 것이다. 6장에서 밝히려 한 것은 사회계약이 자유주의 정신에 충실하게 이해되려면 바로

---

3. 여기에서 표현된 '구속'과 '구속력'은 자유주의 질서에서는, 3장과 5장에 각주했듯이 그 특성을 함의하는 '기속', '기속력'으로 바뀐다.

4. 이것은 마치 롤즈의 최근 저작 *Political Liberalism*(N. Y. : Columbia University Press, 1993), '제VI강(특히 pp. 217–219, 236, 252–253)'에서 반복해서 자유주의 정치문화의 핵심개념으로 강조하고 있는 도덕적 '시민의무(duty of civility)'와 같다고 생각된다.

이러한 토대와 속성을 지닌 권위질서 형성과의 연관 속에서 이해되어야 하며, 이렇게 이해될 때 정치기속질서는 사회기속질서권위의 위탁에 의해 형성되는 또 다른 권위질서일 뿐이라는 점이었다. 더불어 정치기속질서는 통치제도와 더불어 존재하게 되는 질서이기 때문에 정치기속질서권위는 통치권력과 더불어 공권력으로 변모한다 하지만, 이 공권력 역시 통치권력이 사회기속질서권위의 관리임무 위임에 의해 창출된 일종의 위탁권위라는 점에서 그 성격에서 사회기속질서권위를 속내용으로 하는 권위적 속성은 변할 수 없다는 점 역시 밝혔다.

이렇게 보면 자유주의적 공권력은 단순히 그 성격에서 뿐만 아니라 그 구성과 내용 모든 면에서 '권위의 생성 · 확충 · 현시가 일어나는 일종의 인자좌(因子座, locus)' 일 수밖에 없음을 말해준다. 다만 다른 점이 있다면 이는 위탁된 권위로서의 통치권력 요소로부터 권위질서 속에 내재해 있던 자기복종의무권리가 통치기구의 사회기속질서 보호 · 관리의 직무권(통치권)과 더불어 표면화되면서 강제성을 지니게 된다는 점이다.[5] 즉, 자기복종의무권리가 정치기속질서 주체인 사회구성원들의 수중에 있을 때는 구태여 행사될 필요가 없어 질서준수 속에 잠재하지만, 통치기구에 통치권이 위탁되는 순간 이 자기복종의무권은 사회구성원들로부터 소외되어 이제 거꾸로 사회구성원들의 자기복종의무에 대한 통치기구의 요구권리로 표면화되는 것이다. 자기복종의무에 대한 강제성은 바로 이 요구로서의 권리에서 비롯된다. 그러나 내재된

5. 이와 관련하여 롤즈(John Rawls)가 그의 최근 저서, *Political Liberalism*(N. Y. : Columbia University Press, 1993)에서 '공권력의 강제성은 공통의 인간 이성(common human reason)의 기대에 부합해야 한다'는 입장(pp. 137, 139-140)은 여기에서의 '공권력 강제성조건'과 비슷하다 할 수 있다.

권리가 표면적으로 명시화되어 강제된다 해서 통치권력의 권위속성이 사라지는 것은 아니다. 왜냐하면 강제적으로 요구되는 내용이 다름 아닌 자기 질서에 대한 자기 복종인 것이고, 이 강제적 요구는 사회기속질서권위로부터 위탁된 권리행사인 만큼 그 취지와 그 범위 내에서 이루어져야 하기 때문이다. 더구나 이 강제적 요구권리는 앞장에서 살펴본 것처럼 개인적 · 사회적 삶의 포기를 야기할 도덕적 · 사회적 파탄을 무릅써야 할 고의적 사회계약 번복 혹은 사회기속질서 이탈이라는 비정상적인 경우에만 행사된다는 점에 유의할 필요가 있다. 통치권력의 권위적 속성이 이렇듯 분명할진대, 이 통치권력이 사회기속질서권위와 함께 구성하는 공권력의 권위적 속성은 더 말할 필요 없이 명약관화(明若觀火)하다 할 것이다.

그러나 관련 서구 자유주의 이론들이 이해하는 공권력의 의미는 다르다. 이를 테면 8장에서 살펴보게 될 워프(R. P. Wolff)는 이러한 통치권력의 자기복종의무에 대한 강제적 요구권과 관련하여 (정치) '권력' 에는 권위와 달리 '위협' 과 '물리적 강제' 가 따른다는 점에서 권위와는 구별되어야 한다고 주장하는데,[6] 이것은 미완성의 주장에 불과하다. 우선, 워프의 주장 속에는 공권력을 구성하는 본체가 되는 내용이 사회기속질서권위임이 전혀 고려되어 있지 않다. 다음으로, 설사 워프의 주장

6. R. P. Wolff, *In Defense of Anarchism*(N.Y. : Harper and Row Pub., 1970), p. 4. 이러한 Wolff의 구분은 그 자체가 다음 장에서 살펴볼 바와 같이 권위와 연계되지 않는 권력을 전제한다는 점에서 심각한 오류를 구성한다. (정치)권력의 강제성에 대해서는 롤즈도 그의 최근 저서, *Political Liberalism*(1993) 곳곳에서 언급하고 있다. 그러나 권력의 '강제성은 공통의 인간 이성(common human reason)의 기대에 부합해야 한다'는 입장(pp. 137, 139-140)을 취하기 때문에 워프가 말하는 '강제성'과는 그 함의하는 바가 다르다.

이 통치권력의 직권에 함의되어 있는 자기복종의무에 대한 명시적 요구권리의 강제성에 초점을 두고 있다 하더라도 이 주장 속에는 통치권력의 위와 같은 권위적 속성은 도외시된 채 강제적 요구권리의 겉모습만 고려되고 있다. 그 결과 공권력을 권위의 성격을 벗어난 순수한 위협과 강제력으로 규정하고 있는데, 이는 공권력이 순수한 정치강제일 뿐이라는 주장에 다름 아니다.

그러나 순수 정치강제로서의 공권력은, 아니 그 구성요소인 통치권력조차도 자유주의 정치기속질서에서는 전혀 고려의 대상이 아니다. 뿐만 아니라 위협과 강제는 기속질서 권위의 관리임무 위임을 통하여 자기복종의무권을 통치권력에 위탁하기 이전의 자기질서 권위에도 내재되어 있는 한 구성요소라는 점에 유의할 필요가 있다. 다만 이 위협과 강제성은 대자적 관계에서는 '자제력'으로, 계약관계와 사회관계에서는 권리주체 사이에 이루어진 합의의 '억제력'으로 내재해 있을 뿐이다.[7] 이 자제력과 합의의 억제력이 유효한 한 자기 질서와 기속질서는 준수되는 것이고, 이 자제력과 합의의 억제력이 일탈되고 파탄나서 자기 질서와 기속질서가 위협받고 훼손될 때, 그간 내재하던 위협과 강제는 자기 소외와 사회적 삶의 소외로부터 결과되는 표면화된 위협과 강제로 변모된다.

결국 위에서 예로 든 워프의 이해에 따르면, 정치기속질서의 근거가 되는 공권력과 정치기속질서권위는 별도로 존재하는 셈이 된다. 그렇다

---

7. 이 '억제력'이 롤즈가 말하는 '시민적 의무(duty of civility)'를 핵심으로 하는 '공공이성(public reason)'을 구성한다고 본다. 그래서 이 '억제력'의 내재는 다름 아닌 시민들의 마음 속에 내재하는 '공공이성'인 것이다. J. Rawls 앞의 책(1993), pp. 236, 253.

면 워프에게 정치사회 구성원들에 대해 공권력은 무엇을 의미하고 정치기속질서는 무엇을 의미한다는 말인가? 도대체가 권위와 연결될 수 없는 공권력이란 현실 정치기속질서에서 무엇을 의미한다는 말인가? 워프라면 서구 자유주주의 이론가들 중 정치기속질서권위의 문제를 철학적으로 심도 있게 고민해 온 비중 있는 이론가로 정평이 나 있는데, 그렇다면 워프를 대표로 하는 서구 자유주의 권위이론들이 의미하는 자유주의적 정치기속질서는 무엇이고, 공권력은 무엇이며, 정치기속질서권위는 무엇이란 말인가? 나는 워프의 공권력에 대한 이렇듯 잘못된 이해가 위에서 드러나듯이 (정치기속질서)권위에 대한 이해와 표리를 이루면서 앞장에서 살펴본 기왕의 서구 자유주의 사회계약 관련 이론들이 사회계약에 의해 창출된다고 보고 있는 공권력에 대해서 뿐 아니라 정치기속질서, 사회계약, 심지어는 이들 속에 드러나는 자유주의 기본정신 등에 대한 잘못된 이해를 그대로 대변하고 있다고 본다. 더불어 워프의 공권력에 대한 이렇듯 잘못된 이해가 서구 자유주의 사회계약 관련 이론들과 더불어 시사하는 것은 이들 언필칭 '자유주의 이론' 들이 자유주의적 삶을, 그리고 자유주의 기본정신을 떠나 있다는 것을 말해준다는 점이라고 생각한다. 그리고 이 공권력에 대한 잘못된 이해의 근원은 서구 자유주의 이론들의 '권위' 에 대한 잘못된 이해에 있다고 본다. 이것이 7장에서 살펴볼 내용이며, 이 잘못된 이해의 핵심은 권위를 사회기속질서를 포함한 3형태의 기속질서의 보호 · 관리를 위탁받은 피위탁자(이를 테면 정부 등의 통치기구)로부터 창출된 일종의 소유물로 보는 데 있었다.

그러나 문제의 심각성은 이러한 권위에 대한 잘못된 이해의 문제가 비단 이들 이론에만 국한되는 것이 아니라는 데에 있다. 권위를 권리

(자)에 편중하여 권리자의 독점물인 양 이해하고 있는 권리이론들(4장 2절 참고)이나 이하에서 살펴보듯 권위를 통치기구나 그 공무담당자의 '소유물' 인 양 이해하고 있는 서구 자유주의 정치이론들에까지 개인행위와 이 행위가 정치적 행위로 이어지는 스펙트럼을 포괄적으로 망라한다. 그런데 이 문제는 이렇듯 광범한 범위에 해당하는 만큼이나 그 뿌리 또한 깊다. 본장과 다음 장에서 살펴보고자 하는 것이 바로 권위의 이해에 대한 이 뿌리 깊은 문제점이다. 본장에서는 이 문제를 서구 자유주의 권위이론들에 나타나는 '자율로부터 소외된 권위' 를 중심으로 검토해 볼 것이다. 본장의 속편격인 다음 장에서 살펴볼 것은 위와 같은 검토에 이어 역으로 '권위로부터 소외된 자율' 이 어떻게 '아나키즘의 변호' 로 나타나는지, 서구 자유주의 권위 관련 이론들의 권위에 대한 이해 속에 드러나는 사유체계를 권위–자율의 상호 관계에 대한 철학적 추론과정을 중심으로 살펴볼 것이다. 이하에서는 본장의 주제인 '자율로부터 소외된 권위' 가 어떻게 서구 자유주의 권위이론의 권위에 대한 소유개념적 이해[8]로부터 비롯되는지에 중점을 두어서 살펴본다.

8. 이러한 권위와 권리에 대한 소유개념적 이해의 자유주의적 전통의 뿌리는 깊다. 이에 대해서는 C. B. Macpherson, *The Political Theory of Possessive Individualism*(Oxford : Oxford University Press, 1962) 참고(특히 p. 3) ; Guido de Ruggiero, *The History of European Liberalism*, R. G. Collingwood, tr.(Boston : Beacon Press, 1964〈1927〉), p. 23, Pt. II, Ch.I, §3 참고. 홉스(t. Hobbes)와 로크(J. Locke)에 대해서는 위의 맥퍼슨 책에 소개되어 있는 바와 같지만, 그렇다고 루소(J.–J. Rousseau)역시 이러한 전통에서 예외가 아닌데, 그의 '자유'에 대한 소유개념적 이해에 대해서는 J.–J. Rousseau, *The Social Contract*, Lester G. Crocker ed.(N.Y. : Pocket Books, 1974), Bk. I Ch., 8을 보고, 루기에로 책(1964), p. 61을 참고.

7-2. 권위 관련 서구 자유주의 전통이론과 그 문제점

죠셉 라즈(Joseph Raz)가 적절히 지적하듯이 많은 서구 자유주의 권위 관련 이론가들은 전통적으로 권위란 일종의 사람들을 지배할 수 있는 권리이고, 이 권위는 언제나 이 권위에 대해서 자율적으로 복종하는 피지배자들의 책무와 대응관계를 이룬다고 이해해 오고 있는 듯하다.[9] 그러나 이러한 권위가 어디에 존재하고 어떻게 책무와 대응관계를 이루는지에 대해서는 그다지 분명하게 이해하고 있는 것 같지는 않다. 또 드 죠지(T. De George)가 꼬집듯이 이러한 전통적 관점을 둘러싸고 적지 않은 비판적 논의와 이에 대한 변론이 전개되어 왔지만, 이 논의들이 구체적으로 무엇을 비판하고 무엇을 옹호하고 있는지조차도 그다지 분명하지가 않은 것 같다.[10] 결국 이 모든 불분명성이 가지는 함의(含意)는 아직도 권위가 무엇을 의미하며, 어떻게 정당화 될 수 있고, 그 한계범위는 어디까지인지가 또렷이 밝혀지지 않고 있으며, 이에 대한 논구가 더 필요하다는 점일 것이다.

그간 전통적으로 논의되어 온 권위에 대한 서구 자유주의 이론들에 공통적으로 나타나는 것은 권위를 '(국가/정부의) 복종받을 권리 - (국민/피치자의) 정치적 복종책무' 관계에 서 있는 두 당사자 중 전자의 후자

9. Joseph Raz, "Authority and Justification", *Philosophy & Public Affairs*, vol. 14-1(Win. 1985), P.3.

10. Richard T. De George, "The Nature and Function of Epistemic Authority", in Baine Harris(ed.), *Authority : A Philosophical Analysis*(Alabama : University of Alabama Press, 1976), p. 76.

에 대한 일종의 특권으로 간주하고 있다는 점이다. 이는 이들 이론이 권위를 지배할 권리 내지는 복종받을 권리로 이해하는 데서 비롯되는데, 이때 이 권리를 마치 국가/정부가 국민/피치자에 대하여 일방적으로 소유하는 소유물인 양 간주하는 데서 구체화된다. 그도 그럴 것이 적어도 자유주의적 시각에서 공적 권위의 근거는 사회구성원 개개인들의 권리(자율권)인데, 이 권위의 근거가 되는 권리를 서구 자유주의 권리이론들은 4장에서 살펴본 대로 하나의 '자격'으로 보기보다는 권리주체의 '소유물'인 양 보고 있기 때문이다. 앞서 살펴본 대로 정치기속질서의 공권력은 적어도 자유주의 질서 속에서 그 기본특성을 권위에 두지만, 권위는 자율적 권위부여를 통해 쌍무적 · 쌍권적 상호 관계 속에서 형성되는 것이지 특정 주체가 독단할 수 있는 소유물이 아니다. 그럼에도 서구 자유주의 권위이론들에는 권리이론들에서와 마찬가지로 권위가 마치 특정 주체(국가/정부)의 소유물인 양 이해되고 있다. 이러한 권위이론들에 내장되어 있는 사유체계는 그 전통의 역사적 뿌리가 로마시대까지 거슬러 올라갈 정도로 깊고, 정치관계뿐만 아니라 개인의 사적 관계에 이르기까지 그 포괄범위가 넓다.

드 죠지(T. De George)가 집약한 전통이론에 나타나는 권위에 관한 모델개념에 따르면, "(1) A는 D라는 특수성 때문에 C라는 분야에서 B에 대해 권위를 가지거나, (2) A는 D라는 특수성 때문에 C라는 분야에서 B에 대해 집행할 수 있는 일종의 권리나 권력으로서의 권위를 가진다"[11]고 되어 있다. 결국 이 모델개념이 말하는 바는 "모든 권위는 기본

11. Richard T. De George, *The Nature and Limits of Authority*(Kansas City : Kansas City University Press, 1985), pp. 14–21. 그리고 그의 전게논문(1976) p. 77 참

적으로 어느 사람이 지니는 특정의 자질이나 속성 혹은 그 사람이 처해 있는 특정 지위상 그 특정의 사람(권위의 담지자)과 복종자(권위담지자의 상대방), 그리고 특정 분야(권위 해당영역)에 속하는 권위자–피권위자 사이의 관계"에서 발생되는 것으로 이해된다.[12)]

이상의 모델개념은 권위에 대한 이론을 처음 체계화한 피터스(Richard S. Peters) 이래 많은 이론가들에 의해서 원용되고 있는데,[13)] 그 개념의 기원은 거의 모두가 로마(Rome)의 권위개념인 "auctoritas"에 걸어놓고 있다. 여기서 "auctoritas"는 피터스가 정의하듯이 "주제자(auctor)[14)]가 될 권리"를 의미하는 것으로, 결국 권위는 "설립자", "창시자", "창조자"와 같은 특정의 자질을 가진 사람 속에 존재하는 것으로 이해된다.[15)] 권위가 어떤 사람의 특정 자질과 연계되어 마치 그 사람의 소유물

›››———

고. 여기에서 De George의 "epistemic authority"와 "executive authority"(여기서는 각각 위의 '(1)'과 '(2)'에 해당)의 구분은 아래에서 보게 될 "an authority"와 "in authority"라는 전통적 구분의 단순변형에 불과하다.

12. Richard T. De George, 앞의 책(1976), 같은 곳.

13. 이를 테면 위의 각주에 소개된 문건들을 포함하여 Michael D. Bayles, "In Defense of Authority", *The Personalist*, vol. LII–4(Aut.1971), pp. 755–78 ; Richard B. Friedman, "On the Concept of Authority in Political Philosophy" in Richard E. Flathman(ed.), *Concepts in Social and Political Philosophy*(N.Y. : Macmillan Publishing Co., 1973), pp. 121–46 ; E. D. Watt, *Authority*(London : Croam Helm Co., 1982) 등이 이에 해당하며, Richard S. Peters의 "Authority"라는 논문은 원래 *Procedings of the Arototlian Society*, vol. 32(1958), pp. 207–24에 실려 있다. Peters가 이글에서 권위를 "an authority"와 "in authority"로 구분한 이래 거개의 권위이론가들이 이에 따르고, 있으며 간혹 차이가 있다면 용어상 약간의 변형이 있을 따름이다.

14. 창조주(자), 주제하는 주체, 저자의 의미로 오늘날 'author'의 의미와 비슷함.

15. Richard S. Peters, "Authority", in Richard E. Flathman(ed.), 앞의 책(1973), pp. 148–49.

인 것처럼 이해되는 한, 여기에는 근대 이래 자유주의의 추진력이 되어 왔고, 현시대 시대가치로 받아들여지고 있는 만인자유평등원칙과 이를 바탕으로 하는 자율권 평등주의 및 타자 배려에 대한 존중이 들어설 자리가 없다. 왜냐하면 롤즈(J. Rawls)식으로 이야기해서 이는 우연한 자질에 근거한 자연적 귀족주의를 용납하는 결과가 될 것이기 때문이다.[16)]

이러한 권위의 개인화 혹은 인격화를 최소화하기 위해서 서구 자유주의 권위이론가들은 종종 로마의 "auctoritas"개념을 구분해서 대체로 두 가지 형태의 권위개념으로 구분한다. 혹자는 "개인적 권위(an autority)"와 "위치적 권위(in authority)"로 구분한다. [(예를 들어 피터스(R. S. Peters)와 프리드만(R. B. Friedman)]. 또 혹자는 "근원적 권위(epistemic authority)와 "의무적 권위(deontic authority)"로 구분[예하여 드 죠지(T. De George), 베일즈(M. D. Bayles)]한다. 특히 베일즈(M. D. Bayles)는 "어떤 제도적 지위에 부여되는 권위와 그 지위에 합당한 사람에게 부여되는 권위는 엄연히 구분되어야 함에도 불구하고 명령할 수 있는 권리나 복종받을 수 있는 권리로서 이해되고 있는 권위에 대한 일반적인 개념규정은 이러한 구분을 온통 흐려놓고 있다"고 지적하면서, 로마의 "auctoritas"개념 전통에 따른 권위개념의 개인화 내지는 인격화의 부당성을 논박한다.[17)]

그러나 베일즈(M. D. Bayles)의 지적에서도 엿보이듯이 그와 같은 개인화와 인격화에 강하게 들어 있는 권위개념의 소유적 성격을 바로잡으려는 노력은 그다지 성공적인 것 같지가 않다. 왜냐하면 이들이 구분

16. 이 점에 관해서는 John Rawls, *A Theory of Justice*(Mass : Harvard University Press, 1971), §1, §12, §17 참고.

17. Michael D. Bayles, "The Function and Limits of Authority" in R. Baine Harris (ed.), 앞의 책(1976), p. 104.

하고 있는 "위치적 권위" 역시 그 근거를 '사람'과 '위치'의 구분에서 비롯된 것이 아니고 "개별자로서의 사람(person as individual)"과 "지위에 있는 사람(person in the position)"의 구분 하에 결국 '사람'에 근거하는 권위로서 보고 있는 때문이다. 즉, 권위가 위치해야 할 장소(locus)에 관한 한 그 귀결점은 어떻든 사람이 되기 때문이고, 이로써 권위의 개인화 혹은 인격화, 통틀어 말하여 권위의 개인적 사유화는 일관되게 유지되는 때문이다. 결론적으로 서구 자유주의 권위이론 속에 들어 있는 권위 개념은 그것이 위치적 권위였건 아니면 개인적 권위였건, 그 기원인 로마의 "auctoritas"개념 전통 이래 그 소유개념적 특성이 두 형태의 권위 모두에 이어져 오늘까지 지속된다고 말할 수 있는 것이다.

이하의 논의에서는 1) 현금 서구 자유주의의 권위 관련 이론들이 권위개념을 앞서 결론으로 집약한 소유적 개념으로 이해하고 있는 실상을 드러내 보이고, 2) 그러한 이해의 핵심이 어디에 있는지를 구체화해 본 다음, 3) 이러한 소유개념적 이해가 자유주의 기본정신에 대하여 가지는 함의는 무엇이고, 4) 정치적 공권력과 관련해서는 어떻게 이해되는지 등에 대해 살펴볼 것이다. 이상의 과제들에 대한 논의는 프리드만(Richard B. Friedman)이 체계화한 권위개념에 관한 이론[18]을 중심으로 전개될 것이다. 여기서 구태여 프리드만의 이론을 대표적 사례로 택한 이유는 첫째, 플랫스만(Richard E. Flathman)이 지적하듯이 그가 권위에 관한 최근의 논의들을 포괄적으로 다루고 있다[19]는 점에서이고, 둘째,

18. 그의 논문 "On the Concept of Authority in Political Philosophy" in Richard E. Flathman(ed), 앞의 책(1973), pp. 121-46.이 검토대상임.

19. Richard E. Flathman(ed.), 앞의 책(1973), p. 101.

그 자신이 공언하고 있듯이 그의 논의가 권위에 관한 기왕의 서구 자유주의 전통이론들의 개념들을 종합적으로 재검토하는 내용[20]을 담고 있다는 점에서이다. 그래서 이하의 논의에서는 '프리드만의 권위이론'을 '서구 자유주의 권위이론들'의 대표로 보아 권위 관련 이론에 대한 이 두 표현을 상호 교호적으로 사용할 것이다.

7-3. 개념상의 혼란

여타의 서구 자유주의 권위 관련 이론가들과 마찬가지로 프리드만 역시 권위를 그 근거와 의미에 따라 두 가지 형태로 구분하여 개념화한다 : "어떤 사람이 권위를 가진다고 말할 때, 이 말은 서로 다른 두 가지 의미를 내포하게 된다. 그 하나는 그 사람이 '권위의 위치'에 있다는 말로, 이것은 그 사람이 다른 사람들이 어떻게 행동해야 할지를 결정할 수 있는 권리를 가지는 어떤 직(職)이나 위치 혹은 지위에 있다는 것을 뜻한다. 그리고 다른 하나는 그 사람이 어떤 것에 대하여 '권위자'라는 말로, 이는 그의 견해나 말이 의당 신뢰받을 자격이 있다(여기에는 좀 복잡한 문제들, 즉 어떤 일을 해나가는 방법의 옳고 그름에 관한 신빙성 등도 포함된다)는 것을 뜻한다."[21]

프리드만이 구분한 이 두 가지 의미의 권위를 다음과 같이 좀더 간편하게 재구성할 수 있을 것 같다. [(1) 어떤 사람은 그 사람의 위치(이

---

20. Richard B. Friedman, 앞의 글(1973), pp. 123-24.
21. Richard B. Friedman, 앞의 글(1973), pp. 122-3.

하 '직위')나 직책 때문에 의사결정이라는 면에서 다른 사람들에 대하여 권위의 위치에 있게 된다. (2) 어떤 사람은 그 사람의 '견해나 말(이하 '능력/자질')' 때문에 어떤 특정 사안에 관하여 다른 사람들에 대하여 권위자가 된다.] 서구 자유주의 권위이론들에 흔한 권위의 구분개념을 따라 '(1)'의 경우를 '위치적 권위'라 부르고, '(2)'의 경우를 '개인적 권위라 부르기로 한다.

이렇게 간편화한 프리드만의 권위에 대한 구분은 앞서 서구 자유주의 전통의 권위이론들에 나타나는 권위에 관한 모델개념과 일치하는 것으로서, 여기에 두드러진 특징 역시 권위는 어떤 사람의 직위나 자질 때문에 인격화되고 소유물화된다는 점이다. 이를 테면 '(1)'의 경우 권위의 근거는 직위나 직책이 되고 또 권위는 그곳에 머물러야 됨에도 불구하고 직위나 직책의 권위는 그 직위나 직책을 가지는 사람에게 전이되어 마치 그 사람이 그 직위를 가지게 되는 자격이나 자질 때문에 권위가 존재하게 되는 양 나타나는 것이다. 그러나 우선 권위의 생성근거가 되고 또 권위가 머무는 장소이기도 한 직위나 직책은 일종의 사회적 · 정치적 공공제도일 것이고, 이는 그 제도와 관련된 여타 구성원들의 공동 산출물인고로 어느 한 개인에게 소유될 수는 없는 것이다. 또 이 공공제도가 그 자체 성격 때문에 가지는 권위, 즉 '위치적 권위' 역시 같은 이유에서 어느 한 개인에게 양도될 수도 없을 것이다. 따라서 그 직위나 직책에 있는 개인은 위치적 권위를 소유할 수도 없고, 그 직위나 직책에 있기 위한 그 사람의 능력과 자질과도 무관할 것이다. 왜냐하면 위치적 권위는 그 형성근거를 사회구성원들에 두고 있는 반면, 직책담당자의 자질이나 능력은 그 직위에 구체화된 직무/직책에 그 효용적 가치근거를 두고 있기 때문이다.

자유주의적 시각에서 볼 때, 공공의 직위나 직책은 이미 그와 관련된 구성원들의 동의에 의해서, 혹은 보다 포괄적인 사회구성원들의 동의를 기반으로 하는 규율이나 법령 등 정치사회제도에 의해서 만들어지고 권위화된다. 이때 그 직위나 직책의 성격과 기능은 사회구성원들의 동의나 이에 근거한 정치사회제도에 의해서 부여되며, 그 구체적 직무 혹은 관할사항에 관한 의사결정의 절차와 효력 역시 일종의 '위치적 의무' 혹은 '업무지침'[22)]의 형태로 윤곽지어지게 마련이다. 그리고 이 직위와 직책에 있게 되는 사람은 바로 이 '위치적 의무'나 '업무지침'을 감당하고 수행하는 것일 뿐이다. 설사 이 직위나 직책담당자의 자체 판단과 고려가 필요할 경우에도 이는 이 직위나 직책에 이미 부여된 성격 · 기능 · 의무 · 지침의 테두리 내에 한정되어 임의적 혹은 자의적일 수가 없는 것이다.

이런 의미에서 어떤 사람이 '권위의 직위'에 있다 할 때, 이 말은 그 사람이 그 권위적 직위나 직책에 부여된 '직위의 의무'(직무)를 수행할 대행인 혹은 공복(公僕)이라는 의미이지, 이는 그 사람이 그 직위나 직책에 부여된 권위를 소유한다거나, 부여받았다거나, 양도받았다는 의미는 결코 아닌 것이다. 그러나 소유적 성격으로 이해되고 있는 프리드만의 '위치적 권위' 개념은 이것이 사용되고 있는 권위에 관한 서구 자유주의 전통이론들의 모델개념과 더불어 개념상의 오해 속에 있다고 말할 수 있을 것이다. 만약 이 잘못 이해되고 있는 소유적 권위개념을 그대로 고집할 경우는 그가 구분하고 있는 제2의 개념, 즉 '개인적 권

22. 이 점에 관해서는 A. John Simmons, *Moral Principles and Political Obligations* (Princeton : Princeton University Press, 1979), pp. 17-8 참고.

위' 를 의미하는 권위개념과 구태여 다르다고 말할 수도 없을 것이다. 왜냐하면 어떤 사람이 그 사람이 자리하고 있는 어떤 직위나 직책 때문에 권위를 가진다는 말은 그것이 그 직위나 직책으로부터 전이되었든, 부여되었든, 결국에는 그 직위나 직책에 맞는 자질이라는 추론단계를 매개하여 결국 권위를 소유하는 것이 되기 때문이다. 그리고 이는 앞서 프리드만의 구분을 재구성한 '(2)' 에서 말하는 바로 그가 소유하는 자질과 인격, 그리고 이에서부터 연유하는 그의 견해와 언명에 부여되는 권위, 즉 그가 소유한 자질과 더불어 발생하는 소유적 권위와 대동소이하기 때문이다.

이러한 프리드만의 개념상의 오해는 그의 논의 전반에 그대로 이어진다. 이를 테면 그가 권위관계의 실질적 적용 모델을 입론하는 자리에서 제시하고 있는 이른바 "2열 중층구조(two tiers structure)"가 그 한 예에 속한다. "권위관계는 2열 중층을 이루는 복잡한 구조로 묘사될 수 있다. 그 첫 번째 층에는 한 사람이 다른 사람들에게 행사할 수 있는 특별한 종류의 영향력이 있다. 그리고 그 두 번째 층에는 누가 이러한 종류의 영향력을 소유하게 될 것인지를 알게 해주는 어떠한 기준들에 대한 인정과 수용이 자리하고 있다."[23] 이 인용문 중에 '영향력' 이란 것은 어느 한 사람이 여타의 사람들로 하여금 그가 원하는 바를 하게 할 수 있는 능력인 만큼 프리드만이 생각하고 있는 권위관계는 일반적으로 영향력을 내용으로 하는 개인적인 인격관계로 이해된다.

그런데 위에서 살펴본 프리드만의 두 가지 종류의 권위에 대한 개념 정의를 상기해 보고, 동시에 위에서 검토해 본 그의 '위치적 권위' 의 본

23. Richard B. Friedman, 앞의 글(1973), p. 134.

의를 고려해 보면 과연 이 "2열 중층구조" 모델이 위치적 권위의 본의에 부합하는 권위관계에 별 무리 없이 적용될 수 있는지가 의문이다. 왜냐하면 그의 권위에 대한 개념에서와 마찬가지로 여기에서도 직위와 그 직위에 부여된 직책의 요구에 부합하는 직책담당자의 자질 사이에 아무런 구분도 없을 뿐만 아니라, 더 나아가 이 모델은 '위치적 권위'의 근거가 되는 제도나 직위는 개인적 영향력 혹은 개인의 소유물화된 자질상의 권위 뒤로 숨어버리기 때문이다. 이렇게 되면 프리드만의 "2열 중층구조" 모델은 단지 그가 구분한 "개인적 권위(an authority)"의 경우에만 작동하게 되고 위치적 권위의 권위관계에는 성립할 수 없다고 말할 수 있다. 결국 이것은 한편으로는 프리드만이 계속 그 구분을 견지하려 노력함에도 불구하고 '위치적'·'개인적' 두 권위개념 사이에 실질적 차이점이 없다는 말이 되고, 다른 한편으로는 그가 말하는 바 "위치적 권위"는 "개인적 권위"로 흡수될 수밖에 없다는 말이 된다. 따라서 그에게 있어 모든 권위는 궁극에 가서는 개인에 소유된 영향력으로 이해될 수밖에 없게 되는 것이다.

다음으로 이러한 프리드만의 개념상의 오해가 서로 이율배반적인 논의로 이어져 구체적인 논리상의 오류로 폭로되는 예를 하나 더 살펴본다. 프리드만은 "위치적 권위"에 관해서 논의하는 자리에서 한편으로는 "위치적 권위에 있는 사람이 여타의 사람들로부터 복종을 받는 것은 그가 이제 제도적 절차에 근거해서 수립된 '권위의 직위'에 있기 때문이지, 이것은 이러한 직위와 독립적으로 그의 의사결정이 건전하다든지, 여타 사람들에게 이익이 된다든지, 아니면 우월하기 때문에 그런 것은 아니다"(S1)[24]라고 주장하고, 곧 이어서 다른 한편으로는 "어떤 분야에서의 행위가 (그 분야에 속한 타구성원들이 수행해야 할) 복종적 행위가 되는 것은 그 분야에서 권위가 부여된 사람이 그런 행위는 의당 복종적이라고 선언했기 때문이다"(S2)[25]라고 언급한다.

위에서 인용한 두 언급을 인용구 말미에 표시한 S1, S2라고 할 때, S1은 위에서 우리가 찾으려던 '위치적 권위'의 본의에 부합하는 것으로 볼 수 있다. S1 속에는 위치적 권위의 근거가 직위 혹은 직책 그 자체에 있다는 것과, 이 직위나 직책은 그와 관련된 구성원들의 동의에 기반을 둔 정치사회적 제도에 근거하고 있다는 내용이 함의되어 있다고 추정해 볼 수 있기 때문이다. 이렇게 추정해 볼 때, 1) 이 권위가 복종을 받게 되는 정당한 근거는 그 직위나 직책을 수립할 때 그와 관련된 구성원들이 바로 이를 권위화했기 때문이라는 점, 2) 이 위치적 권위에 있는 사람이 그 직책을 수행할 권리나 권위는 그 직위나 직책을 설정한 구성원들의 동의나 정치사회적 제도에 의해서만 정당화된다는 점, 그리고 이런 이유에서 3) S1의 위치적 권위는 직위에 있는 사람의 권리로서 존재한다라기보다는 그 직위나 직책에 따라야 할 의무로서 존재한다[26]라고 보는 것이 타당하다는 등, 그 함의하는 바에 따라 보다 폭 넓힌 이해를 첨가할 수도 있겠다.

그러나 S2를 보면 S1에 대한 이상과 같은 너그러운 해석은 그야말로 하나의 추정적 해석일 뿐, 프리드만이 말하려는 의도와는 전혀 다르다는 사실을 알 수 있다. 즉, '위치적 권위'는 그 직위나 직책담당자의 '개인적 권위'로 전이되게 되고, 그 분야의 복종적 행위 여부의 결정은 그

24. Richard B. Friedman, 앞의 글(1973), p. 141.
25. Richard B. Friedman, 앞의 글(1973), p. 141.
26. Josph Raz, 앞의 글(1985), p. 20-21 ; Iredell Jenkins, "Authority : Nature and Locus", in R. Baine Harris(ed.), 앞의 책(1976), p. 36.

직위나 직책의 정치사회적 제도의 권위부여에 의해서라기보다는 오히려 권위를 부여받았다고 여겨지는 담당자의 사려판별과 '선언'에 의존하는 식으로 표현되어 있다. 이것은 '위치적 권위'의 '개인적 권위'로의 전환이요, '위치적 권위'는 그 직위나 직책담당자에 의해 사유화된 것에 다름 아님을 말해준다. 그리고 S_1과 S_2를 연결해서 보면 프리드만은 '위치적 권위'를, 한편으로는 그 본의 그대로 위치적 권위로 추정할 수도 있고, 또 다른 한편으로는 이를 '개인적 권위'와 같은 것으로 이해하게 하는 일종의 방편적(ad hoc) 논리 속에 있음을 알 수 있다. 그런데 이 방편적 논리는 비일관성을 구성하게 되므로 프리드만의 두 형태의 권위에 대한 구분 노력은 비일관성 오류로 귀결되고 마는 셈이 된다. 결국 프리드만은 그렇게 집요하게 두 형태의 권위를 구분하려 했고, 이를 통해 로마의 'auctoritas' 개념이 가지는 소유적 · 개인적 성격을 희석시키려 했지만 실질적으로는 그 구분이 전혀 이루어지지 않았음은 물론, 이 두 형태의 권위 모두는 궁극적으로 소유적 · 개인적 권위개념으로 귀착되고 만다고 결론지을 수 있을 것이다. 물론 이러한 프리드만의 권위에 대한 개념적 혼란에 대한 결론은 프리드만이 서구 자유주의 권위이론가들을 대표하는 만큼 후자의 권위에 대한 이해의 특징이라고 할 수 있다.

7-4. 소유적 권위개념과 그 실천적 함의

위에서 우리는 프리드만을 통해서 본 서구 자유주의 권위이론이 권위의 근거 · 형성 · 성격에서 자유주의적 본의를 잘못 이해하고 있다는 점과 이러한 오해는 결국 권위에 대한 소유개념적 이해로부터 이론적·논리적 오류로 귀결되고 만다는 점을 살펴보았다. 이제는 이러한 오해와 오류가 가지는 문제점이 도덕적·정치적 현실생활 속에서 가지게 되는 실천적 함의를 살펴볼 차례이다.

앞서 살펴본 바처럼 프리드만은 모든 권위를 소유적 개념으로 이해하고 있기 때문에 그의 집요한 구분 노력에도 불구하고 그가 구분하고 있는 두 가지 권위를 차별화할 수 있는 기준은 불가불 '시간' 변수 이외에는 달리 생각하기가 어렵게 되어 있다. 다시 말해서 그가 말하는 '위치적 권위'는 그가 인정하듯이 공적·제도적인 만큼 그 직위와 직책을 권위화하는 권위관계 이후 그 직책담당자가 가지게 되는 권위가 되고, 이에 반해서 그가 말하는 '개인적 권위'는 공적·제도적 권위관계 이전에 어떤 특정 개인의 자질과 능력에 따라 그 개인이 소유하게 되는 권위가 되는 셈이다. 결국 프리드만의 '위치적 권위'와 '개인적 권위'를 그나마 구분가능하게 하는 것은 권위관계의 수립을 기점으로 각각 그 이후와 그 이전에 생기는 권위라는, 권위관계 수립의 시간상의 선·후 사이에 구분선을 가진다고 말할 수 있다. 그러나 이러한 시간상의 구분에도 불구하고 프리드만의 두 종류의 권위 모두가 그 직위 혹은 직책의 담당자나 아니면 어느 특정 자질을 가진 개인의 소유물로 존재한다는 점에서는 개념성격상 변동이 없는 것이다.

이러한 '시간' 변수만을 고려한 개념상의 구분은 프리드만의 논의 자체에서도 확인할 수 있다. 프리드만은 '개인적 권위'가 '위치적 권위'에 대해서 가지는 근본적인 차이점을 다음과 같이 제시하고 있다. (1) '개인적 권위'의 경우, "특별한 자질과 지식을 가진 사람이 그에 응당한 존경을 받을 것을 요구하는 것은 논리적으로 (권위관계의 설정과 더불어) 그에게 권위가 부여되는 것과는 무관한 일이다."[27] (2) '개인적 권위'가 '위치적 권위'에 대해서 가지는 근본적으로 가장 중요한 개념상의 특징은 "'개인적 권위'는 불가불 (권위관계) 이전의 불평등과 위계질서에 대한 인식을 전제하는 그런 특별한 종류의 권위라는 점"[28]이다. 프리드만이 구분한 '(2)'에 나타나 있는 '개인적 권위'의 개념상의 특징은 다음과 같은 그의 기본전제 속에도 그대로 드러나 있다 : "'개인적 권위'는 어떤 사람의 탁월한 통찰력 때문에 (생기는 것으로 그는) 다른 사람들에 의해서 '권위자'로 인정되어 마땅하다. 따라서 이로부터 생기는 존경(과 복종의) 관계는 그 관계 이전에 당사자들 사이의 구체적 · 개인적 차이를 반영하는 것으로 추정된다."[29] 결국 프리드만의 인용구가 가리키는 것은 '개인적 권위'는 직위를 통하여 설정되는 권위관계 이전에 형성되며, 이는 선험적 불평등과 위계질서의 근거가 된다는 점이다.

이상의 프리드만의 언급 속에는 '개인적 권위'는 '위치적 권위' 이전에 형성된다는 점에서 후자와의 근본적 차이점을 가진다는 시간변수에 의한 구분 이상의 의미를 함축하고 있다. 이제 그 함축된 의미가 무엇인지를 알아보기 위해 프리드만이 규정한 '개인적 권위'의 개념적 특성과 이 특성을 포괄하고 있는 기본전제를 연결시켜 정리해 보면 다음과 같은 논리구성을 만나게 된다.

L_1 : '개인적 권위'의 경우 권위의 근거는 개인적 특수 역량의 차이,

27. Richard B. Friedman, 앞의 글(1973), p. 134.
28. Richard B. Friedman, 앞의 글(1973), p. 144. 강조점 첨가.
29. Richard B. Friedman, 앞의 글(1973), p. 140. 강조점 첨가.

즉 우월한 통찰력 혹은 특수한 지식(전문성)이다.

L2 : 위와 같은 특수한 역량을 가진 사람은 권위관계 그 이전에 권위에 관한 권리를 가지거나 다른 사람들로부터의 존경과 복종을 받을 권리를 가진다.

L3 : 권위관계는 언제나 불평등관계로서 위계적이다. [이 점을 프리드만은 아렌트(Hanna Arendt)를 인용하여 논하면서 일종의 공리(公理)로서 입론하고 있다].

L4 : 그러므로 권위관계 설정 이전에도 사람들의 역량의 차이에 따라 우월한 사람의 권위를 정당하게 인정함으로써 따르게 되는 '개인적 권위'에 대한 권리는 필연적으로 권위관계 설정 이전에 (자연적인) 불평등이나 위계적 서열의 선험적 성립을 전제한다.

이상의 논리전개에서 알 수 있듯이 'L4'는 L1–L3로부터 도출된 결론이다. 그리고 결론 'L4'에서 우리가 경악해마지 않는 바는 권위관계 설정 이전에 사람들마다의 특정한 역량 내지는 자질의 차이가 곧바로 권위관계 설정 없이 권위적 불평등과 위계적 서열로 연결된다는 점이다. 즉 'L4' 속에 포함된 "차이 = 불평등"의 등식이 우리를 놀라게 하는 것이다.[30] 놀라는 이유는 이 등식이야말로 민주적 다원주의 가치가 보

---

30. 이러한 오류는 현금 자유주의적 민주주의에 대한 정평 있는 현금 서구 자유주의 이론들에도 보인다. 이를 테면 G. Sartori, *The Theory of Democracy Revisited* (N. J. : Chatham House Publishers, Inc., 1987), p. 337. 그러나 한 가지 부기해 둘 것은 이러한 '차이=불평등'등식의 부당성을 지적하는 논의가 이들 현금 이론들의 전통적 고전이 되고 있는 한 근대 초기 자유주의 이론에서 찾아볼 수 있다는 것은 하나의 아이러니이다. 이러한 논의는 J.-J. Rousseau, "Discourse on the Origin and Foundations of Inequality"(The Second Discourse), in

편화된 세상에 살고 있다고 생각되는 우리가 이미 옛날에 벗어났다고 생각하는 전근대 시대의 '자연적 귀족주의'의 대전제이자 명분인 때문이다. 이를 좀 극단적인 예에 비유한다면, 자연적 차이인 키의 장 · 단에 따라 170cm 이상은 대통령 피선거의 자격을 주고 그 이하는 그 자격을 주지 않는 것과 비슷하다 할 것이다.

오늘날 우리는 사람들이 그 자연적 타고남의 차이, 장 · 단점, 분야에 따른 역량과 능력의 대소, 관심사항에 대한 지식과 전문성의 다양성이 그대로 자연적 불평등을 구성한다고 보지 않는다. 오히려 이러한 차이와 다양성이 인위적인 제도화나 가치화 없이는 나름대로의 자기 영역을 차지하며 평등하게 대우받아야 된다고 생각한다. 우리는 근대 이래 서로 다를 수 있음을 인정하며 차이의 가치를 존중하는 시대를 만들어 가고 있는 것이다. 이러한 시대에 특히 우리가 지금 살고 있는 이 시대에 이러한 차이와 다양성을 아무런 중간단계 없이 몇몇 자의적인 단일 잣대로 재서 불평등을 점찍고 위계의 선을 그어가면, 그리고 그 위에 지배와 복종의 권위관계를 설정해 가면 우리는 그것을 '권위주의'[31]라

›››

ed. by R. D. Masters and tr. by (R. D. &) J. R. Masters, *The First and Second Discourses of J. –J. Rousseau*(N. Y. : St. Martin's Pr., 1964), The Second Part(pp. 141–181) 참고. 이러한 생각은 Rousseau(1755)에서 발단하여 G. W. F. Hegel의 『정신현상학』(1807) 속의 〈주인과 노예〉의 논의로 이어지고 급기야 K. Marx(1844)의 정치경제학 체계의 하나의 중요한 철학적 기반을 형성하면서 발전되어 왔다. 볼 곳은 A. V. Miller(tr.), *Hegel's Phenomenology of Spirit*(Oxford : University Press, 1981), pp. 111–119 ; K. Marx, *The Economic & Philosophic Manuscripts of 1844*, D. J. Struik(ed.)(N. Y. : International Publisher. 1964), pp. 106–169(특히 pp. 165–169) 참고.

31. 서구 자유주의 권위이론에 흔한 권위개념의 소유적 성격에서 비롯되는 왜곡된 권위를 의미하는 것으로 피권위자의 자율성이 권위화와 더불어 포기

고 불러마지 않는 것이다.

사실 위의 논리구성으로 집약한 프리드만의 '개인적 권위'에 대한 논의 속에는 '권위주의'의 망령이 도사리고 있음을 그 누구도 부인하기 어렵게 되어 있다. 그뿐만이 아니다. 앞에서 살펴보았듯이 '위치적 권위' 역시 소유적 개념으로서 그 직위와 직책에 부여되는 권위가 그로부터 그 담당자에게 전이되고 그 담당자의 자질과 연계되어 소유적 개념으로 존속하는 한, 이는 권위화를 통한 권위관계 설정 이후의 권위라는 시간상의 차이에도 불구하고 '개인적 권위'와 마찬가지로 권위주의의 망령에 사로잡힐 수밖에 없을 것이다. 설상가상으로 이 경우는 정치적 · 법적 장치까지 갖추게 되어 관료적 · 국가적 권위주의로 통하는 문을 활짝 열어놓는 격이 될 것이다. 우리는 이것을 흔히 구별하여 '관료주의'와 '전체주의'로 불러오고 있다. 그러니 프리드만의 권위이론은 그 현실적 · 실천적 함의에서 볼 때 개인적 권위주의, 관료적 권위주의(혹은 관료주의), 국가적 권위주의(혹은 전체주의) 등 온갖 권위주의를 은밀히 조장할 수 있는 독소를 품고 있다고 보지 않을 수 없는 것이다.

이쯤해서 혹자는 프리드만이 말하는 '권위관계 설정 이전의 불평등과 위계질서'는 '개인적 권위'가 존재하기 위한 가상적 조건으로 볼 수 있고, 오늘날과 같이 보통 사람의 세상에서는 '개인적 권위'의 경우는 거의 없거나 몹시 드물기 때문에 그다지 크게 문제삼을 필요가 없다고 항변할지도 모른다. 그러나 프리드만은 오늘날 우리들의 삶 속에 '개인

>>> ───

되고 권위자의 복종받을 권리만이 권위관계를 지배한다고 이해하는 입장이다. 그 결과 권위자의 자의적 권위행사나 권위강제 현상이 항시화되어 있는 상태가 초래된다. 8장 'Wollf의 권위개념' 참고.

적 권위'의 예는 몹시 많다고 밝히고 있다. "개인적 권위의 예는 즐비하다. 여기에는 우리의 일상생활에서 경험할 수 있는 세속적인 예들에서부터 좀더 독특한 것으로서 종교적인 예들이나 정치적인 예들이 포함된다."[32] 그렇다면 프리드만의 '개인적 권위'에 관한 이론의 틀은 전근대적 유물로서 오늘날 우리 삶 속에 거의 예외적으로나 존재할 수 있기 때문에 쉽사리 간과될 수 있는 특종의 권위의 예를 부각시키기 위한 것이 아니고, 오히려 오늘날 우리 삶의 커다란 부분을 차지하고 있는 특정종류의 권위관계를 분석 · 검토하여 입론한 것임을 부인할 수 없을 것이다. 사실 우리는 아직도 그러한 권위주의적 권위관계 속에 시달리고 있다. 이러한 현실 속에서 프리드만을 대표로 하는 서구 자유주의 권위이론가들의 권위에 대한 이해는 앞서 살펴본 '위치적 권위'에 대한 이해에 나타나듯이 오히려 이러한 권위주의적 권위관계를 은폐하고 호도하고 정당화하는 데 협조하는 이론들을 양산해 오지 않았나 생각되는 것이다.

이렇듯 그 실천적 측면에서 권위주의적 함의를 가지는 '개인적 권위' 개념이 문제가 되는 것은 앞서 살펴본 것처럼 이 개념 속에 내장되어 있는 소유적 특성 때문이며, 이는 '위치적 권위'에도 그대로 이어지는 특성이라는 점에서 서구 자유주의 권위이론들의 권위에 대한 이해에 드러나는 보편적 특성이라고 볼 수 있다. 이러한 특성이 권위주의적 함의 속에서 권위를 이해하게 하는데, 이러한 함의 속의 권위는 게워스(A. Gewirth)식의 '권리근거일관성원칙(PGC)'의 토대[33]나 하트(H. L. A.

---

32. Richard B. Friedman, 앞의 글(1973), p. 142.

33. 이 점에 관해서는 Alan Gewirth, *Reason and Morality*(Chicago : The University of

Hart)의 자연권원칙[34])으로 표현되는 서구 자유주의 전통에 보편적이면서도 뿌리 깊은 도덕원칙, 즉 '사람들은 각자의 신체적 · 정신적 차이에도 불구하고 서로 평등하며 평등한 자유권을 향유한다' 는 원칙[35])을 심각하게 훼손한다. 이러한 훼손은 인간은 서로에게 평등하며 서로로부터 자유롭다는 만인자유평등원칙과, 인간은 이 원칙 하에 서로 다른 차이의 특징을 따라 각자가 생긴 대로 자유롭게 자신을 실현해 가야 한다는 자율권평등원칙에 대한 훼손에 다름 아니다. 그런데 만인자유평등원칙과 자율권평등원칙은 그 실현의 폭과 심도를 전인류적으로 확산 · 강화시켜 오면서 오늘날 명실공히 자연법적 지위를 확보하게 된 움직일 수 없는 도덕원칙이라는 점에서, 서구 자유주의 권위이론들에 나타나는 소유개념적 권위는 서구 자유주의의 기본정신에도 어긋날 뿐만 아니라 현시대적 인류 보편의 시대가치에도 어긋나는 시대착오적 개념이라 할 수 있다.

그러나 서구 자유주의 이론들의 권위에 대한 소유개념적 이해가 가지는 실천적 폐해는 만인자유평등원칙과 자율권평등원칙을 훼손함으

›››

Chicago Press, 1978), chaps. 2 & 3과 이 책 5장 6절 참고.

34. 이 점에 관해서는 세계 인권선언 2조 ; H. L. A. Hart H. L. A. Hart, "Are There Any Natural Right?", *The Philosophical Review*, Vol. 64–2(1955), p. 175.

35. 자유주의 정치철학적 논의들에서는 그간 이 도덕원칙을 '평등한 인간적 관점', '평등한 인간가치', '서로 다른 입장에 대한 평등한 존중' 등으로 구체화하여 표현해 왔다. 각각에 대해서는 순서대로 B. Williams, "The Idea of Equality", in *Philosophy, Politics and Society*, 2nd Ser. Peter Laslett et. als, eds (N.Y. ; Barnes and Noble, Inc., 1962), pp. 110–118, 120–131 ; G. Vlastos, "Justice and Equality",in Richard Brandt, ed., *Social Justice*(N.J. ; Prentice Hall, 1962), pp. 43–53 ; J. Feinberg, *Social Philosophy*(N. J. ; Prentice Hall Inc., 1973), p. 93 참고.

로써 사회적 불평등과 반자율적인 사회적 강압의 가능성을 조장한 데서 그치지 않는다. 이런 정도의 폐해는 위에서 언급한 게워스나 하트를 포함한 서구 자유주의 권리이론들에도 만연되어 있음은 4장에서 살펴본 바와 같다. 프리드만류의 서구 자유주의 권위이론들은 이에서 한 걸음 더 나아가 그것이 '개인적 권위'였든 '위치적 권위'였든지 간에 모두가 인간은 서로의 합의된 권위관계 설정 이전에 태생적으로 불평등하며 자질과 역량의 차이로부터 권위적 위계질서가 자연적으로 설정된다고 이해하고 있다는 데에 보다 더한 문제의 심각성이 있는 것이다. 이러한 이해는 만인자유평등원칙과 자율권평등원칙에 전면적으로 위배될 뿐만 아니라, 앞서 지적했듯이 '차이 = 불평등'이라는 등식을 정당화하는 자연적 귀족주의를 개인적 · 사회적 · 정치적 권위질서에 영입하게 되는데, 이는 이들 이론이 사상사적인 정향에서 현시대를 근대 이전으로 되돌리려는 반동적 권위질서를 정당화할 수 있는 여지를 내장하고 있음을 말해준다. 기실 이들 이론에서는 근대 초기 사회계약이론가들이 고심했던 '어떻게 서로 평등하고 자유로운 근대적 인간들에게 지배와 복종을 내용으로 하는 위계적 정치기속질서를 수립할 수 있을까?'라는 초기 자유주의 문제의식조차 찾아보기 힘들다. 오늘날 우리가 권위주의적 취향을 비판해마지 않는 것은 그런 취향이 바로 전근대적 시대착오 속에 있기 때문인데, 서구 자유주의 권위이론들 중에는 이러한 고민의 흔적 또한 들어 있지 않은 것이다.

7-5. 권위화와 '위치적 권위'

앞서 프리드만류의 서구 자유주의 권위이론 속의 '위치적 권위'를 검토하면서 지적한 문제점은 이것이 소유적 개념이라는 것과, 그런 만큼 '위치적 권위'가 공적 · 제도적 직위나 직책에 머물지 않고 그 직위나 직책의 담당자에게 전이되어 그의 역량과 자질에 직접 연결되어 나타난다는 점이었다. 그 결과 '위치적 권위'는 개인화 혹은 인격화되어 '개인적 권위'와 시간변수상의 차이, 즉 그 전 · 후상의 차이 이외에는 별다를 바 없다는 점이었다. 이러한 문제점은 '위치적 권위'에 대한 서구 자유주의 권위이론들의 이해에 다음과 같은 결함이 있음을 말해준다.

첫째, 우선 이 권위개념에 대한 이들 이론의 이해 속에는 권위발생의 근거인 권위화 단계가 결여되어 있다는 데 일차적 문제점을 안고 있다. 이것은 이론상의 오류이기도 하지만, 그보다 더 중요하게는 이 권위화 단계를 필연으로 만들 수밖에 없는 자유주의적 대전제, 즉 모든 사람이 자유롭고 평등하다고 여겨지는 소위 '근대적 인간관'(2장 2절 참고)과 이러한 인간관과 불가분리의 관계에 있는 자유주의 사회실행원칙인 '자율권평등원칙'에 대한 고려를 놓치고 있다는 것을 말해준다. 결국 개념화 단계부터 근대 이래의 자유주의 기본정신에 대한 고려가 빠져 있는 셈이다.

둘째, 이들 서구 자유주의 권위이론은 6장 사회계약 기본정신을 논하는 자리에서 누누이 강조한 계약기속질서권위와 사회기속질서권위 형성에 불가결한 권위화 과정을 간과하고 있다는 치명적인 문제점을 안고 있다. 그 결과 권위의 공적 · 제도적 특성에 관한 이론적 기반이 약화되고, 이로써 권위관계가 사적(私的) 관계로 오도될 수 있는 가능성에 열려 있다. 지금까지 지적된 프리드만의 '위치적' 권위가 소유적 성격을 가지게 되어 개인화 혹은 인격화되는 직접적인 계기는 바로 이 결합과 연결되어 있다. 권위가 사적 소유물인 양 개인화되는 마당에서 이러한 권위에 의해 맺어지는 권위관계는 사적일 수밖에 없는 것이다. 그리고 권위관계가 사적인 관계로 오도되는 한, 이 권위관계는 결코 평등한 자율권 주체 사이의 관계가 될 수 없고, 이러한 정치 · 사회관계는 엄연히 자유주의 기본정신의 기본 구성요소인 '자율권평등원칙'에 위배될 수밖에 없다.

세 번째 결합은 서구 자유주의 권리이론들이 권위자–피권위자 사이에 권위관계 수립과 더불어 피권위자는 권위관계와 관련한 그의 판단권을 권위자에게 포기하는 것으로 간주한다는 데에 있다. 이는 프리드만의 다음 언급 속에도 극명하게 드러난다. "어떤 권위를 받아들인 사람은 자신의 사적 혹은 개인적 판단을 이미 포기했다고 말할 수 있다. 왜냐하면 그는 그가 (이 권위에) 복종하는 조건으로서 그가 (이 권위를) 이해하고 (이 권위에 대해 왜) 만족할 수 있는지 그 이유를 묻지 않을 것이기 때문이다. 반대로 권위를 가진다는 것은 그 권위에 대한 복종을 받아낼 조건으로서 복종할 사람에게 그 복종에 관한 어떤 이유를 제공할 필요가 없다는 것이다. 이런 의미에서 어떤 명령에 복종한다는 것은 이와 관련된 특정의 사안에 대한 자신의 판단을 포기하고 그 대신 자신의 행동지침으로서 다른 사람의 판단을 수용한다는 것을 포함한다."[36)]

36. Richard B. Friedman, 앞의 글(1973), p. 129.

이 인용문이 의미하는 바는 간결히 말하여 피권위자는 자신이 동참하고 있는 권위관계에 대한 판단을 포기한 채 권위관계에 서는 권위자의 노예나 종과 같다는 말이 된다. 그리고 이를 국가/정부–국민 사이의 정치권위 관계에 대입하면 피권위자인 국민은 판단의 자율권을 포기하고 평등한 정치참여권 역시 포기하며, 심지어는 자율권평등원칙마저 포기한 가운데 정치적 예속관계에서라는 말과 같다. 이는 자유주의 기본정신의 기본 구성요소이자 현시대 모든 정치사회 가치의 토대가 되는 '만인자유평등원칙'과 '자율권평등원칙'을 정면으로 위배함으로써 서구 자유주의 권위이론에 흔한 "판단포기(surrender of judgement)"[37] 오류를 구성한다.

그런데 이러한 판단포기 오류는 프리드만을 대표로 하는 서구 자유주의 권위이론가들에만 나타나는 것이 아니다. 이는 플랫스만(Richard Flathman)이 지적하듯이 그 외타의 많은 정치이론가 및 사상가들에게서도 폭넓게 발견된다.

> 권위와 권위관계에서 그 권위를 수용하고 그 권위에 복종하는 사람들이 그 권위를 소유하고 있는 사람이나 규칙 혹은 직책에 자신들의 판단을 포기한다는 주장에 많은 사람들이 맞장구를 쳐왔다. 고드윈(William Godwin)과 워프(Robert Paul Wolff)처럼 (국가/정부의) 정치적 권위에 반대하는 무정부주의자들로부터 롤즈(John Rawls)나 라즈(Joseph Raz), 오크숏(Michael

37. '판단포기'는 서구 자유주의 권위 관련 논의에 자주 나타나는데, 이를 테면 R. P. Wolff, 앞의 책(1970), pp. 69–70, 그리고 H. L. A. Hart, 앞의 글(1955, p. 184(하트는 여기서 이를 '권리포기'로 표현한다) 참고.

Oakshott)처럼 권위에 대한 열렬한 지지자에 이르기까지 수많은 정치학도들 이 그간 노래의 후렴구처럼 같은 목소리를 내고 있는 소절은, (권위자 A의) 권위가 지시하는 것은 그 장점 여부에 대한 B(권위의 대상자)의 판단과는 무관하게 언제나 이(권위)에 복종해야 한다는 것이다.[38]

이렇듯 서구 자유주의 권위이론뿐만 아니라 정치이론 전반에 폭넓게 드리워 있는 판단포기 오류는 정치적 권위관계를 공적 · 제도적 특성으로부터 사적 관계로 전이시켜 공무담임자의 지배권과 국민의 복종의무 사이의 내리닫이식 일방통행(우리는 이것을 흔히 권위주의적 권위관계라 부른다)만을 허용하게 되고, 이 비민주적 권위관계의 존속 · 개선 · 폐기에 관한 민주적 결정을 차단하는 결함으로 이어질 수밖에 없다.

혹자는 이쯤해서 선의(善意)의 권위에 의한 선의의 권위주의적 독재의 경우는 용납될 수도 있다고 생각할지 모른다. 그러나 우리는 여기서 이러한 생각의 허를 찌르는 밀(J. S. Mill)의 '선의의 독재의 부당성'에 대한 지적[39]을 떠올리지 않을 수 없다. 또 이쯤에서 혹자는 권위의 권위

38. Richard E. Flathman, *The Practice of Political Authority*(Chicago : The University of Chicago Press, 1980), p. 90.

39. J. S. Mill, "Considerations on Representative Government", in *Utilitarianism, Liberty, and Representative Government*, H. B. Acton, ed.(London : Dent and Sons, 1951), pp. 202–8, 227–9. 밀이 들고 있는 선의의 독재의 부당성은 두 가지이다. 그 하나는 선의의 독재자격은 신과 같이 전지전능한 지배자에게 그나마 가능한데, 인간에게는 이를 기대할 수 없기에 선의의 독재라 해도 부당하다는 것이다. 다른 하나는 설사 위와 같이 전지전능한 지배자가 있더라도 피지배자들의 의존성 증가와 이에 비례하는 비판정신 및 주체의식의 감소는 이들을 결국 정치적으로 수동적 인간으로 만들기 때문에 부당하다는 것이다. 더구나 아무리 전지전능하다 하더라도 인간생명의 유한성 때문에 수동

주의적 남용을 막을 수 있는 선거제도를 들고 나올지 모르겠다. 그러나 판단이 포기된 상태에서 4년이나 5년을 종살이하고 몇 분의 투표행위 동안만의 판단복권이 이루어지는 선거제도 역시 불합리하고, 또 매번의 선거를 통한 선택마저도 만약 권위와 권위관계에 대한 수시 교정과 수정이 막혀 있다면 선택된 권위와 권위관계가 올바른 선택으로 귀결될 그 시점은 무한으로 연기될 수도 있다는, 그래서 영원히 종살이를 할 수밖에 없다는 가능성을 배제하기도 어렵다.[40] 더불어 4년이나 5년만에 찾아오는 판단복권이 제대로 된 판단보다는 부당한 복종과 굴종의 인습을 반복할지도 모른다는 우려 또한 금하기 어렵다. 결국 이 모두는 역설적으로 현 시대 우리가 가치롭게 여길 수 없는 권위 및 권위관계와 이로부터 파생되는 정치현실적 폐해를 혁파해야 한다는 점과 또 이를 위해서는 앞서 살펴본 자유주의 기본정신에 부합하는 권위와 이 권위에 근거하는 공권력에 대한 새로운 이해가 시급하다는 점을 적시하고 있는 것이다.

결국 서구 자유주의 권위이론들의 위치적 권위에 대한 잘못된 이해와 이로부터 초래될 수 있는 실천적 폐해는 그 개념화 단계부터 권위화 과정이 결여되었기 때문이라고 말할 수 있을 것이다. 모두가 평등하고 자유로운 개별자들이 자신을 위한 자신의 질서를 모색할 때 자율권평등원칙에 거스르지 않고 이를 실현시킬 수 있는 방도는 권위화를 통하지 않고는 논리적으로 불가능하다. 권위화를 통해서만이 스스로 권위

›››

화한 피지배들은 그의 사후 험악한 독재를 만날 경우 더더욱 대처하기가 어렵게 된다는 것이다.

40. 이에 대한 우려와 관련해서는, 이를 테면 C. Pateman, *The Problems of Political Obligation*(N. Y. : John Wiley & Sons, 1979), pp. 26–30 참고.

화한 정치사회질서를 창출하고 이에 자율적으로 복종하는 자치가 가능해지는 것이다. 자치질서는 권위질서인 만큼 사회구성원들의 자율권 행사의 결집과정이 권위화 과정이고, 이 과정을 통해서 사회구성원 공통의 권위가 자리하게 되는 것이다. 그리고 그런 만큼 권위는 공적이고 제도적인 개념일 수밖에 없다. 이것이 자유주의 정신에 부합하는 위치적 권위개념이다. 그래서 이 권위개념에 연결되어 있는 '권위관계의 수립', '권위관계의 존속과 폐기' 등에 대한 동의 및 그 절차, 이 모두가 관련 당사자들이 모여 제정하는 공적 제도로서의 특성을 띠게 됨은 더 말할 나위가 없는 것이다. 이제 이하에서는 앞에서 살펴본 권위화의 위치적 권위에 대한 의미에 이어서 권위화가 개인적 권위에서는 어떻게 이해되는지, 그리고 어떻게 이해되는 개인적 권위가 자유주의 기본정신에 부합하게 되는지에 대해서 프리드만의 논의에 대한 검토의 연장 속에서 살펴보도록 한다.

7-6. 권위화와 '개인적 권위'

우리는 앞서 전통적 서구 자유주의 권위이론 속의 '개인적 권위'는 권위관계 수립 이전에 선험적으로 존재한다는 것과, 그에 따라서 선험적인 인간불평등과 선험적인 정치 · 사회적 위계질서를 강요한다는 점에서 심각한 결함을 안고 있음을 지적한 바 있다. 이러한 결함이 확인되는 프리드만의 말을 더 들어본다.

> '개인적 권위'의 경우, 이는 어떤 사람이 그가 특수한 역량을 가지고 있기

때문에 권위를 가져야 한다고 주장하는 경우이다. 이때 여타의 사람들이 그의 권위를 인정하지 않는 다는 것은 있을 수 없는 일이며, (이 경우 남은 문제는 그들로 하여금) 의당 그의 권위를 인정하도록 하는 일 뿐이다."[41]

이러한 프리드만의 주장은 그의 '개인적 권위' 개념이 전적으로 소유적 개념임을 재차 확인시켜 주는 한편, '개인적 권위'에 대한 인정 혹은 순응(복종)이 자발적이라기보다는 자칫 강요의 성격을 띠지 않나 하는 의구심마저 품게 한다. 그래서 자발적이 아닌 경우 모종의 강제가 불가피 따르게 된다. 그러나 '권위'와 '강제'는 자유주의 기본정신 속에서 결코 양립할 수 없는 상극적 개념일 뿐이다.

더 나아가 프리드만은 '개인적 권위'와 권위관계에 대하여 다음과 같이 주장한다. (1) "'개인적 권위'는 여타의 사람들과의 여하한 관계 수립과 무관하게 소유되는 어떤 것이다; 이 권위 속에는 한편에는 어떤 한 사람의 특별 지식이나 과학적 지식에 대한 권리주장이, 그리고 다른 한편에는 이 특별 지식을 가지지 못한 사람들이 무지 속에 남지 않기 위해서는 이 특별 지식을 가진 사람에게 의존할 수밖에 없다는 주장이 들어 있다."[42] 그리고 곧이어 (2) "서양 정치철학에서 이러한 종류의 권위의 대표적인 예는 그것이 성직자의 권위였건 예언가의 권위였건 아무튼 종교적 권위이다 …. 이 예야말로 '개인적 권위' 개념에 포함되는 모든 근본적 요소들이 (무엇일지를) 명백히 밝혀준다"[43]고 주장한다. 결

---

41. Richard B. Friedman, 앞의 글(1973), p. 143.
42. Richard B. Friedman, 앞의 글(1973), p. 142.
43. Richard B. Friedman, 앞의 글(1973), p. 142. 강조첨가.

국 이 인용문에서 프리드만이 주장하는 바는 '개인적 권위'는 권위관계의 수립과는 무관하며, 그 단적인 예로 종교적 권위를 들 수 있다는 것이다.

우리는 앞서 권위의 한 형태인 '개인적 권위'에 대한 서구 자유주의 권위이론의 이해 속에 내재하는 결함에 대해 지적한 바 있다. 그리고 이상 몇몇 프리드만의 언급을 통해서 그 지적한 결함을 재차 확인할 수 있었다. 이러한 결함은 '위치적 권위'에서와 같이 자유주의의 토대이자 현 시대 보편화되어 있는 만인자유평등원칙 및 자율권평등원칙과 이들 원칙이 '권위'와 관련하여 논리적 필연으로 함의하게 되는 '권위화'의 여지를 심히 훼손하는 것으로 드러난다. 이하에서 살펴볼 것은 개인적 권위의 소유적 특성에서 비롯되는 결함과 그 실천적 함의에 대한 것이다. 그런데 이와 관련해서는 소유적 개념의 폐단에 동일하게 노출되어 있는 위치적 권위에서 논의한 바와 중첩되는 부분이 많기 때문에 개인적 권위의 특이한 점만을 선별적으로 개략한다.

우선 이 전통적 서구 자유주의적 권위개념에 설정된 권위의 선험성과 강한 소유적 특성 때문에 애시당초 권위화 행위가 전혀 불필요하게 되어 있다는 점이다. 이는 권위의 관련 당사자들로 하여금 자연적 불평등관계 속에서 자연적 귀족주의가 전제된 권위관계를 답습하게 하는 결함으로 이어진다. 이렇듯 권위화 과정을 수용할 수 없도록 되어 있는 서구 자유주의 권위이론의 결함은 그 자체가 평등한 자율적 존재로 투사되는 오늘날의 인간관과 이를 바탕으로 하는 자유주의 사회실행원칙인 자율권평등원칙을 정면으로 부정할 수밖에 없도록 되어 있다는 말과도 같다.

다음으로, 서구 자유주의 권위이론들이 권위자체가 — 즉, 그것이 위치적 권위이든, 개인적 권이이든—자기 존엄성에 근거를 둔 '자기 권위'가 아닌 한, 대타적 관계를 전제한 공적 성격을 가진다는 것을 간과하고 있다는 점이다. 그러나 권위는 여타 사람들의 자발적인 인정 이후에나 권위로서 성립되고 이 인정과 더불어 권위관계가 수립되는 것이 본연이라고 볼 때, 권위는 언제나 공적이며, 그것이 공적인 만큼 제도적이다. 그럼에도 서구 자유주의 전통의 권위개념은 자율권 주체 사이의 공적 특성을 띠어야 할 권위와 권위관계를 온통 사적이고 인격적인 것으로 대체시키고 있는 것이다.

끝으로, 서구 자유주의 권위이론들에 나타나는 '개인적 권위'는 그 대상자들에게 요구되는 권위에 대한 순응 혹은 복종이 그 대상자들의 자율적 판단을 차단한 채 이루어지는 일종의 타율적 강요와 다를 바가 없다는 점이다. 인용 '(1)'에 시사되어 있는 복종에 대한 '강요의 의혹'이 인용 '(2)'의 종교 신앙차원의 맹신성과 결합하면 결과적으로 '사실적 강요'로 확립되는 것이다. 결국 이는 '위치적 권위'의 경우에서 드러난 '판단포기 오류'가 지니는 결함과 그 폐해성에서 똑같은 문제의 심각성을 지닌다 할 것이다.

그렇다면 전통적 서구 자유주의 권위이론이 권위의 한 형태로 제시하고 있는 '개인적 권위'는 '만인자유평등원칙', '자율권평등원칙', 혹은 '타자 배려에 대한 존중' 등 자유주의 기본정신에 부합하게 새롭게 이해될 수는 없을까? 이 의문에 프리드만이 '개인적 권위'를 비유하여 예로 들고 있는 종교적 권위를 비판적으로 검토하면서 답해보도록 한다. 종교적 권위는 앞서 인용했듯이 프리드만이 개인적 권위의 특성을 단적으로 집약하기 위해 비유적으로 사용한 예이다. 그 요지를 종교적 권위를 중심으로 재구성해 보면, 종교적 권위는 개인적 권위와 같이

"여타의 사람들과의 여하한 관계수립과 무관하게 소유되는 어떤 것"이며, 이는 특별 지식과 같아 "이 특별 지식을 가지지 못한 사람들이 무지 속에 남지 않기 위해서는 이 특별 지식을 가진 사람에게 의존"[44)]할 수밖에 없는 그런 권위라는 말이다. 그러나 종교적 권위는 아래에서 보듯이 개인에 의해 소유될 수도 없고, 과학과 같은 특별 지식도 아니다. 이런 점에서 종교적 권위에 비유한 프리드만의 개인적 권위는 위에 지적한 모든 결함에 노출되며, 이 결함에 대한 해결 역시 적어도 자유주의 정신 내에서 모색된다면 권위화밖에는 없다고 본다.

사실 종교적 권위가 우리의 세속적 권위와는 사뭇 다른 것이 사실이지만, 그리고 비록 어느 종교적 경전에도 명시된 바는 아니지만 종교적 권위 역시 '권위화' 과정을 필수적으로 거친다고 보인다. 왜냐하면 아래에서 볼 바와 같이, 이 권위화 없이는 종교적 권위에 대한 복종은 신성을 가차한 특정인에 대한 일종의 우상숭배가 되기 때문이다. 종교적 권위의 권위화를 기독교를 예로 들어 설명한다면 이는 한편으로는 하나님으로부터, 다른 한편으로는 하나님을 따르는 신도들로부터 행해진다. 그리고 이때 권위화의 대상은 하나님의 말을 따라 수행할 직책과 그 직책이 부여된 지위가 되는 것이지, 그 직책과 지위를 담당할 사람 자체는 아니라고 본다. 그래서 권위의 근거는 여전히 하나님의 말 혹은 성서에 남아 있게 되고, 이 근거를 떠난 직책이나 지위는 그 권위를 잃게 된다. 하물며 하나님에 의해 권위화된 직책과 권위를 떠난 그 직책 담당자 자신이 신성을 가차한 우상숭배의 불경을 범하지 않은 채 종교적 권위를 가질 수는 없을 것이다. 그러니 종교적 권위는 성경이 과학

44. Richard B. Friedman, 앞의 글(1973), p. 142.

적 특별 지식에 속하지 않듯이 특별 지식일 수 없고, 그렇기 때문에 특정인에게 소유될 수도 없다.

사실 성직자나 예언가는 하나님의 계시적 명(命)에 따라 주어진 임무를 수행하기 위한 대리인이나 종복(從僕)에 불과하다고 볼 수 있다. 따라서 이들이 가지는 것은 권위가 아니라 그 직책을 수행할 '신성의무' 일 뿐일 것이다. 이 점에서 우리들이 순응하고 복종하는 것은 그 성직과 그 성직에 새겨진 '신성의무' 에 대해서이지 성직자들 자신에 대한 것은 아닌 것이다. 우리들은 하나님의 이름과 그에 대한 믿음으로 그가 명한 성직을 권위화하고 성직과 성직의 수행에 순응하고 복종하는 것이다. 그래서 종교적 권위도 여타의 '개인적 권위' 와 마찬가지로 권위화는 불가피한 것이고, 같은 사람으로서 사람 위에 사람을 놓지 않는 하나님의 뜻대로 우리는 하나님을 매개해서 권위화된 권위관계에 서게 되는 것이며, 하나님의 말과 뜻에 따라 그 권위관계는 발생 · 수정 · 소멸하게 된다고 말할 수 있는 것이다. 근대 초기 종교개혁운동의 핵심적 원인은 성직자들의 신성가차의 불경을 저지른 데 이어, 성직의 신성의무를 성직권으로 남용함으로써 신도들의 권위화에 근거해야 할 '성직자–신도' 사이의 권위관계를 소유물인 양 독단한 데에 있었던 것이다. 이쯤해서 다음과 같은 젠킨스(Iredell Jenkins)의 말은 우리가 '개인적 권위' 를 생각할 때 우리에게 언제나 의미 있는 경구로 남을 수 있으리라 본다 : "'누가 권위이냐?(혹은 누가 권위를 가지는가?)' 라고 묻는 것은 잘못된 질문이다. 왜냐하면 우리가 어떻게 이 질문에 답하건 그 답은 원칙상 불합리하고 그 실천에서 현실성이 없기 때문이다."[45)]

>>> ———

45. Iredell Jenkins, "Authority : Nature and Locus"in *Authority : A Philosophical*

본절에서의 논의를 종합해 보면, 그 요점은 한 마디로 '개인적 권위'는 '위치적 권위'에서와 마찬가지로 권위화의 권위관계 수립을 통해 공적 · 제도적으로 발생 · 존속하는 권위에 한해서만이 현실적으로 정당화 될 수 있으며, 동시에 이 권위에 대해서만이 그 대상으로서의 권위화 주체들의 순응과 복종을 정당하게 요구할 수 있다는 것이다. 결국 이상은 앞의 두절에 걸쳐 살펴본 두 형태의 권위—개인적 권위와 위치적 권위—를 포함하는 모든 권위는, 자유주의적 기본정신에 부합하려면 권위화를 전제한다고 보편화할 수 있을 것이다. 우리는 이러한 입장에서 프리드만의 권위이론으로 대표되는 서구 자유주의 권위이론을 검토해 보았고, 이로써 이들 권위이론이 얼마나 자유주의 기본정신을 외면하고 있는가, 얼마나 현실적으로 정당화될 수 없는 오도된 권위를 음으로 양으로 은닉 · 호도하고 있는가 등 그 구체적 결함과 실천적 함의를 짚어볼 수 있었다.

그리고 이 검토를 통해 여기서 제시된 권위화를 매개로 하는 권위와 권위관계에 대한 설명이 서구 자유주의 권위이론에 비해 상대적으로 그 논리적 견고성과 현실적 타당성뿐만 아니라 자유주의 기본정신과의 부합성에서 얼마나 큰 장점을 가지고 있는지를 검증해 보였다. 사실 아직도 서구 자유주의적 권위이론이 만들어 놓은 깊은 최면상태에 들어 있는 현실세계에서 권위에 대한 바른 이해를 위한 우선적 실천과제는 새로운 권위이론의 모색 이전에 구태의연한 서구의 언필칭 자유주의 권위이론의 허구를 폭로함으로써 이들 이론에 의한 최면으로부터

Analysis, R. Baine Harris(ed.)(Alabama : University of Alabama Press, 1976), pp. 44, 37.

세상을 풀어내는 일일 것이다.

7-7. 공권력과 자유주의적 권위의 모델개념체계

지금까지의 논의를 크게 두 가지로 요약한다면 하나는 서구 자유주의 권위이론에 나타나는 권위에 대한 이해상의 문제점에 대한 지적과 비판이고, 다른 하나는 그 대안으로 새롭게 이해되는 개념체계의 제시와 그 타당성의 검증이었다. 그 중 논의의 첫 번째 핵심적 쟁점은 ① 서구 자유주의 권위이론 거개가 소유적 권위개념에 잡혀 있고, ② 권위의 근거는 개인적 역할과 자질에 얽매이는 격이 되어 권위의 공적 · 제도적 특성의 근원이 되어야 할 권위화 과정이 애시당초 무시되거나 무용화되었으며, ③ 서구 자유주의 권위이론은 근대 이래 개인 자율권에 근거한 자유주의의 보편적이고도 핵심적인 기본원칙, 즉 만인자유평등원칙 및 자율권평등원칙을 훼손하게 되고 현실적으로 각종 권위주의를 만연시키는 폐해의 장본인이 되고 있다는 것이었다.

그리고 두 번째 논점은 위와 같은 서구 자유주의 권위이론에 대한 하나의 대안적 개념체계에 대한 입론으로서 그 골격은, ① 자율권평등원칙으로 집약될 수 있는 자유주의 기본정신에 부합하는 권위는 원칙적으로 권위화를 통한 공적 · 제도적 권위여야 하고, ② 이러한 권위를 근거로 수립되는 권위관계는 권위화에 따라 설정 · 존속 · 교정 · 폐지될 수 있어야 하며, ③ 권위는 언제나 권위화된 직위나 직책에만 존재하기 때문에 그 직위와 직책의 담당자는 언제나 위치적 의무만을 지게 된다는 것이었다. 그리고 ④ 이렇게 이해되는 권위만이 평등한 자율권의 주체로 간주되는 정치 · 사회구성원들에 대한 부당한 자율권 억압을 막을 수 있으며, 동시에 서구 자유주의 권위이론들에 노출되어 있는 결함과 실천적 폐단으로부터 벗어날 수 있다는 것이었다.

사실 서구 자유주의 이론들에서 이해되는 권위를 그대로 수용할 경우, 이 권위에 근거하는 공권력은 2중의 소유적 성격을 띠게 된다. 우선 사회기속질서권위가 1차적으로 소유개념 속에서 이해되어 이는 마치 베버(Max Weber)가 말하는 전통적 혹은 카리스마적 권위를 정당화하게 될 것이다. 그러나 이러한 권위는 세습왕정질서나 절대왕정질서에서나 찾아볼 수 있는 권위이다. 다음 2차적으로 사회기속질서의 보호 · 관리를 목적으로 창출되는 통치권력의 근거인 사회기속질서권위로부터 통치기구에 위탁된 관리임무권위(6장 3절 참고)마저도 소유개념 속에서 이해됨으로써 오늘날 이미 그 불감증 속에 있는 권위주의적 착각, 즉 통치기구와 그 운용자들을 마치 공권력의 화신으로 우러러 보는 착각을 심화시키게 될 것이다. 더구나 이렇듯 두 차례에 걸쳐 진행되는 소유개념적 권위의 이해는 공권력을 구성하는 사회기속질서권위에 대한 중첩된 소유개념화에 다름 아닌 때문에 이 2중의 소유개념화는 그 중첩된 상승작용 속에서 권위주의적 착각의 불감증을 아예 착각면역증으로 바꾸어 가게 될 것이다.

그리고 이 착각면역이 결국은 가시적인 통치기구와 그 권력에 집중됨으로써 아예 통치제도에 의한 정치제도의 소유적 흡수, 통치권력에 의한 공권력의 소유적 흡수, 공복(공무담임자들)기능에 의한 정치주체(국민) 역할의 소유적 흡수로 이어질 것이다. 이에 대해서는 6장 3절 '사회계약'과 관련한 논의 속에서 지적한 바 있다. 근자에 '김심(金心)'이니 '노심(盧心)'이니 하며 대통령 마음 읽기로 정치기속질서와 공권력의 향배를 점치는 따위의 행각은 아직도 대통령 얼굴에 오버랩되는 군왕의 이미지를 연상케 하거니와, 이는 바로 대통령으로 대표되는 통치기구 및 통치권력에 흡수된 정치기속질서와 공권력의 사유화 착각불감증의 증거이다. 또한 '전관예우'로 대변되는 퇴임공직자들을 둘러싼 갖가지 비리들 역시 공권력 사유화의 긴 이력을 확인케 하는 것으로, 이 이력 속에는 과거에나 있을 법한 점령군 총독의 이미지가 어른거린다. 그러나 그 착각의 질로 보면 전자가 후자보다 더 악성의 착각에 속한다. 후자의 경우야 총독권이 사유화된다 하더라도 총독이라는 직과 더불어 생성·소멸을 같이 하지만, 전자의 경우는 그 직권의 사유화가 그 직을 떠난 후에도 지속된다고 보는 악성 착각을 불러일으키기 때문이다. 사태가 이러할진대 그 나머지 공직을 둘러싸고 벌어지는 권력남용이나 독직(瀆職)을 포함한 여타의 공직비리야 더 말할 나위가 없을 것이다.

따라서 공권력과 관련한 이러한 갖가지 착각과 공직을 둘러싼 갖가지 권력남용 및 비리를 방지하기 위해서도 우선되어야 할 것은 이러한 공권력과 공직의 근거가 되는 권위에 대한 바른 이해가 시급한 것이다. 권위에 대한 바른 이해의 이론화는 앞으로도 더 많은 연구의 집적과 더불어 그 체계를 구축해 갈 것이다. 그러나 현 논의의 수준에서 그 단편을 제시한다면, 앞서 잘못된 소유적 권위관행을 은닉하고 호도하며 음으로 양으로 정당화하고 있는 서구 자유주의 권위이론에 대한 검토과정에서 그 검토기준으로 드러나는 대안적 개념체계 정도가 될 것이다. 그래서 비록 아직은 개념체계 수준에 불과하지만 앞서 논의된 검토기준들을 수합하여 자유주의적 권위개념 모델을 제시해 본다. 자유주의 기본정신에 부합하는 권위의 특성을 모델화하면 다음과 같으리라 생각된다.

P_1 : 권위는 그 자체 성격상 특정의 어떤 사람이 스스로 권위화하여 스스로 소유할 수 없는 것이다. 권위는 그 반면에 동등한 자율권을 향유하는 관련된 사람들 사이의 권위부여를 통한 권위화에 의해서 이들 사이에 존재한다. (이때 위치적 권위일 경우 권위화의 대상은 법률이나 규칙 혹은 공적 직위나 직책이다. 그리고 개인적 권위의 경우는 권위화의 대상이 특정인의 자질과 능력이라기보다는 그 기능과 역할이다.)

P_2 : 권위화와 더불어 권위화의 대상(법, 규칙, 직책, 직위)과 권위화의 주체(관련 당사자들) 사이에는 권위관계가 수립된다.

P_3 : 권위관계의 수립과 더불어 권위는 권위화된 대상에 존재하게 되고, 이에 대한 복종은 이 대상을 권위화한 주체들의 권위화 속에 내재한다. (이때 권위화된 대상을 운용 · 관리하는 제도와 직무담임자가 있을 경우, 권위화 속에 내재된 피권위자들의 복종의무는 전자의 후자에 대한 복종요구권으로 표면화되면서 제도 및 직무담임자의 '위치적 의무'와 대응하며, '전자-후자' 상호 관계의 내용은 권위화의 내용에 의해 정해진다.)

P_4 : 권위화된 대상의 권위는 권위화 주체들의 권위화 조건과 내용이 준수되는 한 존속하고, 언제든 권위화 주체들의 자율권 행사의 수렴에 근거하여 정치사회적 절차에 따라 수립 또는 폐기될 수 있다.

본장을 마무리하면서 여기서 제시된 권위의 개념체계가 바로 앞서 지적한 공권력 사유화로 인해 빚어지는 정치 · 사회현실 속의 추악한 권위주의 실태를 혁파하고 바른 권위질서를 모색하는 데 도움이 되길 희망해 본다. 이제 다음 장에서는 이렇듯 자율로부터 소외된 왜곡된 소유적 권위가 빚어내는 반대의 경우, 즉 권위로부터 소외된 자율에 대해서 '왜 아나키즘인가?' 라는 부제(副題) 하에 살펴본다.

8장

권위로부터 소외된 자율 :

왜 '아나키즘' 인가?

8-1. 자유주의와 아나키즘

본장은 앞장과 더불어 서구 자유주의 이론들의 권위에 대한 이해를 '자유주의 기본정신' (1장 참고)에 비추어 검토하기 위한 것이다. 앞장에서 우리는 권위에 대한 이들의 소유개념적 이해가 어떻게 권위가 근거해야 할 자율로부터 소외되어 갖가지 오류에 노출되는지, 그래서 어떻게 자유주의 기본정신을 배반하게 되는지에 대해 살펴보았다. 이제 본장에서는 7장의 '자율로부터 소외된 권위' 에 대한 논의에 이어 서구 자유주의 이론들에 나타나는 '권위로부터 소외된 자율' 에 대해서 '아나키즘' 과 관련하여 살펴볼 것이다. 그러나 그전에 우리에게 별로 친숙하지 않은 '아나키즘' 에 대한 이해를 돕기 위하여 아나키즘의 몇 가지 특징을 자유주의와 관련하여 개괄해 본다.

우리가 흔히 무정부주의(無政府主義)라고 부르는 아나키즘(anarchism)의 사상적 기원은 1) 홉스(T. Hobbes)로부터 본격화되는 개인주의적 자유주의, 2) 로크(J. Locke)와 몽테스키외(B. de S. Montesquieu)에 함축되어 토크빌(A. de Tocqueville)로 이어지는 합헌적 자유주의, 그리고 3) 수평파(Levellers) · 경작파(Diggers)로부터 기원하여 유토피안 사회주의자들을 거치며 마르크시스트(Marxists)들로 이어지는 사회주의 등 여러 갈래의 전통적 정치사상 속에 그 편린을 감추고 있다고 생각된다.[1] 그런 만큼 무정부주의에 관한 전통적 이론들도 그 갈래가 다양하여 고드윈(W. Godwin)같이 자유방임형 자유주의의 논리적 연장같아 보이는 무정부주의 이론이 있는가 하면,[2] 바쿠닌(M. Bakunin)과 메일러티스타(E. Malatesta)에서 보는 바와 같은 유토피안 사회주의의 후예라 불러 별 무리가 없어 보이는 무정부주의 이론도 있고,[3] 프루동(P.-J. Proudhon) 계열에서와 같이 합헌주의 혹은 공화주의와 많은 공통점을 공유하고 있는 무정부주의 이론도 있다.[4]

그러나 이와 같은 사상적 기원의 복합성과 그 이론적 다양성에도 불구하고 다음과 같은 몇 가지 특징적 사안에 대해서는 거의 예외 없는 공통성을 보인다.

첫째는, 아나키 질서를 보편적으로 '질서자 없는 질서(order without

1. A. Carter, *The Political Theory of Anarchism*(N. Y. : Harper & Row, Torchbook ed., 1971), Intro. & Ch. 1.
2. 여기서는 W. Godwin, *Enquiry Concerning Political Justice*, 2vols(Toronto : University of Toronto Press, 1946)에 반영된 입장을 말한다.
3. 여기서는 각각 M. Bakunin, *Marxism, Freedom, and the State*. ed. by K. J. Kenafick(N. Y. : Freedom Press, 1950) ; Vernon Richards(ed.), *Errico Malatesta : His Life and Ideas*(N. Y. : Freedom Press, 1965)에 반영된 입장을 말한다.
4. 여기서는 P.-J. Proudhon, *Du Pricipe Federatif*(Paris : E. Dentu. 1863)에 반영된 입장을 말한다.

orderer)', 보다 구체적으로는 국가나 정부와 같은 질서통제기구 혹은 통치기구가 없는 정치기속질서로 이해하고 있다는 점이다. 흔히 이에 대한 비유로 홉스의 자연상태론과 이의 현실적 모습으로 근대 국제정치질서를 예로 드는데, 아나키즘에서의 질서관은 이러한 비유를 철저히 배격한다. 왜냐하면 이 비유에 포함되어 있는 행위자 상호 간의 생존을 위한 갈등과 투쟁(혹은 전쟁)의 이미지는 아나키 질서에 강하게 투사되어 있는 평화와 공존의 이미지와는 전적으로 배치(背馳)된다고 보기 때문이다. 오히려 아나키적 질서관은 로크에 보이는 목가적 자연상태나 오늘날 근대국가의 와해와 더불어 나타나고 있는 비정부기구들(NGOs) 간 조화적 상호 조정질서(governance)를 중심으로 형성되는 수평적 국제질서 형태(regime)가 보다 적절한 비유가 되지 않을까 생각된다.[5)]

둘째는, 아나키 질서는 자발적 질서이며, 따라서 질서의 준수와 관리는 언제나 자치형태를 띠어야 한다고 생각한다는 점이다. 이는 홉스를 비롯한 근대 초의 모든 사회계약이론가들에 흔히 나타나는 자유주의 정치질서의 형태인데,[6)] 이들 계약이론가들은 이러한 질서의 대행 및 전담기구로서 정부 내지는 정치기속질서통제기구를 전제하는 반면, 아나키즘은 이러한 대행 · 전담기구의 설립 자체에 대해 극히 부정적인

5. P. Mayer et. als. "Regime Theory : State of the Art and Perspectives", in V. Ritterberger(ed.) *Regime Theory and International Relations*(Oxford : Clarendon Pr., 1995) ; J. T. Mathews, "Power Shift", *Foreign Affairs*(Jan/Feb, 1997)참고.

6. 이러한 질서형태를 발견할 수 있는 곳은 T. Hobbes, *Leviathan*, ed. by C. B. Macpherson(N. Y. : Penguin Books, 1968), Chs. 13–15, 17 ; J. Locke, *Two Treatises of Civil Government*, ed. by P. Laslett(N. Y. : A Mentor Book, 1963), Book I, Chs. II, III, V–VIII ; J.–J. Rousseau, *The Social Contract*, Lester G. Crocker ed. & tr.(N. Y. : Pocket Books, 1974), Book I, Chs. 5, 6. 그리고 이 책 6장1절 참고.

입장을 취한다. 아나키즘의 입장에서는, 설사 자유주의 정치질서일지라도 여기에 포함되는 정부를 비롯한 각양의 질서통제기구, 그리고 이를 둘러싸고 있는 국가와 온갖 관료제도를 포함하는 정부는 이에 소속된 제도 운용자들을 포함한 소수의 기득권익을 위한 폭압, 강제적 지배, 전쟁과 약탈의 수단으로 전락할 가능성이 크다고 본다. 그래서 우리가 항용 정치기속질서를 생각할 때 필수불가결한 전제로 들고 있는 정부나 질서통제기구들 없이 평화적 사회질서가 존립할 수 있다고 보는 것이 아나키즘의 중심 주장인 것이며, 차라리 국가/정부와 같은 질서통제기구가 없어야 오히려 보다 완벽한, 따라서 가장 자연스러운 인간 사회관계질서가 가능하다고 보는 것이 아나키즘의 입장인 것이다.

셋째, 아나키즘은 가장 자연스러운 인간 사회관계질서의 보호와 이에 대한 준수관리를 목적으로 하는 '관할력'이 사회구성원들의 권위부여를 통해 형성된 사회기속질서권위에만 근거해야 한다고 본다는 점이다. 그래서 우리가 항용 보아오고 있는 정치질서는 사회기속질서와 이를 보호 · 관리하는 통치기구의 통치질서의 결합상태로 나타나는 반면, 아나키 질서는 통치기구를 포함한 통치제도 자체를 부정하는 만큼 옛 그리스 도시공동체(polis)에서 발견되는 바와 비슷하게 사회구성원들이 사회기속질서를 공동으로 직접 보호 · 관리하는 '직접공동관리–사회기속질서' 형태(6장 각주 '1')로 나타난다. 그래서 아나키 질서는 어떤 통치제도에 의해 관리 및 통제된다기보다는 아나키 사회의 구성원들 각각을 매듭점으로 하는 일종의 상호 관계의 네트워크 형태로 공동 관리되며, 아나키 질서의 기속력은 매번 이 네트워크에 의해 권위화되면서 네트워크에 분산되어 존재한다고 생각된다. 마치 오늘날 국제사회의 비정부기구들이 행하고 있듯이 스스로 질서를 창출하고 보호 · 관리

하는 측면과 흡사하다 할 것이다.[7]

넷째는, 인간은 원래가 자율적이며, 어떠한 외부강제 없이 평화적인 공동체 삶을 살 수 있는 이성의 능력을 구유하고 있다는 인간 신뢰의 신념을 공유한다는 점이다. 이 점에서 아나키즘은 로크로 대표되는 자유주의 전통과 공통성을 가진다. 아나키스트들은 이러한 신념을 여러 지역의 공동체 삶을 관찰하면서 더욱 굳힌 듯하다. 이를 테면 크로포트킨(P. Kropotkin)은 그의 『회고록(1906)』에서 스위스 쥐라(Jura)지방 시계공들의 삶을 지켜보면서 아나키즘에 대한 확신을 가졌다 하며, 톨스토이(L. Tolstoy)의 『전쟁과 평화』에서 그려진 시베리아(Siberia)의 자율과 평화적 조화로 가득 찬 농촌공동체의 삶을 실제 체험했음을 고백하고 있다.[8] 그밖에도 오웰(G. Owell)이 스페인 내전에 참전해서 관찰한 카탈로냐(Catalonia)인들의 삶을 관찰하면서 쓴 『경의 속의 추억 카탈로냐(*Homage to Catalonia*)』에서도 인간 자율성과 평화적 공동체 삶의 가능성을 확인할 수 있으며, 브레난(G. Brenan)이 그려낸 안달루시아(Andalusia)인들의 삶,[9] 그밖에 파리 시 정부가 수립되기 전까지의 파리코뮨(Paris Commune) 등에 대한 많은 관찰들을 예로 들고 있다.[10] 이러한 인간 자율성과 평화적 공동체 삶의 가능성에 대한 아나키스트들의 신념은 마르크스(K. Marx)의 파리코뮨에 대한 관찰과 그의 역사 최종단계의 공산

7. J. T. Mathews, 앞의 글(1997) 참고.
8. P. Kropotkin, *Memoirs of a Revolutionist*(Berlin : Swan Sonneuschein, 1906).
9. G. Orwell, *Homage to Catalonia*(N. Y. : Penguin Books., 1964) ; G. Brenan, *The Spanish Labyrinth*(Cambridge : Cambridge University Press, 1967).
10. 이를 테면 P. Kropotkin, *The Commune of Paris*(N. Y. : Freedom Press, 1895) ; K. Marx, "The Civil War in France", in *The Marx–Engels Reader*. R. C. Tucker ed.(N. Y. ; W. W. Norton & Co., 1978), pp. 618–652.

주의 사회에 대한 단편적 이상향 속에 나타나는 인간 삶의 이미지, 그리고 자유주의에 토대를 두고 있는 자율적 인간관과 그 맥을 같이 한다.

결국 아나키즘을 옹호하는 이론들이 공통적으로 가지고 있는 신념은 인간의 가장 자연스러운 질서는 인간의 자율적 삶의 질서를 바탕으로 하는 공동체적 자치질서이며, 이는 그 공동체 구성원들 스스로의 권위화를 통하여 공동체 삶을 평화와 조화로 이끌 수 있다는 것이다.[11] 따라서 이들은 국가나 정부 등 인위적이고도 관료적인 별도의 질서통제기구가 불필요하다고 보며, 오히려 이들 별도 질서통제기구의 존재는 자연스러운 인간 질서에 반하여 특정 소수의 이해를 관철하기 위한 강제와 폭압의 반증이라고 보고 있는 것이다. 그런데 이렇듯 자율적 인간에 대한 믿음으로부터 출발하고 있는 아나키 질서관은, 근대 초 자연권 이론과 사회계약이론에 토대를 두고 본격되어 오늘날 전세계적으로 보편화되어 가고 있는 자유주의 정치질서의 이상이기도 하다. 다만 이러한 이상의 실현을 위해 아나키즘은 국가나 정부와 같은 정치기속질서통제기구가 없어야 한다고 보는 반면에, 자유주의는 오히려 그러한 이상실현을 위해서는 국가나 정부와 같은 질서통제기구, 즉 인위적 통치기구가 필요하다고 보는 것이다. 이는 마치 아나키스트들은 로크의 자연상태에 나타나는 목가적 자연법질서가 직접-자치-정치질서화되어야 한다고 믿는 반면, 자유주의자들은 로크를 따라 한 발짝 더 나아가 이상실현 도구로서의 국가와 정부가 주도하는 통치질서를 가미한 정치질서를 구성해야 한다고 믿는 것과 비슷하다고 볼 수 있을 것

11. A. Carter, 앞의 책(1971), Ch. 3.

이다.

이렇게 보면 결국 아나키즘과 자유주의, 이 두 부류 이론가들의 이상은 모두가 사회구성원들의 자연스러운 삶을 담아낼 수 있는 정치사회질서를 지향한다는 점에서 공통적이라 할 수 있다. 그러나 이들이 서로 달리하는 것은 그 실현방법이라 할 수 있다. 이하에서 살펴볼 '철학적 아나키즘'은 이에서 한 걸음 더 나아가 모든 종류의 질서권위를 부정한다는 점에서 사회기속질서를 포함한 모든 정치사회질서 자체를 부정한다. 그 이유는 첫째, 모든 정치사회질서는 그 근본에서 사회구성원들의 자율권에 근거하는 권위질서여야 하는데, 자율로부터 권위가 도출되지 않기 때문에 정치사회질서, 아나키 질서인 '직접공동관리-사회기속질서' 조차도 자율성 억압을 은폐한 허구적 자율질서이거나 현실상 강압질서일 뿐이라는 것이다.

둘째, 따라서 모든 정치사회질서에 근본이 되어야 할 정치사회 구성원들의 '자율권'을 존중하려면 모든 정치사회질서로부터 정치사회 구성원들은 방임되어야 하고, 따라서 불가피 정치적 · 사회적이 아닌 '철학적' 아나키즘의 입장을 취할 수밖에 없다는 것이다.[12] 따라서 이러한 입장에서 보는 인간 사회관계를 엮어내는 모종의 질서형태를 굳이 질서라는 용어를 사용하여 추정한다면, 같이 모여 사는 사회구성원들이 그들 인간 사회관계에서 발생하는 매 사안마다 그때그때 이들의 합의에 근거해서 규율해 가는 일종의 '방임질서'라 말할 수 있을 것이다.

12. '철학적 아나키즘'과 관련한 이하의 논지는 R. P. Wolff, *In Defense of Anarchism* (N. Y. : Harper and Row Pub., 1970), Ch.3 ; 그리고 *The Poverty of Liberalism* (Boston : Beacon Press, 1969) 참고.

그렇다면 과연 철학적 아나키즘의 입장대로 정치사회질서권위는 어떠한 경우에도 정치사회 구성원들의 자율권으로부터 도출될 수 없는 것인가? 혹 이 입장에서 표현하는 문제구성에 따라 표현하여 '자율' 은 '권위' 와 조화될 수 없는 것인가? 자유주의 정치사회질서 역시 허구의 자율질서로 타기해야 될 대상일 뿐인가? 더 나아가 자유주의 기본정신에 부합하는 정치사회질서는 과연 철학적으로 그 모색이 불가능한 것인가? 설사 아나키즘 일반에서 거부하는 국가나 정부와 같은 사회기속질서 보호 · 관리기구로서의 통치기구들이 자유주의 기본정신에 부합하는 통치기구들이라 할지라도 철학적 거부의 대상일 수밖에 없는가? 그렇다면 오늘날 국가나 정부라는 통치기구 속에 그 정치질서를 보호 · 관리하는 세계 모든 나라의 정치사회 구성원들은 희망 없는 허구를 살고 있다고 해야 하는가? 그래서 현행의 이른바 '자유주의 정치사회질서' 역시 그 점진적 수정이나 개혁의 여지조차 불문한 채 철학적 아나키즘의 주장대로 폐기되어 마땅한 질서인가? 과연 그럴까? 그리고 그래야 하나?

이하에서는 이러한 철학적 아나키즘의 입장이 타당한지를 위에 제기한 문제들을 중심으로 따져볼 것이다. 우선 철학적 아나키즘의 불가피성을 맨 처음 논리적 체계에 담아 심각한 문제로 제기한 워프(R. P. Wolff)의 논의를 검토하는 데 논의의 초점을 맞추고, 이에 대한 서구 자유주의 이론들이 이러한 워프의 문제에 대해 어떻게 대응하는지를 살펴볼 것이다. 이러한 작업은 자유주의의 기본정신을 서구 자유주의 권위이론들이 어떻게 이해하고 있는지 그 이해의 현 주소를 또 다른 측면에서 드러내 보여줄 것이다. 즉, 앞장에서는 자율과 권위의 조화적 관계속에서 파악되는 자유주의에 대한 이해를 권위의 측면에서 살펴보면서 그 현 주소를 검토해 보았다면, 여기서는 그 이해를 자율의 측면에서 살펴보면서 그 현 주소를 검토해 볼 것이다.

8-2. 워프(R. P. Wolff)의 문제와 그 검토(자율성개념과 권위개념)

워프는 그의 유명한 『아나키즘 옹호론(*In Defense Of Anarchism*)』에서 그가 "개인의 도덕적 자율성과 국가의 정당한 권위가 조화될 수 있는 현실적 정치형태가 가능한지를 그렇게도 탐색해 보았건만 끝내는 좌절하고 말았다"[13]고 고백하면서 우리가 당면한 정치적 삶의 현실문제를 다음과 같이 밝히고 있다.

> 만약 (개인의) 자율성과 (정치적) 권위가 끝내 양립될 수 없다면 우리 앞에 놓인 길은 두 가지이다. 우리는 철학적 아나키즘을 수용하는 가운데 모든 정부를 정당성이 없는 단체로 규정하여 그 정부의 모든 명령을 스스로 매번 판단하고 평가하여 이에 대한 복종 여하를 결정하든가, 아니면 우리는 정치라는 세계에서 이제 더 이상 (개인) 자율성에 대한 추구를 부질 없는 것으로서 포기하고 그것이 어떤 형태의 정부이건 그때그때 가장 정당해 보이고 이로워 보이는 정부에게 복종할 수밖에 없다. (만일 우리가 이 후자의 길을 택할 경우에는 우리가 여타 종류의 정부를 제쳐두고 민주적 정부에만 그 정당성을 부여하여 이에 복종해야 할 하등의 보편적 이유가 없다는 것을

13. R. P. Wolff, 앞의 책(1970), p. 69.

밝히지 않을 수 없다.)[14]

만약 워프의 좌절이 제기된 문제해결 실패의 불가피한 귀결점이라면 우리 역시 자율권 행사의 결과로 수립된다고 여겨지는 자유주의 정치질서 역시 그 잠재적 가능성에서조차 우리의 정치적 삶의 양태 중 가장 값지고 정당한 것이라고 주장할 하등의 근거마저 상실하게 될 것이다. 이런 점에서 워프의 실패를 재점검해 보는 일은 가히 자유주의 정치질서의 존립근거가 과연 타당한 것인지를 점검해 보는 일과 별다를 바 없는 일이라고 말할 수 있을 것이다.

이제 이하에서는 워프가 어떻게 해서 위와 같은 실패와 좌절을 맞게 되고 결과적으로 철학적 아나키즘을 옹호하게 되었는지 그의 탐색과정을 살펴보고, 그 과정상에 문제점은 없는지, 있다면 무엇인지를 검토해 본다.

1) 워프의 자율성개념 검토

워프는 도덕적 자율성의 개념을 칸트(I. Kant)를 따라 다음과 같이 정의한다.

> 칸트가 주장하듯이 도덕적 자율성은 자유와 책임의 결합물이다. 그것은 스스로가 스스로를 위해 만든 법률에 (자발적으로) 복종하는 것이다." 그리고 이어서 주장하기를 "자율적인 사람이란, 그가 자율적인 한, 다른 사람의 의지에 좌우되지 않는 사람이다. 그는 다른 사람이 (그에게) 말한 바를 행할

14. R. P. Wolff, 앞의 책(1970), p. 71.

수 있지만 그렇다고 그 행함이 단지 그에게 지시되었기 때문에 이루어져서는 안 되는 것이다."[15)]

(따라서) "자율적인 사람에게는 엄격히 말해서 명령 같은 것은 있을 수 없다."[16)]

(왜냐하면) "비록 이 세상에 자율성에 대한 상실이 그 종류나 정도에서 많이 있을 수 있고 또 어떤 경우에는 스스로가 자신의 자율성을 포기해야할 때가 있겠지만" 자신이 스스로 선택한 행동에 대한 "책임은 결코 포기할 수 없기 때문이다."[17)]

(이런 의미에서 볼 때), "비록 근대사회를 살아가면서 완전하고도 합리적인 자율성에 도달하는 데는 중요한 장애물들이 있을 수 있다 하더라도 우리가 꼭 알아야 할 것은 우리가 복종할 명령의 주체는 우리 스스로가 되어야 한다는 변함없는 책무라는 것이다."[18)]

이상과 같은 자율성에 대한 워프의 개념화에는 '자율성 상실'의 문제를 제외하고는 별 문제가 없다고 생각한다. 그의 위의 언급 중 자율성 상실이 문제가 되는 이유는 워프가 한편으로는 "사람들은 자신의 의지에 따라 자율성이 상실 될 수 있다"라고 말하고, 다른 한편으로는 "사람들이 최우선적으로 책무를 져야 할 대상은 자율성이다"[19)]라고 말

15. R. p. Wolff, 앞의 책(1970), p. 14.
16. R. P. Wolff, 앞의 책(1970), p. 15.
17. R. P. Wolff, 앞의 책(1970), 각각 p. 15, p. 14.
18. R. P. Wolff, 앞의 책(1970), p. 17.
19. R. P. Wolff, 앞의 책(1970), 각각 p. 14, p. 18.

함으로써 두 언급 사이의 모순관계가 형성되기 때문이다. 즉, '자율성 상실 가능성'과 '자율성에 대한 최우선적 책무포기 불가능성'은 상호 양립할 수 없고, 두 언급 중 하나는(특히 '자율성에 대한 최우선적 책무포기 불가능성'은 워프 논의의 대전제이기 때문에 '자율성 상실'에 대한 언급은) 오류가 되어야 하는 것이다. 설사 한 걸음 뒤로 물러서 양보하여 '자율성 상실'은 워프의 자율성을 구성하는 두 요소 '자율적 선택'과 '자율적 책임' 중 전자의 상실을 의미하기 때문에, 스스로가 자발적으로 행한 행동에 대한 '자율적 책임의 상실'을 의미하는 것으로까지 확대되어서는 안 된다고 보더라도 이 모순관계는 해결되지 않는다. 왜냐하면 자율적 선택의 상실은 그 선택에 따른 자율적 책임의 상실을 동반하기 때문에 둘을 나누어 전자는 가능한데 후자는 불가능하다는 주장 역시 논리적 모순을 구성하기 때문이다.

사실 워프는 자율성의 이 두 가지 구성요소, 즉 '자율적 선택'과 그 결과로서 '선택한 행동에 대한 책임'을 서로 구분하려고 애쓰고 있는 듯하다. 그 한 예로 그는 (1) "어떤 사람이 스스로 행한 행동에 대하여 져야 할 책임이행의 책무는 그 사람의 자유의지로부터 도출되지는 않는다. 왜냐하면 책임의 문제에는 자율적 선택과 그 이상의 다른 요소가 더 포함되기 때문이다"[20]고 말한다. 또 다른 예는 다음과 같은 언급에서도 드러난다. (2) "사람들은 자신의 자율성을 스스로의 의지에 따라 상실할 수 있다 …. 그러나 이러한 자율성 상실을 그가 행한 행동에 대한 책임의 상실로 오해해서는 안 될 것이다 …. 노예조차도 그가 행한 행동에 대한 도덕적 책임이 있다 …. 누구든 스스로의 선택을 통해서 노

20. R. P. Wolff, 앞의 책(1970), p. 12.

예가 될 수는 없는 것이다 …. 그러나 … 누구든 자발적으로 예속과 맹목적 복종의 위치를 스스로 선택할 수는 있다."[21]

그러나 이러한 워프의 언급 속에는 두 가지 오류가 함의되어 있다. 그 중 하나는 인용 '(1)' 과 관련된 것인데, 워프가 개인행동에 따르는 책임문제를 자율적 선택에서 비롯되는 책임문제와 일반 도덕적 행위로부터 비롯되는 책임문제를 혼동함으로써 자율적 선택과는 무관한 책임을 자율적 선택의 책임과 연결시키고 있다는 점이다. 이를 테면 1) 내가 선택한 특정인과의 주택매매계약이 체결되었다든지, 내가 특정 정당을 선택하여 그 입당서약을 했다면 나는 그러한 자율적 선택에 대해 책임을 져야 한다. 그러나 2) 사람을 살해하지 말라는 도덕원칙에 대한 나의 도덕적 책임은 나의 자율적 선택 없이 발생하는 책임이다. 그런데 자율과 권위의 관계는 '1)' 에 해당하는 '자율적 선택–책임' 의 관계이지 '2)' 의 경우가 아니라는 점에서 오류를 구성한다. 사실 신성이나 자연과 같은 초인간적 권위체를 부정하고 나오는 '근대적 인간' 이미지를 부정하지 않는 한, 자율적 선택에 따르는 책임은 '1)' 의 경우를 벗어날 수 없다. 이는 한편으로는 자율성이 자율적 선택과 자율적 책임으로 분리될 수 없음을 말해줌과 동시에, 다른 한편으로는 자율과 권위의 조화문제는 바로 이러한 '자율선택–자율책임' 관계의 관계적 맥락 속에서만 고려될 수 있음을 말해준다.

그 두 번째 오류는 일차적으로 인용문 '2)' 의 '도덕적 책임–노예' 사이에 발생하는 모순관계에서 비롯된다. 우선 노예는 말뜻 그대로 '자신의 자아를 주인의 자아로 바꾼 주인의지의 피사체' 에 불과하기 때문

21. R. P. Wolff, 앞의 책(1970), pp. 14–15.

에 결코 그 행위의 도덕적 책임을 물을 수가 없다. 그 도덕적 책임은 개에 물렸을 경우 그 책임이 개 주인에게 돌아가듯이 노예의 주인에게 돌아간다. 다음 그 오류는 2차적으로, 같은 인용문 속의 '자율적 선택–맹목적 복종' 사이의 모순관계로부터 비롯된다. 그 모순관계는 첫째, 맹목적 복종은 노예의 경우에나 있을 수 있는 현상으로 노예지위를 자율적 선택의 범주 밖으로 보고 있는 워프 자신의 말과 정면 배치된다. 둘째, 자율적 선택은 그것이 자율권 행사의 결과인 만큼 결코 맹목적 복종으로 이어질 수가 없다. 자율권은 그 근거를 보편적인 인간 존엄성원칙의 내면화 결과인 자기 존엄성에 두고 있기 때문에 그 행사에 따른 복종은 자기 존엄성을 견지하게 하는 범위 내에서의 복종이지 결코 맹목적 복종일 수 없는 것이다. 셋째, 설사 그 복종의 맹목성을 인정한다 하더라도 이는 그 복종의 대상자에 대한 고려가 전혀 이루어지지 않은 상관 관계일 뿐이다. 즉, 맹목적 복종을 허락하는 그 복종의 대상자는 만인자유평등원칙과 자율권평등원칙을 위배함으로써 이 위배에 따르는 도덕적 · 사회적 삶을 포기하는 대가(6장 3절 '사회계약 번복문제' 참고)를 감수해야 한다. 따라서 일방적인 맹목적 복종의 허용을 특정인에게 요구하는 것은 그 사람을 제정신이 아닌 파탄자가 되기를 요구하는 것과 같다. 그러니 자신의 자율적 선택을 빙자해서 누구에게 자신의 맹목적 복종을 접수해 달라고 강요할 수 있겠는가? 마지막으로는, 워프의 이러한 언급은 결국 자율권 행사에 의해 선택된 권위에 대한 맹목적 복종을 도입하기 위한 논리적 과정에 해당하는데, 어떠한 권위도 그 본의에서 볼 때 맹목적 복종을 수용할 수 없으며, 자율권은 적어도 이 개념이 하나의 의미요소가 되는 자유주의의 맥락에서 보면 이러한 맹목적 복종으로 인해 포기될 수 없는 것이다. 이에 대해서는 뒤에 워프의 권위개념을 검토하는 자리에서 다시 논의될 것이다.

결국 위의 예에서 보듯이 워프의 자율성개념이 '자율적 선택'과 '선택된 행동에 대한 책임'으로 구분될 수 있다면, 워프가 말하는 '자율성 상실'은 워프가 의도한 대로 궁극적으로 '자율적 선택권'의 상실만을 의미하는 것이 되고 '자율성에 대한 최우선적 책무'는 '책임에 대한 책무'로 이어지게 되어 그 대전제적 성격을 끝까지 견지하는 모습이 될 수 있을 것이다. 그리고 바로 이러한 분리의 문맥 속에서 볼 때만이 워프의 의도에 따라 '자율성 상실'과 '자율성에 대한 최우선적 책무'는 상호 모순관계를 벗어나서 양립할 수 있게 될 것이다.

그러나 위에서 보았듯이 이러한 분리는 연관개념들 사이의 상관성의 맥을 끊고 그 연관 속의 부분개념의 절대화 없이는 불가능하다. 이를 테면 한라산이 높다고 말하는 것은 해발로 따지는 산의 상대적 고도가 도봉산보다는 높다는 말이지, 백두산을 능가하고 히말라야를 능가하여 절대적으로 높다는 말이 아닌 것이다. 또 3장 3절에서 살펴보았듯이 상대방의 수락 없이 이루어지는 '선물공여 약속'이 '스토킹' 범죄를 구성하듯이, 상대방의 수락 없는 '맹목적 복종'은 단지 상대방에게 모든 도덕적 · 사회적 · 법적 범죄의 감수를 강요하는 꼴이 될 것이다. 결국 자율권개념의 의미상관성 속에서 볼 때, 자율적 선택 없는 책임 없고 자율적 선택을 전제하지 않은 책임으로 이어지는 자율권 행사는 없는 것이다.

'자율성 상실'에 관한 이상과 같은 워프의 입론과정은 그가 철학적 아나키즘을 옹호하는 논의에서 제기하고 있는 화두적(話頭的) 의문, 즉 어떻게 자율적인 인간이 설사 그의 자발적 행동에 의해서라 할지라도 '정치적 권위'에 복종할 수 있으며, 과연 이러한 상황은 정당화될 수 있는가라는 의문을 풀어가는 데 중대한 해결의 실마리를 제공한다. 워프는 바로 이 문제에 대한 답을 구하는 데 실패했기 때문에 좌절했고, 그 결과 철학적 아나키즘을 옹호하게 되는 것이다. 더구나 이 정치권위의 정당화 문제는 자유주의 정치질서를 이론적으로 명분화할 때 도입되는 사회계약이론상의 정치적 책무 정당화의 문제와 결부되어 항상 대두되어 왔던 전통적 정치철학의 딜레마 중의 하나였던 만큼 그 해결의 실마리를 제공하는 '자율성 상실'의 구체적 의미는 그만큼 중요성을 갖는다고 말할 수 있을 것이다. 그래서 이하에서는 이 '자율성 상실'의 구체적 의미를 정치사회질서와의 관계 속에서 이에 대한 정치복종의 책무문제와 결부하여 살펴볼 것이다.

앞서 살펴본 바와 같이 워프의 오류가 '자율성 상실'의 문제가 자신이 애써 구분하려 한 자율성의 두 구성요소, 즉 자율선택요소와 책임요소의 의미상관관계를 단절시킨 채 각 요소를 사체(死體)분해식으로 '팔도 사람'이요 '다리도 사람'이라고 너무 포괄적으로 절대개념화한 나머지 궁극적으로 철학적 아나키즘으로 귀결되는 데 있다면, 그 오류의 시정은 '자율성 상실'의 본의를 자유주의적 인간 사회관계질서—이를테면 계약관계기속질서, 사회관계기속질서, 정치관계기속질서 등— 속에서 그 의미연관성을 되살려 보는 일일 것이다. 물론 이때 워프가 의미하는 '인간'이 여러 종류여서 어떤 사람은 '자율적 선택'과 '선택된 행동에 따르는 책임'이라는 자율성의 두 요소를 모두 가지고, 또 어떤 사람은 이 두 가지 중 하나만을 가지거나 또 혹 어떤 사람은 이 두 가지 모두를 가지지 않은 식으로 가정되어서는 안 될 것이다. 즉 인간, 반(半)인간, 비(非)인간이 혼재한다고 가정되는 세상에서는 정치의 이상가치를 따지는 정치사상이나 정치철학이 그 보편성을 가질 수는 없을 것이고, 워프가 옹호하고자 했던 철학적 아나키즘 역시 그 보편성을 내세워 이론화할 수 없었을 것이다. 사실 근대적 인간 이미지 혹은 자유주의적 인간 이미지를 구체적 개인의 자율성의 정도를 수량화하여 그 완벽 정도에 따라 구분하여 부분적으로 투사한다면, 근대 자유주의 정치사상은 물론 근대 정치사상은 그 보편적 이론화 시도를 거의 포기해야 할 것이다.

논의를 쉽게 풀어가기 위해 다음과 같은 상황을 가정해 보자. 어떤 사람 '갑'이 't'라고 하는 시점에서 정부 혹은 여타의 자율권주체, 이를 테면 '을'과 자신의 자발적 동의에 의하여 특정의 관계를 맺게 되었다고 하자. 그리고 워프의 논지를 흐리지 않기 위해서 '갑'이 't'라고 하는 시점에서 '자발성'과 '자율적 선택'에 근거해서 수립된 '을'과의 관계에 대한 변경 · 개폐 · 신설에 대해서는 '갑'과 '을' 모두가 고려하지 않는다고 하자. 이제 자발적 동의를 통한 '을'과의 특정 관계 수립에 의해 '갑'은 이 특정 관계를 규정하는 모종의 정치사회적 규율이나 제도에 구속되게 될 것이다. 그리고 기 수립된 이 관계의 수정 · 개폐 · 신설에 대한 갑의 요구와 이에 대한 상대방 '을'의 동의가 부재하는 상황에서 남는 것은, 워프의 의도 속에 나타나는 바와 같이, 그가 취한 행동과 그 결과에 대한 책임뿐일 것이다. 따라서 시점 't + 1'에서 보았을 때, 워프의 논지를 따라 '갑'의 자율성 중 '자율적 선택'은 상실되는 것이며, 이제 남는 것은 '책임의 책무'뿐라고 말할 수 있을 것이다.

그러나 그렇다고 이러한 상황 속에서도 '갑'의 자율성은 상실되었다고 말할 수 없다는 데 주목해야 한다. 그 이유는 첫째, 워프의 말대로 자율성의 두 요소 중 '자율적 선택' 이외의 '자율성 최우선 책무'는 남는데, 그렇다면 자율성 최우선책무와 더불어 자율선택 역시 남기 때문이다. 이는 워프가 '자율적 선택'도 자율성이고 '자율성 책무'도 자율성이라고 상호 의미연관성을 단절한 채 두 요소를 극대화한 데 따른 것이다.

둘째로는 '갑-을' 간의 관계는 그 자체이건 아니면 모종의 정치사회적 규율이나 제도에 근거하건, 이는 두 사람 사이의 관계질서로 그 관계질서의 유지나 준수 속에는 언제나 자율권 행사의 연속형태로 자율성은 잔존하기 때문이다. 인간 존엄성에 근거하는 자율권이나 자율성은 두 자율권 주체 사이에 수립된 이 관계질서가 그 자율권 근거인 인간 존엄성의 범위 내에서 유지되도록 지속적인 자율권 행사상태 속에서만이 유지 · 준수될 수 있기 때문이다. 우리는 이를 앞장에서 권위부여행위로 표현한 바 있다.

셋째, '갑-을'의 관계가 특정의 관계질서 속에서 유지되는 것은 이 질서에 대한 준수의 연속상태 속에서 가능한데, 이러한 질서준수는 이 관계질서권위에 대한 자율적 복종이고, 관계질서권위는 다름 아닌 두 주체 사이에 합의된 자율권의 집합이기 때문이다. 즉, '갑-을' 관계질서 유지에도 그 관계질서의 권위에도 자율권이나 자율성은 지속태로 잔존하는 것이다. 우리는 이러한 질서와 질서권위를 합하여 '기속질서'(3장 4절 & 5장 5절 & 6장 첫머리 참고)라고 표현해 왔다. 이는 이 관계질서를 정치사회적 규율이나 제도에 근거시켜도 마찬가지인데, 이때 자율권이나 자율성은 이 규율과 제도에 대한 두 주체의 권위부여 행위 속에 잔존하게 된다.

결국 '갑'이 't'라는 시점에서 자율적 선택을 통해 '을'이라고 하는 정부/국가 혹은 특정인과의 관계질서에 자발적으로 복종하기로 하여 복종의 책무를 지게 되었다 하여 이를 하등 '자율성'의 포기나 상실이라 볼 수가 없는 것이다. 물론 여기에는 자발적으로 복종하기로 한 약속이나 동의의 징표를 여하히 확인할 수 있느냐는 문제가 걸려 있기는 하지만, 이것은 6장에서 보았듯이 근대 초 이래 사회계약사상의 '확인의 문제' 와 결부하여 이미 앞서 그 해결을 입증한 바 있다. 즉, 자유주의 인간 사회관계질서의 기본원칙인 자율주의와 자치주의 하의 약속/동의는 자율권 행사의 지속태로 확인된다. 또 여기에는 복종을 약속한 국가/정부, '을' 이 그 이후 정당화될 수 없는 권력남용을 할 경우는 어떻게 할 것이냐는 문제가 남아 있는데, 이 문제는 다음 소절 '워프의 권위개념' 에서 다루기로 한다.[22)]

이상 살펴본 대로 복종의 책무가 자율성 상실이나 자율성 포기의 징표로 볼 수 없다면, 자율권 행사 후 자율적 선택의 포기에 따르는 '자율성 상실' 때문에 철학적 아나키즘을 옹호 할 수밖에 없다는 워프의 주장은 여기에서 그 중요한 이론적 주춧돌 중의 하나를 잃게 된다. 즉, '판단포기' 와 '맹목적 복종' 이 '자율적 선택' 과 연결됨을 논증함으로써 권위에 대한 복종이 '자율성 상실' 임을 입론하려던 워프의 의도는 입론의 주추가 되는 논증이 모순과 오류 속에 좌초됨으로써 '근거 잃은 입론' 혹은 '주장을 위한 주장' 으로 귀결되고 만 것이다.

2) 워프의 권위개념 검토

워프의 철학적 아나키즘은 정치사회 구성원들의 자율성과 정당한

22. 이 문제에 관련해서도 6장에서 '사회계약 번복문제' 에 대한 논의 속에서 언급한 바 있다. 기실 여기에서 워프는 삶과 연속된 계약적 · 사회적기속질서의 동연에 서 있는 사회계약질서를 단발성 이벤트로 보는 것과 동일한 오류 속에 있다.

권위가 양립 불가하다는 결론에서부터 나오는 것인 만큼, 이제는 워프의 '권위개념'에 대한 이해와 이에 곁들인 입장은 무엇이고, 워프가 말하는 권위는 과연 정당한 권위인지 살펴볼 차례이다. 워프는 권위와 관련하여 다음과 같이 설명한다.

① 우선 그 정의와 관련하여 "권위란 명령할 수 있는 권리를 말한다. 그리고 반대로 그 명령에 대해 복종받을 권리를 말한다. 그러나 권위는 권력과는 구별되어야 한다. 권력이란 위협이나 물리적 강제력을 사용하여 복종을 강요할 수 있는 능력을 말하기 때문이다."[23)]

② 이어서 워프는 이를 다음과 같이 부연설명한다. "그렇다면 권력을 갖는다는 것은 무엇을 의미할까? 그것은 권위에 대한 권리를 갖는다는 의미일 수 있다. 아니면 그것은 권위가 대상으로 하는 사람들에 의해 권위가 인지되고 받아들여질 것에 대한 요구를 의미할 수도 있다."[24)]

③ 그리고 워프는 권위가 존재하는 장소에 대하여 다음과 같이 밝히고 있다. "… 권위는 사람 속에 존재한다 ; 그들은 권위를 소유하는 것이다 …. 만약 그들이 권위를 갖는다고 한다면 … 그것은 그들이 무엇을 명령했느냐 (하는 내용) 때문이 아니라 그들이 (과연) 누구냐 하는 (그들의 자질) 때문이다. 내가 (그 권위에) 복종할 의무는 바로 (권위를 가진) 그들에게 지는 것이지, 어떠한 도덕적 법률이나 내가 수행하도록 명령받은 그 행동에서부터 오는 혜택 때문

23. R. P. Wolff, 앞의 책(1970), p. 4. 강조첨가.
24. R. P. Wolff, 앞의 책(1970), p. 5. 강조첨가.

에 이에 대해 복종할 의무를 지는 것은 아니다."[25]

이상 인용된 부분 중 '1)' 에 나타난 워프의 권위개념에 대한 '정의'는 이에 대한 부연설명을 포함하여 약간의 수정만 거치면 별 문제가 없는 듯하다. 다시 말하여 권위가 궁극적으로는 명령할 수 있는 권리를 나타낼 수 있지만, 그보다 먼저 권위는 권력과는 달라서 먼저 권위가 대상으로 하는 복종하는 자 측에서의 자발성과 존경이 선행되어야 할 것이다. 따라서 권위는 복종받을 권리보다 먼저 복종받을 의무가 선행다고 여겨진다. 이러한 수정은 두 가지 사항을 함의한다. 첫째, 명령할 권리로서의 권위는 자발적 복종을 그 내부에 함의하기 때문에 내재하는 권리일 뿐 표면화되는 권리가 아니라는 점이다.[26] 두 번째는, 이 내재하는 권리는 권위가 권위관계에 서는 관련주체 사이의 관계질서에서 형성되고, 그 질서 내에 존재하는 만큼 이 명령하는 권리 역시 관계질서 속에 내재한다는 점이다. 관계질서 속에 내재하는 명령권은 관계질서가 준수되는 한, 그리고 관계가 유지되는 한 표면화될 필요가 없다. 권위가 가지는 명령권의 표면화는 관계의 파기 혹은 관계질서의 위배를 의미하기 때문에, 그리고 권위는 자발적 복종을 전제하기 때문에 권위의 명령권은 권위의 내재적 속성일 뿐이라고 말할 수 있는 것이다. 이러한 내재적 속성으로서의 권위의 명령권은 대자적 관계에서는 자

›››

25. R. P. Wolff, 앞의 책(1970), p. 6. 강조첨가.

26. 이러한 권위의 내재적 권리는, 롤즈식으로 표현하면, 피권위자의 공공이성에 함의된 '시민적 의무(duty of civility)'와 대응관계에 선다. 이와 관련해서는 J. Rawls, *Political Liberalism*(N. Y. : Columbia University Press, 1993), Lec.VI (특히, pp. 137, 139-140) ; 이 책 7장1절 참고.

기권위 하의 '자제'로, 계약관계질서와 사회기속관계질서에서는 도덕적 · 사회적 삶의 소외나 파탄을 담보한 '억제'와 대응관계를 이루게 됨은 이미 앞장 1절에서 살펴본 바이다.

'1)'의 인용에 나타난 워프의 권위개념의 수정은 '1)'의 후미와 인용 '2)'의 인용문에 나타난 워프의 권위와 권력의 구분에 개재된 오류로 인한 무실화를 막아준다. 워프의 권위와 권력의 구분에는 다음과 같은 오류가 개재되어 있다. 첫째, 워프의 두 개념의 구분은 그 차별화에 실패했다는 점이다. 권력이 권위에 대한 권리이고 권위는 복종에 대한 명령권이라면 권력은 명령에 대한 권리의 권리가 되는데, 이는 권리의 중첩을 표시할 뿐 명령권이라는 속 내용상에는 하등 다를 바가 없기 때문이다. 설사 권력의 권리는 권위대상자들의 권위수용에 대한 권리로서 권위의 명령권과 다르다고 할지 모르나 권위수용 역시 그 내용이 권위의 명령권에 대한 수용이 되므로 두 개념을 차별화할 수 없다. 둘째, 이렇듯 워프가 권위와 권력에 대한 차별화에 실패한 데에는 권위와 권력의 형성과 그 근거에 대한 차별화의 실패가 놓여 있다. 권위는 앞장에서도 누누이 강조했듯이 관련주체들이 자율권 행사를 통해 수립하는 관계질서 수립과 더불어 이에 대한 권위부여 속에서 형성되기 때문에 그 근거를 관련주체들의 자율권에 둔다. 그러나 권력은 6장에서 살펴보았듯이 관계질서를 보호 · 관리한 관계질서통제기구의 창설과 더불어 형성되며, 그 근거를 관계질서 권위에 둔다. 이 통제기구의 등장과 더불어 관계질서 권위에 내재하던 질서준수 요구권리, 혹은 관계질서 권위의 이에 대한 복종명령권은 이제 표면화되어 관계질서통제기구의 명시적 복종요구권이 된다. 이와 동시에 도덕적 · 사회적 삶을 담보로 하는 자기 억제 속의 자율적 복종은 관계질서 위반에 대한 벌책(罰責)을 담보로 하는 가시화된 명령복종을 포함하게 된다. 이러한 명령복종이 관계질서에 대한 자율적 복종이 이루어지지 않은 경우에 국한됨에 대해서도 이미 6장에서 밝혔다. 그리고 이 경우는 이미 관계의 파기 혹은 관계질서의 위반을 의미함은 바로 위에서 밝혔다. 결국 이상의 권위와 권력의 차이에 대한 워프의 몰이해가 권력을 아무런 단서 없는 '위협'과 '물리적 강제력'에 의한 '복종강요'로 내모는데, 이것이 워프의 세 번째 오류이다. 즉, 권력은 관련주체들이 권위화한 그들 사이의 관계질서 권위에 의해 관계질서 보호 · 관리를 목적으로 위탁된 통제기구의 창출과 더불어 관계질서권위에 근거하여 존재하기 때문에 무조건의 위협과 물리적 강제력을 통해 질서준수를 강요할 수 없다. 그런데 워프는 권력의 속성을 이러한 강요로 보편화함으로써 그 속에 내재하는 권위로부터 완전히 단절된 권력의 개념을 설정하게 되는 것이다.

'3)'의 인용문, 권위의 '존재장소(locus)'에 관한 워프의 언급은 그 자체뿐만 아니라 앞절 2-(1)에서 살펴본 '자율'과 관련하여 심각한 문제를 노정한다. 그 자체상의 문제는 이 인용부분에 나타나 있는 워프의 언급으로 미루어 워프가 생각하고 있는 권위의 전반적 성격은 온통 "소유적" 성격의 개념으로 나타난다는 점이다. 이 문제가 무엇을 의미하는지는 이미 7장에서 상세히 다룬 바 있거니와, 본 논의와 관련하여 그 특징적 사안만을 개략한다면 다음과 같다. 첫째, 권위는 워프의 이해와는 달리 누구에 의해 소유될 수 없는 것이라는 점이다. 권위가 어느 한 사람의 일종의 소유물로 여겨질 때, 이 권위 속에는 권위성립시에 행사되었던 피권위자들의 자율성은 사라져 버리고 단지 권위를 소유하고 있다고 생각되는 권위담지자의 자율성만이 남게 된다. 이러한 개념설정이 가지는 문제점에 대해서는 7장에서 '판단포기 오류'와 관련하여 이미 살펴보았다. 권위담지자의 자율성만이 권위를 행사하는 원동력이 될 때 우리는 그것을 자의적 권위행사라 할 수 있을 것이고, 이를 흔히 권위주의라 불러마지 않는 것이다.

뿐만 아니라 워프에 의하면 이 권위의 소유는 권위가 수행해야 할 임무의 내용, 즉 명령의 내용이 무엇인가에 의해 결정되는 것이 아니고 권위담지자가 누구냐, 혹은 어떤 자질의 어떤 성격의 인간이 권위담지자로서 적합하느냐의 여부에 따라 결정되는 것이기 때문에 여기에는 '인간은 모두가 자유롭고 평등하다' 는 자유주의 제1근거원칙을 심각하게 훼손하는 씨앗이 숨겨져 있다. 다시 말해서 권위담지자는 그가 다른 사람과는 본원적으로 달리 탁월하기 때문에 권위를 담지한다는 일종의 인간불평등관이 도사리고 있는 것이다. 인간 불평등을 바탕으로 하는 권위관계의 설정은 권위관계 자체의 불평등을 초래할 수밖에 없으며, 이는 바로 위에서 본 권위담지자만의 자율권 행사가 주축이 된 권위행사와 합해서 보면 자연적 귀족주의의 권위관계, 혹은 노예와 주인 사이의 권위관계에 다를 바 없는 것이다. 이로부터 두 번째, 권위가 관련 주체들의 관계질서 속에, 그리고 이 관계질서가 정치사회적 규율과 제도로 나타날 경우에는 이 규율과 제도 속에 존재한다는 점을 워프가 오해하고 있음을 지적하지 않을 수 없다. 그러나 권위의 존재장소를 (인용 '1)' 에 대한 수정사항에서 밝힌) 관계질서 속에서 이해할 때에는 위에서 지적된 워프식의 소유적 개념으로 이해된 권위가 노정하는 모든 문제는 해소된다. 즉, 관련 주체들의 자율성과 연계되는 권위, 자유주의기본정신에 부합하는 권위, 직위와 직책으로 표현되는 권위가 되는 것이다.

더구나 인용문 '3)' 에 나타나는 "피권위자들의 복종의 의무는 어떤 도덕적 법률이나 이들이 그 명령에 따라 수행해야 될 행동의 성격에서부터 비롯되는 것이 아니고 바로 권위담지자 자신 때문에 비롯된다"는 워프의 언급은 그의 권위개념을 달리 해석할 도리가 없는 100% 순수 소유적 개념으로 못박아 버린다. 그의 말대로라면 권위는 여느 사람보다 우월한 권위담지자가 소유하는 것이고, 따라서 권위담지자의 자율성만이 살아남는 것이기에 내가 이 권위에 복종할 의무는 바로 이 권위담지자 때문이라 할 수 있을 것이다. 그런데 이때 권위는 그 정치사회 구성원들의 자율권 행사가 수렴된 제도적 성격을 떠나 우월한 자의 인치(人治)의 근거로 둔갑해 버리고 마는 것이다. 바로 이 우월한 자의 인치가 앞서 살펴본 '자율'과 관련하여 '도덕적 책임성'과 '예속 내지는 맹목적 복종' 사이의 상호 모순성, 그리고 궁극적으로는 '예속과 맹목적 복종'이 '자율권 평등'이라는 도덕원칙의 위배로 나타난다. 그러나 바로 위의 문제에서도 드러난 바와 같이 그의 강한 소유적 권위개념과 그에 따른 '자율성 상실'이 불가피해진 논리구조 속에서는 '도덕적 책임'의 문제보다도 앞서서 바로 '자율성 상실'이 불가피해진다. 그리고 이 모두는 자율이 권위로부터 소외되어 있음을 말해준다.

이를 테면 워프는 정치적 복종과 명령관계에서 일단 복종자의 입장에서 정치적 명령에 복종할 것을 약속 혹은 동의하였을 경우 복종자의 자율권 행사를 일종의 '판단포기'의 계기로 간주하는데,[27] 이는 마치

---

27. R. P. Wolff, 앞의 책(1970), pp. 69-70, 15. 워프가 언급한 "판단포기"의 입장은 7장4절에서 프랫스만이 지적하듯 서구 자유주의 정치이론가들이 보편적으로 수용하는 입장임은 물론, 이는 4장 2절에 보이는 바와 같이 H. L. A. Hart로 대표되는 서구자유주의권리이론들에도 '권리포기'라는 형태로 수용되고 있는 입장이다. 이렇게 보면, 서구 자유주의 정치이론들은 거개가 이 잘못된 입장에 노출되어 있다고 말할 수 있을 것이다.

약속이나 동의가 정치적 예속관계의 계기가 되는 바와 같은 것으로 자율성 소외 혹은 자율권 소외의 단초가 된다. 이미 약속이나 동의할 시점은 앞서 살펴본 대로 't' 시점에서 '갑' 이 자율권 행사를 한 그 시점과 같은 것으로, 그 약속과 동의는 일종의 자기 입법화(3장 4절 참고)와 같은 행위가 되는 것이고, 또 약속이나 동의의 결과로 수렴된 정치관계에서의 복종은 자기 입법에 대한 자기 복종, 즉 자치와 같은 효과를 갖는데, 워프는 이를 판단포기로 간주하여 자치질서권위로부터 강제로 분리해내고 있기 때문이다. 만약 약속이나 동의 이후의 정치적 복종이 '판단포기' 라 한다면 정치적 명령은 피치자들의 자율성과는 전혀 무관한 외삽적(外揷的) 행위가 되어 '자율성최우선책무원칙' 에 자기 모순을 불러들이고 만다. 그리고 그 결과는 워프 스스로가 '자율성최우선책무원칙' 을 내세워 강조해마지 않는 철저한 자율성개념 그 자체를 무력화시켜 버리는 식으로 나타나게 되는 것이다.

또 다른 예로, 워프의 언급 중 "따라서 루소(Rousseau)가 노예일지라도 그가 행한 행동에 대해 도덕적 책임이 있다는 의미에서 어느 누구도 스스로의 선택에 의해서 노예가 될 수는 없다고 말했을 때 그는 옳은 것이다. 그러나 만약 그가 이 말을 어느 누구도 자발적으로 스스로를 예속과 맹목적 복종의 위치에 서게 할 수 없다는 의미에서 했다면 그는 틀린 것이다"[28]라는 워프의 주장은 위에서 언급한 권위로부터 소외된 자율성과 관련하여 다음과 같은 함의를 가진다.

첫 번째, 스스로를 예속과 맹목적 복종에 내던질 수 있는 사람이 그 자신의 행동결과에 대한 도덕적 책임을 져야 한다는 언급은 자율성에

28. R. P. Wolff, 앞의 책(1970), pp. 14-15.

근거하지 않은 외삽된 권위에 대한 자율적 복종의 책임이 있음을 강변하는 것으로, 이는 '강제의 자율적 수용'이라는 이율배반을 구성한다. 워프 자신이 정의한 대로 "도덕적으로 책임질 수 있는 사람은 … 자신이 도덕적 규제 속에 들어 있다는 것을 알 뿐만 아니라 … 자신 스스로가 그러한 도덕적 규제의 판단자"[29)]인 자율적 주체인 반면, 예속과 맹목적인 복종은 이러한 자율적주체 이미지에 전면 배치되게 그 예속의 대상 혹은 그에게 '명령하는 자의 자아'로 '자기 자신의 자아'를 대체한 경우에만 가능해지기 때문이다. 어떻게 자신의 자아를 잃고 타인의 자아, 즉 주인의 자아로 살고 있는 사람이 도덕적 규제를 알 수 있으며 또한 그 규제판단의 자율권을 가질 수 있을까? 결국 "도덕적 책임성"과 노예적 "예속과 맹목적 복종"은 양립 불가한 것이고, 이 양립 불가한 것이 노예를 판별하는 2중의 배리적(背理的) 기준으로 차용되고 있는 것이다. 이는 권위로부터 소외된 자율을 다시 권위에 접속시키는 논리적 견강부회(牽强附會)에 다름 아니다.

두 번째 함의는, 워프가 루소를 원용하면서 부인하고 있는 노예 가능성과 관련된다. 위에서 드러난 워프의 논리적 견강부회는 그의 강한 소유적 권위개념과 그에 따른 '자율성 상실'이 불가피해진 논리구조 속에서 '도덕적 책임'의 문제보다도 '자율성 상실'이 선행되기 때문에 노예가 불가능한 것이 아니라 전적으로 가능해질 수밖에 없게 된다. 오히려 워프의 노예는 자율성을 상실할 뿐만 아니라 자율성을 상실한 후로도 그의 행동의 결과에 대한 도덕적 책임을 져야 하는 일반적 노예보다도 더 가혹한 상태에 있는 노예가 되어버리는 것이다. 그리고 이 노예

29. R. P. Wolff, 앞의 책(1970), p. 13.

는 어떤 특수한 상황 속에서의 특정인이 아니라, 워프의 소유적 권위 혹은 권위주의적 권위 하에 있는 모든 피권위자들이 가지는 일반적 지위나 다름없다는 점에서 문제의 심각성은 더더욱 커지는 것이다. 왜냐하면, 피권위자들의 자율성 혹은 자율권은 외삽된 권위의 성격을 가지는 워프의 권위와 전적으로 단절되고 소외될 뿐만 아니라, 이 단절과 소외 속에서 남는 것은 오로지 워프가 밝힌 대로 자율성 포기 혹은 판단포기가 결과하는 맹목적 복종뿐이기 때문이다. 피권위자의 자율성 상실 속의 맹목적 복종은 노예가 주인의 자아가 명령하는 대로, 즉 맹목적으로 따르는 것과 다를 바가 없다. 이런 의미에서 워프의 논리적 견강부회에도 불구하고 워프의 소유적 권위로부터 소외될 수밖에 없는 워프의 자율개념은 그가 주장하는 노예 불가능성을 가능성으로, 그리고 그것도 모든 피권위자들의 노예 가능성으로 귀결되는 것을 차단할 수 없는 것이다.

세 번째 함의는, 설사 "도덕적 책임성"과 "예속과 맹목적 복종"이 양립할 수 있다고 양보하더라도 이것은 복종하는 노예의 입장에서만 본 것이지, 그 복종을 받는 주인이나 명령자의 입장은 전혀 고려하고 있지 못하다는, 관계질서권위로부터 소외된 자율과 관련된다. 이는 앞서 지적했듯이 자율성개념의 절대화에서 야기되는 문제와 상호 연결된다. 다시 말하면 "예속과 맹목적 복종"을 받아들이는 사람은 그가 비록 자연적 귀족주의자이거나 철저한 인간 불평등론자일 수는 있어도 "도덕적으로 책임 있는" 사람일 수는 없을 것이다. 왜냐하면 '자율성최우선책무원칙'은 '인간은 모두가 평등한 자율권을 가진다'는 만인자유평등원칙과 이에 근거하는 자율성평등원칙의 최우선성의 개인적 표현인 만큼, 이 원칙에 부합하는 관계질서 속에 있는 당사자들은 결코 사람이

기를 거부하지 않고는 수용할 수 없는 "예속과 맹목적 복종"을 허용하지 않을 것이기 때문이다.

'도덕적 책임'과 '맹목적 복종'의 연계를 강제하고 있는 워프의 논리가 얼마나 잘못되었고 심지어는 자가당착적(自家撞着的)인지는 그의 다음과 같은 언급을 보아도 알 수 있을 것이다. "모든 인간은 형이상학적으로 자유롭고 또 자유롭게 선택할 능력이 있을 뿐만 아니라, 자신의 선택에 대한 지식과 판별능력을 갖추고 있다."[30] 이 언급은 2장에서 살펴본 근대적 인간의 모습을 어휘만 다르게 표현한 것으로, 최소한 '형이상학적으로', 이러한 근대적 인간이 스스로가 노예가 될 수 없듯이 자의에 의해서 노예주가 되어 노예를 거느릴 수는 없는 것이다. 결국 맹목적 복종을 용인하는 워프의 자가당착적인 논리는 결과적으로 '자기모순원칙'(3장 3절 참고)의 위배를 용인하는 논리가 된다. 그리고 이 자가당착의 논리는 자율의 권위로부터의 소외를 은닉하기 위한 호도논리, 그것도 견강부회의 호도논리에 불과하다.

이러한 자율성이 소외된 권위 하의 피권위자들은 아무런 제도적 제어장치 없이 권위담지자의 자의적 권위행사라는 위험에 항상 노출되어 있을 수밖에 없다. 옛날 절대군주제 시대와 마찬가지로 권위담지자, 즉 왕의 선정과 자비를 기대하며 신민(臣民)으로서의 삶을 살아갈 수밖에 없다. 피권위자들이 자신들의 자율권 행사를 통해 수립한 권위에 대해 하등의 권리주장을 할 수 없는 상황이 왕정 하에 놓인 신민의 상황과 무엇이 다르겠는가? 이는 가히 옛 프랑스의 루이 14세(Louis XIV)의

30. R. P. Wolff, 앞의 책(1970), pp. 12–13 ; L. H. Perkins, "On Reconciling Autonomy and Authority", *Ethics*, vol. 82–2(Jan. 1972), p. 115.

"짐이 국가다(L'état c'est mois)"라는 불호령이 자연스러운 상황을 연상시키거나와, 자율성이 소외된 권위는 만든 후 아무도 통제할 수 없는 홉스의 리바이어던(Leviathan) 혹은 쉘리(M. Shelley)의 프랑켄쉬타인(Frankenstein)과도 다를 바가 없어 보인다. 통제할 수 없는 권위는 그 자체 성립될 수도 없거니와, 굳이 이름을 붙인다면 권위주의적 권위가 되어 그것이 수립된 후 피권위자들은 '판단포기'의 상태 속에서 노예로 전락해 버리고 마는 것이다. 그러니 이러한 권위와 이러한 권위로부터 나오는 명령에 노출되어 있는 피권위자들과 피명령자들의 자율성이 워프가 이해하는 권위로부터 소외되는 것은 당연한 것이며, 따라서 워프의 권위와 접속되지 않는 자율 혹은 권위로부터 소외될 수밖에 없는 자율을 놓고 좌절하고 이로부터 그가 철학적 아나키즘을 변호하게 되는 것 역시 극히 당연하다 하지 않을 수 없는 것이다.

이러한 워프의 소유적 성격의 권위개념은 그간 그의 자율개념을 검토하면서 논리적 모순구조 속에 모호성으로 남았던 몇몇 문제점의 근거와 경위를 또렷이 드러내 준다. 그 중에서 우선 자율적 선택(약속/동의)의 포기를 "자율성 상실"로 보았던 워프의 문제점을 본다. 이에 개재되어 있는 논리적 모순에 대해서는 이미 그의 자율성개념 검토에서 지적한 바지만, 그의 권위개념 검토를 곁들였을 때 드러나는 이 모순의 귀착점은 소유적 특성을 가지는 권위는 불가불 '자율선택'과 '자율성 상실'의 등식화로 나타난다. 왜냐하면 워프의 논리에서 자율권 행사로 일단 이루어진 권위가 이제 피약속자들의 자율과는 무관하게 권위담지자의 전적인 '소유물'이 되기 때문이고, 그로부터 나오는 명령은 피약속자들의 '판단포기' 상태에서 권위담지자의 독보적 권리로 전이(轉移)되어 버리기 때문이다. 그러니 권위수립의 근거가 되는 피약속자들의 자율성은 권위수립과 더불어 사라지게 되고, 이는 곧바로 '자율성 상실'로 등식화되어 나타날 수밖에 없게 되는 것이다.

다음으로, 논리적 모순구조 속에 있는 또 다른 하나의 문제는 루소(J.-J. Rousseau)를 예로 들어가면서 "책임의 면에서 볼 때는 노예일 수가 없는 것이고 자율적 선택이라는 면에서는 노예일 수 있다"는 워프의 야릇한 주장과 관련된다. 우리는 앞서 이미 이 문제가 '도덕적 책임성'과 '예속 내지는 맹목적 복종' 사이의 상호 모순성, 그리고 궁극적으로는 '예속과 맹목적 복종'이 '자율권 평등'이라는 만인자유평등원칙의 실행원칙에 위배되기 때문에 그 자체 성립이 불가할 뿐만 아니라, 워프 자신의 인간에 관한 전제에도 위배되는 일관성 없는 주장에 불과한 것으로 밝힌 바 있다. 그러나 이 모순구조는 워프의 강한 소유적 권위개념과 그에 따른 '자율성 상실'이 불가피해진 논리구조 속에서는 '도덕적 책임'과 '자율적 선택'이 분리되어야 하는 불가피성에서 비롯된 것이다. 권위가 소유될 수 있는 상황 하에서는 '판단포기'를 경유하여 노예가 전적으로 가능해질 수밖에 없게 되는 것이다. 결론적으로, 워프의 소유적 권위개념 하에서는 그 스스로도 경악하며 고백하고 있듯이, "심지어는 유토피아적 이상사회에 있어서일지라도 권위와 자율은 결코 상호 조화될 수 없다"는 말이 불가분 성립할 수밖에 없다. 그래서 워프는 이상 아닌 오류 속의 허구를 좇다가 좌절한 아나키스트, 철학적 추론의 오류 속에서 자유주의의 기본정신을 등진 철학적 아나키스트가 될 수밖에 없었던 것이다.

8-3. 철학적 아나키즘과 그 수정

지금까지 우리는 워프의 자율성개념과 권위개념에 대하여 검토하여 보았다. 그리고 워프의 이들 개념에 대한 논의과정에 산재하는 논리적 모순구조가 최종 어디에 귀착하는지에 대해서 몇몇 대표적인 문제를 통하여 살펴보았다. 이제는 이를 바탕으로 하여 그의 철학적 아나키즘 옹호론의 주제를 검토해 보면서 검토결과 나타난 오류들이 어떻게 수정될 수 있는가에 대해서 살펴볼 차례이다.

워프의 철학적 아나키즘 옹호론의 핵심은 권위와 자율 사이의 양립 불 가능성에 있다. 그리고 그의 '자율-권위' 간의 불가 양립성은 다음과 같은 추론을 통하여 도출된다.

1) 자율은 자기 입법이다. 다시 말하면 어떤 행위를 행함에 있어 이를 다른 사람이 하라고 명령했기 때문에 행하는 것은 아니라는 말이다. (이때 순수하게 다른 사람의 말 때문에 어떤 행위를 행한다면 이는 그 행위자 자신의 의지를 다른 사람의 의지에 예속시키는 것으로 본다.)
2) 권위는 명령하는 권리이자 복종받을 권리를 말한다. 그리고 권위는 특히 사람이나 사람들에 의하여 소유된다. (이때 이 권위의 귀속 여부는 권위가 행하는 명령의 내용 때문이 아니라 그 명령을 발하는 사람, 즉 권위담지자가 어떤 특성을 가지는 누구냐에 달려 있다.)
3) 복종이란 누군가 다른 사람의 명령에 따라 무엇인가를 행하는 것을 말한다. (이때 복종은 그 정의상 복종하는 자의 의지를 명령하는 자의 의지에 예속시키는 것을 의미한다.)

4) 1) 2) 3)으로부터 복종이 가능하기 위해서 자율은 권위의 수립과 더불어 상실·포기되어야 한다. 역으로 권위는 자율이 소멸된 연후에야 존속할 수 있다. (이때 자율성의 주체는 피명령자가 되고 권위의 주체는 명령자가 되며, 권위의 수립과 더불어 자율성 주체의 의지는 권위자의 의지에 예속된다.)

5) 따라서 소결론으로, 권위와 자율은 양립할 수가 없다.

이상이 워프의 권위와 자율 간의 불가 양립성에 대한 추론과정을 보인 것이라면, 이러부터 한 걸음 더 나아가면 철학적 아나키즘의 불가피성이라는 대결론에 이르게 된다. 즉,

6) '1)–5)'로 부터 자율에 대한 도덕적 책무의 최우선성을 중시하는 한 통치와 복종을 중심으로 하는 정치질서에서, 심지어는 자유주의정치질서가 거의 완벽하다고 여겨지는 '유토피아'에서도 정당한 정치권위는 있을 수가 없다(왜냐하면 권위의 수립과 더불어 최우선시 되어야할 자율은 소멸하니까). 그리고 철학적 아나키 질서만이 자율성최우선책무원칙에 합당한 인간 사회관계질서가 된다(왜냐하면 철학적 아나키질서 하에서만이 사람들은 자신들의 자율성을 상실하지 않고 다른 사람의 권위에 부당하게 복종하지 않을 수 있기 때문에).

이러한 논리적 추론을 통하여 도출된 워프의 철학적 아나키즘이 얼마나 심각한 문제점들에 노출되어 있는지는 그의 추론과정 속에 포함되어 있는 자율성개념상의 문제점, 권위개념상의 문제점, 그리고 '판단포기'를 전제한 복종의 의미에 내재되어 있는 문제점들을 지적하면서

이미 살펴본 바이다. 그래서 이하에서는 지금까지 검토해 본 문제점을 바탕으로 해서 워프의 추론과정이 어떻게 수정되어야 하는지, 그리고 그러한 수정을 거친 후 그의 철학적 아나키즘 이론은 어떠한 결말을 맞게 되는지에 대해 살펴본다.

수정 1 : 워프의 자율성에 관한 개념규정은 그가 주장하고 있는 '자율성 상실'을 제외한 채 그대로 받기로 한다. '자율성 상실'에 관한 주장을 삭제하는 이유는 이미 앞서도 살펴본 바이지만, 우선 이 주장은 1) 그의 '자율성최우선책무원칙'이라는 대전제 자체와 모순되고, 2) 자율성이 근거하는 인간 존엄성을 훼손할 뿐만 아니라, 3) '자율적 선택'과 '자율책임'을 분리하게 하여 자율성의 개념적 유기성을 파괴하여, 4) 궁극에 가서는 오류 투성이의 소유적 권위개념을 도입하기 위한 길잡이 역할을 하기 때문이다.

수정 2 : 워프의 권위개념에 대한 정의는 그대로 보존한다. 그러나 그가 권위담지자가 '소유'한다고 믿는 권위는 정치사회적 관계질서 속의 '규칙'이나 '제도적 지위'에 '존재'해야 하고, 이 규칙이나 제도의 권위는 그와 관련된 사회구성원들의 자발적 동의나 승낙에 의해 부여된 권위로 형성된(권위화된) 것이어야 한다.

수정 3 : 워프의 '판단포기'가 전제된 '복종' 개념은 전적인 수정을 요한다. 왜냐하면 이는 워프가 권리를 소유물로 오해한 데서 비롯되고, 이 '복종' 개념 때문에 '자율성 상실'이 전제되는 것이며, 그 자체 오류인 소유적 권위개념이 이 복종개념으로 정당화되기 때문이다. 따라서 다시 고쳐 쓴다면 다음과 같이 될 것이다. [복종이란 관계질서 속의 질서참여자들이 권위화한 관계질서의 준수나, 이 질서가 창출한 정치사회적 규율 및 제도적 질서에 대한 자율적 준수를 의미한다.]

이상의 수정을 바탕으로 바르게 이해되는 '자율' – '권위' 상호관계를 구성해 본다면 다음과 같이 될 것이다.

1) 자율은 인간 존엄성에 근거한 자기 입법이다. 다시 말하면 어떤 행위를 행함에 있어 그것을 다른 사람이 행하라고 했기 때문에 행하는 것은 아니다.
2) 권위는 자율성에 근거하며, 자율적 복종의 대상이다. 이 권위는 자율성주체 사이의 관계질서나 이 질서가 의존하는 정치사회적 규율이나 제도적 질서에 존재한다. (이때 규율이나 제도적 질서는 관계질서가 그렇듯이 질서참여자들의 권위부여를 통해 권위화되어야 한다.)
3) 복종이란 관계질서 속의 질서참여자들이 권위화한 관계질서에 대한 자율적 준수나, 이 질서에 의해 창출된 정치사회적 규율 및 제도적 질서에 대한 자율적 준수를 의미한다. 다만 관계질서를 보호·관리하는 질서통제기구나 통치기구가 존재할 경우, 자율적 복종의 불이행의 경우에 한해서 명령적 복종이 가능하다.
4) 자율과 권위는 관계질서 속에서 서로가 서로를 전제하며, 이 관계질서는 권위질서이자 자치질서 혹은 자율질서이다.
5) 권위의 존재는 자율이 최대한도 보장될 때만이 가능하며, 권위수립 이후에도 자율은 권위가 위치하는 관계질서와 이 질서가 창출

한 정치사회적 규율 및 제도적 질서의 존립 · 폐지 · 수정에 필수적인 동의기반 속에 '자율성최우선책무원칙'과 더불어 언제나 견지된다.

6) 이상으로부터 자율과 권위는 서로가 서로를 전제하는 만큼 언제나 양립되어야 하고, 이 양립성은 '자율-권위' 관계와 관련되는 관계질서, 자율선택, 자율책임, 복종 등에 항상 내재해야 한다.

결국 이상의 '수정'과 '구성'을 통해서 볼 때, 워프의 '자율-권위' 간의 불가 양립성과 이에 근거한 철학적 아나키즘 옹호론은 그 설 자리를 잃게 된다.

8-4. 워프 문제에 대한 서구 자유주의 이론들의 비판 검토

지금까지 우리는 워프의 『아나키즘 옹호론』을 중심으로 과연 철학적 아나키즘이 그 개념의 구성상에 있어서나 논리적 추론과정에 있어서 타당성이 있는지를 검토했다. 그리고 그 검토결과 워프의 자율-권위 간의 양립 불가능성에서부터 출발한 철학적 아나키즘은 잘못된 개념적 이해와 잘못된 추론 위에 얹힌 논리적 허상임이 밝혀졌다. 특히 워프의 논리적 추론과정에 대한 검토는 그의 논의가 구성하는 논리적 모순구조를 드러내고 그 모순구조의 최종 귀착점을 헤아리는 방식으로 이루어졌다.

워프의 '자율' 및 '권위' 개념에 대한 이해와 두 개념 상호 간의 관계에 대한 추론에 얽혀 있는 문제점들과 논리적 모순 등을 모두 종합해 보면 이 모두는 궁극적으로 그의 소유적 권위개념에 집중됨을 알 수 있다. 자율성개념 검토 중 지적된 '자율성 상실' 의 문제는 소유적 권위개념을 도입하기 위한 길잡이격이었고, '자율성 상실' 의 예로 들었던 '약속' 의 문제나 '노예' 의 문제는 소유적 권위개념이 필히 전제 할 수밖에 없는 권위와 명령의 외삽성(外揷性), 즉 권위담지자의 자의성을 피권위자와 피명령자의 자율로부터 독립시키기 위한 하나의 복선이었다. '판단포기' 를 전제한 '복종' 의 문제 또한 '자율성 상실' 을 내세워 도입한 소유적 권위개념을 확고하게 정위(定位)시키 위한 마지막 못질에 해당하는 것이었다. 왜냐하면 '판단포기' 를 전제한 '복종' 은 소유적 권위가 존재함으로써 귀결되는 논리적 결과이기 때문이다. 결국 워프의 개념구성은 소유적 권위개념을 정립하기 위한 보조적 장치들이었던 것이다. 그런데 '자율-권위' 관계에서 권위의 소유개념화는 역으로 자율성의 소유개념화를 정당화시킨다. 그래서 '자율성 상실' 이라든지 '판단포기' 라는 소유물로서의 자율성을 전제한 사유(思惟)가 가능해진다. 그러나 자율성 상실과 판단포기가 적어도 자유주의의 문맥에서는 '죽음' 이나 '삶의 포기' 를 의미하듯이, 자유주의적 인간 자율성의 소유물화는 생명활동 자체에 내면화된 심장의 맥박 같은 자율의 율동을 분리해낼 수 있다는 착각에 기인한다고 보아야 할 것이다.[31]

대략 워프에 대한 검토결과는 이 정도로 마무리하고 더 논의를 진행

31. 이러한 권위와 자율에 대한 소유 개념화는 이미 4장의 논의에 나타난 권리에 대한 소유 개념화와 필연적 연계 속에 있다. 권리가 소유가능하다는 것은 합의된 권리행사가 형성해내는 권위가 소유 가능하다는 말이 됨은 물론, 권리의 보편태인 자율권과 그 근거인 자율성의 소유 가능성을 함의할 수밖에 없다.

하기 전에 한 가지 밝히고 지나갈 것이 있다. 그것은 워프의 '철학적 아나키즘 변론'에 대한 비판이 아나키즘과 아나키즘이 내걸고 있는 이상 자체를 부정하는 것은 아니라는 점이다. 더구나 본 검토/비판 논의가, 반사적으로, 우리가 현재 그 질서 속에서 살고 있는 근대국가와 이를 운용하고 있는 관료주의적 정부, 그리고 이 속에 담겨 있는 현행 자유주의 질서를 변호하는 것으로 혼동되어서는 안 될 것이다. 오히려 정치사회 구성원들의 자율이 최대한 보장되는 가운데 이 자율성으로 권위화된 제도적 권위가 확보될 수 없는 것이라면, 또 그러한 이상을 달성하는 데는 이상적 개념 위에 세워진 철학적 사변 이외에 현실정치의 구조자(構造者)인 근대국가나 정부, 그리고 그밖의 질서통제기구들은 단지 장애물에 불과한 것으로 판단된다면, 하나의 새로운 시도로 아나키 공동체의 삶에 대한 경험을 새롭게 시작해 볼 수도 있을 것이다. 19세기 말에서 20세기 초에 걸쳐 바쿠닌이나 크로포트킨, 그리고 프루동 등 초기의 아나키스트들이 안달루시아나 시베리아, 또 쥐라 등지에서 경험한 평화롭고도 조화로운 아나키 공동체의 삶에 대한 이미지는 오늘날 점차 확산되고 있는 세방화(世邦化, glocalization)나 NGOs들의 국제적 네트워크 속에서 재차 확인되면서 더 넓은 장을 열어가고 있는지도 모르겠다.

이제 본장의 논의를 끝내기 전에 워프의 논의에 대한 서구 자유주의의 관련 이론들의 비판논의를 살펴보면서 이들 비판논의들에 대한 평가를 시도해 볼까 한다. 이는 아나키즘이라는 주제를 벗어나서 보면 워프가 빠지고 만 소유적 권위개념이라는 함정은 서구의 이렇다 할 논객들 역시 거의 예외 없이 빠져드는 함정[32]이기 때문에, 또 워프에 대한 비판은 지금까지에서 본 바와 같이 그 핵심이 그의 소유적 권위개념에 놓여 있기 때문에 과연 이들 비판논의들은 그 핵심적 문제를 제대로 지적하고 있는지 그 여부를 헤아려 보기 위한 것이다. 그리고 이는 이는 서구 자유주의 이론들이 자유주의적 삶에서 얼마나 멀어져 있는가를 검증하는 또 하나의 방증 시도이기도 하다.

워프의 실패결과가 우리의 정치적 삶의 양태에 대한 선택의 정당화에 불러들이는 논란만큼 그의 철학적 아나키즘 논의에 대한 반응역시 다대하고도 다양하다. 그 중에서도 특히 현행 자유주의 정치질서 옹호라는 측면에서부터 비롯되는 워프에 대한 반격은 본 논의의 철학적 아나키즘에 대한 검토 작업상 주요 관심사가 되기 때문에 대략 몇 가지 서로 다른 주장들을 살펴본다.

① 워프가 시도한 개인 자율성과 정치권위의 양립 가능성 입증의 실패(이하 "워프의 실패")는 자유주의 정치권위에 문제가 있는 것이 아니라, 워프가 개인 자율성이 결과하는 책무 중 결정적인 정치적 책무와 불특정 다수에 대한 보편적인 도덕적 책무를 구분하는 데 실패했기 때문에 기인하는 것이다.[33)]

② 워프의 실패는 그가 자율과 권위의 양립성 문제를 그 문제가 위치

---

32. 이 점에 대해서는 7장 참고. 이는 동시에 개인 신체와 개인 능력과 관련된 모든 행위와 관계를 소유적으로 이해하는 자유주의의 뿌리 깊은 전통을 입증해 준다. 이와 관련해서는 C. B. Macpherson, *The Political Theory of Possessive Individualism*(Oxford : Oxford University Press, 1962) 참고(특히 p. 3) ; Guido de Ruggiero, *The History of European Liberalism*, R. G. Collingwood, tr.(Boston : Beacon Press, 1964〈1927〉), p. 23, Pt. II, Ch.I, §3 참고.

33. 이를 테면 M. D. Bayles, "In Defense of Authority", *The Personalist*, vol. LⅡ-4 (Fall, 1971), p. 758.

하는 자유주의 정치의 문맥을 고려하지 않은 채 절대적 권위와 또 어떠한 권위도 부정하는 지고의 개인적 도덕자율성 사이의 선택의 문제로 그릇되게 가정한 데 기인한다.[34]

③ 워프의 실패는 그가 철학적 "옳고 · 그름"의 문제를 "합당 · 비합당"의 문제로 혼동한 데서 기인한다.[35]

④ 워프의 실패는 그가 정당한 정치권위와 도덕적 권위를 적절히 구분하지 못한 데서 기인한다.[36]

⑤ 워프의 실패는 그가 대응관계에 있는 "권위－정치책무"의 관계를 "권리－의무"의 관계로 오해한 데서 기인한다.[37]

⑥ 워프의 실패는 그가 (근원적으로 서로 양립 불가능한) "정치적 책무"와 "도덕적 자율성" 사이의 관계를 (상호 대응관계에 있는) "권위"와 "자율"의 일반적 관계의 대표적 경우로 착각한 데서 기인한다.[38]

이상 워프에 대한 비판적 주장들 중 몇몇 대표적 경우를 특징적으로

---

34. 이를 테면 S. Bates, "Authority and Autonomy", *The Journal of Philosophy*, vol. LXⅣ－7(Apr. 6 1972), p. 178.

35. 이를 테면 K. Baier, "The Justification of Governmental Authority", *The Journal of Philosophy*, vol LXⅣ－20(Nov. 9, 1972), pp. 702, 715.

36. 이를 테면 J. Reiman, *In Defance of Political Philosophy*(N.Y. : Harper and Row, Publishers, 1972), pp. 1 ff.

37. 이를 테면 R. Ladenson, "Wolff on Legitimate Authority", *Philosophical Studies*, vol. 123－6(Dec. 1972), p. 383.

38. 이를 테면 R. Martin, "Wolff's Defense of Philosophical Anarchism", *The Philosophical Quarterly*, vol. 29－95(Apr., 1974), pp. 145－146 ; "Two Models for Justifying Political Authority", *Ethics*, vol. 86－1(Oct., 1975), pp. 69－75 ; "On the Justification of Political Authority", in R. B. Harris(ed.), *Authority : A Philosophical Analysis*(Alabama : University of Alabama Press, 1976), pp. 5 ; 참고 pp. 4－75.

집약해 본 바지만, 지금까지 본 논의에서 검토해 본 바에 비해 보면 부분적인 타당성은 가지나 그다지 정확한 비판으로 보기는 어려울 듯싶다. 그리고 이러한 바판의 부분성과 부정확성은 이들 비판이 대략 다음과 같은 공통적 결함에 노출되어 있기 때문으로 보인다.

첫째, 이들 비판논의에 포함되어 있는 "권위"개념은 거의 예외 없이 권위주체가 소유하고 있는 일종의 소유물인 양 간주되고 있다. 그래서 위의 비판논의 범주 '①–⑥' 중 어디에도 워프의 소유적 권위개념에 대한 지적이 없는 것이다. 여기에 덧붙여 몇몇 논의들[예하여, 범주 '①'의 베일즈(M. D. Bayles)와 범주 '③'의 바이에(K. Baier)의 논의)]은 권위에 대한 복종을 마치 피복종자의 "판단포기"인 양 다루고 있으며, 또 몇몇 논의들[예하여, 범주 '②'의 베이츠(S. Bates), 범주 '⑤'의 레이든슨(R. Ladenson), 범주 '⑥'의 마틴(R. Martin)의 논의]은 권위의 근원을 개인의 자질이나 특성에서 유추해내고 있다. 다시 말하면 이들 논의 역시 소유적 권위개념의 문제점에 노출되어 있는 것이다.[39]

둘째, 워프에 대한 이들 비판논의는 대체로 그 비판 초점이 분명하지가 않다. 이를 테면 베일즈(범주 '①'의 M. D. Bayles)는 그의 비판 속에서 "워프는 자율성 포기를 수용가능한 것으로 보고 있다"[40]라고 하고 있는데, 이러한 지적은 워프 논의 중 어디에 근거를 두고 나온 것인지가 불분명하다. 워프는 '자율선택'의 포기에 대해서는 언급했지만, '자율성 포기' 자체의 포기에 대해서는 그의 '자율성최우선책무원칙' 전제

---

39. 이에 대해서는 앞에서 전거한 M. D. Bayles, K. Baier, S. Bates, R. Ladenson, R. Martin 등의 논의에 나타나는 관련 부분 참고.
40. M. D. Bayles, 앞의 글(1971), p. 757.

때문에 그의 논의문맥에서는 고려될 수 없다. 만약 베일즈가 워프의 "노예에 대한 사례", "의사에 대한 사례", "침몰하고 있는 배(船)의 사례" 등을 자세히 살펴보았다면 워프에 있어서의 자율성은 최종결정에 대한 '도덕적 책임성'이라는 측면에서 보았을 때 결코 포기될 수 없는 것임을 알 수 있었을 것이다.[41)]

또한 레이든슨(범주 '⑤'의 R. Ladenson)은 워프가 "도덕성에 대한 일반적 고려"를 놓치고 있다고 지적하고 있는데,[42)] 이는 워프의 추론과정을 절반만 보고서 판단한 결과라고밖에 볼 수 없다. 만약 도덕성 검증에 대한 최하한선이 자율성 검증의 최하한선과 일치한다고 본다면 도덕성에 대한 어떠한 고려일지라고 자율성 검증의 최하한선은 넘어야 할 것이다. 이런 의미에서 본다면 워프의 몹시 까다로운 자율성 검증은 가장 근본적인 도덕성 고려에 대한 시금석이라 보아야 할 것이다. 더구나 레이든슨의 비판이 워프가 연민, 관용, 친절, 자선 등과 같은 몇몇 도덕적 품성을 무시하고 있다는 데에 그 초점을 두고 있는 것이 아니라면(만약 이렇게 되면 도덕성 검증의 기준은 일관성을 유지하기 어려울 것이다), 워프의 자율성개념은 어떠한 "도덕성에 대한 일반적 고려"에 대해서도 최하한의 도덕성 시험마저 견딜 수 있도록 구성되어 있다.

이와 관련하여 바이에(범주 '③'의 K. Baier)와 마틴(범주 '⑥'의 R. Martin)의 비판 역시 워프 문제의 초점을 빗나가 이루어진 것이 아닌가 생각된다. 왜냐하면 워프의 최우선의 관심사는 그것이 "법적 약속"이었든 "정치적 약속"이었든 이들 약속이 도덕적으로 정당화되기 위해서

41. R. P. Wolff, 앞의 책(1970), pp. 14-16.
42. R. Ladenson, 앞의 글(1972), p. 380.

는 자율성 검증을 통과해야 한다는 데 있기 때문이다. 이들 두 사람의 비판논의 속에는 "법적인 것"은 "도덕적으로 중립적"이라든지 "정치적 책무는 자율성개념과는 무관한 것"이라는 언급들이 나오는데,[43] 이 언급은 그 자체 심각한 문제점을 가지고 있거니와, 이는 워프의 입장을 빗겨간 '허수아비 때리기' 식의 비판에 불과한 것이다. 어떠한 권위에 관한 원칙이거나 또 어떠한 형태의 권위이거나 간에 이 모두가 도덕적으로 정당화되기 위해서는 자율성개념을 중심한 최하한의 도덕성 검증을 통과해야 한다고 보는 워프의 입장에는 하등 문제가 없는 것이다.

끝으로 위에서 집약한 워프에 대한 비판들이 가지는 또 하나의 공통적 결함은, 설사 이들 비판이 부분적으로는 타당한 점도 있고, 또 그런 의미에서 우리들의 비판적 시각에 도움을 준다고는 하지만, 이들 비판 자체로서는 결코 워프의 주장을 전면적으로 반박하기가 어렵게 되어 있다는 점이다. 만약 워프의 문제의 핵심이 전적으로 자율과 권위의 조화불가능성 내지는 양립불가능성에서부터 비롯된 것이라면, 이들 비판이 워프에 대한 설득력 있고 유효한 비판이 되기 위해서는 자율과 권위가 조화가능하다거나 혹은 양립가능하다는 것을 보이고, 그에 근거해서 워프의 철학적 아나키즘에 대한 대안을 제시해야 할 것이다. 그러나 그들이 그렇게 할 수 없었던 데에는 그들 역시 위의 첫 번째 지적에서 살펴보았듯이 워프와 같이 권위에 대한 소유적 이해와 권위로부터 소외된 자율개념에 사로잡혀 있기 때문이었다. 비판대상이 노정하고 있는 문제의 핵심에 비판자 역시 노출되어 있다면, 이 근원적인 문제는 그 비판을 통해 드러날 수가 없을 것이다. 그리고 그 외타의 주변문제

43. K. Baier, 앞의 글(1972), p. 702 ; R. Martin, 앞의 글(1974), p. 145.

들로부터는 워프 문제의 핵심에도 이르기 어려울 것이다. 반면에, 이들 비판논의 이외에 서구 자유주의 권위 관련 논의들 중 일부 — 예를 들면 위의 비판적 논의들과는 궤를 달리하는 벤디트(T. M. Benditt)나 퍼킨스(L. H. Perkins)의 자율과 권위와 관련한 논의들[44] — 는 앞서 짤막한 이들에 대한 인용에서 보듯이, 그 논리를 그대로 연장해서 보완할 경우 워프에 대한 결정적이고도 유효한 비판으로 발전시킬 수 있으리라 생각된다. 그러나 이들 논의 역시 '인간 사회관계질서' 속에 엮어지는 '자율-권위' 관계에 대한 체계적 성찰을 결하고 있다.

이상 4절에서는 서구 자유주의 이론들이 워프의 철학적 아나키즘에 대해 제기하고 비판과 관련된 대표적 논의들을 요약형태로 정리해 보고, 이에 대한 간략한 평가를 덧붙여 보았다. 그 결과를 종합한다면, 이들 비판논의 역시 지금까지 살펴본 워프 논의에 개재되어 있는 핵심문제 — 즉, 1) 권위에 대한 '소유적 개념화' 문제, 2) 권위와 자율을 그 주체들이 구성하는 인간 사회관계의 '관계적 문맥'을 떠나 이해함으로써 야기되는 '개념절대화' 문제, 3) 이상의 문제들로부터 초래되는 '자율-권위 간의 상호 소외' 문제 등에서 결코 자유로울 수 없다고 결론지을 수 있다. 그리고 이 마지막 4절의 결론과 연이어 있는 권위 관련 서구 자유주의 이론들(7장의 권위 관련 이론 포함)에 대한 검토 의견을 <이들 이론은 자율로부터 소외된 '권위이론'이거나 권위로부터 '소외된 자율'에 근거하는 '권위이론'이다> 라고 결론지어 무리가 없을 듯하다.

44. T. M. Benditt, "Authority and Authorization", in R. B. Harris(ed.), 앞의 책(1976) ; L. H. Perkins, 앞의 글(1972) 참고.

9장

결어:

검토결과와 그 함의

1. 우선 권위 관련 서구 자유주의 이론들에 대한 검토가 지금까지의 논의에 대해서 가지는 함의를 개략한다.

이 책의 마무리 부분을 구성하는 7, 8장에서의 권위와 관련하여 검토 내용은 서구 자유주의 이론들이 자유주의적 삶과 그 삶의 질서를 어떻게 바라보는지 그 전관(全觀)을 함축한다. 적어도 자유주의 기본정신상, 정치질서권위를 포함한 모든 권위는 '자율성'을 토대로 하여 형성되는 권리와 표리관계 속에서 제반 인간 사회관계질서를 구성하기 때문이다. 지금까지 논의에서 살펴보았듯이 '권위'는 권리로 표현되는 자유주의적 삶, 이 삶이 펼쳐지는 자유주의적 인간 사회관계, 그리고 인간 사회관계 속에 형성되는 질서의 결과적 현상일 뿐이다. 이는 자유주의적 삶에서는 인간 존엄성에 근거한 '자존의 형태'로, 자유주의적 인간 사회관계에서는 관계 당사자들 사이의 합의로 '결합된 자율성의 형태'로, 그리고 정치관계에서는 사회적으로 합의된 사회기속력과 통치권력이 결합된 '공권력의 형태'로 표현된다. 이렇듯 표현형태를 달리하는 권위는 대자적 삶에서는 자기자율질서 속에, 인간 사회관계에서는 사회기속질서 속에, 정치관계에서는 정치질서 속에 그 각 질서의 결과적 현상으로 존재한다.

인간 사회관계질서로 볼 때, '자율성으로부터 소외된 권위'로 집약할 수 있는 7장의 검토결과는 '피권위자들'과 이들로부터 소외된 '권위주체' 사이에 형성된 인간 사회관계질서를 말해준다. 역으로 '권위로부터 소외된 자율성"으로 집약할 수 있는 8장의 검토결과는 '권위운용주체'와 이로부터 소외된 '피권위자들'이 구성하는 인간 사회관계질서를 말해준다. 그러나 7, 8장의 검토논의에 드러난 양 측면의 '소외'는 결국 하나의 '소외', 즉 권위와 자율 사이의 '상호 소외'일 뿐이다. 이 소외가 '권위운용주체'에 의해 주도될 경우는 독재적 혹은 전제적 인간 사회관계질서가 현존하거나 혹은 앞으로 그 가능성이 열려 있음을 말해준다. 역으로 이 소외가 '피권위자들'에 의해 주도될 경우는 아나키즘으로 특징지을 수 있는 인간 사회관계질서의 현존이나 미래의 가능성을 말해준다. 이런 의미에서 이 소외는 어느 쪽에서 관측되든 자유주의적 삶과 인간 사회관계 및 그 질서 사이의 상호 소외라고 말할 수 있다.

그러나 강조되어야 할 것은, 여기서 이러한 소외를 지적하는 것이 현실 (정치)질서의 현 주소를 문제시하기 위해서라기보다는 오히려 이 현 주소를 있게 하고 이를 정당화하고 있는 관련 서구 자유주의 이론들이 이러한 소외를 자유주의라는 명분 속에서 이론화하고 있음을 문제시하기 위해서라는 점이다. 이들 이론의 귀착점은 결국 자유주의(정치)질서와 자유주의적 삶은 상호 소외 속에 있을 수밖에 없다는 점인데, 내가 지금까지 권리와 인간 사회관계 및 그 질서, 이 모두와 관련된 서구 자유주의 이론들을 검토하면서 간접적으로 입론한 것은 그렇지 않다는 것이었다. 그러므로 이로부터 권위관련 서구 자유주의 이론들은 물론이고, 권위에 함축되어 있는 권리와 인간 사회관계 및 그 질서, 이 모두와 관련된 서구 자유주의 이론들이 대체로 자유주의 기본정신과 자유주의적 삶을 제대로 담아내지 못하는 이론들이라는 결론이 불가피해지는 것이다.

2. 다음으로 그간의 검토과정에서 간접적으로 입론된 바를 요약한다.

모든 삶은 '관계적'이다. 그 삶 중 자유주의적 삶이란 '만인자유평등원칙과 인본주의 입장이라는 근간과 이 근간으로부터 파생되는 제반 실행원칙들과 입장들'에 의해 특징지어지는 관계적 삶이다. 만인자유평등원칙 중의 '자유'와 '평등' 자체가 만인의 관계 속에서 이해되는 개념이다. 이러한 자유 · 평등관계를 인간 스스로가 주체가 되어 인간 본위로 엮어가는 것이 자유주의적 삶인 것이다. 이렇게 엮어지는 관계가 자유주의 기본정신에 부합하도록, 그리고 이를 지향하도록 하는 '관계의 형식'이 자유주의질서라 말할 수 있다. 자유주의적 관계형식, 즉 자유주의 질서 속에서 상호 점층적 포함관계 속에서 등장하는 개념들이 자율성, 권리, 그리고 권위이다. 그래서 권위개념에 대한 그릇된 이해는 그 이하 개념에 대한 그릇된 이해를 포괄하며, 이런 의미에서 권위에 대한 검토내용은 서구 자유주의 이론들의 자유주의적 삶과 그 질서에 대한 전관을 함축한다 말한 것이다.

자유주의 기본정신, 자유주의적 관계, 자유주의 질서, 이 셋은 삶을 자유주의적으로 구조화하는 구성요소이다. 더불어 이 셋은 적어도 자유주의와 관련하여 인간의 정치적 삶의 구조를 결정한다는 점에서 자유주의 정치이론 전범주의 공간을 구성한다. 이 중 자유주의적 관계는 자유주의 기본정신과 자유주의 질서가 결합하여 삶으로 표출되는 자유주의 실천의 장이다. 자유주의 기본정신과 자유주의 질서를 현실적으로 확인할 수 있는 곳은 바로 이 자유주의적 관계이다. 마찬가지로 자유주의 기본정신 및 자유주의 질서와 관련한 모든 개념, 이론, 실천적 구호 등 역시 그 부합 여부는 이 자유주의적 관계를 통하여 확인된다. 그래서 자유주의적 삶을 떠난 서구 자유주의 이론들이란 바로 자유주의적 관계를 제대로 이해하고 있지 못한 이론들이라 말할 수 있고, 이는 이 이론들이 자유주의적 관계를 자유주의 기본정신과 자유주의 질서에 부합하지 않게 이해하고 있다는 말이 된다. 더불어 서론에 밝혔듯이 자유주의 기본정신이 자연스러운 인간 삶에 깃들어 있는 정신에 가장 근사하고, 그러기에 그 존중 속에서 자유주의가 우리의 인간 사회관계 중심 조직원칙으로 수용되고 있다면, 이런 의미에서 자유주의적 관계를 제대로 이해하고 있지 못한 서구 자유주의 이론들은 자연스러운 인간 삶을 떠난 이론들이라고 말할 수 있다. 근사치에도 못 미친다면 그 본연에서는 더 먼 이론들이 될 것이다.

그간 2장에서 8장에 이르기까지, 서구 자유주의 이론들이 자유주의 기본정신과 이에 연해 있는 자유주의적 질서관, 자유주의적 인간관 및 사회관 등에 부합하는지 여부의 검토는, 바로 이들 이론이 이해하고 있는 자유주의적 인간 사회관계에 비추어 이루어진 것이었다. 2장은 자유주의적 인간 사회관계의 역사적 착상과정과 관련된다. 서구 근대에 그 기점을 두고 있다고 여겨지는 그 착상과정은 인간 사회관계의 자유주의적 실천의 표상인 '권리'의 개념적 착상, 권리주체 이미지의 착상, 개념 및 주체 이미지에 부합하는 사회관의 착상, 그리고 이 모두를 포괄하는 인간 사회관계질서에 대한 이론화에서 마무리된다고 본다. 그런만큼 이상의 과정이 마무리된 연후에야 가능한 인간 사회관계를 중심으로 하는 검토구도가 적용되기 어려웠던 곳이 2장이다. 그럼에도 불구하고 2장에서 살펴본 결과는 서구 전근대의 자연법질서 하의 인간 사회관계에도, 비록 부분적이고 또 사회계층 혹은 사회부류 사이의 간극을 극복할 수는 없었지만, 자유주의적 요소가 잠재되어 있었다는 점이었다. 이는 자유주의적 삶이 자연스러운 인간 삶에 가장 근사하게 접근하려는 삶인 한, 자유주의 인간 사회관계의 씨앗은 서구의 전근대에는 물론 비서구적인 자연스러운 인간 삶 속에도 배태되어 있다는 가설을 가능하게 한다. 이 가설의 입증은 향후의 연구과제로 남는다.

3장에서의 검토 초점은 서구 자유주의 이론들에 보편적으로 수용되고 있는 '권리-의/책무관계 일반형식'이었다. 검토결과는 이 서구적 '일반형식'이 자유주의적 인간 사회관계를 담아내지 못하고 있다는 점이었다. 여기에는 관계 자체에 대한 자유주의적 이해의 결여가 개재되어 있었다. 더불어 그 결여 뒤에는 자유주의적 권리의 바탕, 그리고 그 구성 및 체계와 관련하여 이 관계에 동참하고 있는 관계주체들의 관계적 특성에 대한 편중된 이해가 자리하고 있었다. 이 모두는 '일반형식'을 수용하고 있는 '서구 자유주의 이론'들이 그 이론적 기초에서부터 자유주의적 삶을 떠난 이론들임을 말해준다.

4장은 3장에서 입론한 '권리-의/책무기본관계구조'에 비추어 '서구 자유주의 권리이론' 들을 검토해 본 것이다. 검토결과는 3장에서 살펴본 '일반형식' 의 폐단이 이들의 '권리형태론' 에 고스란히 숨겨져 있어 인간관계의 '물적 환원주의' 와 이로 인한 '인간소외' 를 야기하며, 더 나아가 심화시키고 있다는 점이었다. 이들의 권리형태론에 내재하는 권리－의/책무관계는 바르게 이해된 개념적 관계라고 말할 수도, 그 주체들 사이에 형성되는 자유주의적 인간 사회관계가 반영된 관계라고 말할 수도 없다.

5장은 3장과 4장에서 검토한 '권리－의/책무관계' 를 바탕으로 인간 사회관계가 어떻게 일정한 총체단위의 사회관계로 발전하면서 광의의 사회제도적 질서를 형성하는지, 그 형성과정과 내용 및 질서형태를 살펴보기 위한 것이었다. 더불어 5장의 논의는 6장에서 살펴보려는 사회질서의 정치질서로의 이행과 관련한 전통적 서구 사회계약이론을 검토하기 위한 도입논의의 성격을 지닌 것이었다. 본 논지와 관련한 자료의 빈약함과 필자의 과문(寡聞) 때문에 롤즈에 기대어 논의를 전개했지만, 롤즈를 비롯해서 권리에 대한 평면적 분류와 관련한 대표적 서구 자유주의 이론들은 권리와 의/책무를 내용으로 하는 자유주의적 인간 사회관계와 그 질서가 가지는 입체적 체계성을 제대로 파악하지 못하고 있다는 결함을 가진다. 이 결함은 이들 이론이 그만큼 자유주의적 삶을 그 중층위적이고도 체계적인 관계적 특성을 떠나 이해하고 있었음을 말해준다.

6장에서의 검토대상은 근대초의 전통적 사회계약이론들을 비롯한 현금의 사회계약 관련 이론들이었다. 검토결과는 이들 이론이 사회계약과 관련한 여러 이해상의 문제점들, 이를 테면 '결과순간포착 오류', '공권력' 혹은 '통치권력' 과 관련한 '주객전도 오류' 와 '정치강제 문제'

혹은 '부분통치 문제', 그리고 '통치제도 창출과 관련한 '정부계약'과 '사회계약' 사이의 혼동 등에 노출되어 있다는 것이었다. 이 모든 오류, 문제, 혼동 등은 이들 이론이 이해하고 있는 사회계약이나 이를 통해서 구성된다고 여기는 정치사회질서 및 정치사회질서권위가 자유주의적 인간 사회관계와 이 관계 속에 엮이는 자유주의적 삶으로부터 '동떨어져 있음'을 말해준다. 이는 3장과 4장에서 드러난 인간 사회의 기본관계 및 권리관계와 관련해서 서구 자유주의 이론들에 내재되어 있는 결함의 당연한 귀결이라고 할 수 있다.

이러한 '동떨어짐'은 7, 8장에서 그 극을 이루는데, 이는 서구 자유주의 정치이론들이 직 · 간접으로 연결되어 있는 권위 관련 이론들이 '권위'와 그 상관관계 속에 이해되어야 할 '자율성'을 그 주체들과 이들이 형성하는 인간 사회관계 및 정치관계와 무관하게 일종의 절대화되고 실체화된 그 무엇으로 개념화하고 있는 데서 나타난다. 그 단적인 증거가 이들 이론의 이 두 개념에 대한 이해에 나타나는 강한 소유적 성격인데, 소유는 그 대상의 실체성을 전제하기 때문이다. 이러한 소유적 사유구조는 4장에서 살펴본 '권리' 개념이나 6장에서 살펴본 '사회계약'에 대한 이해에도 짙게 스며 있다. 소유적 사유구조 속에서 강요되는 어떤 개념의 실체화는 현실적 개념화 대상에 대한 관계적 이해의 단절에서 비롯되고, 이 단절은 이 개념의 절대화를 초래하며, 이 개념과 연결되어 있는 상관개념의 실체화와 절대화를 다시 초래하게 된다. 그 결과 이 개념과 상관개념들에 의한 이해와 그 이해대상의 현실 사이의 '동떨어짐'은 부정적 환승(環昇)고리에 걸려 그 허구의 극을 향해간다. 7, 8장에 나타나는 권위 및 자율성과 관련한 '소외'는 자유주의적 삶 속에서 상관개념관계를 이루고 있는 권리, 인간 사회관계, 인간 사회질서,

공권력 등의 관계적 실상에 대한 허구화의 결과라 할 수 있다. 이 허구화 결과로서의 소외가 자유주의적 삶과 그 질서를 보는 서구 자유주의 이론들의 전관을 함축하는 권위로 어떻게 이어지는지에 대한 논의가 이 결어의 첫머리 논의이다.

3. 이상 요약한 간접입론으로부터 귀결되는 '자유주의적 정치'는 다음과 같은 의미로 이해된다.

이 책의 논지에서 보는 자유주의적 정치는 사회구성원들의 삶 밖에 있는 것이 아니라 그 속에 녹아 있으며, 그들의 삶 속에서 엮어지는 그들 사이의 인적 · 물적 사회관계를 자율권평등원칙 하에 조직해내고 제도화해 가는 과정에 다름 아니다. 이는 근대 자유주의 정치사상의 핵심적 내용을 구성하고 있는 사회계약 기본정신(혹은 사회계약사상)에 잘 나타난다. 그래서 자유주의적 정치사회는 그 근본성격에서 일종의 계약[6장 3절에서 새롭게 이해되는 (사회)계약의 의미에서의]사회이다. 정치적 삶은 계약관계적 삶이다. 설사 계약관계 이외의 도덕적 의무, 사회적 관행의 당위, 정치제도적 규칙에 대한 의무 등이 계약관계와 별도로 존재한다고 하나 이들 역시 특정 계약관계 조건의 사회적 확산에 따른 보편화의 결과일 뿐이다. 이를 테면 삶과 직접 관련이 있는 살인 금지, 신체적 위해 금지 등 기본 생존권 보호를 위한 의무가 이에 해당되고, 그리고 삶의 질서보호에 필수적인 안보와 방위의 의무, 납세의 의무 등이 이에 해당된다. 자유주의적 정치질서에 대해서는 7장 1절에서의 논의로 갈음한다면, 자유주의적 정치제도란 한 마디로 자유주의 기본정신의 목표에 따라 정치사회 구성원들의 삶이 정치사회관계 속에서 최대한 자연스럽게 펼쳐지도록 보호하기 위한 정치질서를 관리하기 위한 수단이라고 할 수 있다. 이런 의미에서 자유주의적 정치제도는 그 도구적 의미를 뛰어넘을 수 없다.

4. 이 책의 논지에 따른 내용상의 보완과 관련하여 몇 가지 첨언한다.

서문에서도 밝혔듯이 이 책은 서구 자유주의 (정치)이론들이 과연 자유주의 기본정신에 부합하는지를 검토한 내용으로 구성되어 있다. 그 검토기준에 대해서는 서론에 논의되어 있다. 그러나 이 책의 일관된 논지를 한 마디로 축약한다면, 그것은 위에서 검토과정에서 간접적으로 입론된 바에 대한 위의 요약('2' 항) 이 보여주는 것처럼, 인간 사회관계 속에서 전개되는 자유주의적 삶은 자연스런 인간 삶에 가장 근사한 삶이라는 점이다. 이렇게 자연스런 인간 삶에 가장 근사한 삶으로서의 자유주의적 삶으로 이 책의 논지를 요약할 때, 그간 이루어진 '(자유주의적) 삶' 과 관련된 모든 논의는, 그것이 자연스런 인간 삶의 본연에 대한 추구와 보호를 지향하는 것이라면 모두 이 책의 비판내용과 같은 비판의 지평위에 선다. 그러나 이러한 의미를 가지는 그간의 논의들에 대해 필자는 과문할 따름이며, 안다 해도 여기에 일일이 소개할 수는 없는 일이다. 다만 필자가 알고 있는 논의들을 이해하려 애쓴 결과가 이미 출간된 필자의 소품들에 간수되어 있기에 이 책의 내용과 관련하여 이들이 간수되어 있는 부분을 소개한다.

우선 2장과 3장 곳곳에 언급되는 '근대국가' 및 '근대국가 현상'과 관련해서는 그 자세한 내용을 『현대인권사상』(2003) 8, 9장을 참고하기 바란다. 9장에서 논의하고 있는 내용은 근대국가의 속성과 이 속성으로부터 근대 이래 불가피하게 왜곡돼 오고 있는 '인권가치'에 대한 것이다. 그리고 8장에서의 내용은 이러한 인권가치를 왜곡해 온 근대국가가 어떻게 '인권국제화'의 걸림돌이 되고 있는가를 살펴본 것이다. '인권' 개념이 권리개념에 그 발생의 뿌리를 두고 있고 권리는 바로 자유주의적 삶의 현실 지표가치가 된다고 볼 때, 이 내용은 자유주의적 삶에 초점을 맞추고 있는 이 책과 직접적인 관련을 가진다. 더불어 이러한 근대국가의 현 시점 변화 움직임과 향후 전망에 대해서는 같은 책 11장 2절과 4절을 참고하기 바란다. 이는 근대국가와 관련한 자유주의적 삶의 현재/미래의 변화행로와 관련된다.

이 책이 다루고 있지 못한 (자유주의적) 삶의 현 주소와 관련해서는 필자의 『포스트모던 정치사상 : 해체와 해방』(1994)을 참고했으면 한다. 포스트모더니즘과 관련해서는 구구한 해석과 다양한 평가들이 있지만, 나는 그 기본입장이 총체화와 동일화전략 속에 갇혀온 근대 이래의 삶을 본연의 삶(자유주의적, 그리고 자연스러운 삶)으로 회복시키고자 하는 입장으로 이해한다. 이들은 본원적 '인간 삶'이 정치 · 사회 · 경제 · 문화 전(全)부문에 걸쳐 '근대국가현상'을 필두로 하는 '비인간적 근대성'에 갇혀 있음을 고발한다. 이 고발은 그 취지에서 이 책의 논지와 연결되며, 이런 의미에서 이 책에서와 같은 비판의 지평을 확보한다. 더불어 이렇듯 갇혀 있는 삶이 그 본연의 삶으로 복귀하려는 현시대적 움직임과 관련해서는 『현대인권사상』 11장 1절과 3절을 참고하기 바란다. 그곳에는 '삶의 근대적 식민현상', '삶의 정체성 상실', '삶의 인류 연대의 단절' 등에 대한 삶의 현 시대적 저항 움직임이 간략하나마 소개되어 있다.

5. 이제 서론에서 밝힌 '인간 삶과 자유의 관계'를 다시 강조하면서 이 책을 마무리한다.

이 책의 내용과 위에서 간략히 소개한 기 출간 저술들의 연관내용('4' 항)이 같이 주목하고 있는 곳은 '자유로운 삶으로의 해방!'을 절규하는 삶의 현장이다. 만일 자유주의가 그 기본 지주(支柱)를 '자유'에 두고 있다면 자유주의는 자연스런 삶을 지향해야 한다. 우리는 설사 이러저러한 갇힌 삶 속에 있더라도 언제나 마음의 행로대로 자연스런 삶의 자유를 희구한다. 갖가지 인간 삶의 굴레는 자유, 그것도 자연스런 인간 삶의 자유에 대한 지향 속에서 그 문을 열어간다고 본다. 이 책을 마무리하면서 서론 각주 '4)'에 있는 '인간의 삶'과 '자유'의 관계를 다시 한 번 강조한다.

자유주의의 특장을 뒷받침하는 가장 근본적인 지주는 '자유'의 존중과 확충에 있다. 이 자유가 자연스러운 인간 삶(인간다운 인간 삶)에 대해서 가지는 함의와 그 중요성은 너무나 원론적이어서 그런지 자주 기술되지 않곤 한다.

자유가 인간 삶에 대해서 가지는 첫 번째 함의는, 자유는 (인간) 생명활동을 이어주는 활동의 '리듬' 그 자체라는 점이다. 모든 생명체의 생명활동은 그 구성세포에서 전체 유기체 조직과 구조에 이르기까지 자유를 통한 필요충족 활동이다. 우리는 이 생명활동을 통해 생존하고, 인간 사회관계를 형성하며, 그 속에서 산다. 그래서 생명활동의 자유, 즉 생존과 삶의 자유를 기본적 권리(그리고 이와 관련된 의무와 책무) 중 가장 근본적인 권리(그리고 이와 관련된 의무와 책무)로 보장한다.

두 번째 함의는, 인간의 특징을 이성을 중심으로 하는 정신활동에 있다고 볼 때, 모든 정신활동은 자유를 그 속성으로 한다는 점이다. 특히 인간에 특유하다고 보이는 '반추(反芻)'와 이를 통한 의식행위는 자유를 근간으로 이루어지며, 이 반추적 의식행위가 바로 '양심'을 형성한다. 그리고 자유는 양심의 거울에 비추어지면서 '자율'이 된다. 자유 속의 의식적 자기 현시('의지' 행위)는 반추되어 '양심의 평가'를 받으면서 자기자정질서를 형성하는 것이다. 그런데 자유를 자율로 이끄는 양심의 평가, 이것은 바로 인간 정신활동의 특성인 '도덕성'의 근거가 된다. 자기 표현의 자유와 양심의 자유에 기본권(그리고 이와 관련된 의무와 책무)의 지위를 부여하는 것은 바로 이러한 인간 정신활동의 자유를 보장하기 위해서다.

세 번째 함의는, 인류가 다른 류(類)의 생명체들에 대해 그 가시적 우위로 내세우는 것이 문화라고 볼 때, 모든 문화적 업적들은 자유를 통해서만 친(親)생명적 가치를 가질 수 있다는 점이다. 이를 테면 자유 없는 과학/학문은 우리를 비판 없는 '독선'으로 이끌 수 있을지언정 우리 삶을 '살아 있음의 징표'인 창달과 변화로 안내하지는 못할 것이다. 또 자유 없는 예술은 반(反)생명적으로, 우리 삶을 창의와 상상보다는 구태의연한 모방과 복제 속에 가두어둘 뿐일 것이다.

끝으로, 자유가 자연스러운 인간 삶에 대해서 가지는 함의를 하나 더 든다면, 가장 자연스러운 삶의 질서는 자유를 그 필수요건으로 한다는 점이다. 앞서 '두 번째 함의'에 주목할 때 자기자정질서, 즉 도덕성에 근거한 '자율질서'가 자연스런 인간 정신활동의 산물이라면, 가장 자연스러운 삶의 질서는 대자적이든 대타적이든 자율질서여야 할 것이다. 자유로운 양심의 평가에 따른 도덕적 책임감은 사회적 삶과 그 질서를 자연스런 모습으로 다듬어갈 것이다. 이와는 반대로, 프랑스 혁명이 타도의 대상으로 삼았던 전통과 구습에 기대어 있는 각종 권위주의, 밀(J. S. Mill)이 그 폐단을 잘 지적했던 선의(善意)를 내세운 각종의 독재, 수를 앞세운 각종의 전체주의와 그 뒤에 가려 있는 특권 소수의 전횡, 이 모두는 그래서 자율질서 속에 펼쳐지는 자연스러운 삶의 감옥일 뿐이다. 이러한 삶의 감옥으로부터 우리를 자율질서 속으로 해방시킬 수 있는 것이 바로 자유인 것이다. 더구나 이러한 권위주의, 독재, 전체주의적 전제(專制)의 전횡과 결탁하여 언제나 삶의 감옥을 구상하고 치장하는 각종 정치기획 이론가들의 음모를 차단하여 자율질서를 복구할 수 있게 하는 것도 바로 자유인 것이다.

물론 이상의 의미를 지니는 자유는 중천 높이 걸린 '별'이나 '달'처럼 우리 삶과 멀리 격(隔)해서 존재하는 것이 아니라 바로 우리의 자연스런 삶 속에서 찾아지는, 그리고 그 삶의 주체인 우리들 마음에 본구되어 있는 자유인 것이다.

참고문헌

국문자료

강정인(외), 『민주주의의 한국적 수용 : 한국의 민주화, 민주주의의 한국화』(서울 : 책세상, 2002).

김 균(외), 『자유주의비판』(서울 : 풀빛, 1996).

김비환, 『자유주의지상주의자들 자유주의자들 그리고 민주주의자들 : 기본권을 통해본 시장과 민주주의』(서울 : 성균관대학교출판부, 2005).

김영진, 『시장자유주의를 넘어서 : 칼 폴라니의 시장경제론』(파주 : 한울, 2005).

김우창, 『정치와 삶의 세계 : 김우창 비평집』(서울 : 삼인, 2000).

김홍우(외), 『삶의 정치, 소통의 정치』(서울 : 대화문화아카데미 대화출판사, 2003).

송영배, 『인간과 자연 : 유기체적 자연관과 동서철학 융합의 가능성』(서울 : 철학과 현실사, 1998).

안정수, 『민주헌정국가의 정체성』(고양 : 한국 학술정보, 2001).

이근식, 『자유와 상생 : 새로운 시대정신을 찾아서』(서울 : 기파랑, 2005).

이나미, 『한국 자유주의의 기원』(서울 : 책세상, 2001).

이봉철, "현대 자유주의적 정치이론과 그 문제점 : J. Rawls, R. Nozick, B. Ackerman", ≪한국정치학회보≫ 21-2(1987).

_____, 『포스트 모던 변화와 정치사상』(서울 : 인간사랑, 1994).

_____, "인권의 현시대적 근거와 내용", ≪한국정치학회보≫ 29-1(1995).

_____, 『현대인권사상』(서울 : 아카넷, 2003).

_____, "서구자유주의권리이론에 나타나는 '일 방향 권리-의/책무구조'의 오류 비판", ≪한국과 국제정치≫ 20-2(경남대학교 극동문제연구소, 2004 여름).

_____, "'J. Rawls의 위임책무이론'의 비판적 보완과 '권리-의/책무상호관계' 보편모델", ≪정치사상연구≫ 11-2(2005 가을).

이상익, 『서구의 충격과 근대한국사상』(서울 : 한울, 1997).

이승환 외, 『아시아적 가치』(고양 : 전통과 현대, 1999).

임효선, 『삶의 정치사상 : 동서정치사상비교』(서울 : 한길사, 1996).

장동진(외), 『이상국가론 : 동양과 서양』(한국정치사상학회 편) (서울 : 연세대학교출판부, 2004).

정문길 외(엮음), 『발견으로서의 동아시아』(서울 : 문학과 지성사, 2000).

정용화, "유교와 인권(1) : 유길준의 '인민권리' 론", ≪한국정치학회보≫ 33-4(1999 여름).

최원식 · 백영서(엮음), 『동아시아인의 '동양' 인식 : 19-20세기』(서울 : 문학과 지성사, 1997).

하야마 히사오(정선태 옮김), 『동양적 근대의 창출 : 루쉰과 소세키』(서울 : 소명출판, 2000).

한영우, 『역사학의 역사』(서울 : 지식산업사, 2002).

함재봉, 『탈근대와 유교』(서울 : 나남, 1998).

황필홍, 『자유와 공동체』(서울 : 고원, 2001).

영문자료

Ackerman, B., *Social Justice in the Liberal State*(New Haven : Yale University Press, 1980).

Allain, J. & O'shea, A. "African Disunity : Comparing Human Rights Law and Practice of North and South African States", *Human Rights Quarterly* 24 (2002).

Aquinas, St. T., *Summa Theologiae*, Gilby T. ed. (N. Y. : Image Books, 1969).

Arendt, H., *The Human Condition* (Chicago : The University of Chicago Press, 1958).

Avrich, P., *The Anarchists in the Russian Revolution* (Ithaca, N. Y. : Cornell University Press, 1973).

Baier, K., "Moral Obligation," *American Philosophical Quarterly* 3-3 (Jul. 1966).

Baier, K., "The Justification of Governmental Authority", *Journal of Philosophy* LXIX-20 (Nov. 1972).

Bakunin, M., *Marxism, Freedom, and the State*, K. J. Kenafick, ed. (N. Y. : Freedom Press, 1950).

Bakunin, M., *The Political Philosophy of Bakunin*, G. P. Maximoff, ed. (N. Y. : The Free Press of Glencoe, 1964).

Barber, B., "Justifying Justice : Problems of Psychology, Measurement, and Politics in Rawls," *American Political Science Review* LXIX (1975).

Barber, B., *Strong Democracy : Participatory Politics for a New Age* (Los Angeles : University of California Press, 1984).

Barry, B.. *Political Argument* (N. Y. : Routlage and Kegan Paul, 1965).

Bauer J. R. and Bell, D. A. (eds.), *The East Asian Challenge for Human Rights* (Cambridge : Cambridge University Press, 1999).

Baumer, F. Le Van (ed.), *Main Currents of Western Thought : Radings in Western European intellectual history from the Middle Ages to the Present* (N. Y. : Alfred A. Knopf, 2002)

Bayles, M. D., "In Defence of Authority", *The Personalist* LII-4 (Aut. 1971).

Bayles, M. D., "The function and Limits of Political Authority", in *Authority : A Philosophical Analysis*, R. Bain Harris, ed. (Alabama : The University of Alabama Press, 1976).

Becker, Carl L., *Modern Democracy* (New Haven : Yale University Press, 1941).

Bedau, H. A., "Human Rights and Foreign Assistance Programs," in Peter G. Brown and Douglas MacLean eds., *Human Rights and U. S. Foreign Policy : Principles and Applications*(Lexington, Mass. : Lexington Books, 1979).

Beitz, C. R., *Political Theory and International Relations*(N. J. : Princeton University Press, 1979).

Benditt, Theodore M., "Authority and Authorization", in *Authority : A Philosophical Analysis*, R. Bain Harris, ed.(Alabama : The University of Alabama Press, 1976).

Bentham, J., "Principles of the Civil Code", in *The Works of Jeremy Bentham*, John Bowring ed.(N. Y. : Russell & Russell Inc., 1962) <Edinburgh : W. Tait, 1838> , Vols. I.

Bentham, J., "Anarchical Fallacies," in *Works of Jeremy Bentham*, J. Bowring ed.(N. Y. : Russell and Russell, 1962), Vol. II.

Bentham, J., *Fragment on Government*, ed. by W. Harrison(Oxford : Basil Blackwell, 1960).

Berkman, Alexander, *ABC of Anarchism*(N. Y. : Free Press, 1964).

Braybrooke, D., *Natural Law Modernized*(Toronto : University of Toronto Press, 2001).

Brenan, G., *The Spanish Labyrinth*(Cambridge : Cambridge Univ. Press, 1967).

Bullock, A., *The Hummanist Tradition in the West*(Wisbech : Thames and Hudson, 1985).

Carlyle, R. W. and Carlyle, A. J., *A History of Medieval Political Theory in the West* (London : William Blackwood and Sons, 1970), Vol. I.

Carter, April, *The Political Theory of Anarchism*(N. Y. : Harper & Row, 1971).

Christman, J., "Can Ownership be Justified by Natural Rights?," *Philosophy & Public Affairs* 15-2(Spr. 1986).

Cicero, M. T., *Laws*, C. W. Keyes, tr.(Cambridge, Mass. : Harvard University Press, 1928).

Cicero, M. T., *On the Commonwealth*, G. H. Sabine and S. B. Smith, tr.(Indianapolis : The Bobbs-Merill Company, Inc., 1976), Book III.

Cranston, M., "Human Rights, Real and Supposed," in D. D. Raphael, ed., *Political Theory and The Rights of Man*(Bloomington : Indiana University Press, 1978).

Cranston, M., *What are Human Rights?*(N. Y. : Taplinger, 1978).

Cranston, M., "Human Rights : A Reply to Professor Raphael," in D. D. Raphael ed., *Political Theory and the Rights of Man*(Bloomington : Indiana University Press, 1967).

Crick, B., *In Defense of Politics*(N. Y. : Penguin Books, 1964).

Dèscombes, V., *Modern French Philosophy*, tr. by J. M. Harding et. als.(Cambridge : Cambridge University Press, 1979).

Dallmayr, F., "Postmetaphysics and Democracy," *Political Theory*, Vol. 21, No. 1 (February, 1993), pp. 101-127.

Dallmayr, F., *Language and Politics : Why Does Language Matter to Political Philosophy?* (Notre Dame : University of Notre Dame Press, 1984).

Dallmayr, F., *Polis and Praxis*(Mass. : MIT Pr., 1984).

Daniels, N., "Equal Liberty and Unequal Worth of Liberty," in Norman Daniels ed., *Reading Rawls : Critical Studies on Rawls Theory of Justice*(N. Y. : Basic Books, 1975).

de Bary, Wm. T. and Wei-ming, Tu (eds.), *Asian Value and Human Rights : A Confucian Communitarian Perspective*(Cambridge : Harvard University Press, 1998).

de Bary, Wm. T. and Wei-ming, Tu (eds.), *Confucianism and Human Rights*(N. Y. : Columbia University Press, 1998).

De George, Richard T. D., "The Nature and Function of Epistemic Authority", in *Authority : A Philosophical Analysis*, R. Bain Harris, ed.(Alabama : The University of Alabama Press, 1976).

De George, Richard T. D., *The Nature and Limits of Authority*(Kansas City : Kansas City University Press, 1985).

Donnelly, J., *Universal Human Rights in Theory and Practice*(Ithaca : Cornell University Press, 1989).

Downie, R. S., "Three Accounts of Promising," *The Philosophical Quarterly*, 35-140 (July, 1985).

Engels, Friedrich, "Socialism : Utopian and Scientific," in Robert C. Tucker ed., *The Marx-Engels Reader*(N. Y. : W. W. Norton & Company, 1978).

Etzioni, A. *The Spirit of Community : Rights, Responsibilities, and the Communitarian Agenda*(New York : Crown Publishers, Inc., 1993).

Feinberg, J.(ed.), *Rights, Justice, and the Bounds of Liberty : Essays in Social Philosophy* (Princeton, N.J. : Princeton University Press, 1980).

Feinberg, J., "A Postscript to the Nature and Value of Right(1977)," *Bioethics and Human Rights,* Elsie L. Bandman and Bertram Bandman eds.(N. Y. : University Press of America, 1986).

Feinberg, J., "Duties, Rights, and Claims," *American Philosophical Quarterly* 3-2(April, 1966).

Feinberg, J., "The Nature and Value of Rights" in Rights. D. Lyons, ed. (Belmont : Wadsworth Pub. Co., Inc.,) 1979.

Feinberg, J., *Social Philosophy*(N. J. : Prentice Hall Inc.. 1973).

Filmer, R., "Observations on Mr. Hobbes's Leviathan," in Peter Laslett ed., *Robert Filmer : Partriarcha and Other Political Works*(Cambridge : Cambridge University Press, 1949).

Finnis, John, *Natural Law and Natural Rights*(Oxford : Clarendon Press, 1980).

Flathman, R., "Egalitarian Blood and Skeptical Turnips," *Ethics* 93-2(Jan. 1983).

Flathman, R., *The Practice of Rights*(Cambridge : Cambridge University Press, 1976).

Flathman, R.(ed.), *Concepts in Social and Political Philosophy*(N. Y. : Macmillan Publishing Co., 1973).

Flathman, R. E., *The Practice of Political Authority*(Chicago : The University of Chicago Press, 1980).

Frankena, K., *Ethics*(2nd ed.) (N. J. : Prentice Hall Inc., 1973).

Friedman, R. B., "On the Concept of Authory in Political Philosophy", in *Concepts in Social and Political Philosophy,* Richard Flathman, ed.(N. Y. : MacMillan Pub. Co., 1973).

Fromm, E., *To Have or To Be?*(N. Y. : Harper & Row, 1976).

Gauthier, D., *Morals by Agreement*(Oxford : Clarendon Press, 1986).

Gay, P., *The Enlightenment : The Rise of Modern Paganism*(N. Y. : W. W. Norton &

Company, 1977).

Germino, D., *Machiavell to Marx : Modern Western Political Thought*(Chicago : The University of Chicago Press, 1979).

Gerson, J., *Oevres Complétes*, P. Glorieux, ed.(Paris, 1962), Vol. III.

Gewirth, A., "Rights and Duties", *Mind*, Vol. 97-387(Jul. 1988).

Gewirth, A., "The Basis and Content of Human Rights," in *NOMOS XXIII : Human Rights*(1981).

Gewirth, A., "The Golden Rule Rationalized", *Midwest Studies in Philosophy III*(1878a).

Gewirth, A., *Human Rights*(Chicago : The University of Chicago Press, 1982).

Gewirth, A., *Reason and Morality*(Chicago : The University of Chicago Press, 1978b).

Gewirth, A., *The Community of Rights*(Chicago : The University of Chicago Press, 1996).

Giddens, A., *The Nation-State and Violence*(Berkeley : University of California Press, 1985).

Glazer, N., "Individual Rights aganist Group Rights," in *Citizeneship : Critical Concepts*, Vol. II, Bryan S. Truner & Peter Hamilton eds.(London : Routledge, 1994).

Glendon, M. A., *Rights Talk : The Impoverishment of Political Discourse*(New York : The Free Press, 1991)

Godwin, W., *Enquiry Concerning Political Justice*(Toronto : Toronto Univ. Press, 1946), 2Vols.

Golding, M. P., "From Prudence to Right," in *NOMOS XXIII : Human Rights*(1981).

Golding, M. P., "The Concept of Rights : A Historical Sketch," in *Bioethics and Human Rights*, Elsie L. Bandman and Bertram Bandman eds.(N. Y. : University of America Press, 1986).

Goldman, E., *Anarchism and Other Essays*(India : Modern Publishers, 1925).

Gough, J. W., *The Social Contract : A Critical Study of its Development*, 2nd ed.(Oxford : Clarendon Press, 1967).

Gould, C. C., *Marx's Social Ontology*(Cambridge : MIT Press, 1980).

Green, T. H., *Lectures on the Principles of Political Obligation*(London : Longmans, Green and Co., 1950).

Hart, H. L. A., "Are There Any Natural Rights?," *The Philosophical Review* Vol. 64-2 (1955).

Hart, H. L. A., *Essays on Bentham*(Oxford : Clarendon Press, 1982).

Hart, H. L. A., *The Concepts of Law*(Oxford : Clarendon Press, 1961).

Hart, H. L. A., *Law, Liberty, and Morality*(California : Stanford University Press, 1963).

Hayek, F. A. von., *Kinds of Order in Society*(Menlo Park : Institute for Human Studies, 1975).

Hegel, F., *Phenomenology of Spirit*, A. V. Miller tr.(Oxford : Oxford University Press, 1981).

Hegel, F., *Philosophy of Rights*, T. M. Knox, tr.(Oxford : Oxford University Press, 1967).

Hobbes, T., "De Homine," in Bernard Gert ed., *Man and Citizen : Thomas Hobbes's 'De Homine' and 'De Cive'*(London : Humanities Press, 1968b).

Hobbes, T., *Leviathan*, ed. by C. B. Macpherson (N. Y. : Penguin Bks, 1968a).

Hobbes, T., *The Elements of Law*, F. Tönnies ed.(Cambridge : Cambridge University Press, 1928).

Hohfeld, W. N. *Fundamental Legal Conceptions As Applied in Judicial Reasoning*(New Haven : Yale University Press, 1919).

Hume, D. A *Treatise of Human Nature*, 2nd Ed., L. A. Selby-Bigge (index) and P. H. Nidditch (notes) (Oxford : Clarendon Press, 1978).

Jenkins, Iredell, "Authority : Nature and Locus", in *Authority : A Philosophical Analysis*, R. Bain Harris, ed.(Alabama : The University of Alabama Press, 1976).

Jones, P., *Rights*(N. Y. : St. Martin's Press, 1994).

Jordan, B., *The State : Authority and Autonomy*(Oxford; Basil Blackwell, 1985).

Kamenka, Eugene, "The Anatomy of an Idea," in Eugene Kamenka and Alice Erh-Soon Tay, eds., *Human Rights*(London : Edward Arnold Ltd., 1978).

Kant, I., "Perpetual Peace" in *Kant's Political Writings*, ed. by H. Reiss (Cambridge : Cambridge University Press, 1970).

Kant, I., *Foundations of Metaphysics of Morals*, L. W. Beck, tr. (Indianapolis : Bobbs-Merill Educational Publishing, 1959).

Kant, I., *Political Writings*, H. Reiss ed.(Cambride : Cambridge University Press, 1970).

Kariel, H. S., *Beyond Liberalism : When Relations Grow*(N. Y. : Harper & Row, 1978).

Kropotkin, P., *Memoirs of a Revolutionist*(Bern : Swan Sonnenschein, 1906).

Kropotkin, P., *Modern Science and Anarchism*(Freedom Press, 1923).

Ladenson, R., "Wolff on Legitimate Authority", *Philosophical Studies*, 123-6(1972).

Lee, Bong-Cheol, "Examining the Conceptions of Rights and Duties(Obligations) in Western Liberal Rights Theories : Problems of Non-entailing Conception of Claim-Rights and Obligations", *Korean Political Science Review*, 38-4(2004).

Leford, C., *Democracy and Political Theory*(Minneapolis : University of Minnesota Press, 1988).

Leford, C., *The Political Forms of Modern Society*, John B. Thompson, ed.(Cambridge : Polity Press, 1986).

Lessnoff, M., *Social Contract*(London : Macmillan, 1986).

Lewis, David K., *Conventions : A Philosophical Study*(Cambridge, Mass. : Harvard University Press, 1969).

Liu, Xiusheng, "Natural Law in Classical Chinese Philosophy", in David Braybrooke, *Natural Law Modernized*(Toronto : University of Toronto Press, 2001).

Locke, J., *Two Treatises of Civil Government*, ed. by P. Laslett(N. Y. : A Mentor Book, 1963).

Lyons, D., "Rights, Claimants, and Beneficiaries," in D. Lyons, ed. *Rights*(Belmont : Wadsworth Publishing Co., Inc., 1979).

Lyons, D., "The Correlativity of Rights and Duties", *Noûs*, Vol. 4-1(Feb., 1970).

Macdonald, Margaret. "The Language of Political Theory", in *Logic and Language*, Antoney Flew, ed.(Oxford : Basil Blackwell, 1952).

MacIntyre, Alasdair, *After Virtue*(Nôtre Dame : University of Nôtre Dame Press, 1981).

Macpherson, C. B., *The Political Theory of Possessive Individualism : Hobbes to Locke* (Oxford : Oxford University Press, 1975).

Macpherson, C. B., *The Real World of Democracy*(Oxford : Oxford University Press, 1966).

Marcuse, Herbert, *One-Dimensional Man*(London : Routledge & Kegan Paul, 1964).

Martin, Rex, "On the Justification of Political Authority", in *Authority : A Philosophical Analysis*, R. Bain Harris, ed.(Alabama : The University of Alabama Press, 1976).

Martin, Rex, "Two Models for Justifying Political Authority", *Ethics* 86-1 (Oct. 1975).

Martin, Rex, "Wolff's Defence of Philosophical Anarchism", *The Philosophical Quarterly* 24-95 (Apr. 1974).

Marx K. & Engels, F., "On the Jewish Question" (pp. 26-52), "Economic and Philosophical Manuscripts of 1844" (pp. 66-125), "Alienation and Social Classes (from The Holy Family)," (pp. 133-135); "Society and Economy in History" (pp. 136-142), "Letters on Historical Materialism" (pp. 760-768), in *The Marx-Engels Reader*, R. C. Tucker ed.(N. Y. ; W. W. Norton & Co., 1978).

Marx, K., *The Economic & Philosophic Manuscripts of 1844*, D. J. Struik, ed.(N. Y. : International Publisher. 1964).

Mathews, J. T. "Power Shift", *Foreign Affairs*(Jan/Feb. 1997).

Mayer, P. et. als. 1995. "Regime Theory : State of the Art and Perspectives", in *Regime Theory and International Relations*, V. Litterberger ed.(Oxford : Clarendon Press, 1995).

McCloskey, H. J., "Rights," *Philosophical Quarterly* 15 (1965).

McLendon, M., "Ibn Khaldun Modernized", in David Braybrooke, *Natural Law Modernized*(Toronto : University of Toronto Press, 2001).

Mészaros, István, *Theory of Alienation*(London : Merlin Press, 1978).

Michael, Mann, "The Autonomous Power of the State : Its Origins, Mechanisms and Results," in J. A. Hall ed., *States in History*(Oxford : Basil Blackwell, 1986).

Mill, J. S., *On Liberty*, Currin V. Shields, ed.(Indianapolis : The Bobbs-Merrill Company Inc., 1956).

Mill, J. S., *Utilitarianism*, Samuel Gorovitz ed.(Indianapolis : Bobbs-Merrill Company Inc., 1971).

Mill, James, *An Essay on Government*(Cambridge : Cambridge University Press, 1937).

Miller, D., "anarchism", in *The Blackwell Encyclopaedia of Political Thought*, David

Miller, ed.(Oxford : Basil Blackwell, 1987).

Miller, D., *Social Justice*(Oxford : Clarendon Press, 1979).

Morris, A., "A Differential Theory of Human Rights," in *NOMOS XXIII : Human Rghts* (1981).

Nagel, T., "Libertarianism Without Foundations," *Yale Law Journal* 85 (1975).

Narveson, J., "Human Rights : Which, If Any, are There?," in J. R. Pennock et. al. eds., *NOMOS XXIII : Human Rights*(1981).

Navari, C., "The Origins of the Nation-State," in L. Tivey ed., *The Nation-State : The Formation of Modern Politics*(Oxford : Martin Robertson, 1981).

Neumann, F., *The Rule of Law : Political Theory and Legal System in Modern Society* (Heidelberg : Berg Publisher, 1986).

Nozick, R., *Anarchy, State, and Utopia*(N. Y. : Basic Books Inc. Publishers, 1974).

Ollman, Bertell, "Marx's Vision of Communism," in S. Bider ed., *Radical Visions of the Future*(Colorado : Westview Press, 1977).

Ollman, Bertell, *Alienation : Marx's Conception of Man in the Capitalist Society*, 2nd ed. (London : Cambridge University Press, 1977).

Orwell, George, *Homage to Catalonia*(N. Y. : Penguin Books, 1964).

Osiander, A., "Sovereignty, International Relations, and the Westphalian Myth", *International Organization* 55-2 (Spr., 2001), pp. 251-287.

Pateman, C., *The Problems of Political Obligation*(N. Y. : John Wiley & Sons, 1979).

Pennock, J. R., "Rights, Natural Rights, And Human Rights : A General View," in , *NOMOS XXIII : Human Rights*(1981).

Perkins, L. H. "On Reconciling Autonomy and Authority", *Ethics* 82-2 (Jan. 1972).

Pitkin, H., "Obligation and Consent," in *Philosophy, Politics and Society*, 4th Series. Peter Laslett et als. eds.(Oxford : Basil Blackwell, 1972).

Prichard, H. A., *Moral Obligation*(London : Oxford University Press, 1968).

Proudhon, P.-J., *Du Pricipe Federatif* (Paris : E. Dentu, 1863).

Proudhon, P.-J., *La Revolution Sociale*(Paris : Garnier Freres, 1852).

Putnam, R. A., "Rights of Persons and the Liberal Tradition," in Ted Honderich ed.,

Social Ends and Political Means(London : Routledge & Kegan Paul, 1976).

Rainbolt, G. W., "Rights as Normative Constraints on Others", *Philosophy and Phenomenological Research*, Vol. 53-1 (Mar., 1993).

Raphael, D. D., "Human Rights, Old and New" in D. D. Raphael ed., *Political Theory and The Rights of Man*(Bloomington : Indiana University Press, 1967).

Rawls, J. *Political Liberalism*(N. Y. : Columbia University Press, 1993).

Rawls, J. *Theory of Justice*(Cambridge, Mass. : Harvard University Press, 1971).

Rawls, J., "The Priority of Right and Ideas of the Good", *Philosophy and Public Affairs*, 17-4(Aut. 1988)

Raz, Joseph, "Authority and Justification", *Philosophy and Public Affairs* 14-1 (Win. 1985).

Read, Herbert, *Anarchy and Order*(London : Faber & Faber, 1954).

Reiman, Jeffrey H., "The Fallacy of Libertarian Capitalism", *Ethics* 92 (Oct. 1981).

Reiman, Jeffrey H., 1972. *In Defense of Political Philosophy*(N. Y. : Harper and Row, 1972).

Reiter, R. B., Zunzunegui, M. V. and Quiroga, J., "Guidelines for Field Reporting of Basic Human Rights Violations," *Human Rights Quarterly* 8 (November 1986).

Richards, Vernon, *Errico Malatesta : His Life and Ideas*(N. Y. : Freedom Press, 1965).

Roche, M., "Citizenship, Social Theory, and Social Change", in Bryan S. Turner & Peter Hamilton (eds.), *Citizenship : Critical Concepts*(London : Routledge, 1994 <1987>), Vol. I, pp. 80-110.

Rousseau, J.-J., "Discourse on the Origin and Foundations of Inequality," in R. D. Masters et. als. eds., *The First and Second Discourses of J.-J. Rousseau*(N. Y. : St. Martin's Press, 1964).

Rousseau, J.-J., *The Social Contract*, Mauris Cranston tr.(Baltimore : Penguin Books, 1968).

Ruggiero, Guido de, *The History of European Liberalism*, R. G. Collingwood, tr.(Boston : Beacon Press, 1964<1927>).

Ryan, A., "Mill and Rousseau : Utility and Rights," in G. Duncan ed., *Democratic Theory and Practice*(Cambridge : Cambridge University Press, 1983).

Ryan, C. C., "Yours, Mine, and Ours : Property Right and Individual Liberty," *Ethics* 87-2(1997).

Sabine, G. H., *A History of Political Theory*, 4th ed., revised by Thomas Landon Thorson (Hinsdale, Ill. : Dryden Press, 1973).

Sandel, M. J., *Liberalism and the Limits of Justice*(2nd ed.) (Cambridge : Cambridge University Press, 1998).

Sartori, G., *The Theory of Democracy Revisited* Vol. I & II(N. J. : Chatham House, 1987).

Schneider, Herbert W.(ed.), Adam Smith's Moral and Political Philosophy(N. Y. : Harper and Row, 1948).

Schockenhoff, E., *Natural Law & Human Dignity : Universal Ethics in an Historical World*, Brian McNeil tr.(Washington D. C. : Catholic University of America Press, 2003).

Schrier A. et.als., *Modern European Civilization : a documentary history of politics, society, and thought from the Renaissance to the Present*(Chicago : Scott, Foresman, 1961).

Sen, A. & Williams, B. eds., *Utilitarianism and Beyond*(London : Cambridge University Press, 1977).

Shapiro, I., *The Evolution of Rights in Liberal Theory*(Cambridge : Cambridge University Press, 1986).

Shapiro, M. J. ed., *Language and Politics*(N. Y. : New York Univ. Pr., 1984).

Shue, H., "Rights in the Light of Duties", in Peter G. Brown and Douglas MacLean, eds., *Human Rights and U.S. Foreign Policy : Principles and Applications*(Lexington, Mass. : Lexington Books, 1979).

Shue, H., *Basic rights : Subsistence, Affluence and U. S. Foreign Policy*(Princeton : Princeton University Press, 1980).

Sidgewick, Herry, *The Methods of Ethics*(London : Macmillan, 1922).

Simmons, A. J., *Moral Principles and Political Obligation*(N. J. : Princeton University Press, 1979).

Skinner, Q., *The Foundations of Modern Political Thought*(Cambridge : Cambridge University Press, 1978), Vols. I & II.

Smith, Steven B., *Hegel's Critique of Liberalism : Rights in Context*(Chicago : The University of Chicago Press, 1989).

Steiner, H., "The Structure of a Set of Compossible Rights", *Philisophy*, 74-12(Dec. 1977).

Steintrager, James, *Bentham*(London : George Allen & Unwin Ltd., 1977).

Strauss, Leo, *Natural Right and History*(Chicago : The University of Chicago Press, 1953).

Sumner, L. W., *The Moral Foundation of Rights*(Oxford : Clarendon Press, 1987).

Tarn, W. W. and Grifith, G. T., *Hellenic Civilization*, 3rd ed.(London : Cambridge University Press, 1952).

Taylor, C., "Conditions of an Unforced Consensus on Human Rights", in *The East Asian Challenge for Human Rights*, Bauer, J. R. and Bell, D. A. eds.(Cambridge : Cambridge University Press, 1999).

Taylor, C., *Philosophy and the Human Sciences : Philosophical Papers 2*(Cambridge : Cambridge University Press, 1985).

The Fathers of the E. D. P., *The Political Ideas of St. Thomas Aquinas*(N. Y. : Hafner, 1953).

Theunissen, M., *The Other : Studies in the Social Ontology of Husserl, Heidegger, Sartre, and Buber*(Cambridge, Mass. : The MIT Press, 1986).

Thigpen, R. B. and Downing, L. A., "Liberalism and the Neutrality Principle," *Political Theory* 11-4(Nov. 1983).

Thoreau, H. D., 'Civil Disobedience,' in *The Pacifist Conscience*, P. Meyer, ed.(N. Y. : Penguin Books, 1966).

Tocqueville, Alexis de., *Democracy in America*, George Lawrence tr. and J. P. Mayer ed.(N. Y. : Anchor Book, 1969).

Tuck, R, *Natural Rights Theories : Their Origin and Development*(London : Cambridge University Press, 1981).

Tussman, J., *Obligation and Body Politic*(Oxford : Oxford University Press, 1960).

Upton, H., "Rights and Duties-A Reply to Gewirth", *Mind*, Vol. 96-383(Jul. 1987).

Viley, M., *Seize essais de philosophie du Droit*(Paris : 1957).

Vlastos, G., "Justice and Equality," in R. B. Brandt ed., *Social Justice*(N. J. : Prentice Hall Inc., 1962).

Waldron, J., "Rights in Conflict", *Ethics* 99-3(Apr., 1989).

Walzer, M., *Spheres of Justice : A Defense of Pluralism and Equality*(N. Y. : Basic Books, 1983).

Walzer, M., *Thick and Thin*(Notre Dame : University of Notre Dame, 1994).

Weber, M., *Economy and Society*, G. Roth and C. Wittich ed.(N. Y. : Bedminster Pr., 1968), Vol One & Three.

Weber, M., *The Protestant Ethic and the Spirit of Capitalism*, T. Parsons tr.(N. Y. : Charles Scribner's Sons., 1958).

Wei-ming, Tu. "A Confucian Perspective on the Core Values of the Global Community", *The Review of Korean Studies*, Vol. 2(Sep. 1999).

White, S. K. *Political Theory and Postmodernism*(Cambridge : Cambridge University Press, 1991).

Williams, B., "The Idea of Equality," in *Philosophy, Politics and Society*, 2nd Ser. Peter Laslett et als. eds.(N. Y. : Barnes and Noble, Inc., 1962).

Wolff, Robert P., "Robert Nozick's Derivation of Mainmal State", in *Reading Nozick* Jeffery Paul, ed.(New Jersey : Rowman & Allanheld, 1981).

Wolff, Robert P., *In Defense of Anarchism*(N. Y. : Harper and Row, 1970).

Wolff, Robert P., *The Poverty of Liberalism*(Boston : Beacon Press, 1969).

Zulueta, F. de., "The Development of Law under the Republic," in *The Cambridge Ancient History*, S. A. Cook, F. E. Adcock, & M. P. Charlesworth eds.(London : Cambridge University Press, 1932), Vol. IX, *The Roman Republic*(*133-44BC*).

찾아보기

(ㄴ)

(ㄷ)

(ㄹ)

(ㅁ)

(ㅂ)

(ㅅ)

(ㅇ)

(ㅈ)

(ㅋ)

(ㅌ)

(ㅍ)

(ㅎ)

| 이봉철(李捧喆) |

서울대학교 외교학과 졸업
텍사스 주립대학(오스틴) 정치학박사
현재 한남대학교 정치 · 언론 · 국제학과 교수

저서
『통일과 통일논의 : 구조와 자율의 정치동학』, 『포스트모던 변화와 정치사상』, 21세기 새 정치가치 탐색』, 『현대 인권사상』 등.

역서
『유럽외교사』(상), 『페레스트로이카』, 『비판정치이론』.

논문
「현대 자유주의정치이론과 그 문제점 : J. Rawls, R. Nozick, B. Ackerman」, 「현시대 인권의 근거와 내용」, 「사회주의 인권의 이상과 현실」, 「'J. Rawls 위임 책무이론'의 비판적 보완과 '권리-의/책무상호관계' 보편모델」, "Justifying Political Obligation : Autonomy and Authority", "Aristotle's Conception of Justice", "Textualizing the Discursive Terrain of Korean Unification : Encoded Eyes and Encoded Society", "Examining the Conceptions of Rights and Duties (Obligations) in Western Liberal Rights Theories : Problems of Non-entailing Conception of Claim Rights and Obligations" 등.

삶의 질서와 서구 자유주의 정치이론 : 권리에서 권위까지

초판1쇄 / 2006년 6월 30일

지은이 **이봉철**
펴낸이 **여국동**
펴낸곳 **도서출판 인간사랑**
인 쇄 **백왕인쇄**
제 본 **은정제책사**

출판등록 1983. 1. 26. / 제일-3호

정가 30,000원

ISBN 89-7418-195- 9 93340

(411- 815) 경기도 고양시 일산구 백석동 1178-1
TEL (031)901-8144, 907-2003
FAX (031)905-5815
e-mail/igsr@Yahoo.co.kr
e-mail/igsr@Naver.com